行政法基本硏究 Ⅶ

行政判例의 分析과 批判 Ⅱ

金重權 著

法文社

Basic Studies of Administrative Law Ⅶ

Analysis and Criticism of Administrative Precedent Ⅱ

Kim, Jung-Kwon
Professor of Law
Law School, Chung-Ang University

2024
BOBMUNSA
Paju Bookcity, Korea

머 리 말

2019년에 출간한 「행정판례의 분석과 비판」에 이어 「행정판례의 분석과 비판 Ⅱ(행정법기본연구 Ⅶ)」를 출간한다. 2019년의 「행정판례의 분석과 비판」과는 달리, 「행정판례의 분석과 비판 Ⅱ」에서는 적시성에 비중을 둔 짧은 글을 담았다. 2002년 이래 「법률신문」과 「법조신문」에 게재한 다수의 글과 미공간의 글 가운데, 오랜 것(국무총리부서가 없는 대통령령의 효력, 법률신문 제3103호, 2002.9.2.)과 최근 것(개인을 국가보다 앞세우는 헌법의 개혁이 필요하다. 법률신문 제5125호, 2023.10.30.) 등 여전히 의미가 있는 총 61편을 담았다. 모든 역사는 현대사이어야 하듯이, 단순 정리의 수준이 되지 않도록, 한정된 지면으로 언급하지 못한 추가적 내용, 발표한 이후에 변한 판례와 법제 및 행정법에 관한 저자의 새로운 이해를 최대한 반영하였고, 국내 문헌 역시 현재화시켰다.

우리의 법학, 법제 및 법실무는 우리가 고민하여 만들어 온 것이 아니다. 과거 우리보다 앞선 일본의 그것을 익숙하다는 이유로 그대로 移植한 결과물이다. 처음부터 '민주공화국'을 표방한 우리와 여전히 입헌군주제를 견지하는 일본은 법제의 기본토대가 다르다. 우리 법학, 법제 및 법실무 모두를 시시비비의 차원에서 성찰해야 한다. 이제까지 저자는 목표를 '행정법 및 공법의 현대화 및 개혁'에 두고서 민주적 법치국가원리를 구체화하는 국민중심적 행정법 및 공법을 구축하기 위해 그 일환으로 공법판례를 지속적으로 분석하고 비판하는 작업을 하면서 관련 쟁점을 공론화시켜 왔다.

행정법은 민주적 법치국가원리가 구현된 현장이고, 행정판례는 그것을 가능하게 하는 제도적 기제이다. 행정판례는 종종 사안해결에서 행정법도그마틱에 의거하기보다는 '개별구체적 상황의 고려'를 앞세워 임기응변적(Kasuistik) 대처를 하곤 한다. 특히 민주적 법치국가원리가 구현되지 않아 공법적 논리와 사고가 바르게 정립되지 않았던 과거가 오늘날에도 여전히 강력하게 영향을 미친다. 당연히 행정법도그마틱의 의의는 상실되고 종국에는 행정법마저 그 존립이 위협을 받는다. 판례의 비판적 분석이 전제적으로나 병행적으로 행해지지 않으면, 법학의 존재이유가 근본적으로 부인된다.

지금의 미국 로스쿨을 있게 한 하버드 로스쿨의 Christopher Columbus Langdell이 대학을 법교육의 주체로 굳건하게 세우려고 판례중심교육방법과 문답식교육방법(소크라테스식 교육방법)을 19세기 후반에(1870) 처음으로 개발하고 적용하였다. 법이 과학이어야 한다는 인식에서 Langdell이 개발한 교육방법은 미국 법교육의 신기원을 열었고, 미국 로스쿨을 근본적으로 변화시켰다. 그런데 우리의 경우 언필칭 실무중심교육이어야 한다는 점을 내세워 로스쿨에서의 법학교육은 기왕의 판례의 입장을 스트레이트로 전달하는 데 그치고 있다. 법학의 判例追隨的 傾向은 행정법의 위기상황을 더욱더 고조시킨다. 왜냐하면 저자가 그 제정의 필요성을 처음 제기하여 많은 공감을 얻어 「행정기본법」이 제정되었지만, 행정법의 경우 여전히 판례의 영향이 지대하기 때문이다. 사람의 기억력을 훨씬 능가하는 저장용량을 갖춘 휴대폰이 일상용품이 되어 버린 지금, 법학과 법학교육이 판례를 단순히 또는 잘(?) 정리하여 전달하는 데 그친다면 참으로 불행이다. 디지털화가 진행될수록 법학과 법학교육의 정체상황은 더욱더 심각해진다. 비단 행정법만이 아니라, 전체 법학이 학문적 존재이유에서 절체절명의 위기상황에 처해 있다.

可畏의 後生이 갈수록 줄어드는 상황이 증명하듯이, 경제의 수준에 걸맞지 않게 법학의 환경은 날로 악화되고 있다. 그럼에도 2008년 이래로 이번 책까지 총 7권의 「행정법기본연구」를 출간하는 행운을 가졌다. 늘 격려와 배려를 베풀어주신 모든 분께 깊이 감사를 드린다. 특히 행정법의 새로운 길을 늘 향도해 주시는 김남진 선생님(대한민국 학술원 회원)께 말로 표현할 수 없게 깊이 감사를 드린다.

근래 '헌법과 행정법의 관계'에 관한 글(민주적 헌법국가에서 교호(상호) 작용의 관계로서의 헌법과 행정법의 관계, 헌법논총 제34집, 2023.12.22.)을 마련하면서, 이미 오래전에 헌법구체화법으로서의 행정법론의 문제점을 강력하게 환기하신 것(행정법의 헌법구체화법론의 명암－행정법의 독자성에 대한 재인식－, 고시계 1992.5.)과 같은 선생님의 귀한 가르침이 지금의 저자를 있게 하였음을 새삼 확인할 수 있었다. 오래오래 강건하시어 후학들을 바르게 이끌어 주시길 빕니다.

나이를 먹으면서 새삼스럽게 명확해지는 점은 우리 네 인생이 즐거움보다는 그 반대가 훨씬 많다는 것이다. 지나온 시간을 돌이켜 보면, 기쁨은 배가, 어려움은 반감시켜준 가족(어머니, 손경수, 김지연, 김준형)이 언제나 가까이에서 든든한 버팀목이 되어 연구자로서 큰 어려움 없이 여기까지 왔다. 한없는 사랑과 고마움을 전한다. 교수로서 첫걸음을 내디딜 때 자기 자식보다 남의 자식을 더 잘 가르쳐야 한다고 말씀하신 어머니가 너무 그립다.

해는 지고 갈 길은 멀더라도(日暮途遠),
진정한 새로움을 위해 지금 한 걸음을 내디딘다.
2024년 2월
金 重 權

차　례

제1장 행정작용법상의 주요 판례

제 2 장 행정구제법상의 주요 판례

제 3 장 공공법제의 개혁

제 1 장

행정작용법상의 주요 판례

01 성전환에 따른 성별정정허가가 과연 판례법적 사항인가?,

02 사법상 계약에 의거한 행정처분의 성립가능성 문제

03 근거규정의 성질과 처분성여부의 상관관계에 관한 소고

04 국민건강보험법 부당이득의 징수규정이 과연 재량규정인가?

05 산재법상 부당이득 징수처분에서 이익형량적 접근의 문제점

06 전교조법외노조통보의 법적 성질과 문제

07 직사살수와 관련한 최근 판례의 문제점

08 비전업 시간강사에 대한 차등강사료지급의 법적 문제점

09 교장승진임용제외의 처분성 문제

10 직권감차 통보의 처분성 여부에 관한 소고

11 전입신고에 따른 등록거부처분의 문제점에 관한 소고

12 도시정비법상의 조합설립변경인가처분 관련 문제점

13 '자동차관리법'상 사업자단체인 조합의 설립인가의 법적 성질에 관한 소고

14 집회신고의 법적 성질에 관한 소고

15 Quo vadis－신고제?

16 중대명백성설의 묵수(墨守)로부터 벗어나기 위한 소고

17 인사교류계획에 의한 전출명령의 문제점에 관한 소고

18 이른바 처분적 시행규칙의 문제점에 관한 소고

19 전환규범을 매개로 한 행정규칙의 법규성인정의 문제점

20 임용결격자 임용행위의 문제점에 관한 소고

21 임용결격자의 시보·정규임용의 취소와 행정절차

22 집회금지구역제에 관한 헌법재판소 결정의 함의(含意)

23 법무법인에 대한 세무조정반지정거부처분의 위법성,

24 건축신고의 허가의제(擬制) 효과에 관한 소고

25 「화물자동차운수사업법」상의 안전운임고시의 법적 성질에 관한 소고

26 국무총리 부서가 없는 대통령령의 효력

01

성전환에 따른 성별정정허가가 과연 판례법적 사항인가?

대법원 2022.11.24.자 2020스616전원합의체결정

Ⅰ. 사실관계와 경과

甲은 남성으로 출생하였으나, 어린 시절부터 여성으로의 귀속감을 가지고, 사춘기가 되어 얼굴 형태와 체격, 목소리가 남성적으로 변해가는 것에 정신적 고통을 느꼈다. 甲은 자신의 성정체성을 숨긴 채 생활하다 혼인하였으나, 성정체성 문제로 혼인한 지 약 5년 10개월 만에 이혼하였고, 외국에서 성전환수술을 받고 여성의 옷차림, 머리 모양을 하고 사회적으로 여성으로서 생활하고 있다. 甲은 미성년 자녀 2명을 두고 있는 상태에서 가족관계등록부상 성별정정 허가 신청(이하 '이 사건 허가신청'이라 한다)을 하였다. 하급심은 미성년 자녀가 있는 경우를 성전환자의 성별정정허가의 독자적인 소극요건

으로 본 대법원 2011.9.2.자 2009스117전원합의체결정을 인용하여 甲에게 미성년 자녀가 있다는 사정을 이유로 이 사건 성별정정허가 신청을 불허하였다.

Ⅱ. 대상판결(다수의견)의 요지

미성년 자녀를 둔 성전환자도 부모로서 자녀를 보호하고 교양하며(민법 제913조), 친권을 행사할 때에도 자녀의 복리를 우선해야 할 의무가 있으므로(민법 제912조), 미성년 자녀가 있는 성전환자의 성별정정 허가 여부를 판단할 때에는 성전환자의 기본권의 보호와 미성년 자녀의 보호 및 복리와의 조화를 이룰 수 있도록 법익의 균형을 위한 여러 사정들을 종합적으로 고려하여 실질적으로 판단하여야 한다. 따라서 위와 같은 사정들을 고려하여 실질적으로 판단하지 아니한 채 단지 성전환자에게 미성년자녀가 있다는 사정만을 이유로 성별정정을 불허하여서는 아니 된다.

미성년 자녀를 둔 성전환자의 성별정정을 허가할지 여부를 판단할 때에는 성전환자 본인의 인간으로서의 존엄과 가치, 행복추구권, 평등권 등 헌법상 기본권을 최대한 보장함과 동시에 미성년 자녀가 갖는 보호와 배려를 받을 권리 등 자녀의 복리를 염두에 두어야 한다. 따라서 이때에는 성전환자의 성별정정에 필요한 일반적인 허가 기준을 충족하였는지 외에도 미성년 자녀의 연령 및 신체적·정신적 상태, 부 또는 모의 성별정정에 대한 미성년 자녀의 동의나 이해의 정도, 미성년 자녀에 대한 보호와 양육의 형태 등 성전환자가 부 또는 모로서 역할을 수행하는 모습, 성전환자가 미성년 자녀를 비롯한 다른 가족들과 형성·유지하고 있는 관계 및 유대감, 기타 가정환경 등 제반 사정을 고려하여 성전환자의 성별정정 허가 여부가 미성년 자녀의 복리에 미치는 영향을 살펴 성별정정을 허가할 것인지를 판단하여야 한다.

Ⅲ. 대법원 2011.9.2.자 2009스117전원합의체결정(다수의견)의 요지

성전환수술에 의하여 출생 시의 성과 다른 반대의 성으로 성전환이 이미 이루어졌고, 정신과 등 의학적 측면에서도 이미 전환된 성으로 인식되고 있다면, 전환된 성으로 개인적 행동과 사회적 활동을 하는 데에까지 법이 관여할 방법은 없다. 그러나 성전환자가 혼인 중에 있거나 미성년자인 자녀가 있는 경우에는, 가족관계등록부에 기재된 성별을 정정하여, 배우자나 미성년자인 자녀의 법적 지위와 그에 대한 사회적 인식에 곤란을 초래하는 것까지 허용할 수는 없으므로, 현재 혼인 중에 있거나 미성년자인 자녀를 둔 성전환자의 성별정정은 허용되지 않는다.

Ⅳ. 문제의 제기 – 판례변경의 허용성 문제

대상판결에서 1인의 대법관(이동원)만이 대법원 2009스117전원합의체결정에 입각하여 반대하고 나머지 대법관들은 다수의견 및 다수의견보충의견을 제시하였다. 결과적으로 대법원 2009스117전원합의체결정에서의 반대의견 특히 미성년자인 자녀가 있다는 사정을 성별정정의 독자적인 소극적 요건으로 설정할 것은 아니고 고려할 요소로 접근해야 한다는 양창수, 이인복 대법관의 반대의견이 10여년이 지나서 다수의견이 된 것이다. 판례는 과거사를 다루지만 과거분석과 과거평가로부터 현재는 물론, 미래를 결정한다. 여기서 개별구체적 타당성을 목표로 하는 이상, 판례가 시대상황에 맞춰 부단히 기왕의 입장을 바꾸는 것은 자연스럽고, 나아가 요구된다. 그러나 여기에는 유의할 점이 있다. 과연 그런 변경이 전체 법질서에서 허용될 수 있는 것인지의 물음인데, 이는 해당 사법적 활동이 민주주의, 법치주의 및 권력분립주의에 저촉되지 않는지를 검토하면서 얻어질 수 있다.

Ⅴ. 판례에 의한 성별정정허가제의 법적 정당성 문제

가족관계등록법 제104조(구 호적법 제120조) 제1항이 등록기록의 정정의 사유를 '등록부의 기록이 법률상 허가될 수 없는 것 또는 그 기재에 착오나 누락이 있다고 인정한 때'를 들고 있음에도 불구하고, 대법원 2006.6.22.자 2004스42전원합의체결정 이래로 판례는 성전환에 따른 성별정정허가의 근거를 가족관계등록법 제104조에 두고 있다. 그리고 「성전환자의 성별정정허가신청사건 등 사무처리지침」(대법원 호적예규 제716호 2006.9.6.)이 제정되었다.[1] 문헌상으로도 시인되고 입법자도 아무런 이의를 제기하지 않는 '지속적 판례'가 성립하면, 판례의 사실적 구속성은 규범적 구속성으로 응축(凝縮)될 수 있으며, 이 경우 판례법적 원칙은 추정적으로뿐만 아니라 법 그 자체로부터 구속성을 갖게 될 것이다. 따라서 성전환에 따른 성별정정허가제는 일종의 판례법에 해당한다.

국가의 공권력행사는 민주적 정당성을 필요로 하는데, 그 기제가 법률이다. 즉, 국가의 공권력행사는 민주적 법치국가원리에 바탕을 두어야 한다. 따라서 성전환에 따른 성별정정허가를 이렇게 판례법적으로 접근하는 것 즉, 판례에 의한 성별정정허가제의 허용성은 법률유보의 원칙의 차원에서 검토될 필요가 있다. 법관은 '법의 입'

---

1) 법률대위적 규칙에 해당하는 동 지침의 결정적인 문제점은 법률유보의 원칙에서 본질성이론에 정면으로 반하여 위헌성이 농후하다는 데 있다. 김중권, 행정법, 2023, 45면 이하, 452면. 본서: 404면 이하.

(bouche de la loi)으로서만 기능하며, 법의 해석·구체화·적용은 현행 법질서를 넘어 새로운 법질서를 제시하는 양상인 법정립(입법)과는 구분되어야 한다. 독일 연방헌법재판소 역시 법의 후속적 형성(Rechtsfortbildung)이란 법원의 임무와 권능을 인정하면서도 동시에, 그들 기본법 제20조 제3항의 법관의 법·법률의 구속에 의해 도출된 한계 역시 강조하였다.[2] 性의 變更은 특정인의 개인사에 그치지 않고, 공동사회의 지배적 법에토스는 물론, 기왕의 법질서에 대해서도 심대한 영향을 미친다. 판례법이 법률유보를 대체하는 것은 허용되지 않는다. 성별정정의 문제는 단지 등록기록의 정정에 그치지 않고 향후 가족 및 혼인의 개념과 의의와 관련해서 법적, 법외적으로 엄청난 영향을 미칠 사안이다. 여기서 단순히 신청인의 행복추구권만을 극대화시켜서 접근할 수 있는 사안이 아니다. 판례에 의한 성별정정허가제는 허용된 법관의 법형성을 넘어선 것이다.

Ⅵ. 미성년자녀의 존재와 관련해서 성별정정허가의 재량적 접근의 문제

대상판결은 미성년 자녀의 존재와 관련한 여러 사정을 고려하여 성별정정허가여부를 결정하여야 한다고 판시하는데, 이런 논증은 미성년 자녀가 존재함에 따른 개별구체적인 사정을 최대한 반영하여 개별적 정의의 차원에서 성별정정허가의 정당성을 제고하기 위함이다. 그런데 이런 논증은 기본적으로 구체적 상황을 고려하여 개별사건에 알맞고 합사실적인 최적의 해결책을 발견하고자 하는 재량 메커니즘에서 행해진다. 결국 대상판결은 법관의 성별정정허가를 재량인양 보는 것이다. 그런데 이런 재량적 접근은 정형성과 형식성을 그 특징으로 하는 신분관계의 설정과는 어울리지 않는다. 성별정정

---

2) Vgl. BVerfGE 34, 269(286ff.).

허가의 기준이 입법을 통해 명문화되지 않은 상황에서, 성전환자의 기본권의 보호와 미성년 자녀의 보호 및 복리와의 조화를 이룰 수 있도록 법익의 균형을 위한 여러 사정들을 종합적으로 고려한다는 것은 법관의 판단 자체의 불확실성과 불안정성을 고조시킬 뿐이다. 미성년 자녀가 존재한 상황에서 행해진 성별정정불허가 자체가 오히려 사법불신을 증폭시킬 수 있다.

Ⅶ. 맺으면서 – 대법원 2004스42전원합의체결정의 바람직하지 않은 나비효과

혼돈에서의 나비효과는, 초기조건의 아주 작은 차이가 최종 현상에서 아주 커다란 차이를 낳는다고 주장한 프랑스 수학자 푸앵카레의 '초기조건의 민감성(sensitivity on initial conditions)'에서 비롯되었다. 성전환자의 성별정정과 관련하여 지금의 입법부재의 상황을 초래한 초기조건이 바로 대법원 2004스42전원합의체결정이다.[3] 성전환자의 성별정정과 관련하여 일찍이 1972년에 스웨덴에서 입법이 마련된 이래 대부분 국가는 관련 입법을 두고 있다. 일본에서는 성전환에 따른 호적변경이 2001년에 법원에 의해 허용되지 않은 후 2003년에 관련 법률('性同一性障害者の性別の取扱いの特例に関する法律')이 제정되었다. 특히 독일에서는 1980년 성전환법(TSG)을 대체하는, 신고에 의해 성별전환이 가능하게 하는 것을 내용으로 하는 성자기결정법(Selbstbestimmungsgesetz)의 입법이 진행되고 있다.[4] 필자

---

3) 이런 사정이 이러하기에, 관련 법률이 없어서 법원이 나설 수밖에 없다는 시각은 사리에 맞지 않는다.

4) 미성년자라도 만 14세이면 부모의 동의를 받아 신고를 할 수 있게 하는 등의 동법안의 내용을 두고 현재 연방의회 소위원회 공청회에서 검토되고 있는데, 전문가들은 상반된 평가를 하고 있다. 참고: https://www.bundestag.de/dokumente/textarchiv/2023/kw48-pa-familie-selbstbestimmungsgesetz-978748.

가 일찍이 입법의 필요성을 역설하였지만,[5] 아쉽게도 그 이후 해당 지침이 참조조문에서 사라지는 데 그쳤다. 의회가 입법보다 앞서는 사회의 변화에 둔감하여 자신의 임무를 심각하게 방기하고 있는 점은 분명 비난받아 마땅하다. 그럼에도 불구하고 민주주의, 법치주의 및 권력분립주의를 벗어나서 사법적 해결책을 강구하는 것은 정당화될 수 없다.

**** 추기:** 여기서 「성전환자의 성별정정허가신청사건 등 사무처리지침」의 제정에서 지금까지의 관련 규정의 변화에 주목할 필요가 있다. 제정(2006.9.6.) 당시 호적예규 제716호 제6조의[6] 표제가 '성별정정의 허가기준'이었고, 가족관계등록예규 제346호(개정 2011.12.5.) 제6조의[7] 표제가 '조사사항'이었고, 현행 가족관계등록예규 제550호

5) 김중권, 「성전환자의 성별정정허가신청사건 등 사무처리지침」의 問題點에 관한 小考, 법률신문 제3493호, 2006.9.25.

6) 법원은 심리결과 신청인에게 다음 각호의 사유가 있음을 인정한 경우에는 성별정정을 허가할 수 있다. 1. 신청인이 대한민국 국적자로서 만 20세 이상의 행위능력자이고 혼인한 사실이 없으며, 신청인에게 자녀가 없음이 인정될 것. 2. 신청인이 성전환증으로 인하여 성장기부터 지속적으로 선천적인 생물학적 성과 자기의식의 불일치로 인하여 고통을 받고 오히려 반대의 성에 대하여 귀속감을 느껴온 사정이 인정될 것. 3. 신청인에게 상당기간 정신과적 치료나 호르몬요법에 의한 치료 등을 실시하였으나 신청인이 여전히 수술적 처치를 희망하여, 자격있는 의사의 판단과 책임 아래 성전환수술을 받아 외부성기를 포함한 신체외관이 반대의 성으로 바뀌었음이 인정될 것. 4. 성전환수술의 결과 신청인이 현재 반대의 성으로서의 삶을 성공적으로 영위하고 있으며, 생식능력을 상실하였고, 향후 종전의 성으로 재전환할 개연성이 없거나 극히 희박하다고 인정될 것. 5. 남자에서 여자로의 성전환(MTF)인 경우에는 신청인이 병역법 제3조에 의한 병역의무를 이행하였거나 면제받았을 것. 6. 신청인에게 범죄 또는 탈법행위에 이용할 의도나 목적으로 성별정정허가신청을 하였다는 등의 특별한 사정이 없다고 인정될 것. 7. 기타, 신청인의 성별정정이 신청인의 신분관계에 중대한 영향을 미치거나 사회에 부정적인 영향을 주지 아니하여 사회적으로 허용된다고 인정될 것.

7) 법원은 성별정정허가신청사건의 심리를 위하여 신청인에 대한 다음 각 호의 사유를 조사한다. 1. 신청인이 대한민국 국적자로서 만 20세 이상의 행위능력자인지, 현재 혼인중인지, 신청인에게 미성년인 자녀가 있는지 여부. 2. 신청인이 성전환증으로 인하여 성장기부터 지속적으로 선천적인 생물학적 성과 자기의식의 불일치로 인하여 고통을 받고 오히려 반대의 성에 대하여 귀속감을 느껴왔는지 여부. 3. 신청인

(개정 2020.2.21.) 제6조의[8] 표제가 '참고사항'이다. 이런 변화상이 판결에 의한 성전환 자체의 헌법적 문제점을 나타낸다. 한편 일본 최고재판소는 2023.10.25.에 종래의 입장을 바꿔, 호적상의 성별을 변경하기 위해서는 생식 능력을 없애는 수술을 받아야 한다는 법규정을 위헌으로 판시하여 법개정이 예상된다.

에게 상당기간 정신과적 치료나 호르몬요법에 의한 치료 등을 실시하였으나 신청인이 여전히 수술적 처치를 희망하여, 자격있는 의사의 판단과 책임 아래 성전환수술을 받아 외부성기를 포함한 신체외관이 반대의 성으로 바뀌었는지 여부. 4. 성전환수술의 결과 신청인이 생식능력을 상실하였고, 향후 종전의 성으로 재전환할 개연성이 없거나 극히 희박한지 여부. 5. 신청인에게 범죄 또는 탈법행위에 이용할 의도나 목적으로 성별정정허가신청을 하였다는 등의 특별한 사정이 있는지 여부.

8) 법원은 성별정정허가신청사건의 심리를 위하여 신청인에 대한 다음 각 호의 사유를 조사할 수 있다. 1. 신청인이 대한민국 국적자로서 19세 이상의 행위능력자인지, 현재 혼인중인지, 신청인에게 미성년인 자녀가 있는지 여부. 2. 신청인이 성전환증으로 인하여 성장기부터 지속적으로 선천적인 생물학적 성과 자기의식의 불일치로 인하여 고통을 받고 오히려 반대의 성에 대하여 귀속감을 느껴왔는지 여부. 3. 신청인에게 상당기간 정신과적 치료나 호르몬요법에 의한 치료 등을 실시하였으나 신청인이 여전히 수술적 처치를 희망하여, 자격있는 의사의 판단과 책임 아래 성전환수술을 받아 외부성기를 포함한 신체외관이 반대의 성으로 바뀌었는지 여부. 4. 성전환수술의 결과 신청인이 생식능력을 상실하였고, 향후 종전의 성으로 재전환할 개연성이 없거나 극히 희박한지 여부. 5. 신청인에게 범죄 또는 탈법행위에 이용할 의도나 목적으로 성별정정허가신청을 하였다는 등의 특별한 사정이 있는지 여부.

02

사법상 계약에 의거한 행정처분의 성립가능성 문제

대법원 2018.11.29. 선고 2015두52395판결

Ⅰ. 사실의 개요

자사제품에 대해 조달청장으로부터 '우수조달물품'으로 지정된 다음, 갑은 조달청과 사이에 갑이 각 수요기관으로부터 해당 제품에 대한 납품요구를 받으면 계약금액의 범위 안에서 해딩 제품을 실제로 그 수요기관에 납품한 후 조달청장으로부터 대금을 지급받기로 하는 물품구매계약(제3자를 위한 단가계약 방식)을 수의계약으로 체결하였다. 이 물품구매계약에는 '갑은 물품구매계약 추가특수조건(이하 '추가특수조건'이라 한다)을 충실히 이행한다'는 취지와 '이 사건 제품의 규격은 우수조달물품(모자이크스톤블록) 규격서와 같다'는 취지가 포함되어 있었다. 조달청장이 '甲이 이 사건 수요기관에 공급하고

있는 제품에 대한 계약이행내역 점검 결과 계약 규격과 상이한 점이 있다'는 이유로 추가특수조건 제22조 제1항 제16호에 따라 갑에 대하여 6개월의 나라장터 종합쇼핑몰 거래정지 조치를 취하였다(이하 '이 사건 거래정지 조치'라 한다). 이에 갑은 거래정지조치에 취소소송을 제기하여 제1심(서울행정법원 2014.11.6. 선고 2014구합60924판결)은 인용판결을 내렸지만, 항소심(서울고등법원 2015.9.4. 선고 2014누71469 판결)은 이 사건 거래정지 조치는 계약상 의사표시에 불과하므로 항고소송의 대상이 되는 행정처분으로 볼 수 없다고 판단하여 이 사건 소를 각하였는데, 상고심은 항소심과 정반대의 입장에서 파기환송하였다.

Ⅱ. 대상판결의 요지

조달청이 계약상대자에 대하여 나라장터 종합쇼핑몰에서의 거래를 일정기간 정지하는 조치는 전자조달의 이용 및 촉진에 관한 법률, 조달사업에 관한 법률 등에 의하여 보호되는 계약상대자의 직접적이고 구체적인 법률상 이익인 나라장터를 통하여 수요기관의 전자입찰에 참가하거나 나라장터 종합쇼핑몰에서 등록된 물품을 수요기관에 직접 판매할 수 있는 지위를 직접 제한하거나 침해하는 행위에 해당하는 점 등을 종합하면, 위 거래정지 조치는 비록 추가특수조건이라는 사법상 계약에 근거한 것이지만 행정청인 조달청이 행하는 구체적 사실에 관한 법집행으로서의 공권력의 행사로서 그 상대방인 갑 회사의 권리·의무에 직접 영향을 미치므로 항고소송의 대상이 되는 행정처분에 해당하고, 다만 추가특수조건에서 정한 제재조치의 발동요건조차 갖추지 못한 경우에는 위 거래정지 조치가 위법하므로 갑 회사의 행위가 추가특수조건에서 정한 거래정지 조치의 사유에 해당하는지, 추가특수조건의 내용이나 그에 기한 거래정지 조치가 국가를 당사자로 하는 계약에 관한 법령 등을 위반하였거나 평등원칙, 비례원칙, 신뢰보호 원칙 등을 위반하였는지 등에 관하여 나아가 살폈어야 하는데도, 위 거래정지 조치가 사법상 계약에 근거한 의사표시에 불과하고 항고소송의 대상이 되는 행정처분으로 볼 수 없다고 판단하여 소를 각하한 원심판결에 법리를 오해한 잘못이 있다.

Ⅲ. 문제의 제기 – 사법계약에 따른 조치를 행정처분으로 보는 것의 문제점

행정처분의 개념적 징표 가운데 하나가 '공권력의 행사'인데, 이는 공법영역에서의 일방적 조치이어야 비로소 행정처분에 해당할 수 있다는 점이다. 대상판결도 인정하듯이, 이 사건 거래정지 조치는 추가특수조건이라는 사법상 계약에 근거한 것이다. 사법계약에 따른 조치를 행정처분으로 본다는 것은 사법상 계약에 의거한 행정처분의 성립가능성을 시인한 셈이 된다. 대상판결 및 그와 동지인 대법원 2018.11.15. 선고 2016두45158판결의 문제점을 살펴보고자 한다.

Ⅳ. 항소심의 논거

항소심(서울고등법원 2015.9.4. 선고 2014누71469판결)은 다음의 논거로 소를 각하하였다: ① 추가특수조건 제22조 제1항 제16호 등은 계약의 일부로서 원고가 그 적용에 동의한 경우에만 당사자 사이에서 구속력이 있을 뿐 법규로서의 효력이 없으므로 이 사건 거래정지 조치는 법령이 아니라 계약에 근거한 것으로 보아야 하는 점, ② 이 사건 거래정지 조치는 민간의 일반 종합쇼핑몰에서 계약상 의무위반에 대하여 계약에 부가된 조건에 따라 권리를 행사하는 것과 본질적인 차이가 없는 점, ③ 피고가 이 사건 거래정지 조치를 하는 과정에서 원고에게 보낸 문서에도 계약위반에 따라 거래정지를 한다고만 기재되어 있을 뿐 달리 이 사건 거래정지 조치를 행정처분으로 볼 수 있는 외형이 보이지 않는 점.

판례는 공기업과 준정부기업이 입찰참가자격제한조치를 함에 있어서 법령이나 계약에 근거하여 선택적으로 취할 수 있다고 본다.[1)] 아울러 판례는 정부투자기관이 공공계약을 체결하면서 부가한 입찰참가제한 특약을 사법상 계약으로 보며, 아울러 그에 의한 입찰참가제한조치 역시 사법상의 조치로 본다.[2)] 이런 맥락에서 원심은 이 사건 거래정지 조치를 전적으로 추가특수조건이라는 사법상 계약의 차원에서 접근한 것으로 여겨진다. 또한 입찰참가자격제한조치가 국가계약법 제27조 제1항 등과 같이 법률에서 직접 규정한 것이어서 근본적으로 차이가 있다고 보아, 이 사건 거래정지 조치를 입찰참가자격제한조치와는 구별되게 접근하였다.

V. 대상판결의 논증상의 문제점

사법상 계약인 추가특수조건에 의거한 이 사건 거래정지 조치가 공법행위가 되기 위해서는 민사논리를 수정하는 논거가 필요하다. 사법관계를 수정시키는 명문의 규정을 통해 그 사법관계는 공법관계가 된다. 대표적으로 국유일반(잡종)재산의 대부료 징수는 국세징수법상의 체납처분규정의 준용으로 인해 민사소송의 방법으로 관철할 수 없다.[3)] 명문의 규정이 없다면, 강한 공익상의 요청이 있거나 공권력주체로서의 우월적 지위가 확인되어야 한다.

대상판결은 전자조달법 및 구 국가종합전자조달시스템 종합쇼핑몰

---

1) 대법원 2018.10.25. 선고 2016두33537판결.
2) 대법원 2014.12.24. 선고 2010다83182판결 등.
3) 대법원 2014.9.4. 선고 2014다203588판결 등.

운영규정(조달청 고시), 구 다수공급자계약 업무처리규정(조달청훈령)에 의거해서 처분성을 논증하였다. 전자조달법은 처분성 논증에 아무런 착안점을 제공하지 않는다. 구 국가종합전자조달시스템 종합쇼핑몰운영규정(조달청 고시)과 구 다수공급자계약 업무처리규정(조달청훈령)은 국가계약법과 조달사업법의 단가계약을 효과적으로 집행하기 위한 규정이다. 따라서 이들 규정은 －판례가 행정처분으로 보는 국가계약법상의 행정청의 입찰참가자격제한조치의 경우를 제외하고 － 사법상의 계약인 단가계약의 차원에서 접근해야 한다. 따라서 대상판결이 이들 규정에서 공법적 착안점을 구한 것은 바람직하지 않다.

Ⅵ. 처분성인정에 따른 후속 물음: 법률유보의 물음

단가계약이 사법계약인 이상, 그것을 집행하는데 특별한 공법적 메커니즘을 반영하기 위해서는 국가계약법의 차원에서 그런 점이 규정되어야 한다. 이 사건 거래정지조치를 처분으로 볼 때, 제기될 수 있는 물음이 법률유보의 원칙이다. 일찍이 필자는 근거규정의 성질과 처분성인정여부는 연관되지 않음을 강조하였는데 판례가 이를 채용하였다.[4] 그리하여 대법원 2005.2.17. 선고 2003두14765판결은 처분성 여부를 논증한 다음, 법률유보의 원칙을 적용하여 여신전문금융회사의 임원에 대한 금융감독원장의 문책경고가 위법하다고 판시하였다. 이런 맥락에서 대법원 2016두45158판결의 원심은[5] 처분으로서의 이 사건 거래정지조치가 아무런 법률상 근거 없이 추가특수조건이나 쇼핑몰운영고시에 근거하여 이루어져서 법률유보의 원칙에 위배되어 위법하다고 판단하였다. 공히 이 사건 거래정지조치의

4) 이런 사정은 김중권, 행정법 제5판, 2023, 219면 이하.
5) 대전고등법원 2017.1.26. 선고 2016누11801판결.

처분성을 인정한 대상판결과 대법원 2005.2.17. 선고 2003두14765 판결이 본안판단에서 법률유보의 물음을 제외하다시피 하는 식의 논증을 한 것은 처분성 및 위법성의 논증에서의 앞선 판례의 기조와는 맞지 않는다. 이런 논증상의 모순은 실은 이 사건 거래정지조치를 처분으로 본 데서 비롯되었다.

Ⅶ. 맺으면서 – 처분성의 인정이 능사가 아니다.

처분성의 확대는 행정상의 권리구제가 여의치 않을 때 강구할 수 있다. 민사적 권리구제가 주효한 경우에는 처분성의 확대가 동원될 상황이 아니다. 처분성의 인정의 이면(裏面)에는 행정의 우월적 지위가 합리화되고 제도화될 가능성이 있다는 점을 유의해야 한다. 불가쟁력의 존재나 공익과 사익의 형량과정 등의 차원에서 보면, 국민의 권리구제의 측면에서 행정소송이 민사소송보다 항상 더 유리하다고 확신할 수 없다. 대상판결은 자칫 공법과 사법의 구별 시스템을 무색하게 만들 우려가 있다. 생각건대 대상판결은 부정당업자에 대한 입찰참가제한 및 행정계약의 해지와 관련해서 부당하게 처분성을 인정한 판례가 빚은 결과로 여겨진다.

03

근거규정의 성질과 처분성여부의 상관관계에 관한 小考

대법원 2005.2.17. 선고 2003두14765판결

Ⅰ. 사실의 개요

원고는 1999. 3. 12.부터 2002. 3. 30.까지 여신전문금융회사인 외환신용카드 주식회사(이하 '외환카드'라 한다)의 대표이사로 재직하였다. 피고(금융감독원장)는 2002. 2. 27.부터 같은 해 3. 15.까지 외환카드를 비롯한 8개 전업신용카드사와 17개 겸영카드사를 대상으로 검사를 실시한 뒤, 같은 해 3. 26. 아래와 같은 이유로 금융감독위원회(이하 '금감위'라 한다)에 외환카드에 대하여 업무일부정지 1.5월을 명하도록 건의함과 동시에(그 건의에 따라 금감위는 같은 해 3. 26. 외환카드에 대하여 업무일부정지 1.5월을 명하였다), 금감위 규정인 금융기관검사및제재에관한규정(이하 '제재규정'이라 한다) 제18조 제1항 제3호, 제2항에 의거하여 원고에 대하여 이 사건 문책경고처분을 하였다.

Ⅱ. 대상판결의 요지

대법원은 지난 2.17.에 금융기관의 임원에 대한 금융감독원장의 문책경고와 관련하여 매우 의미로운 판결을 내렸다. 여기서 대법원은 다음과 같은 원심판결[1] 및 제1심판결을[2] 그대로 인용하였다.

1. 금융기관검사및제재에관한규정(이하 '제재규정'이라 한다) 제22조는 금융기관의 임원이 문책경고를 받은 경우에는 금융업 관련 법 및 당해 금융기관의 감독 관련 규정에서 정한 바에 따라 일정기간 동안 임원선임의 자격제한을 받는다고 규정하고 있고, 은행법 제18조 제3항의 위임에 기한 구 은행업감독규정(2002. 9. 23. 금융감독위원회공고 제2002-58호로 개정되기 전의 것) 제17조 제2호 (다)목, 제18조 제1호는 제재규정에 따라 문책경고를 받은 자로서 문책경고일로부터 3년이 경과하지 아니한 자는 은행장, 상근감사위원, 상임이사, 외국은행지점 대표자가 될 수 없다고 규정하고 있어서, 문책경고는 그 상대방에 대한 직업선택의 자유를 직접 제한하는 효과를 발생하게 하는 등 상대방의 권리의무에 직접 영향을 미치는 행위로서 행정처분에 해당한다.

2. 여신전문금융회사의 임원에 대한 문책경고의 경우 적어도 그 제한의 본질적인 사항에 관한 한 법률에 근거를 두어야 한다는 전제하에, 금융감독기구의설치등에관한법률(이하 '감독기구설치법'이라 한다) 제17조 제1호, 제3호, 제37조 제1호, 제2호의 각 규정은 금융감독위원회(이하 '금감위'라 한다) 또는 금융감독원의 직무범위를 규정한 조직규범에 불과하여 이들이 당연히 법률유보원칙에서 말하는 법률의 근거가 될 수 없고, 감독기구설치법 제42조에서 피고에게 여신전문금융회사의 임원에 대한 해임권고 및 업무집행정지건의의 권한을 부

---

1) 서울고법 2003.11.7. 선고 2002누20192판결.
2) 서울행정법원 2002.11.29. 선고 2002구합21872판결.

여하고 있다고 하여 당연히 문책경고의 권한까지 함께 주어진 것으로 볼 수 없으며, 여신전문금융업법 제53조, 제53조의2는 금감위 또는 피고가 여신전문금융회사에 대하여 행하는 감독 또는 검사에 관한 규정으로서 위 각 규정도 문책경고의 법률상 근거가 될 수 없고, 증권거래법 제53조 제5항 제2호, 증권거래법시행령 제36조의5 제3호, 보험업법 제20조 제1항 제1호, 상호저축은행법 제24조 제1항 제1호, 신용협동조합법 제84조 제1항 제3호는 여신전문금융회사에 대하여 적용되는 법률이 아니므로, 적어도 여신전문금융회사의 임원에 대한 관계에서는 위 각 법률규정이 문책경고의 근거가 될 수 없고, 따라서 피고가 여신전문금융회사의 임원인 원고에 대하여 한 이 사건 문책경고는 아무런 법률상의 근거 없이 행하여지는 것으로서 위법하다.

Ⅲ. 대법원 2002.7.26. 선고 2001두3532판결의 요지

1. 항고소송의 대상이 되는 행정처분이라 함은 원칙적으로 행정청의 공법상 행위로서 특정 사항에 대하여 법규에 의한 권리의 설정 또는 의무의 부담을 명하거나 기타 법률상 효과를 발생하게 하는 등으로 일반 국민의 권리 의무에 직접 영향을 미치는 행위를 가리키는 것이지만, 어떠한 처분의 근거나 법적인 효과가 행정규칙에 규정되어 있다고 하더라도, 그 처분이 행정규칙의 내부적 구속력에 의하여 상대방에게 권리의 설정 또는 의무의 부담을 명하거나 기타 법적인 효과를 발생하게 하는 등으로 그 상대방의 권리 의무에 직접 영향을 미치는 행위라면, 이 경우에도 항고소송의 대상이 되는 행정처분에 해당한다.

2. 행정규칙에 의한 '불문경고조치'가 비록 법률상의 징계처분은 아니지만 위 처분을 받지 아니하였다면 차후 다른 징계처분이나 경

고를 받게 될 경우 징계감경사유로 사용될 수 있었던 표창공적의 사용가능성을 소멸시키는 효과와 1년 동안 인사기록카드에 등재됨으로써 그 동안은 장관표창이나 도지사표창 대상자에서 제외시키는 효과 등이 있다는 이유로 항고소송의 대상이 되는 행정처분에 해당한다.

Ⅳ. 대법원 2001두3532판결의 의의와 문제점

통상 행정소송법을 비롯한 관련법상의 처분개념에 표현된 "법집행으로서"와 관련하여, 여기서의 '법'이란 '법률의 법규창조력'에 바탕을 둔 '법규(범)'을 의미하고, 행정행위의 법효과발생의 준거점이 된다고 한다. 그리하여 개별토지가격결정의 처분성을 논증하기 위하여 법원은 그것의 근거규정인 국무총리훈령으로서의 '개별토지가격합동조사지침'을 '지가공시및토지등의평가에관한법률' 제10조의 시행을 위한 집행명령으로서 법률보충적 구실을 하는 법규적 성질을 가지는 것으로 보았다.[3] 대법원 2001두3532판결의 원심[4] 역시 처분성을 부인함에 있어서, －분명히 드러나진 않았지만－ 조치의 근거규정의 법적 성격을 염두에 두었으리라 짐작한다.

반면 2001두3532판결은 근거규정 및 관련규정－'함양군지방공무원징계양정에관한규칙', '경상남도지방공무원징계양정에관한규칙', '지방공무원인사기록및인사사무처리규칙', '지방공무원징계등기록말소제도시행지침', '정부포상 및 장관·도지사표창지침'－이 행정규칙임에 불구하고(?), 법효과발생의 가능성 즉, 행정처분의 존재가능성을 열어 준 점에선 호평할 만하다. 그러나 이런 바람직스런 착안을 무색하게 만드는 것이 바로 법규명령형식의 행정규칙의 존재의 문제이다. 비록 대통령령인 경우엔 변화를 주었지만, 다수 문헌과는 배치

---

3) 대법원 1994.2.8. 선고 93누111판결.
4) 부산고법 2001.3.30. 선고 2000누3634판결.

되게 판례는 그 밖의 법규명령에 대해선 搖之不動이다.[5] 그리하여 이제껏 행정규칙으로부터는 사실상의 불이익이 생겨날 뿐 쟁송가능한 법률상 이익은 생겨나지 않기에 원고적격이 없다고 보아온 기왕의 입장을 고려한 즉, 대법원 2001두3532판결은 '행정규칙의 내부적 구속력'을 논거로 내세웠다. 그러나 이런 표현을 사용함으로써, 행정처분의 개념적 징표인 법효과의 발생이 해당 근거규정(행정규칙?)에서 직접 비롯된다고 보는 듯한 태도는, 기본적으로 그것의 원심판결과 기조를 같이 함을 보여줄 뿐 더러 오해의 소지가 있다.[6]

V. 대상판결의 의의와 기대

일부에선 대법원 2001두3532판결에 대해 국민의 실효적인 권리구제의 지평을 넓힌 의미있는 판결이라고 평가하며,[7] 2003두14765판결의 1심판결 역시 이를 논거로 금융감독원장의 문책경고의 처분성을 인정하였다. 하지만 '행정규칙의 내부적 구속력' 논거는 요령부득의 상황에서 나름의 노력의 소산이다. 사실 실질에 경도된 기왕의 판례의 입장을 다수 문헌의 지적처럼 형식중시적 입장으로 선회하면, 이 물음은 손쉽게 해소될 수 있다. 그런데 이런 방향선회와는 별개로 그 같이 논증을 할 수밖에 없었던 이유가 중요하다. 그것은 바로 근거규정의 법적 성질과 처분성의 인정을 연계시킨 데서 빚어진 결과물이다. 어떤 행위의 법적 성질을 행정행위로 여기느냐의 물음에서, 행정행위를 발하기 위한 법적 근거(수권) 존재하는지 여부는 전혀 관계가 없다.[8] 행정행위를 비롯한 어떤 행정작용이 법률상의

5) 가령 대법원 1995.10.17. 선고 94누14148판결.

6) 상세는 김중권 "不問警告措置'의 法的 性質과 관련한 問題點에 관한 小考", 『인권과 정의』 2004.8, 336호, 125면 이하 참조.

7) 가령 김의환, "행정규칙에 의한 징계처분이 항고소송의 대상이 되는 행정처분인지 여부", 『대법원판례해설』 2002년 하반기(통권 제43호), 254면.

8) Kopp/Ramsauer, VwVfG Kommentar, 8.Aufl. 2003, §35 Rn.9; BVerwG NVwZ

근거를 필요로 하는지 여부는 법률유보의 물음이다. 요구되는 법적 근거의 부재는 행정행위를 위법하게 만들 뿐이지, 그것의 법적 성질을 가늠하진 않는다. 요컨데 법률상의 근거의 유무에 상관없이, 어떤 행위가 직접적인 근거규정 뿐만 아니라, 관련 규정에 의거해서 행정행위의 개개의 개념적 징표를 충족하고 있는지가 요체이다.

따라서 대법원 2003두14765판결의 논증방식은 그동안 취해온 것과는 다소 그러나 근본적으로 다르다. 즉, 처분성여부를 판단함에 있어서 근거규정의 법적 성질에서 출발하였던 태도에서 벗어나, 관련 (법)규정에 의거하여 처분성을 논증한 다음에, 그것의 근거규정의 법규성 요구인 법률유보의 물음으로 이행하였다. 그런데 기존의 논증상의 난맥을 일소한 대법원 2003두14765판결의 의의는 여기에 그치지 않는다. 제재적 행정처분과 관련한 리딩판결인, 대법원 1995.10.17. 선고 94누14148전원합의체판결의 도식(부령인 제재처분기준⇒행정규칙⇒사실상 불이익의 인정)으로부터 도그마틱적 왜곡(가령 '행정규칙의 내부적 구속력') 없이도 벗어날 단초가 마련되었다. 대상판결의 획기적인 논증방식은 불원간 기왕의 토대(가령 법규명령형식의 행정규칙의 문제)에 균열을 가져올 前兆로 여겨진다.

** **추기:** 그런데 대법원 2021.2.10. 선고 2020두47564판결은 대검찰청 자체감사규정 제23조 제3항 등에 의거한 검찰총장의 경고조치의 처분성을 긍정하면서 이미 극복된, 대법원 2001두3532판결의 '행정규칙의 내부적 구속력' 논거를 인용하였다. 판례의 전개양상에 관한 몰이해가 확인된다.

1985, 264.

04

국민건강보험법 부당이득의 징수규정이 과연 재량규정인가?

대법원 2020.6.4. 선고 2015두39996판결

Ⅰ. 대상판결의 요지

[2] 구 국민건강보험법(2011. 12. 31. 법률 제11141호로 전부 개정되기 전의 것, 이하 같다) 제52조 제1항은 “공단은 사위 기타 부당한 방법으로 보험급여를 받은 자 또는 보험급여비용을 받은 요양기관에 대하여 그 급여 또는 급여비용에 상당하는 금액의 전부 또는 일부를 징수한다.”라고 규정하여 문언상 일부 징수가 가능함을 명시하고 있다. 위 조항은 요양기관이 부당한 방법으로 급여비용을 지급청구하는 것을 방지함으로써 바람직한 급여체계의 유지를 통한 건강보험 및 의료급여 재정의 건전성을 확보하려는 데 입법 취지가 있다. 그러나 요양기관으로서는 부당이득징수로 인하여 이미 실시한 요양급여에 대하여 그 비용을 상환받지 못하는 결과가 되므로 침익적 성격

이 크다.

법 규정의 내용, 체재와 입법 취지, 부당이득징수의 법적 성질 등을 고려할 때, 구 국민건강보험법 제52조 제1항이 정한 부당이득징수는 재량행위라고 보는 것이 옳다. 그리고 요양기관이 실시한 요양급여 내용과 요양급여비용의 액수, 의료기관 개설 · 운영 과정에서의 개설명의인의 역할과 불법성의 정도, 의료기관 운영성과의 귀속 여부와 개설명의인이 얻은 이익의 정도, 그 밖에 조사에 대한 협조 여부 등의 사정을 고려하지 않고 의료기관의 개설명의인을 상대로 요양급여비용 전액을 징수하는 것은 다른 특별한 사정이 없는 한 비례의 원칙에 위배된 것으로 재량권을 일탈 · 남용한 때에 해당한다고 볼 수 있다.

Ⅱ. 논의현황

통상적으로 기속규정인지 재량규정인지 여부는 가능규정(Kann-Vorschriften)인지 의무규정(Muß-Vorschriften)인지 여부에 따른다. 그런데 구 국민건강보험법 제52조 제1항 부당이득의 징수 규정은 '징수한다'고 하여 논란이 생긴다. 일각에서는 "…… 한다'라고 규정하고 있는 경우 입법 취지, 입법 목적, 행위의 성질을 고려하여 재량행위, 기속행위를 판단해야 한다."고 지적하고,[1] 다른 한편으로는 판례가 법정 외 거부사유에 따른 거부가능성을 인정하는 상황을 기속재량행위로 받아들여 요양급여처분, 그 거부처분과 환수처분을 기속재량행위로 보고서, 요양급여 기준 위반으로 판단되는 경우에도 예외적 정당화 사유가 존재하는 경우 그 초과한 금액 전부가 아니라 일부만 징수할 수 있다고 해석하는 견해가[2] 있으며, '속임수 기타

1) 박균성, 행정법론(상), 2023, 344면.
2) 선정원, 과잉진료와 과잉원외처방으로 인한 부당이득의 환수처분과 손해배상청구,

부당한 방법'을 형식적, 기계적으로 해석하는 상황에서 기속행위로 본다면, 형평과 정의에 반하는 결과가 초래될 수 있어서 '일부 징수'의 차원에서 재량행위로 해석될 여지가 있다는 견해도[3] 있다.

Ⅲ. 대상판결의 재량적 접근 및 그에 대한 비판

대상판결은 해당 규정이 일부 징수의 가능성을 두고 있으며, 부당이득의 징수 자체가 침익적 성격이 크다는 점이 든다. 그밖에 법 규정의 내용, 체제와 입법취지를 드는데, 구체적인 논거는 문현호 판사의 글을 통해 짐작할 수 있다. 이하에서는 문현호 판사의 글에서[4] 전개된 논의를 중심으로 검토한다.

ⅰ) 먼저 문언적 해석의 차원에서 구 국민건강보험법 제52조 제1항의 '일부'라는 표현이 사용된 이상 재량을 인정할 수밖에 없으며, 전액 징수만 가능하다면 굳이 '일부'라는 표현을 사용할 필요가 없다고 지적하는데, 과연 '일부 징수'의 가능성을 지적하였다고 이를 재량의 논거를 삼을 수 있는지 수긍하기 힘들다. '부당이득의 징수'를 규정한 실정법의 현황을 보면, 부당이득의 징수를 의무로 설정할 때 징수권이 부당이득에 한하여 행사되어야 함을 강조한 것으로 이해하면 그 자체가 큰 문제가 되지 않는다. 기속행위로 접근하는 것이 '일부'의 어의와 배치된다는 지적도 수긍하기 힘들다. 그리고 여기서의 '징수한다'의 표현을 중립적이라 지적하는데, 오히려 종래 민사적 방법으로 부당이득환수를 도모하는 것을 공법적으로 대체한다는 강한 의지의 표현으로 볼 수 있다. ⅱ) 체계적 해석의 차원에서 동 규

행정법연구 제29호, 2011, 19면.

3) 현두륜, 건강보험에 있어서 의사와 환자간의 법률관계 : 임의비급여 문제를 중심으로, 의료법학 제8권 제2호, 2007, 108면~109면.

4) 동인, 비의료인 개설 의료기관('이른바 사무장병원')에 대한 국민건강보험법상 부당이득징수 처분, 사법 제54호, 2020, 846면 이하.

정은 적용 범위가 넓은 일반조항이기에 실질적 부당이득징수사유를 포착하기 위해서 재량규정이어야 함을 내세우는데, 이는 실제적인 부당이득이 되는지 여부의 문제이고 부당이득의 적정성의 물음이기에, 재량규정의 논거가 될 수 없다. iii) 목적론적 해석의 차원에서 요양급여비용 중 일부 금액만 부당하면 그 금액만큼 행정청의 증명책임이 경감되는데, 만약 기속행위로 보면 부당한 일부 금액 특정의 증명책임까지 행정청이 부담하여 엄격하게 보면 처분이 불가능하게 된다고 지적하였는데, 과연 이것이 목적론적 해석의 접근방식인지 의문스럽다. iv) 엄격해석의 차원에서 요양급여비용이 유상급부에 대한 대가이어서 그것의 징수는 무상 보조금 환수보다 침익성이 가장 강하기에 재량이라는 것인데, 통상적으로 침익행위를 애써 재량행위가 아닌 기속행위로 보는 것과는 완전히 상반된 논증이다. 침익성이 크기에 행정청의 자의가 기속행위의 경우보다 상대적으로 개재될 가능성이 큰 재량행위로 접근하는 것은 오히려 문제가 있다. v) 합헌적 해석의 차원에서 과잉금지의 원칙에서 재량행위로 보아야 한다면서 헌재 2014.1.28. 2014헌바298 등의 결정이유－심판대상조항들은 '급여비용에 상당하는 금액의 전부 또는 일부'를 부당이득으로 징수하도록 정하고 있어, 구체적 사안에 따라 그 금액 전부의 징수가 부당한 경우에는 일부만 징수할 수 있으므로, 부당이득금 징수처분으로 인한 의료인의 피해를 최소화하고 있다－가 해당 규정을 재량행위설을 전제로 한 것으로 해석된다고 지적한다. 그런데 '일부'의 의미와 관련해서 헌법재판소가 수급한 요양급여비용 가운데 부당이득에 해당하는 것만을 징수하도록 입법자가 배려한 것임을 지적한데 불과하다. 그 이상 그 이하의 의미를 찾을 수 없다. 더해서 다양한 일률적인 전액징수가 불공평 또는 책임초과로 이어질 수 있으며, 절차적, 형식적 규정만 위반한 경우에는 요양급여기준위반보다 징수금액이 더 크게 될 수 있으며, 그리하여 회생파산절차에 의한 면책이 불가능한 의사들이 경제적 불능상태에 빠지게 되어 사회 전체적으로 바람직하지 않음을 든다. 그런데 과도한 징수의 경우는 기속행위인 과세처분에서 일부취소와 같은 방법으로 충분히 대처할 수 있다는 점에서 －일종의 부당결부와 같은－ 이런 식의 논증이 과연 재량행위적 접근을 정당화시킬 수 있을지 큰 의문이 든다. vi) 다른 법령과의 비교에서 부당이득 성격이 있다고 하여 반드시 기속행위로 볼 수는 없고, 입법정책적 문제일 뿐이라고 지적하는데, 이는 동 규정의 재량행위성 여부의 논거와는 무관하다. 재량행위라도 전부 징수가 가능하며, 부당이득의 징수(박탈)의 성격이 징수의 재량행위와 모순되지 않는다는 지적과 관련해서는 과연 본 사안에 통용될 수 있는 논증인지 의문스럽다.

Ⅳ. 맺으면서 – 결과적으로 사무장병원이 사실상 용인된 셈이다.

대상판결이 해당규정을 재량규정으로 접근하기 위해 내세운 논거 모두가 전혀 수긍하기 힘들다. 비록 익숙한 규정방식－하여야 한다－을 취하지 않아 논란이 있을 수 있지만, 법 규정의 내용, 체재와 입법취지를[5] 감안할 때 부당이득의 징수규정은 기속규정일 수밖에 없다. 징수(환수)처분규정을 기속규정으로 둔 것은 입법자가 연금지급의 적법성을 다른 여지없이 실현하기 위함이다. 침익적 처분을 재량에 맡겼을 때 생길 수 있는, 공평하지도 정의롭지도 않은 법집행의 가능성을 처음부터 배제하기 위함이다. 부당이득 징수제도의 정당성을 고려하면, 애써 그것을 이익형량의 틀 속에서 징수권자의 자의가 개재될 가능성이 있는 재량행위로 접근할 이유가 어디에 있는

5) 동 규정의 원형은 일본 건강보험법 제58조 제1항이다. 일본의 경우 '할 수 있다'고 규정되어 있지만 기속행위로 접근하는데, 이는 '할 수 있다'의 의미를 일종의 권한 규정의 차원에서 접근한 것이다.

지 반문하고 싶다. 대상판결은 의도하지 않았으나 결과적으로 사무장병원을 사실상 용인한 셈이다.[6] 법령에서 규정하지 않은 장애를 바람직스럽지 않게 예시적 접근으로 등록장애종류로 확대 인정한 대법원 2019.10.31. 선고 2016두50907판결이 보여주듯이 최근 법원은 사회보장행정 분야에서 권리구제확대를 내세워 이해하기 힘든 전개를 한다.[7] 아무리 사회보장행정법이 일반행정법의 실험장인 동시에 혁신의 원동력이라 하더라도, 민주적 법치국가원리를 넘어갈 수는 없고, 사회적인 것 그 자체가 결코 민주적 법치국가원리의 예외를 정당화시키지도 않는다.

6) 상론: 김중권, 국민건강보험법의 부당이득징수처분의 법적 성질, 행정판례연구 제26집 제1호(2021.6.30.), 3면 이하.
7) 김중권, 판결에 의한 장애종류의 확장의 문제, 사법 제55호(2021.3.15.), 955면 이하.

05

산재법상 부당이득 징수처분에서 이익형량적 접근의 문제점

대법원 2017.6.29. 선고 2014두39012판결

Ⅰ. 사실과 경과

원고의 배우자가 공장경비원으로 근무하던 중에 사망하여(2008.2.4.), 원고가 근로복지공단을 상대로 유족급여 및 장의비의 지급을 청구하였지만 거부되었는데, 재심사절차를 통해 산재가 인정되어(2009.1.23.) 근로복지공단은 유족급여 및 장의비의 지급처분을 하고 보험급여를 지급한(2009.4.6.) 다음, 망인이 근무하던 공장의 사업주에 대해 산재보험급여액 징수통지처분을 하였다(2009.4.9.). 이에 대해 공장의 사업주가 근로복지공단을 상대로 양 처분의 취소소송을 제기하여 망인의 사망과 업무 사이에 상당인과관계가 인정되지 않음을 이유로 양 처분이 취소되어 확정되었다(2011.4.14.). 이에 따라 근로복

지공단이 2011.12.28.에 원고를 상대로 기 지급 보험급여에 대해 산재법 제84조 제1항 제3호 사유인 '그 밖에 잘못 지급된 보험급여'에 해당함을 이유로 징수처분을 하였다.

Ⅱ. 대상판결의 요지

산업재해보상보험법(이하 '산재법'이라 한다) 각 규정의 내용과 취지, 사회보장 행정영역에서의 수익적 행정처분 취소의 특수성 등을 종합하여 보면, 산재법 제84조 제1항 제3호에 따라 보험급여를 받은 당사자로부터 잘못 지급된 보험급여액에 해당하는 금액을 징수하는 처분을 함에 있어서는 그 보험급여의 수급에 관하여 당사자에게 고의 또는 중과실의 귀책사유가 있는지, 보험급여의 액수·보험급여 지급일과 징수처분일 사이의 시간적 간격·보험급여 소비 여부 등에 비추어 이를 다시 원상회복하는 것이 당사자에게 가혹한지, 잘못 지급된 보험급여액에 해당하는 금액을 징수하는 처분을 통하여 달성하고자 하는 공익상 필요의 구체적 내용과 그 처분으로 말미암아 당사자가 입게 될 불이익의 내용 및 정도와 같은 여러 사정을 두루 살펴, 잘못 지급된 보험급여액에 해당하는 금액을 징수하는 처분을 하여야 할 공익상 필요와 그로 인하여 당사자가 입게 될 기득권과 신뢰의 보호 및 법률생활 안정의 침해 등의 불이익을 비교·교량한 후, 그 공익상 필요가 당사자가 입게 될 불이익을 정당화할 만큼 강한 경우에 한하여 보험급여를 받은 당사자로부터 잘못 지급된 보험급여액에 해당하는 금액을 징수하는 처분을 하여야 한다(대법원 2014.4.10. 선고 2011두31697판결, 대법원 2014.10.27. 선고 2012두17186판결 등 참조). 나아가 산재법상 각종 보험급여 등의 지급결정이 적법한지를 판단하는 기준과 그 처분이 잘못되었음을 전제로 하여 이미 지급된 보험급여액에 해당하는 금액을 징수하는 처분이 적법한지를 판단하는 기준이 동일하다고 할 수는 없으므로, 지급결정이 적법하게 취소되었다고 하여 그에 기한 징수처분도 반드시 적법하다고 판단하여야 하는 것은 아니다(대법원 2014.7.24. 선고 2013두27159판결 참조).

Ⅲ. 문제의 제기 – 재량의 본질에서의 이익형량의 요청

산재법 제84조 제1항의 징수처분은 기속행위이다. 그럼에도 불구하고 대상판결은 산재법상의 부당이득 징수처분을 - 비록 명시적으로 표현은 하지 않았지만 – 재량처분인 양 이익형량적 접근을 한다. 개별상황에서 나름 최적의 결정을 지향하는 재량의 본질에서 당연히 관련 이익의 성실한 형량이 요구된다. 문제는 의무(기속)규정인 징수처분규정에 대해 판례처럼 사회보장 행정영역에서의 수익적 행정처분 취소의 특수성에 의거하여 그것을 마치 재량규정인 양 이익형량적 접근을 강구할 수 있는지 여부이다. 판례의 이런 태도는 일찍이 대법원 2014.4.10. 선고 2011두31697판결에서 비롯되어 지속되고 있다.[1)]

Ⅳ. 징수처분을 수익적 행정행위의 취소로 접근하는 것의 문제점

일찍이 대법원 2011두31697판결이 사안을 사회보장 행정영역에서의 수익적 행정처분의 취소의 차원에서 접근하여 공익과 이익의 형량에 바탕으로 둔 논증하였다. 그런데 사안의 본질이 부당이득의 징수인데, 어떤 이유에서 수익적 행정처분의 취소의 차원에서 접근한 것인지 설득력 있는 논거가 제시되지 않았다. 급부하명을 내용으로

1) 판례의 입장에 대해 긍정적인 문헌으로 이상덕, 사법논집 제57집, 2013; 유해용, 신영철 대법관 퇴임기념 논문집, 2015; 김길량, 대법원판례해설 제111호 2017.

하는 징수처분의 본질은 부당이득의 환수이다. 따라서 부당이득의 법리에 비추어 법적 근거의 소멸의 차원에서 선행하는 급여지급결정의 존재가 없어야 징수처분을 발할 수 있다. 선행하는 급여지급결정은 무효이어서 처음부터 없는 것으로 여겨지거나 취소나 철회에 의해 비로소 없어져야 한다. 비록 대법원 2011두31697판결의 사안에서 잘못된 장애등급에 의거한 원래의 장해급여결정을 취소한 다음 과오급된 장해급여 부분에 대한 징수처분으로 나아가지 않고 곧바로 징수처분으로 나아갔기에, －판례가 나타내진 않았지만－ 징수처분에 수익적 행정행위의 취소의 측면을 삽입한 것으로 선해할 수 있긴 하나, 부당이득의 법리에 충실하여 선행 급여지급결정의 취소처분이 없음을 문제 삼았어야 한다. 분명히 선행 급여지급결정의 취소처분이 존재하고 별도로 징수처분이 내려진 사안의 경우에[2] 대법원 2011두31697판결과 마찬가지로 접근하는 것은 바람직하지 않다. 그리고 산재법과 「특수임무수행자 보상에 관한 법률」상의 징수처분을 수익적 행정행위의 취소의 차원에서 접근한 것은 정당화되기 어렵다.

V. 징수처분에서 이익형량적 접근을 강구하는 것의 문제점

대상판결을 비롯한 판례는 법규정상 징수처분의 근거규정이 의무규정 즉, 기속규정임에도 불구하고 그것을 수익적 행정행위의 취소의 차원에서 이익형량적 논증을 전개한다. 수익적 행정행위의 취소는 재량이어서 관련 이익의 형량의 방법으로 행정의 법률적합성의 원칙과 신뢰보호의 원칙 가운데 어떤 원칙에 대해 구체적인 개별사건에서 가중치가 주어지는지 여부를 심사한 다음, 어느 원칙이 우위인지 여부에 따라 취소를 시인하거나 부정해야 한다. 이익형량의 요청은 효과적인 사법통제의 수단이기도 하다. 따라서 기속규정을 통

2) 대법원 2014.7.24. 선고 2013두27159판결; 2017.3.30. 선고 2015두43971판결.

해 입법자가 배제한 징수처분의 이익형량적 접근을 법원이 판례를 통해 강구하는 것은 입법자의 의사에 정면으로 반하거니와, 법원의 심사권을 법률적 근거 없이 확대한 것과 다를 바 없다. 판례의 이익형량적 접근은 아무리 판례의 법형성기능을 내세우더라도 정당화될 수 없다.

Ⅵ. 징수처분의 위법성 여부

판례는 급여지급취소처분과 징수처분을 상호 절연시켜 접근하지만, 징수처분이 급여지급취소처분에서 비롯된다는 점에서 징수처분의 위법성을 급여지급취소처분의 위법성에 연계시켜 접근할 필요가 있다. 따라서 급여지급취소처분의 위법성을 적극적으로 검토해야 한다. 그런데 대상판결의 경우 급여지급결정이 쟁송취소되어서 다른 징수처분 사건과는 다르기에, 징수처분 그 자체의 위법성 여부를 검토해야 한다. 오늘날 기대가능성의 원칙이자 수인한도성의 원칙은 하자승계의 판례가 보여주듯이 헌법차원의 독립적인 공법원칙으로 강조되고 있다.[3] 사안에서 원고가 1946년생의 노인으로서 별다른 경제활동을 하지 않아 망인의 수입에 의존하여 살아왔으며, 이미 선행 지급처분에 기하여 지급받은 보험급여를 과실 없이 장의비, 생활비 등으로 모두 소비하였다는 점에서 징수처분이 기대가능성의 원칙에 위배된다고 볼 수 있다. 나아가 원고가 선행 지급처분의 적법·타당성을 신뢰한 데에는 아무런 귀책사유가 없다는 점에서 신뢰보호의 원칙 역시 동원할 수 있다.

3) 김중권, 행정법, 60면.

Ⅶ. 맺으면서 – 판례의 법형성기능의 한계

사회보장행정은 행정법의 혁신과 개혁을 위한 실험장인데, 그 실험은 비판적인 행정법적, 헌법적 분석을 필요로 한다. 사회국가원리를 바탕으로 한 사회보장행정 역시 법치국가원리의 지배를 받는다. 법의 갱신을 가능케 하는 판례의 법형성기능 역시 전체 법질서의 테두리안에서 이루어진다. 법률구체화적, 법률보충적 판례법만이 존재할 수 있고, 결코 법률수정적 판례법은 존재할 수 없다. 판례가 징수처분의 이익형량석 접근을 강구한 것이 나름 합리적 해결책을 강구하기 일환이어서 판례를 통한 법의 갱신의 차원에서 수긍될 수 있긴 하나, 이상에서 보았듯이, 입법자의 의사에 정면으로 반할 뿐만 아니라, 판례의 법형성기능을 넘어선다. 판례에 의해 징수처분에 대해 이익형량이 요구됨으로 인해 자칫 법집행에서 이익형량을 바탕으로 공평하지도 정의롭지도 않은 –예상하지 못한– 일이 생길 수도 있다.[4]

---

4) 상론: 김중권, 국민건강보험법의 부당이득징수처분의 법적 성질, 행정판례연구 제26집 제1호, 2021.6.30., 3면 이하; 국민건강보험법 부당이득의 징수규정이 과연 재량규정인가? 법률신문 제4926호, 2021.9.30.

06

전교조법외노조통보의 법적 성질과 문제

대법원 2020.9.3. 선고 2016두32992전원합의체판결

Ⅰ. 대상판결의 요지

1. 법외노조통보는 이미 법률에 의하여 법외노조가 된 것을 사후적으로 고지하거나 확인하는 행위가 아니라 그 통보로써 비로소 법외노조가 되도록 하는 형성적 행정처분이다. 이러한 법외노조 통보는 단순히 노동조합에 대한 법률상 보호만을 제거하는 것에 그치지 않고 헌법상 노동3권을 실질적으로 제약한다. 그런데 노동조합법은 법상 설립요건을 갖추지 못한 단체의 노동조합 설립신고서를 반려하도록 규정하면서도, 그보다 더 침익적인 설립 후 활동 중인 노동조합에 대한 법외노조통보에 관하여는 아무런 규정을 두고 있지 않고, 이를 시행령에 위임하는 명문의 규정도 두고 있지 않다. 더욱이 법

외노조통보제도는 입법자가 반성적 고려에서 폐지한 노동조합 해산명령 제도와 실질적으로 다를 바 없다. 결국 이 사건 시행령 조항은 법률이 정하고 있지 아니한 사항에 관하여, 법률의 구체적이고 명시적인 위임도 없이 헌법이 보장하는 노동3권에 대한 본질적인 제한을 규정한 것으로서 법률유보원칙에 반한다.

2. 피고는 이 사건 시행령 조항이 유효함을 전제로 이에 근거하여 이 사건 법외노조통보를 하였다. 이 사건 시행령 조항은 헌법상 법률유보원칙에 위반되어 그 자체로 무효이다. 따라서 이 사건 시행령 조항에 기초한 이 사건 법외노조통보는 그 법적 근거를 상실하여 위법하다고 보아야 한다.

Ⅱ. 문제의 제기 – 7년의 소송 끝에 국가 전체를 달구었던 오랜 숙제가 해소되었다.

하급심과는[1)] 달리 대상판결은 법외노조통보의 위법성을 확인하고 사건을 서울고등법원에 환송하였다. 10인의 대법관은 법외노조통보가 위법한 것으로, 2인의 대법관은 그것이 적법하다고 보았다. 근 7년의 소송 끝에 국가 전체를 달구었던 오랜 숙제가 해소되었다. 다수의견 및 별개의견, 반대의견이 각기 법학방법론, 해석론 및 입법론에 바탕을 두고 상반된 입장을 개진하였고, 상호간에 매우 비판적이고 직설적인 언급을 하였다. 가령 반대의견이 “다수의견의 입장은 이 사건 법률 규정이 그 자체로 완결적인 규정임을 간과한 것이거나 이 사건 시행령 조항이 무효라는 결론을 위하여 법규정의 의미를 임의로 축소하는 편의적 해석일 뿐이다.”고 지적하였다. 행정법, 공법적 쟁점에 관한 상론은 다른 곳에서 하고, 여기선 법외노조통보의

1) 서울고법 2016.1.21. 선고 2014누54228판결; 서울행정법원 2014.6.19. 선고 2013구합26309판결.

처분성 여부 및 그 법적 성질을 검토하고자 한다.

Ⅲ. 전제적 논의: 판례를 통한 법의 현재화

판례는 －판시하는 시점에서 보면－ 과거에 완결된 사안을 판단하고, 이들에 법률적 규준을 적용한다. 그리고 법의 내용과 사실적 형성력에 관한 －법적 지속성을 견지하는－ 끊임없는 확인을 공고히 한다. 법원은 과거사를 다루지만 그것에 관한 분석과 평가를 통해 현재는 물론, 미래를 결정하는 권력이다. 판례(Rechtsprechung)는 법(Recht)을 말하는 것(Sprechen)이다. 법을 말한다는 것은 민주적 법치국가에서는 개별사례를 위해 법률의 언명을 현재에 맞게 해석(설명)하는 것을 의미한다. 판례는 입법상의 규준을 개별적으로 적합하게, 현재적으로 그리고 사안과 관련해서 분명히 하고, 구체화한다. 판례는 사전에 규정된 것(입법)을 사후에 말하는 것 以上이며, 항상 그것의 불완전성을 숙고하여야 한다. 입법권의 使者에 그치지 않는다. 법률은 사건의 발생 이전 즉, 과거완료의 시점에 만들어졌다. 실현되고 있는 법의 妥當根據는 과거에 있는 것이 아니라, 현재에 있다.[2] 법관은 현재의 법구속성을 위해 책임을 지고, 법치국가의 현재적 대변자이다. 법관은 법률내용을 현재에 맞게 계속 숙고해야 하고, 발전을 동반한 숙고가 필요하다. 특히 최고법원의 법관은 과거와 현재의 중재자이기도 하며, 국가 및 법의 갱신능력의 보증인이기도 하다. 다만 적극적인 법형성을 통해 '창조적 법발견'이 강구되더라도, 그것이 입법이 되어선 곤란하다.

---

2) 김형배, 법학방법론, 1981, 41면.

Ⅳ. 법외노조통보의 처분성 여부 및 법적 성질

다수의견 8인의 대법관은 법외노조통보의 직접적 근거가 된 교원노조법 시행령 제9조 제1항 및 노동조합법 시행령 제9조 제2항의 위헌성을 적극적으로 논증하여 법률유보의 차원에서 법외노조통보의 위법성을 접근하였다. 별개의견 2인의 대법관은 법외노조통보 그 자체의 위법성을 논증하였는데, 기본적 시각에서 헌법의 차원에서 바라보는 입장(별개의견 1)과 수익적 행정처분의 취소철회의 차원에서 바라보는 입장(별개의견 2)으로 나뉜다. 법외노조통보의 법적 성질과 관련해서 다수의견은 그것을 형성적 행정처분으로 보는 반면, 별개의견 1은 확인적 행정처분으로 보는데, 이는 사안을 법률유보의 원칙 및 위임입법의 법리의 차원에서 접근하는 것에 대한 입장의 차이를 낳는다. 반대의견 역시 별개의견 1과 마찬가지로 확인적 성질을 인정하기에, 다수의견의 입장에 대해 매우 강한 비판을 하였다.

결국 이 문제는 "근로자가 아닌 자의 가입을 허용하는 경우에는 노동조합으로 보지 아니한다."는 노동조합법 제2조 제4호의 성격의 문제이다. 여기서 "노동조합으로 보지 아니한다."는 - 그것의 타당성은 차치하고서- 노동조합법상의 노동조합이 될 수 없다는 입법자의 의사를 표방한 것이다. 즉, 노동조합의 적격성(허용성)의 물음이다. 이 점에서 논증의 출발점을 시행령이 아닌 법률에 둔 별개의견 1과 반대의견은 바람직하다. 확인적 행정행위의 기능은 개별사건과 관련하여 법적으로 중요한 특성을 구속적으로 확인하거나 부인하는 데 있는데, 그것은 행정청과 수범자를 위해 법효과를 증명하는 의사로써 행해진다.[3] '교원노조법에 의한 노동조합으로 보지 아니함'을 통보한다는 자체는 이미 법효과가 발생하였음을 전제로 한다. 따

3) 김중권, 행정법, 239면.

라서 법외노조통보에 의해 비로소 전교조가 법외노조로 된 것이 아니다. 다수의견의 지적처럼 현재의 법외노조통보제도가 설령 사실상 폐지된 노동조합 해산명령 제도와 그 주체, 대상, 절차 및 효과 등이 모두 동일하다 하더라도, 그것이 법률상의 노동조합의 적격성 규정에서 비롯된 이상, 법률 자체의 문제이지 결코 시행령의 차원의 문제가 아니다. 법외노조통보를 하기 전에 시정명령을 통해 노동조합의 부적격상황을 해소할 기회를 제공하는 점과 −마치 수리를 요하는 신고인양 취급되나− 기본적으로 노동조합의 설립이 신고제에 해당하는 점에서, 법외노조통보를 창설적인 설권적 처분으로 보는 것은 체계에 반한다. 이처럼 법외노조통보를 확인적 처분으로 접근하는 이상, 법외노조통보의 법적 성질을 조합설립신고 수리처분의 철회로 보고서 이익형량과 비례원칙의 차원에서 검토하는 별개의견 2 역시 수긍하기 힘들다. 특히 법외노조통보가 기속행위인 점에 더욱 그러하다.

V. 관견: 사안을 어떻게 접근해야 하는가?

일찍이 대법원 2014.4.10. 선고 2011두6998판결의 평석에서 필자는 “사안에서 쟁점대상은 신고제에서 실질적 심사의 문제가 아니라, 법규정(노동조합법 제2조 제4호 (라)목)을 중심으로 해직자가 완전히 배제된 현재의 근로자만이 조합원이 될 수 있는 것으로 본 해석의 문제이다. 처음부터 근로자가 아닌 경우에는 그 비근로자를 조합원으로 하는 조합의 설립을 불허하는 것이 정당화될 수 있지만, 해직자의 경우에는 그리고 사안처럼 기왕의 조합을 합병하여 조합을 설립하는 경우에는 나름의 (판례의) 법형성적 접근도 강구할 만하다. 나아가 사안에 대한 노동조합법 차원의 문제인식이 필요하다.”고 지적하였다.[4] 시대와 호흡하지 못하고 현실의 상황을 제대로 반영하지 못한 현재의 법상황이 문제인데, 이런 문제인식을 어떻게 구현하는지가 관건이다. 비록 서울고등법원 2014누54228판결의 재판부가 위헌법률심판제청을 한 것에 대해 헌법재판소의 합헌판단이 내려졌지만,[5] "만일 법에 정당성이 부족하다고 본다면 헌법재판소에 위헌법률심판을 제청하거나 국회에 법개정을 청원하여야 할 것이다."라고 반대의견의 지적대로, 위헌법률심판을 통해 해결되는 것이 정도이다. 이와 별개로 현행법의 해석의 차원(de lege lata)에서 기본권과 노동조합의 본질 등에 의거하여 새로운 해석의 방법으로 현안의 문제점을 적극적으로 타개하지 않은 것이 아쉽다.[6] 일찍이 대법원 2012.4.26. 선고 2011도6294판결은 별다른 추가적 요건을 설정하지 않고서 집회미신고를 집회해산명령의 요건으로 규정하고 있는 법상황에서 추가적 요건을 더해 집회해산명령을 정당화시켰다.

4) 김중권, 2014년도 主要 行政法(行政)判決의 分析과 批判에 관한 小考, 안암법학 제47호, 2015.5., 9면.

5) 헌재 2015.5.28. 2013헌마671 등.

6) 상론: 김중권, 전교조 법외노조통보 판결의 문제점, 인권과 정의 제495호, 2021.2.1., 165면 이하.

07

직사살수와 관련한 최근 판례의 문제점

대법원 2019.1.17. 선고 2015다236196판결; 헌재 2020.4.23. 2015헌마1149

Ⅰ. 살수의 법적 성질

경찰관은 직무수행 중 경찰장비를 사용할 수 있는데(경찰관직무집행법 제10조 제1항), 여기서의 “경찰장비”란 무기, 경찰장구, 최루제와 그 발사장치, 살수차, 감식기구, 해안 감시기구, 통신기기, 차량·선박·항공기 등 경찰이 직무를 수행할 때 필요한 장치와 기구를 말한다(동조 제2항). 결국 직사살수는 법률에서 허용된 경찰장비의 사용의 일환이다.

직사살수의 법적 성질은 공무집행을 위한 관용차의 운전과 같이 일종의 사실행위이다. 그런데 경찰장비의 사용을 보는 데는 직접강제의 차원이나 즉시강제의 차원의 두 가지 관점이 있다. 직접강제란

하명처분에 의해 가해진 일체의 의무를 불이행한 경우에 직접 의무자의 신체나 재산 또는 이 양자에 물리력(실력)을 가하여 의무의 이행이 있었던 것과 같은 상태를 실현하는 것을 말한다. 즉시강제는 일반적으로 목전의 긴급한 장애를 제거하기 위하여 필요한 경우 또는 미리 의무를 명하는 것으로는 행정목적을 달성할 수 없는 경우에, 행정청이 하명처분을 하지 않고서 직접 상대방의 신체·재산에 실력을 가함으로써 행정상 필요한 상태를 실현시키는 것을 말한다. 독일 주 경찰법과 '연방집행공무원에 의한 공권력행사에서의 직접강제에 관한 법률'(UZwG)은 포승, 무기나 살수차 등을 직접강제에 해당하는 물리력의 보조수단으로 명문으로 들고 있다.[1] 독일에서는 직접강제 역시 대집행과 마찬가지로 계고 등의 절차를 거쳐서 행해진다. 살수가 해산명령의 구체적인 실행의 차원에서 동원된 경우에는 직접강제의 차원에서 접근할 법하다.

Ⅱ. 대법원 2019.1.17. 선고 2015다236196판결

1. 대상판결의 요지

위해성 경찰장비인 살수차와 물포는 필요한 최소한의 범위에서만 사용되어야 하고, 특히 인명 또는 신체에 위해를 가할 가능성이 더욱 커지는 직사살수는 타인의 법익이나 공공의 안녕질서에 직접적이고 명백한 위험이 현존하는 경우에 한해서만 사용이 가능하다고 보아야 한다. 또한 위해성 경찰장비인 살수차와 물포는 집회나 시위 참가자들을 해산하기 위한 목적의 경찰장비이고 경찰관이 직사살수의 방법으로 집회나 시위 참가자들을 해산시키는 것은 집회의 자유나 신체의 자유를 침해할 우려가 있으므로 적법절차의 원칙을 준수

1) 가령 PolG NRW 第58조; UZwG 제2조 제3항.

하여야 한다. 따라서 경찰관이 직사살수의 방법으로 집회나 시위 참가자들을 해산시키려면, 먼저 집회 및 시위에 관한 법률 제20조 제1항 각호에서 정한 해산 사유를 구체적으로 고지하는 적법한 절차에 따른 해산명령을 시행한 후에 직사살수의 방법을 사용할 수 있다고 보아야 한다. 경찰청 훈령인 '물포운용지침'에서도 '직사살수'의 사용요건 중 하나로서 '도로 등을 무단점거하여 일반인의 통행 또는 교통소통을 방해하고 경찰의 해산명령에 따르지 아니하는 경우'라고 규정하여, 사전에 적법한 '해산명령'이 있어야 함을 요구하고 있다.

2. 검 토

판례는 집시법상의 해산명령에 대해 적법절차의 원칙에 의거하여 높은 절차적 요청을 설정한다. 즉, 해산명령을 할 때에는 해산사유가 집시법 제20조 제1항 각 호 중 어느 사유에 해당하는지에 관하여 구체적으로 고지하여야만 한다고 본다.[2] 대상판결은 적법한 해산명령절차를 거치지 아니하여 해산명령 자체가 위법한 이상, 그것의 실행행위로서의 직사살수 역시 당연하게 위법한 것으로 보고서 국가배상책임을 인정한다.

(1) 해산명령의 위법성의 살수행위에로의 이전 문제

살수행위를 하명처분의 실행행위로 보는 것은 기본적으로 전자를 후자를 위한 강제절차로 보는 것이다. 원칙적으로 강제집행절차에서 기본행위(당초의 하명처분)의 적법성은 강제집행의 수단이 적용되기 위한 요건이 될 수 없다. 즉. 기본행위(하명처분)에 따른 행정상의 강제집행에서는 기본행위의 하자가 고려되지 않는 것이 원칙이다.[3] 즉, 양자 사이에는 하자가 승계되지 않는 것이 원칙이다. 따라서 설

2) 대법원 2012.2.9. 선고 2011도7193판결.
3) W-R Schenke. Polizei- und Ordnungsrecht, 8.Aufl., 2013, §10 Rn.540.

령 위법하더라도 무효사유에 해당하지 않는 한, 행정행위는 유효하게 효력을 발생한다는 행정행위의 공정력을 인정하는 이상, 해산명령의 위법성이 살수행위에 당연히 이전하는 것으로 볼 수는 없다. 독일의 연방헌법재판소 판례 역시 살수형식의 직접강제의 적법성은 기본처분의 적법성에 좌우되지 않는 것으로 본다.[4)]

(2) 해산명령에 대한 고도의 절차적 요청의 문제

해산명령에 대한 고도의 절차적 요청이 과연 정당한지 검토가 필요하다. 해산명령에서의 해산사유의 고지는 일종의 처분의 이유제시에 해당한다. 현행 행정절차법 제23조 제1항에 의하면 긴급을 요하는 경우에는 이유제시의무가 면제된다. 긴급을 요하는 상황에 해당하는지 여부에 관한 차별적 인식 없이 해산명령에 대해 법규정상의 구체적 해산사유의 고지를 요구하는 것은 문제가 있다. 집시법 시행령 제17조에 의하면, 해산명령을 하기 전에 먼저 주최자 등에게 종결 선언을 요청한 후 주최자 등이 그 요청에 따르지 아니하거나 종결 선언에도 불구하고 집회 또는 시위의 참가자들이 집회 또는 시위를 계속하는 경우에 직접 참가자들에 대하여 자진 해산할 것을 요청하도록 하고, 그 자진 해산 요청에 따르지 아니할 경우에 한하여 세 번 이상 자진 해산을 명령한 후 직접 해산에 나설 수 있다. 해산사유가 발생하더라도 곧바로 해산명령을 발하지 않고 일정한 인터벌을 두고서 해산명령의 발함과 그 실행이 행해지게 함으로써, 해산사유가 구체적으로 고지되지 않았다는 문제는 충분히 상쇄될 수 있다. 대개의 경우 해산명령이 법위반의 상황에서 행해진다는 점을 감안하면, 판례가 요구하는 해산명령에 대한 높은 절차적 요청은 절차하자의 인정을 쉽게 하여 그것은 과도한 절차적 철조망에 다름 아니다. 물론 직사살수가 관련 법규정에 위반하여 행해진 것은 별개의 문제

4) BVerfG, NVwZ 1999, 290(292).

이다. 기본적으로 적법절차의 요청에 대한 과도한 인식에 문제가 있다. 헌법재판소는 헌법 제12조 제3항 본문이 동조 제1항과 함께 적법절차원리의 일반조항에 해당하는 것으로 보고서, 적법절차의 원칙이란 헌법의 기본원리로서 형사절차상의 영역에 한정되지 않고 입법, 행정 등 국가의 모든 공권력의 작용에는 절차상의 적법성뿐만 아니라 법률의 구체적 내용도 합리성과 정당성을 갖춘 실체적인 적법성이 있어야 한다는 것으로 이해한다.[5] 그런데 헌법재판소가 적법절차의 원칙을 정의한 것이 과연 그에 맞는 것인지 의문이 든다. 오히려 그것은 마치 실질적 법치주의에 대한 것으로 여겨질 정도로 너무 넓다. 그리고 헌법 제12조가 기본적으로 신체의 자유를 그 대상으로 하기에, 과연 국가작용 일반에 대한 절차적 요청을 적법절차의 원칙으로 커버할 수 있는지 의문이다.

Ⅲ. 헌재 2020.4.23. 2015헌마1149

1. 결정요지

이 사건 직사살수행위는 불법 집회로 인하여 발생할 수 있는 타인 또는 경찰관의 생명・신체의 위해와 재산・공공시설의 위험을 억제하기 위하여 이루어진 것이므로 그 목적이 정당하다. 이 사건 직사살수행위 당시 청구인 백○○는 살수를 피해 뒤로 물러난 시위대와 떨어져 홀로 경찰 기동버스에 매여 있는 밧줄을 잡아당기고 있었다. 따라서 이 사건 직사살수행위 당시 억제할 필요성이 있는 생명・신체의 위해 또는 재산・공공시설의 위험 자체가 발생하였다고 보기 어려우므로, 수단의 적합성을 인정할 수 없다. 그럼에도 불구하고 피청구인들은 현장 상황을 제대로 확인하지 않은 채, 위 살수

5) 헌재 1992.12.24. 선고 92헌가8.

차를 배치한 후 단순히 시위대를 향하여 살수하도록 지시하였다. 그 결과 청구인 백○○의 머리와 가슴 윗부분을 향해 약 13초 동안 강한 물살세기로 직사살수가 계속되었다. 이로 인하여 청구인 백○○는 상해를 입고 약 10개월 동안 의식불명 상태로 치료받다가 2016. 9. 25. 사망하였다. 그러므로 이 사건 직사살수행위는 침해의 최소성에 반한다. 이 사건 직사살수행위를 통하여 청구인 백○○가 홀로 경찰 기동버스에 매여 있는 밧줄을 잡아당기는 행위를 억제함으로써 얻을 수 있는 공익은 거의 없거나 미약하였던 반면, 청구인 백○○는 이 사건 직사살수행위로 인하여 사망에 이르렀으므로, 이 사건 직사살수행위는 법익의 균형성도 충족하지 못하였다. 이 사건 직사살수행위는 과잉금지원칙에 반하여 청구인 백○○의 생명권 및 집회의 자유를 침해하였다.

2. 검 토

과거 헌재 2014.6.26. 2011헌마815의 법정의견은 물포발사행위와 관련하여 권리보호의 이익은 물론 심판의 이익까지도 부인하였지만, 그 반대의견은 물포의 반복 사용이 예상되며, 헌법재판소도 이에 대하여 헌법적 해명을 한 바 없음을 들어 예외적으로 심판의 이익을 인정하였는데, 이번 헌재 2020.4.23. 2015헌마1149의 법정의견 역시 같은 논거로 심판의 이익을 인정하였다. 다만 이번과는 달리 직사살수 그 자체에 초점을 맞추기보다는 그것의 근거 법령의 법률유보의 문제점에 초점을 맞추었다.

헌법재판소는 살수와 관련한 경찰관직무집행법령상의 규정은 제외하고, 직사살수행위만을 심판대상을 보고서, 과잉금지의 원칙의 차원에서 적합성, 필요성 및 상당성(법익균형성)의 원칙에 반하여, 그것이 생명권 및 집회의 자유를 침해한 것으로서 헌법에 위반된다고 확인하였다. 그런데 헌법소원심판의 보충성으로 인해 살수행위의 법적 성질에 따라 심각한 문제가 발생할 수 있다. 최근 대법원은 권력적 사실행위에 대해 적극적으로 처분성을 인정하고 있다.[6] 그리고 판례는 「경찰관직무집행법」 제6조 제1항상의 범죄예방을 위한 경찰관 제지행위를 즉시강제이자 권력적 사실행위로 본다.[7] 일부 문헌에서처럼 「경찰관직무집행법」상의 대인적 강제수단을 즉시강제의 차원에서 접근하면, 경찰장비의 일환의 살수차의 사용에 따른 살수행위 역시 권력적 사실행위에 해당할 수도 있어서 심각한 재판관할의 문제가 제기될 수 있다.

Ⅳ. 맺으면서 – 살수판례에 따른 시급한 과제

독일의 경우 주 경찰법에 직접적으로 규정된 무기사용과는 달리 경찰의 살수행위에 관해서는 기본적으로 경찰직무규정(Polizeidienst-vorschrift 122)에 규정되어 있다. 살수와 관련해서 무기사용처럼 법률의 차원에서 규율하지 않은 데 대해서 문제가 되었지만, 일찍이 독일 연방헌법재판소는 살수가 무기사용과 비슷한 잠재적 위험상황이 야기된다는 점과 무기사용처럼 법률에서 자세히 규정했어야 하는 점에 대해서는 분명하지 않다는 입장을 취하였다.[8] 또한 경찰직무규정에 대한 헌법소원심판청구를 허용하지 않았다. 독일 주 경찰법이 직접강제에 관해 규정하고 있어서 이들 규정이 직접강제의 일환인 살수행위에 대해서도 그대로 통용되기에, 그것의 위법성은 과잉금지의 차원에서 행정소송상의 일반이행소송의 형식의 확인소송을 통해 확인되고 이를 바탕으로 국가배상책임이 강구된다.

---

6) 대법원 2014.2.13. 선고 2013두20899판결.
7) 대법원 2018.12.13. 선고 2016도19417판결.
8) BVerfG, NVwZ 1999, 290(291).

결론적으로 살수를 포함한 경찰장비의 사용을 독일처럼 직접강제의 차원에서 시급히 체계화할 필요성이 있는데, 그렇기 위해선 먼저 직접강제제도 자체를 바르게 확립하여야 한다. 또한 살수와 관련한 권리구제는 당사자소송의 형식으로 그것의 위법성을 확인하여 국가배상책임을 묻는 식으로 강구되어야 한다.9)

**** 추기:** 결정론에 사로잡히지 않는 이상, 무릇 세상사는 어제와 오늘 그리고 미래에 변할 수 있다. 어떤 경우에도 결정의 可逆性(Umkehrbarkeit)은 필연적이다. 가령 민주적 지배의 구조요소의 하나가 결정의 수정가능성이다. 헌재 2014.6.26. 2011헌마815는 나름 시대적 고민을 나타내었고, 특히 그 반대의견이 제기한 법률유보의 문제가 헌재 2018.5.31. 2015헌마476을 계기로 새롭게 부각되어 비록 법률유보의 원칙의 요구와 부조화하지만 궁극적으로 '위해성 경찰장비의 사용기준 등에 관한 규정'(대통령령)의 정비를 가져다주었다. 기왕의 결정의 시대에 상응한 수정가능성을 확인할 수 있으며, 새삼 반대의견이 새로운 국면의 전개를 위한 귀한 싹이라는 점이 생생히 확인된다. 나아가 司法이 현재는 물론, 미래를 결정하는 권력이라는 점도 확인할 수 있다.

9) 상론: 김중권, 행정상의 강제수단으로서의 살수행위와 관련한 판례의 문제점, 헌법과 양심의 길을 따라(김이수 헌법재판관 고희기념 헌정논문집), 2022.5.11., 201면 이하.

08

비전업 시간강사에 대한 차등강사료지급의 법적 문제점

대법원 2019.3.14. 선고 2015두46321판결

Ⅰ. 사실관계

갑은 A 국립대학교의 예술체육대학 음악과 시간강사로서, 2014. 2.경 A 국립대학교 총장과 시간강사 근로계약(이하 '이 사건 근로계약'이라고 한다)을 체결하고 2014학년도 1학기에 매주 2시간, 매월 8시간의 강의를 담당하였다. 이 사건 근로계약에 의하면, 강의료는 직위와 강의시수에 따라 지급하는데, 2014학년도 1학기 강의료의 단가는 전업 시간강사의 경우 시간당 80,000원, 비전업 시간강사의 경우 시간당 30,000원의 기준에 의하였다. 한편 갑은 학교에 자신이 전업강사에 해당한다고 고지하였고, 이에 따라 학교는 갑에게 전업 시간강사 단가를 기준으로 2014년 3월분 강사료로 640,000원을 지급하

였다. 2014.4.경 국민연금공단으로부터 '갑이 부동산임대사업자로서 국민건강보험 지역사업자로 등록되어 있어 별도의 수입이 있는 사람에 해당한다'는 통보를 받은 다음, 학교는 갑에게, 이미 지급한 2014년 3월분 전업시간강사료 640,000원 중 비전업 시간강사료와의 차액 400,000원을 반환하라는 통보를 하였고, 아울러 전업 시간강사료보다 400,000원을 감액하여, 2014년 4월분과 5월분 비전업 시간강사료를 지급하였다(통칭하여 '이 사건 각처분'이라고 한다).

Ⅱ. 원심의 태도

원심(대구고등법원 2015.6.19. 선고 2015누4144판결)은 이 사건 각 처분은 위법하다고볼 수 없다는 이유로 원고의 청구를 모두 기각한 제1심판결을 그대로 유지하였다. 대학 시간강사에 대한 열악한 처우의 개선을 위하여 시간당 강의료 단가를 인상할 필요성이 있었으나 예산상 문제로 인하여 전업강사와 비전업강사로 구별하여 시간당 강의료 단가에 차등을 두되, 그 취지에 맞추어 전업강사의 강의료 단가를 대폭 인상하여 시간당 80,000원으로 정한 것이므로, 시간강사의 경우에만 전업강사와 비전업강사로 구별하는 것이 평등의 원칙에 반하여 위법하다거나 시간당 강의료의 지급차가 지나치게 과다하여 부당한 차별적 대우에 해당한다고 볼 수 없다는 것이다.

Ⅲ. 대상판결의 요지

근로기준법 제6조에서 정하고 있는 균등대우원칙이나 남녀고용평등법 제8조에서 정하고 있는 동일가치노동 동일임금 원칙 등은 어느 것이나 헌법 제11조 제1항의 평등원칙을 근로관계에서 실질적으로 실현하기 위한 것이다. 그러므로 국립대학의 장으로서 행정청의 지위에 있는 피고로서는 근로계약을 체결할 때에 사회적 신분이나 성별에 따른 임금 차별을 하여서는 아니 됨은 물론 그밖에 근로계약상의 근로 내용과는 무관한 다른 사정을 이유로 근로자에 대하여 불합리한 차별 대우를 해서는 아니 된다. 대학 측이 시간강사에 대한 열악한 처우를 개선할 의도로 강사료 단가를 인상하고자 하였으나 예산 사정으로 부득이 전업 여부에 따라 강사료 단가에 차등을 둔 것이라고 하더라도, 그와 같은 사용자 측의 재정 상황은 시간제 근로자인 시간강사의 근로 내용과는 무관한 것으로서 동일한 가치의 노동을 차별적으로 처우하는 데 대한 합리적인 이유가 될 수 없다. 이 사건 근로계약은 근로기준법 제6조에서 정하고 있는 균등대우원칙 및 남녀고용평등법 제8조에서 정하고 있는 동일가치노동 동일임금 원칙 등에 위배되므로 근로자에게 불리한 부분은 무효로 보아야 한다. 피고는 국립대학교의 장으로서 헌법상의 평등원칙에 위배되는 위법한 공권력의 행사를 하여서는 안 되는 지위에 있다. 그러한 지위에 있는 피고가 이 사건 근로계약이 전부 유효함을 전제로 한 이 사건 각 처분역시 위법하다. 원심의 판단에는 헌법 제11조 제1항, 근로기준법 제6조, 남녀고용평등법 제8조 등의 해석에 관한 법리를 오해하여 판결에 영향을 미친 잘못이 있다.

Ⅳ. 문제의 제기 – 강의료의 단가책정의 위법성에 대해선 아무런 언급이 없다

원심은 시간강사를 전업과 비전업으로 구분하여 강사료를 차등지급하는 것이 비전업 강사에 대한 부당한 차별적 처우라고 볼 수 없어서 그 차등지급을 용인될 수 있는 합리적 차별로 본 데 대해서 대상판결은 정반대로 보았다. 대상판결은 이 사건근로계약의 무효를 바탕으로 이 사건 각 처분의 위법성을 도출하였다. 평등권에 대한 사법심사에서 헌법재판소는 이원적 심사기준에 의거한다. 즉, 자의금지의 원칙과 비례의 원칙을 구별해서 적용하는데, 전자는 차별을 정당화하는 합리적 이유가 있는지 여부만을 심사하는 데 대해서, 후자는 차별대우를 정당화할 정도로 차별대우가 비중이 있는 중대한 이유가 있는지 여부를 심사한다.1) 헌법재판소의 이원적 심사기조와는 별개로, 대상판결은 근로계약에 초점을 두고서 사안을 근로기준법 제6조의 균등대우의 원칙이나 남녀고용평등법 제8조의 동일가치노동 동일임금의 원칙에 입각하여 접근하였다. 그런데 근로계약상의 강사료 차등지급은 강의료의 단가의 차이에서 비롯되었는데, 대상판결은 강의료의 단가책정의 위법성에 대해선 아무런 언급이 없다. 이하에선 이에 초점을 맞추어 검토하고자 한다.

Ⅴ. 책정된 강의료단가의 법적 성질

사안의 근로계약의 위법성은 기실 위법한 강의료단가에서 비롯되었다. 구 기획예산처가 2002년 및 2003년 세출예산집행지침을 통해 시간강사를 다른 직업이 있는지 여부를 기준으로 전업강사와 비전업강사로 구분하여 강사료를 차등지급하도록 정하였고, 이에 A 국립대학교는 시간강사들에게 '전업/비전업 확인서'를 제출하게 하여 전업·비전업 여부를 확인한 다음 강사료를 지급하였다. 2005년 기획예산처가 강의료 지급단가를 대학에서 자율적으로 결정하도록 변경한 후에도, A 국립대학교는 종전과 같은 기준으로 강의료 지급단가를 결정하였다.

현재 각 대학교는 나름의 학교규정으로 '강사료지급규정'을 두고 있는데, 통상 총장이 시간강사료의 지급단가를 당해연도 예산의 범위 내에서 따로 정한다.2) 여기서 총장이 책정하는 시간강사료의 지

---

1) 헌재 2001.2.22. 2000헌마25 참조.

급단가는 비록 정액이지만, 향후 개별적인 강사료지급의 기준이 된다는 점에서 마치 법집행의 근거가 되는 규범과 비슷한 성격을 갖는다. '강사료지급규정'이 사무처리준칙으로서 행정규칙의 성질을 갖기에, 책정된 시간강사료의 지급단가 역시 행정규칙의 성질을 갖는다. 조문형식의 행정규칙에 익숙하여서 이런 지적이 낯설 수 있다. 하지만 판례가 법률보충적 접근을 통해 구 계엄법 제13조상의 계엄사령관의 특별한 조치로 행한 -일체의 집회·시위·기타 단체활동을 금지하는 등의 내용을 하는- 계엄포고를 법규명령으로 봄으로써,[3] 비법정의 법규명령이 공인된 점을 고려하면, 문제가 되지 않는다.

Ⅵ. 위법한 강의료단가에 대한 사법통제 문제

책정된 강의료단가를 내부규정으로 행정규칙으로 보면, 그것의 위법성은 궁극적으로 행정규칙에 대한 사법통제의 문제로 귀결된다. 법규성이 인정되지 않는 행정규칙이 문제될 때, 법원에 의한 부수적 구체적 규범통제의 차원에서는 두 가지의 방도가 있을 수 있다. 그런 행정규칙의 비구속성을 내세워 즉, 재판규범성을 부인하면서, 집행행위의 위법성을 상위 법령에 의거해서 판단하는 방법과 근거규정인 행정규칙의 하자여부에 연동시켜 집행행위의 위법성을 판단하는 방법이 있다. 판례는 전자의 방법을 취하여 벗어난 부분에 대해 법규명령으로서 대외적 구속력을 인정하지 않는 식으로 대처하는데, 대법원 2018.6.15. 선고 2015두40248판결 역시 그러하다. 그런데 전자의 방법에 의하면, 행정규칙에 대해 법규가 아니라는 이유로 사법통제가 배제되는 이상한 결과가 빚어진다. 또한 자칫 상위법령에 의해 집행행위가 부당하게 정당화될 가능성도 있다. 따라서 법률유보

2) 경북대학교 강사료지급규정 제3조 제1항 참조.
3) 대법원 2018.12.13. 선고 2016도1397판결; 2018.11.29. 선고 2016도14781판결.

의 원칙 및 본질성이론에 비추어 후자의 방법을 취하는 것이 효과적인 규범통제에 이바지한다.[4] 한편 오래 전에 대법원 1980.12.23. 선고 79누382판결은 상위법령에 근거가 없음을 들어 행정규칙의 무효를 논증한 다음, 그 집행행위의 하자 역시 중대명백하다고 하여 그것을 무효로 판시하였다.

Ⅶ. 맺으면서 – 대상판결의 나비효과(?)

대상판결의 결과는 소송당사자인 원고만이 아니라, 이 사건 근로계약과 비슷하게 근로계약을 체결한 비전업 시간강사에 대해 미칠 수 있다. 전업 시간강사에 대한 특별한 배려가 주문되었기에, 대상판결은 비단 국립대학교만이 아니라 사립대학교에 대해서도 엄청난 파고를 미칠 수 있다. 자칫 미증유의 나비효과가 생길 수 있다. 비전업 시간강사에 도움을 주기 위한 우대조치가 도리어 치명적인 역효과를 야기할 수 있다. 마치 빵을 준다는 것이 자칫 돌을 준 것과 같은 결과를 빚을 수 있다. 공동체 구성원 모두의 개인적 이익은 매우 다양하다. 대상판결은, 비록 국민 다수의 지지를 받는 우대적 조치라 하더라도 헌법적 가치와 민주적 법치국가원리에 충실하지 않으면 도리어 심각한 불가역적인 역효과가 빚어진다는 좋은 사례이다.

4) 김중권, 행정법, 463면.

09

교장승진임용의 제외의 처분성 문제

대법원 2018.3.27. 선고 2015두47492판결

Ⅰ. 사실관계와 하급심의 태도

갑은 초등학교 교사로 임용된 후 2011.9.1. 교감으로 승진임용되어 A초등학교 교감으로 재직한다. B광역시교육감은 매년 1.31.을 기준으로 경력, 근무성적, 연수성적을 평정하여 그 평정을 합산한 점수가 높은 승진후보자의 순서대로 승진후보자 명부를 작성하는데, 2014.1.31.자 '교육공무원(초등학교교장) 승진후보자 명부'에 갑이 순위 10번으로 등재되어 있다. 2014.3.1. B광역시교육청 관내 초등교장 18명을 대통령이 신규 승진임용하였는데, 갑은 포함되지 않았다. 갑이 제기한 교장임용거부처분무효확인의 소에서, 피고 교육부장관

이 “원고에게는 자신을 교장으로 임용 또는 임용제청해 달라고 신청할 수 있는 법규상, 조리상 신청권이 없으므로 위와 같은 신청권을 전제로 한 이 사건 소는 부적법하다.”고 주장하였는데, 하급심은 이를 수긍하였고,[1] 교원소청심사위원회 역시 동일하였다.

Ⅱ. 대상판결의 요지

[1] 항고소송은 처분 등의 취소 또는 무효확인을 구할 법률상 이익이 있는 자가 제기할 수 있고(행정소송법 제12조, 제35조), 불이익처분의 상대방은 직접 개인적 이익의 침해를 받은 자로서 원고적격이 인정된다.

[2] 교육공무원법 제29조의2 제1항 등에 따르면 임용권자는 3배수의 범위 안에 들어간 후보자들을 대상으로 승진임용 여부를 심사하여야 하고, 이에 따라 승진후보자 명부에 포함된 후보자는 임용권자로부터 정당한 심사를 받게 될 것에 관한 절차적 기대를 하게 된다. 그런데 임용권자 등이 자의적인 이유로 승진후보자 명부에 포함된 후보자를 승진임용에서 제외하는 처분을 한 경우에, 이러한 승진임용제외처분을 항고소송의 대상이 되는 처분으로 보지 않는다면, 달리 이에 대하여는 불복하여 침해된 권리 또는 법률상 이익을 구제받을 방법이 없다. 따라서 교육공무원법상 승진후보자 명부에 의한 승진심사 방식으로 행해지는 승진임용에서 승진후보자 명부에 포함되어 있던 후보자를 승진임용인사발령에서 제외하는 행위는 불이익처분으로서 항고소송의 대상인 처분에 해당한다고 보아야 한다. 다만 교육부장관은 승진후보자 명부에 포함된 후보자들에 대하여 일정한 심사를 진행하여 임용제청 여부를 결정할 수 있고 승진후보자 명

1) 서울행정법원 2015.1.22. 선고 2014구합63909판결; 서울고법 2015.7.9. 선고 2015누33839판결.

부에 포함된 특정 후보자를 반드시 임용제청을 하여야 하는 것은 아니며, 또한 교육부장관이 임용제청을 한 후보자라고 하더라도 임용권자인 대통령이 반드시 승진임용을 하여야 하는 것도 아니다. 이처럼 공무원 승진임용에 관해서는 임용권자에게 일반 국민에 대한 행정처분이나 공무원에 대한 징계처분에서와는 비교할 수 없을 정도의 광범위한 재량이 부여되어 있다. 따라서 승진후보자 명부에 포함된 후보자를 승진임용에서 제외하는 결정이 공무원의 자격을 정한 관련 법령 규정에 위반되지 아니하고 사회통념상 합리성을 갖춘 사유에 따른 것이라는 주장·증명이 있다면 쉽사리 위법하다고 판단하여서는 아니 된다.

Ⅲ. 문제의 제기 – 권리구제의 보충성에 의거한 처분성 여부의 논증

자유권이 국가에 대한 방어권적 성격을 갖기에 불이익한 처분에 대해 당사자는 별다른 논거를 제시하지 않더라도 원고적격이 인정된다는 것이 수범자(상대방)이론인데,[2] 대상판결은 일찍부터 필자가 주장한 수범자이론(상대방이론)을 확인하였다. 그런데 수범자이론은 자신에 대한 거부처분이나 제3자효 행정행위를 다투는 경우는 그대로 통용되지 않는다(독일의 통설과 판례). 따라서 사안이 거부처분의 상황이라면 수범자이론에 의하더라도 당연히 원고적격이 인정되지 않는다. 그런데 하급심과 상고심의 접근태도가 다르다. 하급심은 사건의 명칭처럼 사안을 거부처분의 차원에서 논의를 전개한 데 대해서, 상고심은 사건의 명칭을 동일하게 사용하면서도 거부처분의 차원에

---

2) 김중권, 행정법, 761면. 대법원 1995.8.22. 선고 94누8129판결(행정처분에 있어서 불이익처분의 상대방은 직접 개인적 이익의 침해를 받은 자로서 원고적격이 인정되지만 …)을 계기로 일련의 판례(대법원 2015.10.29. 선고 2013두27517판결; 2018.3.27. 선고 2015두47492판결)를 통해 수범자(상대방)이론은 공식적으로 인정되었다.

서 논증하지 않았다. 기왕의 거부처분인정의 공식에 입각하지 않고, 승진후보자 명부에 포함된 후보자는 임용권자로부터 정당한 심사를 받게 될 것에 관한 절차적 기대를 하게 된다고 지적하면서, 교장승진임용의 제외를 항고소송의 대상이 되는 처분으로 보지 않는다면, 이에 대하여는 불복하여 침해된 권리 또는 법률상 이익을 구제받을 방법이 없다는 논거로 교장승진임용의 제외를 행정처분으로 보았다. 교원소청심사는 물론 하급심의 태도가 기왕의 판례에 의거한 의당 자연스러운 점에서 권리구제의 보충성을 내세워 논증한 대상판결의 접근이 사안의 본질에 비추어 타당한지 심도 있는 검토가 필요하다.

Ⅳ. 사안이 승진임용거부의 상황인가?

교장임용의 절차는 교육부장관의 제청을 거쳐 대통령이 임용한다. 교장임용의 절차는 2원화되어, 하나는 승진후보자명부에 의한 승진심사방식으로 행해지고, 다른 하나는 공모절차의 방식으로 행해진다. 공모절차는 지원(응모)에 의해 개시되기에, 일종의 신청에 의한 절차진행인 데 대해서 승진임용의 절차는 행정청의 직권적인 진행절차이다. 승진임용의 절차인 사안에서 대상판결이 거부처분의 차원에서 접근하지 않은 것은 결과적으로 타당하다. 승진임용의 제외로부터 직접적인 법적 불이익의 발생이 논증되는 한, 승진후보자명부에 기재된 자에 대해 이상의 수범자이론을 그대로 적용하더라도 문제가 없다. 반면 공모절차를 밟는 총장임용의 절차에서의 임용제청의 제외 및 그에 따른 임용의 제외는 거부처분의 차원에서 접근해야 하는데, 신청권의 존부를 검토하지 않고, 처분성을 논증한 대법원 2018.6.15. 선고 2016두57564판결은 이 점에서 바람직하지 않다.[3)]

---

3) 상론: 김중권, 총장임용제청거부와 배타적 경쟁자소송, 법조 제733호, 2019.2.28, 459면 이하.

V. 승진임용제외의 처분성 논증의 문제점

1. 절차적 기대를 출발점으로 하는 것의 문제점

처분성을 논증하는 데 대상판결은 절차적 기대(권)를 출발점으로 삼는다. 거부처분의 인정에서 대법원 1984.10.23. 선고 84누227판결에서 연유한 신청권의 의미에 대해 판례는 그동안 순전히 절차적 의미로 접근한다. 신청권을 순전히 절차적 차원에서 접근하면 남소의 우려와 함께 법률관계의 왜곡을 가져다준다.[4] 대법원 1991.2.12. 선고 90누5825판결의 응답신청권을 무하자재량행사청구권으로 이해하여 그것을 실체적 법효과와 유리되게 이해한 것이 그 예이다. 승인임용에서 제외(탈락)된 상황은, 공직취임의 저지라는 차원에서 보면 단순한 배제라는 사실적 효과가 아니라 불임용의 법효과에 해당한다. 따라서 정당한 심사에 관한 절차적 기대를 출발점으로 삼는 것은 바람직하지 않다.

2. 권리구제의 보충성의 차원에서 접근한 것의 문제점

자신을 상대방으로 하지 않는 법적 행위로 인해 빚어진 결과적 상황에 즈음하여, 그 법적 행위(다른 사람에 대한 승진임용)를 직접 다투지 않고, 자신에게 빚어진 결과적 상황을 문제삼기 위해서는 그런 상황을 자신의 법률상 이익(권리)의 침해에 설득력 있게 연관지울 수 있게 하는 메커니즘이 강구되어야 한다. 이런 연결고리에 해당할 수 있는 것이 바로 추단적(묵시적) 행정행위의 존재이다. 행정의 추단적 용태로부터 행정행위의 개념적 징표를 충족하는 법적으로 의미있는 공법적 의사표시가 도출될 수 있을 때, 추단적 행정행위가 존재할 수 있다.[5] 가령 보조금반환요구(결정)는 보조금지급결정의 묵

4) 김중권, 행정법, 763면.

시적 폐지를 동시에 담고 있다. 여러 명이 한정된 허가를 신청하여 일부에 대해 허가가 발해진 경우 다른 이에 대한 거부처분이 존재하는 셈이다. 그리고 종종 (후속) 행정사실행위를 위한 법적 근거가 되는 추단적 행정행위가 사실행위로부터 생겨나기도 한다(예: 경찰관이 행한 수신호). 물론 표시행위에 대해 법률상 일정한 형식(서면, 공증증서, 고시 등)이 규정된 때는 추단적 행정행위는 배제된다(판례는 공공용물의 성립과 폐지에서 묵시적 공용지정(개시)행위나 공용폐지의 존재를 인정하는 데 엄격한 태도를 취한다.[6] 추단적 행정행위의 존재는 후속 행정행위를 발하기 위한 중간단계로서 특별한 의의를 지녀서, 경우에 따라서는 명시적 처분에 담겨질 수 있다. 대상판결처럼 굳이 권리구제의 보충성의 차원에서 처분성을 논증할 필요가 없다.

Ⅵ. 맺으면서 – 배타적 경쟁자소송에 관한 진전된 논의가 필요하다

사안의 소송은 잠재적 경쟁관계에 있는 대상자 가운데 탈락한 자가 제기하는 배타적 경쟁자소송이다. 법정요건이나 자격을 구비한 이상, 원고적격은 문제되지 않는데, 소송대상, 소송형식, 취소판결의 효력 등에서 검토할 사항이 많다.[7] 특히 공무원법상의 경쟁자소송에서는 임용처분이 내려지면 공직의 안정성의 원칙에서 권리보호의 필요성이 문제될 수 있다. 독일의 경우 공직의 안정성의 원칙의 예외를 인정하는 판례변경을[8] 통해 잠정적인 권리구제가 여의치 않은 경우에는 탈락된 지원자는 타인에 대한 임용에 대해 취소소송을 제기할 수 있다.

---

5) 김중권, 행정법, 223면.
6) 대법원 2016.5.12. 선고 2015다25524판결 등.
7) 김중권, 행정법, 771면 이하.
8) BVerwGE 138, 102.

10

직권감차통보의 처분성 여부에 관한 소고

대법원 2016.11.24. 선고 2016두45028판결

Ⅰ. 사실의 개요

甲시의 택시공급 과잉 문제를 해결하기 위하여, 甲시장이 2012.9. 19. 관내 11개 택시회사들과 사이에서 '법인택시 총 272대(보유대수의 약 40%)를 3년간 순차적으로 감차하고 감차대수에 따라 감차보상금을 지급하며, 만일 택시회사들이 합의한 바대로 자발적인 감차 조치를 이행하지 않을 경우 甲시장이 직권감차명령을 할 수 있다'는 내용을 합의를 하였는데, 일부 택시회사들이 3년차인 2014년에 사정변경을 이유로 합의 이행을 거부하였다. 이에 甲시장은 2014.10.29. 4개 택시회사(원고)와 甲시차량등록사업소장에게 '법인택시 감차합의서에 따른 직권감차 통보'의 제목하에, 원고들의 감차계획분에 대하

여 여객자동차 운수사업법(이하 '여객자동차법'이라 한다) 제10조 및 같은 법 시행규칙 제31조의 규정에 의하여 변경인가(직권감차)를 통보하니, 원고들은 감차를 완료한 후 감차보상금을 신청하고 해당 차량의 운행을 2014.11.29.부터 중단하기 바라며, 차량등록사업소는 감차대상 자동차 직권말소등록을 의뢰하니 조치를 바란다는 내용의 통보(이하 '이 사건 직권감차 통보'라고 한다)를 하였다.

원고들은 직권감차 통보에 대해 취소소송을 제기하였는데, 甲시장은 "이 사건 합의는 원고들과 피고의 의사표시의 합치에 의하여 성립한 '공법상 계약'이고, 이 사건 합의에 따른 직권감차통보의 실질은 공법상 계약에 따른 이행의 촉구일 뿐 공권력의 행사 내지 이에 준하는 행정작용에 해당하지 않는다."고 주장을 하였다. 제1심과[1] 원심은[2] 피고의 주장을 수긍하여 소가 부적법하다고 판시하였다.

Ⅱ. 대상판결의 요지

여객자동차법 제85조 제1항 제38호에 의하면, 운송사업자에 대한 면허에 붙인다. 조건을 위반한 경우 감차 등이 따르는 사업계획변경명령(이하 '감차명령'이라 한다)을 할 수 있는데, 감차명령의 사유가 되는 '면허에 붙인 조건을 위반한 경우'에서 '조건'에는 운송사업자가 준수할 일정한 의무를 정하고 이를 위반할 경우 감차명령을 할 수 있다는 내용의 '부관'도 포함된다. 그리고 부관은 면허 발급 당시에 붙이는 것뿐만 아니라 면허 발급 이후에 붙이는 것도 법률에 명문의 규정이 있거나 변경이 미리 유보되어 있는 경우 또는 상대방의 동의가 있는 경우 등에는 특별한 사정이 없는 한 허용된다. 따라서 관할 행정청은 면허 발급 이후에도 운송사업자의 동의하에 여객자동차운

1) 전주지방법원 2014구합3171판결.
2) 광주고법(전주) 2016.6.27 선고 2016누1047판결.

송사업의 질서 확립을 위하여 운송사업자가 준수할 의무를 정하고 이를 위반할 경우 감차명령을 할 수 있다는 내용의 면허 조건을 붙일 수 있고, 운송사업자가 조건을 위반하였다면 여객자동차법 제85조 제1항 제38호에 따라 감차명령을 할 수 있으며, 감차명령은 행정소송법 제2조 제1항 제1호가 정한 처분으로서 항고소송의 대상이 된다.

Ⅲ. 문제의 제기 – 교섭이나 합의에 의한 부관의 부가 문제

1. 양자의 상반된 논증방법

직권감차통보(명령)'의 처분성 여부가 '이 사건 합의'의 법적 성질에 연관되어 논해졌다. 하급심은 '이 사건 합의'를 공법상 계약으로 보고서 그것에 바탕을 두고서 직권감차통보를 '이 사건 합의'에 따른 공법적 의사표시로 접근한 반면, 대상판결은 '이 사건 합의'를 부관 특히 사후부관(면허조건)의 차원에서 접근하였다. 여객자동차법 제85조 제1항 제38호에 따른 감차명령의 성립요건에 해당하는 위반된 조건은 분명 강학상의 부관이다. 대상판결은 '이 사건 합의'에서의 순차적 감차의무 부분을 연관시켜 마치 그것이 부담에 해당하는 것처럼 보고서 조건위반을 논증하였다. 대상판결처럼 '이 사건 합의'를 사후의 면허조건으로 보는 이상, 직권감차통보의 처분성 인정은 당연한 귀결이다.

2. 대상판결의 의의

부관을 오로지 보조수단인 양 여기는 것은 바람직하지 않거니와, 행정청이 일방적으로 붙이는 것으로만 생각하는 것도 지양하여야 한다. 협력적 행정법에서 부관은 규율상대방과의 협력에서 세심한 조종(제어)을 위해 동원될 수 있다. 실제로는, 규모가 큰 사업(지하도의 건설, 아파트의 건축 등)에 있어서는 더욱이 행정청과 상대방(허가의 신청자 등)과의 협의·협상(비공식 행정작용)을 통해, 혹은 정식의 계약을 통해 정해지는 예가 많이 있다. 그리하여 교섭이나 합의에 의한 부관의 부가 역시 긍정된다.[3] 판례는 과거 기속행위에 대한 부관 불허용성의 원칙의 견지에서 건축허가를 하면서 일정 토지를 기부채납하도록 한 허가조건에 대해서 무효로 판시하였지만,[4] 판례는 송유관이설협약과 관련하여, "부담을 부가하기 이전에 상대방과 협의하여 부담의 내용을 협약의 형식으로 미리 정한 다음 행정처분을 하면서 이를 부가할 수도 있다."고 판시하여 부관부 '교섭적 행정행위'의 존재를 바탕으로 그 협약을 부담으로 접근하였다.[5] 하지만 사안을 행정계약의 차원에서도 접근할 수 있다.[6] 대상판결은 특히, 합의형식의 부관의 사후부가를 인정한 것이다.

Ⅳ. 대상판결의 문제점

1. 부관론적 접근의 문제점

행정행위의 발급에 배치될 수 있는 의문점과 장애를 제거하기 위해 시민에게 추가적 의무를 과할 수 있는데, 그 방법에서 일방적으로(부관의 형식으로) 과하거나 합의에(공법상 계약) 의할 수 있다.[7] 목표설정에서 양자는 매우 근사하지만, 본질에서 구별된다. 부관은 종종 수범자의 양해를 전제하긴 하지만 기본적으로 일방적 성격을 지

---

3) 효시적 문헌으로 김남진, 교섭·합의에 의한 부관의 효력, 법률신문 제2453호, 1995.11.; '교섭에 의한 부관'의 가능성과 한계, 법률신문 제2800호, 1999.6.

4) 대법원 1995.6.13. 선고 94다56883판결.

5) 대법원 2009.2.12. 선고 2005다65500판결.

6) 김중권, 송유관이설협약의 법적 성질에 관한 소고, 법률신문 제3613호, 2007.12.24.

7) 김중권, 행정법, 469면.

닌다. 반면 공법상 계약은 일단 대등한 당사자의 의사의 합치를 바탕으로 한다. 대법원 1995.6.13. 선고 94다56883판결과 대법원 2009.2.12. 선고 2005다65500판결의 경우 그 부관의 내용은 시민의 일방적인 의무이어서 부담적 접근이 가능하나. 사안의 경우 급부와 반대급부가 서로 조응하고 있는 점이 다르다. 대상판결처럼 행정청과 행정파트너간의 (비공식적)공법적 합의의 내용인 일정한 의무이행을 부관(부담)으로 설정한다면, 당사자간의 공법적 합의의 존재가 사후에 부인되는 셈이고, 결국 공법적 합의 자체가 치명적으로 무색해질 수 있다. 합의의 내용이 행정청과 사인의 상호간의 급부의무로 형성되어 있는 이상, 그 자체를 부관으로 접근하는 것은 타당하지 않다. 그런데 '이 사건 합의'를 사후 면허조건으로 본다면, 구체적으로 부관 가운데 어떤 부관에 해당하는지 궁금하다.

2. 직권감차통보의 처분성 여부

직권감차통보의 처분성을 논증함에 있어서, 조건위반의 경우(여객자동차법 제85조 제1항 제38호)에 바탕을 둘 필요가 있는지 의문스럽다. 직권감차통보의 내용에서 국민의 권리의무에 직접적 변동을 초래한다는 의미의 법효과가 발생하였는지 여부를 여객자동차법의 차원에서 검토해야 한다. 감차처분의 본질은 사업계획변경인가이며, 그것은 기왕의 사업계획인가에 대한 일종의 일부 폐지(철회)에 해당한다. 직권감차를 하여야 한다는 통보는 사업계획변경인가에 따른 후속적인 ―감차절차를 밟아야 한다는 의미의― 하명처분이다. "원고들이 감차를 완료한 후 감차보상금을 신청하고 해당 차량의 운행을 2014.11.29.부터 중단하기 바라며, 차량등록사업소는 감차대상 자동차 직권말소등록을 의뢰하니 조치를 바란다."는 내용의 통보 부분은 사업계획변경인가에 따른 후속 절차에 불과하다. 굳이 '이 사건 합의'에서 조건(부담)의 존재를 탐문하지 않더라도, 직권감차통보 그 자체를 행정처분으로 보는 데 어려움이 없다. 하급심이 직권감차통보를 전적으로 '이 사건 합의'에 연계된 행위로 접근한 것은 문제가 있다.

3. 직권감차통보의 법적 근거

직권감차통보의 법적 근거가 문제될 수 있다. 직권감차통보의 근거로 여객자동차법 제85조 제1항 제38호상의 조건위반의 경우를 삼는 것(부관론적 접근)은 타당하지 않다. '이 사건 합의'는 공법상 계약의 일종으로 보되, 직권감차통보는 '이 사건 합의'에 연계시키지 않고 여객자동차법의 차원에서 접근할 때, 여객자동차법 제85조 제1항상의 사유 가운데 제2호(사업경영의 불확실, 자산상태의 현저한 불량, 그 밖의 사유로 사업을 계속하는 것이 적합하지 아니하여 국민의 교통편의를 해치는 경우)를 법률적 근거로 삼을 수 있다. 사실 수익적 행정행위의 철회는 판례에 의하면 법률적 근거가 없더라도 일정한 철회사유만으로도 가능하여서, 특히 우월한 공익상의 필요를 위한 직권감차통보 역시 가능하다. 다만 '이 사건 합의'는 직권감차통보의 위법성 여부를 판단하는 데 있어서 영향을 미칠 수 있다.

과거사를 다루지만, 법원은 과거분석과 과거평가로부터 현재는 물론, 미래를 결정하는 권력이다. 대상판결의 처분성 논증방식이 －비공식적인－ 공법상의 합의(계약)의 존재를 유명무실하게 만들어 협력적 행정법의 형성을 저해할 우려가 있다.

11

전입신고에 따른 등록거부처분의 문제점에 관한 소고

대법원 2009.6.18. 선고 2008두10997 전원합의체판결

Ⅰ. 사건의 개요와 당사자들의 주장

1. 사실의 개요

원고는 1994. 9.경 서울 서초구 양재2동 속칭 ○○마을(이하 '○○마을'이라 한다) 8호(이하 '이 사건 거주지'라 한다)로 이사하여 그 무렵부터 현재까지 가족과 함께 위 거주지에서 거주하고 있다 원고는 2007.4.22. 피고에게 세대주로서 본인 및 가족들의 주민등록 전입신고를 하였다. 피고(서울특별시 서초구 양재 제2동장)는 2007.4.23. 원고가 거주하고 있는 양재2동 일대는 서울특별시 소유 시유지로서 토지 소유자의 사용승낙 문제나 전입신고에 따른 이주대책 요구 등 파

생될 문제점 등을 검토한 결과 전입신고 수리가 불가하다는 이유로 원고의 주민등록 전입신고 수리를 거부하였다(이하 '이 사건 처분'이라 한다).

2. 당사자들의 주장

원고는 이 사건 거주지에서 10년 이상 거주하고 있는 원고에 대한 피고의 이 사건 처분은 아무런 법적 근거 없이 이루어진 것일 뿐 아니라 피고의 재량권을 일탈 또는 남용한 것으로 위법함을 면할 수 없다고 주장하였다. 이에 대해 피고는, 이 사건 거주지 지상 건축물은 주민등록법상의 실질적인 거주지라고 볼 수 없을 정도로 건축물로서의 기본조차도 갖추지 못한 무허가 불법 가설물로 즉시 철거대상일 뿐 아니라 이 사건 거주지 일대는 장기전세임대주택 예정지로 원고의 전입신고를 수리할 경우 임대주택 건설을 위한 지장물 보상이나 투기 조장 등의 문제에 영향을 끼칠 우려가 있으므로, 피고의 이 사건 처분은 적법하다고 주장하였다.

Ⅱ. 대상판결의 요지

[1] 주민들의 거주지 이동에 따른 주민등록전입신고에 대하여 행정청이 이를 심사하여 그 수리를 거부할 수는 있다고 하더라도, 그러한 행위는 자칫 헌법상 보장된 국민의 거주·이전의 자유를 침해하는 결과를 가져올 수도 있으므로, 시장·군수 또는 구청장의 주민등록전입신고 수리 여부에 대한 심사는 주민등록법의 입법 목적의 범위 내에서 제한적으로 이루어져야 한다. 한편, 주민등록법의 입법 목적에 관한 제1조 및 주민등록 대상자에 관한 제6조의 규정을 고려해 보면, 전입신고를 받은 시장·군수 또는 구청장의 심사 대상은

전입신고자가 30일 이상 생활의 근거로 거주할 목적으로 거주지를 옮기는지 여부만으로 제한된다고 보아야 한다. 따라서 전입신고자가 거주의 목적 이외에 다른 이해관계에 관한 의도를 가지고 있는지 여부, 무허가 건축물의 관리, 전입신고를 수리함으로써 당해 지방자치단체에 미치는 영향 등과 같은 사유는 주민등록법이 아닌 다른 법률에 의하여 규율되어야 하고, 주민등록전입신고의 수리 여부를 심사하는 단계에서는 고려 대상이 될 수 없다.

[2] 무허가 건축물을 실제 생활의 근거지로 삼아 10년 이상 거주해 온 사람의 주민등록 전입신고를 거부한 사안에서, 부동산투기나 이주대책 요구 등을 방지할 목적으로 주민등록전입신고를 거부하는 것은 주민등록법의 입법 목적과 취지 등에 비추어 허용될 수 없다.

Ⅲ. 문제의 제기 – '주민등록전입신고'가 과연 수리를 요하는 신고인가?

대상판결은 당해사건을 '주민등록전입신고수리거부처분취소'로 명명하였다. 따라서 사안을 행정법상의 신고제의 관점에서 접근하는 것이 바람직한지 여부가 제기되는 첫 번째 물음이다. 그리고 두 번째 물음은 대상판결은 물론 그것의 원심인 서울고등법원 2008.6.4. 선고 2007누33780판결 및 그 제1심인 서울행법 2007.11.15. 선고 2007구합27332판결이 현재의 거주사실에 의거하여 사안에 접근하는 것이 바람직한지 여부이다. 대상판결로 인해 대법원 2002.7.9. 선고 2002두1748판결이 변경되었다. 일찍이 필자는 대법원 2002.7.9. 선고 2002두1748판결과 서울고등법원 2003.4.22. 선고 2002누9683판결의 의의에 대해, –비록 거주목적의 실질성을 치밀하게 논증하지 않은 아쉬움은 있지만– "불법적으로 건축물을 축조한다는 것이 정상의 법질서하에선 불가능함에도 불구하고, 이 같은 법외적 현상이 사라지지 않고 오히려 극성을 부리는 현실에서 늦게나마 법제도를 정상의 모습으로 환원시키고자 하는 시도의 일환으로 여겨진다."고 긍정적인 평을 하였다.[1] 이하에선 기왕의 글을 바탕으로 이상의 문제점을 검토하고자 한다.

Ⅳ. '주민등록전입신고'의 본질

수리를 요하는 신고를 명시적으로 표현한 대법원 2000.5.26. 선고 99다37382판결과는 달리, 대상판결이 여기서의 신고에 관해 특별한 언급을 하진 않았지만, －원심 등도－ 시종 수리거부란 용어를 사용한다는 점에서 사안을 수리를 요하는 신고의 차원에서 접근하였다고 봄직하다. 일부 문헌 역시 그렇게 이해하고 있다. 그런데 '주민등록전입신고'의 법적 성질을 논함에 있어 출발점은 바로 현행 주민등록법상으로 실행되는 주민등록신고·등록제도이다. 동법 제6조(대상자) 제1항은 「시장·군수 또는 구청장은 30 일이상 居住할 目的으로 그 관할구역안에 주소 또는 거소(이하 "居住地"라 한다)를 가진 자(이하 "주민"이라 한다)를 이 법의 규정에 의하여 등록하여야 한다. 다만, 外國人에 대하여는 예외로 한다」고 규정하고 있으며, 동법 제8조(등록의 신고주의원칙)는 「주민의 등록 또는 그 등록사항의 정정이나 말소는 주민의 신고에 의하여 이를 행한다. 다만, 이 법에 특별한 규정이 있는 경우에는 예외로 한다」고 규정하고 있다. 양 규정이 규율한 바를 토대로 하여 본 즉, 허가에 대한 신청과 같이 '주민등록전입신고'는 주민등록표상의 등록을 위한 요건에 불과하다. 바꾸어 말하자면, '주민등록전입신고'의 '수리거부'가 아니라, '주민등록전입신고'에 따른 '등록거부'가 소송대상(Klagegegenstand)이다.

---

1) 김중권, 주민등록전입신고거부의 법적 문제점에 관한 소고, 저스티스 제74호 2003. 8., 269면 이하.

요컨대 '주민등록전입신고'를 신고 차원에서 바라 볼 때 그것이 정보제공적 신고의 의미도 갖는다고 하겠지만, 그것의 본질은 주민등록을 위한 행정요건적 신청이다.[2] 이처럼 오해를 낳는 용어사용의 예를 대법원 2004.4.22. 선고 2000두7735판결에서도 확인할 수 있다. 본질이 교수재임용거부처분임에 불구하고 '임용기간만료의 통지'란 용어를 사용함으로써, 그것이 이른바 준법률행위적 행정행위로서의 통지에 해당하는 것으로 소개되곤 한다.[3] 법학에서 개념과 용어가 지닌 定義力을 고려할 때 이들의 사용에는 엄정함이 요구된다(必也正名乎).

Ⅴ. '주민등록전입신고'에 따른 '등록거부'의 적법성 여부

대법원의 2002.7.9. 선고 2002두1748판결의 원심인 서울고등법원 2002.1.15. 선고 2001누8706판결은 현재의 거주사실에 비중을 두었다. 대상판결은 물론 그것의 원심인 서울고등법원 2008.6.4. 선고 2007누33780판결 및 그 제1심인 서울행법 2007.11.15. 선고 2007구합27332판결 역시 그러하다. 반면 대법원 2002.7.9. 선고 2002두1748판결과 서울고등법원 2003.4.22. 선고 2002누9683판결은 기본적으로 장기간의 실제거주보다는 "실질적인 거주목적"을 바탕으로 하여 등록거부처분의 적법성 여부를 가늠하였다.

현행 주민등록법이 대상자에 대해 시장 등이 "등록하여야 한다"고 규정하고 있기에(동법 제6조 제1항), 등록처분은 당연히 기속(구속적) 행위이다. 따라서 그 등록거부처분의 적법성 여부는 등록의 요건부분에 관한 판단의 적부에 좌우된다. 여기선 「생활의 근거가 되는 곳

---

2) 과하게 표현하여 修理를 요하는 신고제 전반의 문제점에 관해선 김중권, 행정법기본연구Ⅰ, 2008, 109면 이하; 졸고. 행정법상의 신고와 통보, 조해현(대표편집) 행정소송(Ⅰ), 2008, 683면 이하 참조.

3) 상론: 김중권, 행정법기본연구Ⅰ, 337면 이하.

을 '주소'로 한다」고 규정한 민법 제18조 제1항과 '30일 이상 거주할 목적으로 그 관할구역안에 주소·거소(거주지)를 가진 자'를 주민등록의 대상자로 규정한 주민등록법 제6조 제1항의 차이점을 고려해야 한다. 통상 민법학에선 민법에서의 주소를 실질주의와 객관주의의 관점에서 바라본다. 그런데 주민등록법상의 등록이 확인적 행정행위의 일종인 공증에 해당하며, 그에 따라 갖는 증대된 공적 증거력과 법률상의 효과를 감안한다면, 민법상의 주소에 관한 이해를 그대로 주민등록법상의 주민등록지에 대입하는 것은 문제가 있다. 이런 차이점을 분명히 한 것이 바로 '30일 이상 거주할 목적'의 요구이다. 무릇 적법한 건축물 및 (허용을 포함한) 소유권 등의 권원의 소재 여부가 '주소'를 가늠하는 데 영향을 미치지 않지만, '주민등록지'의 경우에는 사정이 다르다. 일정한 건축물이나 토지에 대해 전혀 소유권 등 점유권원을 갖지 못한 자가 주민등록을 통해서 그 시설물이나 토지에 ―주민등록법상의 의미에서― 적법하게 거주하는 것으로 될 때 간과해선 아니 될 문제가 바로 그들과 소유권자와의 충돌이다. 따라서 공익과 사익뿐만 아니라 사익간의 조정자로서 사인간의 충돌을 예방하여야 할 행정당국은, 전입신고에 대한 등록을 통한 '주민등록지'를 부여함에 있어 당연히 실질적 거주목적을 고려해야 한다. 마치 건축허가를 받기 위해선, 건축할 대지의 범위와 그 대지의 소유 또는 그 사용에 관한 권리를 증명하는 서류(분양을 목적으로 하는 공동주택을 건축하는 경우에는 건축할 대지의 범위와 그 대지의 소유에 관한 권리를 증명하는 서류)를 제출하여야 하는 것(건축법시행규칙 제6조 참조)과 기본적으로 동일하다.

대상판결의 지적처럼 대법원 2002.7.9. 선고 2002두1748판결이 주민등록법을 넘어 지방자치법 및 지방자치의 이념까지도 판단근거로 동원한 점은 부당하다. 또한 투기나 전입신고에 따른 이주대책 요구 등을 방지하기 위하여 주민등록 전입신고를 거부하는 것은 주민등록법의 입법 목적과 취지 등에 비추어 허용될 수 없다는 대상판결의 판시에도 전적으로 찬동한다. 하지만 대상판결이 거주이전의 자유만을 앞세우는 데는 의문을 갖는다, 왜냐하면 거주의 이전자유 만큼보다 더 중요한 것이 —비록 사안에서 해당 부지가 시소유이긴 해도— 재산권보장이다. 요컨대 주민등록법은 거주사실의 실질성보다 거주목적의 실질성을 요구한다고 보아야 하며, 그것을 판단하는 첫 단추는 (거주)權原의 소재 여부이어야 한다.

Ⅵ. 맺으면서 – 交互的 包容秩序로서의 公·私法體制

그런데 30일 이상 거주사실만으로 등록거부처분이 위법되어 버리면, 소유자로선 주민등록된 불법점유자에 대해 행정소송을 통한 권리구제를 도모할 수가 없다. 다툼이 궁극적으로 소유자와 불법건축물의 적법하게 주민등록된 거주자간의 민사적 분쟁으로 되어 버린다. 요컨대 공법적 판단으로 인해 쉽지 않은 사법적 해결만이 남은 셈이다. 사실 대상판결을 비롯한 원심과 그 제1심이 토지소유자의 승낙을 전혀 문제로 삼지 않는 裏面에는, 주민등록이 된다고 하여 건축물이나 점유의 불법상태가 해소되어 적법하게 되는 법률적 효과가 발생하진 않는다는 판단이 있을 수 있다. 그런데 무허가건축물의 건축은 억제되는데, 그것의 소유자로부터 승낙을 받지 않고서 그것에 거주할 수 있게 허용한다는 것은 어울리지 않는다. 그리고 공법체제와 사법체제, 양자를 고립분산적으로 접근하는 것은 바람직하지 않다. 양법체제는 통일된 법질서의 부분영역이자 교호적 포용질서(wechselseitige Auffangordnungen)이다. “사법과 공법은 한 어머니의 동일한 자식들이다.”(Otto v. Gierke). 결론적으로 법원이 기능하는, 전체적인 사회적, 정책적 맥락을 절대적으로 우선시하여선 아니 되지만, 반면 그것을 전적으로 도외시하는 것 역시 피해야 한다. 사실 사안의 원고와 같은 사회정책적 문제는 전적으로 그 차원에서 해결하는 것이 正道이다.

**** 추기:** 판례와 대다수 문헌이 인정하는 이른바 수리를 요하는 신고의 경우 수리여부 자체가 불확실하여 신고자를 법적으로 불안하게 한다. 이에 최근 수리를 요하는 신고에 해당하다고 봄 직한 경우에 수리여부의 통지를 의무화하였다(예: 건축법 제14조 제3항). 수리여부의 통지제도를 도입한다고 하여 이른바 '수리를 요하는 신고'의 근원적인 문제점이 해소되지 않는다. 자칫 수리여부의 통지제도의 존부로 '수리를 요하는 신고'로 판단하는 식으로 본말이 전도된다. 수리여부의 통지제도는 신고제의 혼란을 해소할 해결책이 되기보다는 일회용 앰플주사마냥 순간적 대응수단에 불과하다. 신고어업에 대해 대법원 99다37382판결이 이른바 '수리를 요하는 신고'의 존재를 처음으로 명시적으로 인정한 데 따른 혼란이 지금의 상황이고, 그 논란의 결과로 「행정기본법」제34조(수리 여부에 따른 신고의 효력)이다. 나비효과가 보여주듯이, 첫 단추를 잘못 꿰면 어떤 결과가 빚어지는지를 잘 보여준다.[4)]

4) 수리를 요하는 신고의 문제점에 관해서는 김중권, 행정법, 292면 이하.

12

도시정비법상의 조합설립변경인가 처분과 관련한 문제점

대법원 2010.12.9. 선고 2009두4555판결

Ⅰ. 사실의 개요

대전광역시 중구청장(피고)은 2006.7.31. 도시 및 주거환경정비법(2007.12.21. 법률 제8785호로 개정되기 전의 것) 제16조 제1항에 따라 대흥1구역주택재개발정비사업조합(피고보조참가인)의 설립을 위한 조합설립인가처분을 하였다. 그 후 2007.4.2. 동 조합은 토지 등 건축물의 매매 등으로 조합원 권리가 이전됨에 따라 토지 등 소유자의 수가 변경되었고, 추가로 동의서를 제출받아 조합설립 동의자 수가 변경되었음을 이유로 조합설립 변경인가신청을 하였고, 이에 대전광역시 중구청장은 같은 해 6.5. 동 조합에 대해 토지 등 소유자 수에 4인, 동의자 수에 12명이 각 추가되어 이 사건 정비구역 내의 토지 등 소유자의 수는 311명, 동의자는 그 중 260명이 되어 동의율을

83.6%로 변경하는 내용의 조합설립 변경인가처분을 하였다.

Ⅱ. 원심(대전고법 2009.2.12. 선고 2007누2355판결)의 판단

원심은, 이 사건 변경인가처분은 조합설립인가처분에서 인가된 토지 등 소유자와 동의자를 초과하는 부분에 대하여만 변경인가를 한 것이 아니라 조합설립인가처분에서 인가된 토지 등 소유자 수와 동의자 수에 추가로 제출된 동의서 등을 포함시켜 전체 토지 등 소유자 및 동의자 수를 다시 인가한 것이어서 이 사건 조합설립인가처분은 변경인가처분에 흡수되었다고 보고, 이와 같이 설립인가처분을 흡수한 이 사건 변경인가처분이 존재하는 이상 이 사건 청구 중 조합설립인가처분의 효력을 다투는 부분은 소의 이익이 없어 부적법하다는 이유로 이를 각하하고 변경인가처분의 효력을 다투는 부분에 대하여만 그 당부를 판단하였다.

Ⅲ. 대상판결의 요지

재개발조합설립 인가신청에 대한 행정청의 조합설립인가처분은 법령상 일정한 요건을 갖출 경우 주택재개발사업의 추진위원회에게 행정주체로서의 지위를 부여하는 일종의 설권적 처분의 성격을 가지고 있는데(대법원 2009.10.15. 선고 2009다30427판결 참조), 도시정비법 제16조 제1항은 조합설립인가처분의 내용을 변경하는 변경인가처분을 함에 있어서는 조합설립인가처분과 동일한 요건과 절차를 거칠 것을 요구하고 있다. 그런데, 조합설립인가처분과 동일한 요건과 절차가 요구되지 아니하는 구 도시정비법 시행령 제27조 각호에서 정하는 경미한 사항의 변경에 대하여 행정청이 조합설립의 변경인가라는 형식으로 처분을 하였다고 하더라도 그 성질은 당초의 조합설립인가처분과는 별개로 위 조항에서 정한 경미한 사항의 변경에 대한 신고를 수리하는 의미에 불과한 것으로 보아야 할 것이다. 따라서 경미한 사항의 변경에 대한 신고를 수리하는 의미에 불과한 변경인가처분에 설권적 처분인 조합설립인가처분이 흡수된다고 볼 것은 아니다.

Ⅳ. 문제의 제기 – 소송대상에서의 차이

원심이 도시정비법(도시 및 주거환경정비법)상의 관련 규정에 천착하여 접근한 반면, 대상판결은 다소간 이와는 다른 접근을 하였다. 즉, 사안이 신고만으로 충분한 경미한 사항의 변경인 점을 근거로 변경인가처분의 실질이 신고의 수리라고 보았다. 소송대상으로 대법원은 당초인가처분을 상정한 반면, 원심은 당초인가처분의 변경처분을 상정한다. 전자의 접근은 일반적으로 논의되는 행정행위의 변경의 도그마틱에 부합하는지가 문제된다. 사업시행인가변경과 관련한 동일한 재판부의 대법원 2010.12.9. 선고 2009두4913판결 역시 동일한 문제를 안고 있다. 그런데 기실 이런 다른 접근은 대법원이 변경신고의 가능성(정당성)을 갖고서 명시적인 변경인가처분의 존재를 부인한 데서 기인한다. 이런 존재와 당위의 물음이 문제의 根源이다. 이하에선 도시정비법 제16조 제1항의 분석을 바탕으로 하여 이런 문제점을 약술하고자 한다.

Ⅴ. 도시정비법 제16조 제1항의 분석

현행 도시정비법 제16조 제1항은 "주택재개발사업 및 도시환경정비사업의 추진위원회가 조합을 설립하고자 하는 때에는 토지등소유자의 4분의 3 이상 및 토지면적의 2분의 1 이상의 토지소유자의 동의를 얻어 다음 각 호의 사항을 첨부하여 시장·군수의 인가를 받아야 한다. 인가받은 사항을 변경하고자 하는 때에도 또한 같다. 다만, 대통령령이 정하는 경미한 사항을 변경하고자 하는 때에는 조합원의 동의없이 시장·군수에게 신고하고 변경할 수 있다."고 규정하고 있으며, 동법 시행령 제27조는 '조합의 명칭 및 주된 사무소의 소재지와 조합장의 주소 및 성명', '토지 또는 건축물의 매매 등으로 인하여 조합원의 권리가 이전된 경우의 조합원의 교체 또는 신규가입(조합설립인가내용의 경미한 변경)' 등을 "대통령령이 정하는 경미한 사항"으로 들고 있다.

일찍부터 필자가 주장하여 왔고,[1] 판례 역시 근자에 수용하였듯이,[2] 행정청의 재개발조합설립인가처분은 행정주체로서의 지위를 부여하는 일종의 설권적 처분에 해당한다. 변경처분의 성질은 별다른 점이 없는 한 일단 당초처분과 성질을 같이 한다. 따라서 여기서의 변경인가는 판례처럼 당초인가와 마찬가지로 볼만하다. 그런데 건축법 제16조가 보여주듯이, 통상 허가받은 사항이나 신고한 사항의 변경이란 표현을 사용하고, 도시정비법 제16조 제1항 역시 '인가받은 사항의 변경'이란 표현을 사용한다. 그런데 허가의 경우 행위의 허용이란 측면에서 '허가받은 사항'이란 표현이 별다른 불편을 자아내지 않지만, 설권행위로서의 인가의 경우에는 −후술처럼 변경인가를 사전승인이나 허가로 이해하지 않는 한− 이런 표현은 부자연스럽다. 사실 여기서의 변경인가신청은 기실 당초인가신청상의 인가요건상의 사항에 대한 변경을 대상으로 한다. 따라서 '인가받은 사항'과 관련해선 조합설립인가와 더불어 또는 그와 별도로 어떤 개별 대상에 대한 인가를 상정해선 아니 된다. 그러나 재개발조합설립인가를 단선적으로 설권행위로만 이해하면, 더한 설득력이 있는 논의를 전

1) 김중권, 행정법상 인가의 인정여부와 관련한 문제점에 관한 소고, 저스티스 제91호, 2006.6.5., 127면 이하.
2) 대법원 2009.9.24.자 2009마168·169결정 등.

개하기란 쉽지가 않다. 통상 건축허가에 대해서 건축행위의 허용(금지해제)이라는 형성적 측면만을 상정하는데, 건축허가에는 그와 함께 건축계획안이 관련 건축법규에 적합하다는 것을 확인하는 측면도 지닌다.[3] 이런 관점을 재개발조합설립인가에 대입한다면, 그것에는 설권적 효과와 －인가요건상의 사항에 대한－ 확인적 효과가 동시에 존재하며, '인가받은 사항의 변경'은 후자와 관련이 있는 셈이 되어 그 자체로선 설권행위로서의 인가와 그다지 부조화를 낳지 않다. 문제는 법문이 '인가받은 사항의 변경' 역시 인가의 대상으로 하고 있다는 점이다. 인가를 통해 이미 공행정주체적 지위가 주어졌다는 점에서 당초인가사항의 변경에 대해 다시금 인가란 표현을 사용하는 것은 문제가 있다. 오히려 '인가받은 사항'의 변경에 대한 허용(허가, 사전승인)의 관점에서 볼 필요가 있다. 요컨대 － 본질적 변경이 발생하지 않았음에도 여기서의 인가가 설권행위이라 하여 변경인가를 變權行爲로 보기에는 약간 주저되긴 하나－ 이런 변경허용을 통해 조합설립인가변경처분이 성립하고 당초인가는 그것에 흡수된다고 하겠다(입법정책적 관점에서는 오해를 낳는 변경인가제가 변경허가제로 바뀌는 것이 바람직하다). 당초처분에서 변경처분에로의 과정을 이렇게 접근하면 "대통령령이 정하는 경미한 사항"에서의 신고 역시 (허가제를 대신한) 금지해제적 신고로서 바르게 설정할 수 있으며, 그리하여 －금지하명적 수리거부가 내려지지 않는 한－ 신고 이후에 당초인가처분의 변경효과가 발생한다.

Ⅵ. 대상판결의 문제점에 관한 검토

－비록 명시적인 기술은 하지 않았지만 전체적인 맥락에서 보자면－ 대상판결은 변경인가의 경우엔 당초의 인가처분이 그것에 흡

3) Brohm, Baurecht, 2.Aufl., 2006, §28 Rn.25.

수된다고 본다. 하지만 경미한 사항의 변경신고의 경우에는 설령 변경인가의 형식을 띠더라도 그것의 법효과를 당초의 인가처분과는 분리시켜 접근하고 있다. 이런 파격적인 접근에는 세심한 논거제시가 필요하다. 왜냐하면 금지해제적 신고의 경우 통상 허가와 같은 行政主導的 事前許容시스템을 私人主導로 대체한 것일 뿐, 그로 인한 법효과의 내용이 허가에서와 다를 순 없기 때문이다. 대상판결과 같은 식의 접근은 행정행위의 변경에서 허가 등을 통한 적극적 변경방식의 경우와 신고를 통한 소극적 변경방식의 경우를 구별하는 결과를 빚기에, 행정법도그마틱으로선 자칫 난맥에 처할 수 있다.

대상판결은 변경인가처분이 행해졌더라도 사안이 경미한 사항의 변경신고의 대상인 경우에는 변경인가처분의 존재를 무시하고 변경신고적 접근을 강구할 수 있다는 논증을 하였다. 법적 성질을 위해 결정적인 것은, 행정주체가 행한 것 그 자체일 뿐, 그가 행해야 할 것도, 행할 수 있는 것도 아니다.[4] 따라서 법형식이 형식남용의 차원에서 문제되지 않는 한, 법적 접근과 판단의 대상을 가늠함에 있어선, 사안의 요구되는 즉, 바람직한 법상태가 아닌 그것의 현존상태를 출발점으로 하여야 한다. 이 점에서 대상판결의 논증은 통상의 법적 논증에서 벗어난 것이다. 설득력을 더한층 제고시킬 수 있는 세심한 근거제시가 있을 법한데, 그렇지 않은 점이 매우 의아스럽다. 아울러 여기선 변경신고제의 의의를 재차 유의하여야 한다. 私人主導인 신고제의 경우, 손쉬운 점이 있는 반면, 허가와 같은 적법성을 적극적으로 확인한 행위가 없기에 허가의 합법화효과를 누릴 수 없다. 그리하여 신고제의 경우 행정청의 사후적 조치에 대해 신고인의 법적 보호가 취약하다(신고제의 마이너스기능). 요컨대 금지해제적 신고가 허가와 같은 행정주도적 사전허용시스템을 대체하였다는 것은, 명문의 금지규정이 없는 한 사정에 따라선 신고절차를 밟

4) Vgl. BGH NJW 1997, S.328(329).

지 않고 구태여 -취소제한의 법리가 적용되어 존속보호가 견지되는- 허가절차를 취할 수도 있다는 점을 시사한다.

Ⅶ. 맺으면서 - 행정법도그마틱의 休耕地로서의 인가제와 신고제

최근 판례는[5] 신고제와 관련해선 이른바 자기완결적 신고의 틀을 허무는 전향적인 태도를 취하였다. 필자로선 이른바 수리를 요하는 신고제가 조만간 修理될 것이라는 기대를 갖든 차에,[6] 대상판결을 접하여, 여기서의 신고의 수리의 본질이 무엇인지 분명히 적시되지 않았기에, 이것이 이른바 수리를 요하는 신고를 온존시키진 않을까 염려가 들었다. 나아가 동일한 재판부의 대법원 2010.12.9. 선고 2009두4913판결은 도시정비법상의 사업시행인가에 대해, 대법원 2008.1.10. 선고 2007두16691판결을 좇아 보충행위로서의 인가의 차원에서 접근하였다. 그러나 사업시행자는 인가를 받고서 비로소 정비사업을 적법하게 시행할 수 있으며(동법 85조 제7호의 반대해석), 또한 정비구역안에서 정비사업을 시행하기 위하여 필요한 경우에는 「공익사업을 위한 토지등의 취득 및 보상에 관한 법률」제3조의 규정에 의한 토지·물건 또는 그 밖의 권리를 수용 또는 사용할 수 있다(동법 제38조). 따라서 그 사업시행인가는 주택법 제16조와 제17조의 사업계획승인 마냥 허가적 측면과 설권적(특허적) 측면을 함께 지닌다.[7] 새삼 아직 認可制와 申告制가 행정법도그마틱의 대표적인 休耕地임을 확인할 수 있다. 아울러 용어와 개념의 誤用을 匡正하는 것이 절실하고 시급하다. 必也正名呼!

---

5) 대법원 2010.11.18. 선고 2008두167전원합의체판결.

6) 상론: 김중권, 申告制와 관련한 코페르니쿠스적 轉換에 관한 小考, 법률신문 제3894호, 2010.12.6.

7) 저자가 구 토지구획정리사업 제9조상의 시행인가와 주택재건축정비사업 시행인가를 단지 허가로 접근한 것(김중권, 행정법기본연구Ⅰ, 310면 이하; 법률신문 제3737호(2009.4.13.))을 수정한다.

13

'자동차관리법'상 사업자단체인 조합의 설립인가의 법적 성질에 관한 소고

대법원 2015.5.29. 선고 2013두635판결

Ⅰ. 사안과 경과

울산광역시장이 그 관내에 다른 조합이 이미 존재하여 원고의 설립을 인가할 경우 복수 조합으로 인한 위탁업무의 혼선, 사업자 간 분열과 갈등 등으로 자동차관리법상 사업자단체의 목적을 저해할 우려가 있는 점, 원고의 재정적 기초가 확립되어 있다고 보기 어렵고 법인의 목적과 사업의 실현가능성도 낮은 점 등을 들어 원고의 조합설립인가신청을 거부하는 내용의 처분을 하였다. 이 거부처분에 대한 취소소송에서 원심(부산고법 2012.12.12. 선고 2012누1143판결)과 원심이 인용한 제1심은 ① 원고는 그 목적이나 조직 등 측면에서 헌법상 결사의 자유 및 직업의 자유 등의 주체가 되는 사법인에 해당하므로, 이 사건 처분은 원고 및 그 구성원인 자동차정비사업자들의 헌법상 기본권에 대한 본질적 침해에 해당하는 점, ② 그런데 자동차관리법 제67조 제3항에 정한 설립요건의 해석상 특정 지역에 복수의 조합을 결성하는 것 자체가 법률상 금지된다고 볼 수는 없는 점, ③ 또한 시・도지사 등은 조합 등을 설립인가한 후에도 '자동차관리사업의 발전을 위하여 필요하다고 인정하는 때'에는 조합 등의 설립인가를 취소하는 등의 사후적 규제수단을 가지고 있으므로, 복수 조합 설립으로 인한 업무처리의 혼선 등의 이유만으로 원고의 설립 자체를 막는 것은 현저하게 불합리하고 불공정한 수단의 선택에 해당하는 점, ④ 원고가 제출한 사업계획서 및 수지예산서 등에 따르면 원고의 재정적 기초가 확립되어 있지 않다거나 원고의 목적과 사업의 실현가능성이 낮다고 보기도 어려운 점 등에 비추어 이 사건 처분을 통해 달성하고자 하는 공익에 비하여 이 사건 처분으로 인한 원고의 불이익이 훨씬 중대하므로 비례원칙에 어긋날 뿐 아니라, 이 사건 처분은 기존 조합과 신설되는 조합을 합리적 이유 없이 설립절차를 밟는 시기만을 이유로 차별하는 것이어서 평등원칙에도 위배되므로, 이 사건 처분이 재량권 일탈・남용에 해당하여 위법하다는 취지로 판단하였다.

Ⅱ. 대상판결의 요지

[1] 구 자동차관리법(2012. 1. 17. 법률 제11190호로 개정되기 전의 것, 이하 '자동차관리법'이라고 한다) 제67조 제1항, 제3항, 제4항, 제5항, 구 자동차관리법 시행규칙(2011. 12. 15. 국토해양부령 제414호로 개정되기 전의 것) 제148조 제1항, 제2항의 내용 및 체계 등을 종합하면, 자동차관리법상 자동차관리사업자로 구성하는 사업자단체인 조합 또는 협회(이하 '조합 등'이라고 한다)의 설립인가처분은 국토해양부장관 또는 시・도지사(이하 '시・도지사 등'이라고 한다)가 자동차

관리사업자들의 단체결성행위를 보충하여 효력을 완성시키는 처분에 해당한다. 그리고 자동차관리법이 자동차관리사업자들로 하여금 시·도지사 등의 설립인가를 거쳐 조합 등을 설립하도록 한 취지는, 자동차관리사업자들이 공통의 이익을 추구하기 위해 단체를 구성하여 활동할 수 있는 헌법상 결사의 자유를 폭넓게 보장하는 한편, 조합 등이 수행하는 업무의 특수성을 고려하여 공익적 차원에서 최소한의 사전적 규제를 하고자 함에 있다.

[2] 구 자동차관리법(2012. 1. 17. 법률 제11190호로 개정되기 전의 것, 이하 '자동차관리법'이라고 한다)상 자동차관리사업자로 구성하는 사업자단체인 조합 또는 협회(이하 '조합 등'이라고 한다) 설립인가 제도의 입법 취지, 조합 등에 대하여 인가권자가 가지는 지도·감독 권한의 범위 등과 아울러 자동차관리법상 조합 등 설립인가에 관하여 구체적인 기준이 정하여져 있지 않은 점에 비추어 보면, 인가권자인 국토해양부장관 또는 시·도지사는 조합 등의 설립인가 신청에 대하여 자동차관리법 제67조 제3항에 정한 설립요건의 충족 여부는 물론, 나아가 조합 등의 사업내용이나 운영계획 등이 자동차관리사업의 건전한 발전과 질서 확립이라는 사업자단체 설립의 공익적 목적에 부합하는지 등을 함께 검토하여 설립인가 여부를 결정할 재량을 가진다. 다만 이러한 재량을 행사할 때 기초가 되는 사실을 오인하였거나 비례·평등의 원칙을 위반하는 등의 사유가 있다면 이는 재량권의 일탈·남용으로서 위법하다.

Ⅲ. 관련규정의 내용

구 자동차관리법(2012.1.17. 법률 제11190호로 개정되기 전의 것, 이하 '자동차관리법'이라고 한다) 제67조는 자동차관리사업자는 자동차관리사업의 건전한 발전과 질서 확립을 도모하기 위하여 필요하면 국토해양부장관 또는 시·도지사(이하 '시·도지사 등'이라고 한다)의 인가를 받아 자동차관리사업자로 구성하는 사업자단체인 조합 또는 협회(이하 '조합 등'이라고 한다)를 설립할 수 있다고 규정하면서(제1항), 조합 등을 설립하려면 그 조합 등의 조합원 또는 회원이 될 자격이 있는 자의 5분의 1 이상이 발기하여 창립총회에서 정관을 작성한 후 인가를 신청하여야 한다고 규정하고 있고(제3항), 조합 등은 자동차관리사업자에 대한 자율 지도, 시·도지사 등으로부터 위탁받은 업무 및 지시사항의 처리, 자동차관리사업의 육성에 필요한 업무 등을 수행한다고 규정하고 있다(제4항).

Ⅳ. 문제의 제기 – 인가적 접근의 문제점

대상판결은 인가적 접근을 강구한 원심의 판단을 그대로 수긍하였다. 민법학에서는 법인설립과 관련해서 '허가주의'를 법인설립에 관하여 행정청에게 자유재량이 인정된다는 것으로, '인가주의'는 법정요건을 갖추면 당연히 법인설립을 거부할 수 없다는 것으로 본다. 그리하여 현행민법상의 법인설립허가제를 인가제로 바꾸고자 한다. 즉, 민법학에 의하면 인가의 경우 재량이 인정되지 않는 것으로 본다, 사실 행정법학에서도 명문의 특별 규정이 없는 한, 다수의 입장에 의하면 인가는 기속행위이고 수정인가는 허용되지 않는다. 따라서 인가적 접근을 강구하면서도 재량을 인정하는 대상판결은 분명 행정법학 및 민법학의 이해와는 맞지 않는다. 본안판단의 당부를 논하는 것과는 별도로 여기서의 인가의 법적 성질을 중심으로 검토하고자 한다.

Ⅴ. 인가의 개념적 징표

인가란 사인간의 법률행위의 효력을 완성시켜주는 행정행위이다. 완성행위이자 보충행위로 불린다. 민사법의 추인에 해당하는 인가는 대상이 되는 법률행위를 상대로 해선 그것의 법효과를 발생시킨다는 점에서 일종의 법정조건인 셈이다. 인가로 인해 비로소 사법관계가 형성된다는 점에서 그것은 사권형성적 행정행위에 해당한다. 인가의 본질이자 인가를 다른 형성적 행정행위와 구별되게 하는 결정적인 기준은 그것의 보충행위적 성격과 완성행위적 성격이다. 선자와 관련해선, 기본행위에 대한 인가의 부종성이, 후자와 관련해선, 기본행위를 위한 법정조건성이 충족되어야 한다. 인가의 본질이 (사후적) 추인인 점에 비추어, 인가가 먼저 성립한 법률행위의 효력요건에 해당한다는 점과 인가이전의 법상태와 관련해선 법률행위의 효력이 (유동적으로) 발생하지 않은 점이 가늠잣대이다.[1] 법문에서 인가란 용어를 사용하더라도, 관련 규정을 통해 추인으로서의 본질적 징표가 확인되지 않으면, 인가로 보아선 아니 된다(명칭상의 인가≠실질적 인가). 유의할 점은 해당 법률행위가 판례에 의해 효력규정위반을 이유로 무효가 되는 경우는 인가의 문제가 아니다.

Ⅵ. 인가에서의 불복메카니즘의 특징

인가론의 특징은 인가에 대한 독특한 불복메커니즘에 있다. 즉, 인가이후 그 인가를 다투기 위해선 인가 자체에 하자가 있어야 하고, 만약 인가 자체엔 하자가 없고 단지 기본행위에만 하자가 있을

---

1) 법률행위의 효력이 처음부터 발생하지 않은(unwirksam) 경우와 법률행위가 하자가 있어서 무효인(nichtig) 경우를 엄별해야 한다. 토지거래계약허가제와 관련하여 판례와 문헌에서 "유동적 무효"로 기술하는 것은 문제가 있다

땐 기본행위의 하자를 들어 인가를 다툴 수 없다. 결국 이 경우에는 기본행위를 민사소송을 통해서 다툴 수밖에 없다. 판례가 시종 관리처분계획의 하자를 갖고서 관리처분계획인가를 다툴 수 없다고 보는 것처럼, 판례는 소의 이익의 차원에서 이런 입장을 전개한다. 보충행위이자 완성행위로서의 인가의 위상에 따른 당연한 결과이다. 그런데 만약 본질이 아님에도 인가로 설정하면 자칫 권리구제의 공백 및 도그마틱의 난맥이 발생한다. 이 점에서 과도한 인가론적 접근은 차제에 재고될 필요가 있다.[2)]

Ⅶ. 사안의 조합설립인가의 법적 성질

조합설립인가거부의 당부의 물음에서 대상판결은 법정설립요건이외에 비법정의 공익적 관점－조합 등의 사업내용이나 운영계획 등이 자동차관리사업의 건전한 발전과 질서 확립이라는 사업자단체 설립의 공익적 목적에 부합하는지 등－을 추가하였다. 이런 법정외 거부사유를 판례는 일찍이 －일종의 예외적 승인에 해당하는－ 산림훼손허가나 산림(토지)형질변경허가에서 도입하였다.[3)] 사안의 조합설립인가에 대해 보충행위로서의 인가로 접근하는 것은 기왕의 인가론과는 분명히 상치된다. 그렇다면 여기서의 인가는 무엇인가? 그것은 조합으로서 법인격주체로서의 법적 지위를 새로이 창설시킨다는 점에서 일종의 설권적 처분(특허)라 할 수밖에 없고, 이렇게 접근해야 도그마틱적 문제점이 생기지 않는다.

---

2) 김중권, 행정법, 276면 참조.
3) 대법원 1997.9.12. 선고 97누1228판결 등.

Ⅷ. 맺으면서 – 법제상의 必也正名呼

현행 인허가제 및 신고·등록제에 관한 담당공무원을 대상으로 한 설문조사결과에서도 상당수가 名實不一致로 법적용에 심각한 애로가 있음을 토로하는데, 일반 국민이 혼란함을 느끼는 것은 너무나 당연하다. 그 대표적인 난맥지점이 인가제와 신고제이다. 재건축조합설립인가를 설권적 처분으로 본 대법원 2009.9.24.자 2009마168,169결정은, 필자의 주장이 주효하여 본질이 인가가 아님에도 불구하고 명칭에 사로잡혀 인가로 보아온 전래적 입장을 혁파한 좋은 본보기이다. 이런 향상된 인식을 바탕으로 하루바삐 인가제가 그 본연에 맞춰 정립되길 기대한다.

14

집회신고의 법적 성질에 관한 소고

대법원 2013.3.28. 선고 2011도2393판결

Ⅰ. 대상판결의 요지

[1] 집회 및 시위에 관한 법률(이하 '집시법'이라고 한다)이 옥외집회에 관하여 신고제도와 아울러 일정한 경우 그 적용을 배제하는 규정을 둔 취지는, 신고에 의하여 옥외집회의 성격과 규모 등을 미리 파악함으로써 적법한 옥외집회를 보호함과 동시에 행정관청에 옥외집회에 관한 구체적인 정보를 제공함으로써 타인의 기본권 침해를 예방하고 공공의 안녕질서를 유지하기 위한 조치를 사전에 마련하도록 하는 한편, 학문, 예술, 체육, 종교, 의식, 친목, 오락, 관혼상제 및 국경행사에 관한 집회의 경우에는 타인의 기본권이나 공공의 안

녕질서를 침해할 위험성이 매우 적어 사전 조치의 필요성이 없다고 보기 때문이다. 그러므로 집회의 성격 내지 취지가 집시법 제15조에 규정된 집회에 해당하는 경우에는 사전신고를 하지 않았다고 하더라도 미신고 옥외집회로 처벌할 수는 없다.

[2] 피고인이 특정 인터넷카페 회원 10여 명과 함께 불특정 다수의 시민들이 지나는 명동 한복판에서 퍼포먼스(Performance) 형태의 플래시 몹(flash mob) 방식으로 노조설립신고를 노동부가 반려한 데 대한 규탄 모임을 진행함으로써 집회 및 시위에 관한 법률(이하 '집시법'이라고 한다)상 미신고 옥외집회를 개최하였다는 내용으로 기소된 사안에서, 위 모임의 주된 목적, 일시, 장소, 방법, 참여인원, 참여자의 행위 태양, 진행 내용 및 소요시간 등 제반 사정에 비추어 볼 때 집시법 제15조에 의하여 신고의무의 적용이 배제되는 오락 또는 예술 등에 관한 집회라고 볼 수 없고, 그 실질에 있어서 정부의 청년실업 문제 정책을 규탄하는 등 주장하고자 하는 정치 · 사회적 구호를 대외적으로 널리 알리려는 의도하에 개최된 집시법 제2조 제1호의 옥외집회에 해당하여 집시법 제6조 제1항에서 정한 사전신고의 대상이 된다는 이유로, 같은 취지에서 피고인에게 유죄를 인정한 원심판단은 정당하다.

Ⅱ. 문제의 제기 – 집시법 및 신고제의 개혁의 시작

건축법 제14조의 건축신고를 수리를 요하는 신고로 명시한 대법원 2011.1.20. 선고 2010두14954전원합의체판결은 기왕의 신고유형의 존재이유에 대해 근원적인 의문점을 제기하였다. 그런데 대법원 2012.4.19. 선고 2010도6388전원합의체판결(전교조시국선언사건)을 계기로 대상판결을 통해 확인된 정보제공적 신고로서의 집회신고의 법적 성질은 –일종의 나비효과마냥– 집시법의 차원은 물론, 행정법

상의 신고제 전반에도 지각변동을 가져올 수 있다.[1)]

Ⅲ. 집회신고의 법적 성질

1. 기왕의 신고유형상의 논의

집회신고는 기왕의 신고유형 가운데 어떤 것에 해당하는가? 기왕의 신고유형에 따르면, 자기완결적 신고에 해당하면 적법한 신고를 한 이상 신고수리여부에 구애받지 않고 대상행위를 할 수 있는 데 대해서, 수리를 요하는 신고에 해당하면 수리가 있어야 비로소 대상행위를 할 수 있다. 수리를 요하는 신고는 －대법원 2011.1.20. 선고 2010두14954전원합의체판결의 반대의견이 시사하였듯이－[2)] 사이비 허가와 다를 바 없다. 따라서 집회신고를 수리를 요하는 신고로 보는 것은 대상판결이 분명히 지적하듯이 헌법상의 집회허가제금지와는 맞지 않는다. 자기완결적 신고의 경우 그에 관한 기왕의 이해는 수리거부(반려)의 가능성 및 그 법적 의미를 부인하는 것이 특징이다. 집회신고가 만약 이에 해당할 것 같으면, 집회신고에 대한 －집시법 제8조상의 집회금지・제한과 같은－ 소극적 대응 자체가 봉쇄되거나 무의미해지는 식의, 즉, 현행 법제에 일치하기 힘든 결과가 빚어진다. 결국 기왕의 신고의 유형은 집회신고에는 주효할 수 없거니와, 기왕의 유형이 이론적으로 치명적 결함이 있다는 점이 재차 확인된다.[3)]

---

1) 상론: 김중권, 정보제공적 신고로서의 집회신고의 공법적 의의에 관한 소고, 안암법학 제43호. 2014.1.31., 77면 이하 참조.
2) 이 판결의 문제점에 관해서는 김중권, 건축법 제14조상의 건축신고가 과연 수리를 요하는 신고인가?, 특별법연구 제9권(이홍훈 대법관 퇴임기념논문집), 2011.5.13., 273면 이하.
3) 김중권, 행정법, 292면 이하.

2. 정보제공적 신고로서의 집회신고

대상판결은 집회신고가 허가대체적(금지해제적) 신고로 변질되어서는 아니 되고, 그것이 정보제공의 의미를 가짐을 재차 확인하였다.[4] 집회신고가 정보제공의 차원에서 협력적 의의를 갖는 이상, 그것의 본질은 다름 아닌 정보제공적 신고이다. 대외적 영향을 발휘하는 옥외집회에 대해 특별한 사전조치가 요구되는 것은 당연하지만, 집회허가제가 헌법상 금지된 이상, 정보제공적 신고제는 집회자유에 대한 국가적 개입의 최대한이다. 그런데 이전에도 집회신고에 대해 기왕의 신고유형으로부터 벗어난 접근을 강구하였다.[5]

Ⅳ. 정보제공적 신고로서의 집회신고의 의의

1. 협력관계형성의 출발점

정보제공적 신고를 계기로, 행정청은 집회가 가능한 장애 없이 진행되도록 무엇이 행해져야 할지, 제3자의 이익이나 공동체이익을 위해 무엇이 필요한지 그리고 이들 이익이 어떻게 상호간에 조응할 수 있는지에 관하여 나름의 형상을 설정할 수 있다. 이 점에서 그리고 집회자유의 특별한 의의에 비추어 집회신고는 집시법에서 협력원칙의 근거이자 요건이며, 행정청과 집회개최자간에 상호협력을 위한 출발점이기도 하다. 한편 집회신고제는 허가제와는 다른 차원에서 나름 행정개입적 기능을 발휘한다. 집회허가제의 금지를 다른 법률에 의한 허가의무로 우회하는 것은 허용되지 않는다. 따라서 집회신고가 행해진 이상, 기본권으로서의 집회자유에 의거해서 −타인의

4) 헌재 2009.5.28. 2007헌바22 역시 타당하게 정보제공적 의의를 앞세웠다.
5) 대법원 2001.10.9. 선고 98다20929판결; 헌재 2003.10.30. 선고 2000헌바67,83(병합).

도로에 관한 보통사용을 심각하게 저해하지 않는 한— 도로교통법이나 도로법상의 특별사용허가는 배제된다.

2. 미신고집회와 해산명령

집회허가제의 금지로 집회신고의 수리거부는 공법체계에 맞지 않는다. 집회신고가 정보제공적 신고인 이상, 그 신고는 집회를 위한 창설적 요건이 되지 않는다. 따라서 집회신고의 수리거부로부터 집회금지의 효과가 직접 발생하지 않고, 집회금지나 해산명령과 같은 별도의 조치가 내려져야 한다. 즉, 정보제공적 신고의 수리거부는 사실행위에 불과하고, —집회금지통고가 동반되지 않는 한— 그 자체는 아무런 법효과를 발생시키지 않는다.[6] 따라서 미신고하면 허가대체적인 금지해제적 신고의 경우에서와는 달리 원칙적으로 대상행위 자체를 금지하는 것이 수반되지 않는다. 집회의 미신고를 그 집회의 불허용성으로 귀결시켜서는 아니 된다. 당연히 집회의 허가제 금지의 취지를 살려, 집회금지 · 제한은 물론 미신고에 따른 해산명령에 대해 엄격한 태도를 견지해야 한다. 따라서 대법원 2012.4.19. 선고 2010도6388전원합의체판결은 집회허가제의 금지를 전제로 하여 신고결여 그 자체로서 해산명령이 정당화되지는 않고, '타인의 법익이나 공공의 안녕질서에 대한 직접적인 위험이 명백하게 초래될 것'을 추가적으로 정당하게 요구하였다.[7] 우발적 집회의 경우에도 이런 엄격한 태도는 견지되어야 한다. 독일의 지배적 학설과 판례 역시 신고의 결여만으로 집회해산을 뒷받침하는 것은 기본법 제8조에 합치하지 않는다고 판시하였다.[8]

---

6) 異論: 헌재 2008.5.29. 2007헌마712.
7) 오래 전에 시사한 판례로 대법원 2001.10.9. 선고 98다20929판결.
8) BVerfGE 69, 315, 359f. 그러나 구 판례는 허용된다고 판시하였다.

V. 정보제공적 신고로서의 집회신고에 따른 법제정비

1. 집회해산명령요건의 문제

집시법 제20조 제1항 제2호가 집회미신고를 집회해산명령의 요건으로 규정하고 있지만, 집회미신고에 추가적 요건을 더해서 집회해산명령을 정당화시킨 판례의 입장은 견지되고 있다.[9] 집회해산명령이 재량행위이어서 재량행사의 고려사항으로 이상의 추가적 요건을 반영할 수 있다는 점에서 현행 입법상황의 위헌성을 곧바로 확정할 수는 없고, 또한 이런 추가적 요건의 존재가 현행 입법상황의 합헌성을 견지할 수 있는 합헌적 해석이기도 하다. 이런 기조가 확고한 이상, 소모적인 분쟁을 방지하기 위해 관련 법규정 자체를 개정하는 것이 바람직하다.

2. 신고대상집회의 문제

미리 계획되지 않고 즉석에서 동기가 형성되어 명확한 주최자가 없는 채 순식간에 행하는 우발적 집회와 사안의 긴급성으로 인해 시간적으로 매우 촉박하여 법정시간(48시간 전)을 준수할 수 없는 경우에 행하는 긴급집회에 대해 신고의무를 강제할 것인지 여부가 다투어졌는데, 이제 새로운 지평에서 접근할 수 있다.[10] 합헌적 해석의 차원에서 전자에 대해서는 신고의무를 면제시키고, 후자에 대해서는 신고시한을 탄력적으로 적용하는(즉시신고) 것은 더욱더 정당성을 갖거니와, 이제는 꼭 필요하게 되었다. 따라서 집회사전신고제를 이들 비계획적인 집회에 확장하는 것 자체가 위헌일 수 있다. 요컨대 이미 오래 전에 판례가 우발적 집회에 대해 신고의무배제를 인정하긴

9) 대법원 2012.4.26. 선고 2011도6294판결.
10) 한편 스마트 몹의 경우 플래시 몹과는 달리 우발적 집회로 보는 것이 부인된다. Neumann, NVwZ 2011, 1171(1174).

했지만,[11] 집시법상의 신고대상집회를 계획적인 집회에 국한해야 하고,[12] 나아가 비계획적인 집회에 관해 특별히 규정할 필요가 있다.[13] 그런데 정보제공적 신고에 더 철저하자면, 대상판결은 신고대상성여부에서 더 엄격한 태도를 견지하고 아울러 현행법의 입법적 문제점을 제기했어야 한다.[14]

Ⅵ. 맺으면서 – 나비효과를 기대하며

집회신고와 관련한 그동안의 소모적 논의가 대상판결 등을 계기로 종식되었다. 집시법 전반을 정보제공적 신고의 차원에서 새롭게 조명해야 한다. 그동안 합헌적 해석의 차원에서 주창된 제 논의를 실천에 옮겨야 한다. 새가 알을 깨고 나오듯이, 집시법의 개정과 함께 행정상의 신고제 역시 典據가 의문스러운 舊殼을 깨고 나오길 기대한다.

**** 추기:** 미신고집회에 대해 행정형벌(2년 이하의 징역이나 200만원 이하의 벌금형)에 처하게 한 집시법 제22조 제2항과 관련해서 헌법재판소는 위헌이 아니라고 판시하였는데,[15] 협력의무의 위반은 과태료부과가 정당하다.[16] 한편 집회시위의 신고를 정보제공적 신고로 보는 이상, 집회금지의 통고가 명시적으로 내려지지 않는 한, 집회신고의 반려는 그 자체가 집회금지의 효과를 직접적으로 발생시키지 않는 사실행위에 불과하다. 하지만 헌법재판소는 집회금지통고가 내

11) 대법원 1991.4.9. 선고 90도2435판결.
12) 신고대상의 집회를 매우 엄격하게 포착한 대법원 2013.10.24. 선고 2012도11518판결은 바람직하다.
13) 예: 독일 바이에른주 집회법 제13조 제3항.
14) 헌재 2009.5.28. 2007헌바22에서의 조대현 재판관의 반대의견은 매우 시사적이다.
15) 헌재 1994.4.28. 선고 91헌바14.
16) 독일 바이에른 주 경찰법 제21조 ① 제7호.

려지지 않는 상황에서 동일한 경위로 여러 번 집회신고를 반려한 것은 옥외집회신고에 대한 접수거부나 집회의 금지통고로 여겨질 수 있다 하여 보충성의 원칙의 예외를 인정하여 그에 대한 헌법소원 심판청구를 허용한다.[17] 이는 하명처분에 해당하는, 일종의 묵시적 집회금지의 통고로 접근한 것이다. 여기서 아쉬운 점은, 서울행정법원이 이런 집회신고의 반려를 묵시적(추단적) 처분의 차원에서 접근하지 않고서 집행정지신청에 대해 각하결정을 내렸다.[18]

---

17) 헌재 2008.5.29. 선고 2007헌마712.
18) 서울행정법원 2007아842결정. 추단적(묵시적) 행정행위에 관한 상론: 김중권, 행정법, 223면 이하.

15

Quo vadis-申告制?

대법원 2011.1.20. 선고 2010두14954전원합의체판결

Ⅰ. 대상판결의 요지

건축법에서 이러한 인·허가의제 제도를 둔 취지는, 인·허가의제 사항과 관련하여 건축허가 또는 건축신고의 관할 행정청으로 그 창구를 단일화하고 절차를 간소화하며 비용과 시간을 절감함으로써 국민의 권익을 보호하려는 것이지, 인·허가의제사항 관련 법률에 따른 각각의 인·허가 요건에 관한 일체의 심사를 배제하려는 것으로 보기는 어렵다. 왜냐하면, 건축법과 인·허가의제사항 관련 법률은 각기 고유한 목적이 있고, 건축신고와 인·허가의제사항도 각각 별개의 제도적 취지가 있으며 그 요건 또한 달리하기 때문이다. 나아

가 인·허가의제사항 관련 법률에 규정된 요건 중 상당수는 공익에 관한 것으로서 행정청의 전문적이고 종합적인 심사가 요구되는데, 만약 건축신고만으로 인·허가의제사항에 관한 일체의 요건심사가 배제된다고 한다면, 중대한 공익상의 침해나 이해관계인의 피해를 야기하고 관련 법률에서 인·허가 제도를 통하여 사인의 행위를 사전에 감독하고자 하는 규율체계 전반을 무너뜨릴 우려가 있다. 또한 무엇보다도 건축신고를 하려는 자는 인·허가의제사항 관련 법령에서 제출하도록 의무화하고 있는 신청서와 구비서류를 제출하여야 하는데, 이는 건축신고를 수리하는 행정청으로 하여금 인·허가의제사항 관련 법률에 규정된 요건에 관하여도 심사를 하도록 하기 위한 것으로 볼 수밖에 없다. 따라서, 인·허가의제 효과를 수반하는 건축신고는 일반적인 건축신고와는 달리, 특별한 사정이 없는 한 행정청이 그 실체적 요건에 관한 심사를 한 후 수리하여야 하는 이른바 '수리를 요하는 신고'로 보는 것이 옳다.

Ⅱ. 문제의 제기 - 수리를 요하는 신고가 과연 신고인가?

대법원 2010.11.18. 선고 2008두167전원합의체판결이 종전의 입장을[1] 180°바꿔 건축신고의 반려(수리거부)를 적극적으로 처분으로 인정하였다. 이에 대해 저자는 -대상판결의 전체 맥락에 대한 매우 한정된 이해를 전제하긴 해도- 이로써 이제까지 스테레오타입일 정도로 견지하여 온 건축신고반려(수리거부)의 비처분성 및 무의미성은 마침내 終焉을 고하게 되었다는 점에서, 법원의 이 같은 태도변화를 적극 환영하였고, 신고에 관한 행정법도그마틱에서 새로운 지평이 열린 것으로 판단하였다.[2] 그 후 건축법상의 건축신고를 이른

1) 대법원 2000.9.5. 선고 99두8800판결 등.
2) 김중권, 신고제와 관련한 코페르니쿠스적 전환에 관한 소고, 법률신문 제3894호,

바 수리를 요하는 신고로 접근한 대상판결이 내려졌다. 결과적으로 대법원 2010.11.18. 선고 2008두167전원합의체판결은 대상판결에 다다르기 위한 징검다리에 불과하였다. 평소 여러 지면에서 受理를 요하는 신고를 似而非 신고제로 여겨 그것이 문자 그대로 정말 修理되어야 하며, 그것의 修理가 신고제를 둘러싼 난맥의 종결임을 강조하여 온 저자로선, 대상판결을 접하여 이전 대법원 2010.11.18. 선고 2008두167전원합의체판결의 드러나지 않은 本意를 완전히 그리고 심각하게 誤解하였음을 절실히 느낀다. 충분한 망설임을 하지 않은 채 속단한 경솔함을 자성하고 아울러 신고제 문제의 공론화를 위한 모색의 차원에서 대상판결의 행정법도그마틱적 문제점을 간략히 검토하고자 한다.[3)]

Ⅲ. 대상판결의 행정법도그마틱상의 문제점

1. 건축신고의 허가의제효과와 결부시킨 근거의 문제

일찍이 서울행법 2009.4.9. 선고 2009구합1693판결은 건축법 제14조상의 건축신고를 수리를 요하는 신고로 보았다. 즉, “일반적인 건축법상의 건축신고의 경우 행정청의 수리를 요하지 아니하여 그 신고가 행정청에 도달된 때에 효력을 발생하는 것이고, 만일 행정청이 실체적 사유에 기하여 그 신고수리를 거부하였다고 하더라도 그 거부처분이 신고인의 법률상 지위에 직접적으로 아무런 법률적 변동을 일으키지 아니하므로 항고소송의 대상이 되는 행정처분은 아니지만, 건축신고시 건축법 제14조 제1항, 제11조 제5항에 따라 이른바 건축법상의 집중효(?)가 발생하는 경우에는 그 건축신고는 행정청의

2010.12.6.

3) 상론: 김중권, 건축법 제14조상의 건축신고가 과연 수리를 요하는 신고인가?, 특별법연구 제9권(이홍훈 대법관 퇴임기념논문집), 2011.5.13., 273면 이하.

수리를 요하는 신고이어서 그 신고거부행위는 항고소송의 대상이 되는 처분이 된다."고 판시하였고, 제2심인 서울고등법원 2009.12.30. 선고 2009누11975판결 역시 동일하게 판시하였다. 비록 대상판결이 서울행법 2009.4.9. 선고 2009구합1693판결과는 다르게 단순히 의제규정의 존재만을 논거로 제시하진 않았지만, —다수의견의 보충의견에서 드러나듯이— 의제규정의 존재는 의제관련규정상의 요건에 대한 심사를 예정한다는 점에서 또한 다수의견이 의제효과가 연계된 건축허가와 단순한 건축허가를 구분한다는 점에서, 서울행법 2009.4.9. 선고 2009구합1693판결이 오늘의 결과에 대한 遠因이라 여겨진다. 이 판결에 대해 저자는 —비록 저자 자신은 의견을 달리하지만— 건축신고에 관한 기왕의 판례는 물론 문헌상의 일반적 이해와도 심각한 충돌을 야기하거니와, 논증을 위해 동원된 집중효적 논거가 법효과의제의 의미를 완전히 몰이해한 점을 강하게 비판하였다.[4] 신고에 신고의 본래의 효과이외에 다른 효과(허가효과의제)가 결부된다고 하여 전체 국가개입모델의 체계에서 그것의 본질이 입법도 아닌 판례에 의해 바뀐다면, 이는 법관의 법형성기능을 넘어선 것이다.

2. 의제규정을 이유로 실질적 심사의무를 결부시킨 근거의 문제

종래 이른바 자기완결적 신고와 수리를 요하는 신고의 구별의 출발점은 요건에 대한 심사의 存否였다(여기서의 심사가 형식적 심사에 한하는지 아니면 실질적 심사(≒실체적 요건에 대한 심사)까지 포함하는지 논란이 있을 수 있는데, 일부 문헌에선 전자로 보지만 판례는 후자로 본다). 그리하여 대상판결의 다수의견은 건축신고에 결부된 의제규정과 관련해선 그것의 실체적 요건에 관한 심사가 요구되기에 그 신고는 수리를 요하는 신고가 되어야 한다고 논증하였고, 반대의견은 현행 법률상 건축신고에 대해선 실체적 요건에 관한 심사가 배제된다

4) 김중권, 건축신고의 허가의제효과에 관한 소고, 법률신문 제3837호, 2010.5.3.

는 점을 강하게 주장하였다. 그런데 대상판결은 신고제에서의 행정청의 심사와 관련해서 매우 중요한 점을 결정적으로 간과하였다. 만약 그처럼 행정청의 실질적 심사가 요구된다면 허가와 수리를 요하는 신고는 어떻게 구별된다는 것인가? 이와 관련하여 수리를 요하는 신고가 본질은 허가제임을 들어 정당하게 반대한 반대의견에 대해서 －다수의견의 보충의견과는 달리－ 다수의견은 설득력 있는 반론을 제기하지 않았다. 무척 아쉽다.

－건축신고가 초래하는－ 증폭의제로 인한 법적 문제점에 대응하기 위해 신고에서 행정청의 실질적 심사가 필요하다 하더라도, 그것을 바로 행정청의 심사의무로 설정하여선 아니 된다. 건축신고에 건축허가와 마찬가지의 효과가 수반되어서 건축신고에 허가요건심사를 면제해선 아니 되기에 이를 수리를 요하는 신고로 보아야 한다는 것은, 현행법을 중심으로 한 de lege lata의 차원에선 결코 허용되지 않는다. 기왕의 국가개입모델을 완전히 새롭게 구축하지 않는 한, 입법정책의 차원 즉, de lege ferenda의 차원에서도 신고제도 아니며 허가제도 아닌 그런 제도는 허용되지 않는다. 요컨대 입법차원에서도 수리를 요하는 신고를 신고제가 아닌 허가제로 다시 디자인하거나 문제의 의제규정을 대폭 정비하는 것만이 正道이다. 당위의 명제를 갖고서 현재의 법상황을 재단하여선 아니 된다(법제도의 필요성 ≠법제도의 허용성).

3. 신고에서의 행정청의 심사의 본질

저자는 일찍부터 "사실 신고(제)에 대한 오해의 출발은 행정청의 심사를 완전히 배제시킨 데서 비롯되었다. 신고유보부 예방적 금지의 경우, 개시통제(심사)를 허가를 통해서 행정청이 행한다는 것이 아니라 사인 스스로가 행한다는 것이지, 결코 행정청의 심사를 배제하는 취지가 아니다."고 주장하였고.[5] 최근에도 "비록 이른바 '자기완결적 신고'라 하더라도, 그것을 공법관계의 형성을 개인에게 전적으로 맡긴다는 의미에서 이해하여선 아니 된다. 그렇게 신고제를 이해하면, 행정이 자기임무를 방기하는 것을 조장할 수 있다. 행정이 조정자로서의 역할을 신고제 · 민간화란 이름으로 슬그머니 포기함으로써, 그에 따른 법 · 행정의 공백은 고스란히 민간상호간의 다툼에 내맡겨진다. 신고제를 행정청의 심사배제로 이해하여선 아니 된다."고 다시 강조하였다.

그런데 오해해선 곤란하다. 필자가 일관되게 강조한 것은 신고제에서의 행정청의 심사가능성이지 심사의무가 아니다. 허가제와 대비하여 보건대, 신고의 형식적 요건과 관련해선, 행정청의 심사의무가 성립하긴 해도, －의제대상규정을 포함한－ 그 밖의 공법규정과의 위배에 대해선 허가제처럼 심사의무는 성립하진 않지만, 심사가능성을 전혀 배제할 순 없다.[6] 다시 말해, 신고제에서의 심사는 －형식적 요건에 관련하지 않는 한－ 선택사양 즉, 행정청의 재량일 뿐이다. 합법화효과를 갖기에 허가제의 경우 행정청의 실질적 심사의무가 필요할 뿐만 아니라 요구되지만, 그렇지 않는 신고제에 대해 그것을 요구한다는 것은 제도의 본질에 맞지 않는다. 만약 행정청의 실질적 심사가 필요하다고 하면 입법적으로 그에 맞는 제도 즉, 허가제로 전환을 하여야 한다(名實相符).

4. 典據가 의심스러운 이른바 수리를 요하는 신고의 존재 문제

종래 수리의 비처분성⇒수리의 거부의 비처분성, 수리의 처분성⇒수리거부의 처분성이란 도식으로 이른바 자기완결적 신고와 이른

---

5) 김중권, 건축법상의 건축신고의 문제점에 관한 소고, 저스티스 제61호, 2001.6., 150면 이하.

6) 이른바 심사선택, Prüfoption)(Vgl. Gnatzy, Verfahrensliberalisierung im Bauordnungsrecht der Länder, 1999, S.263ff.; Brohm, Öffentliches Baurecht, 2002, §4 Rn.14; Erbguth, Öffentliches Baurecht, 2009, §13 Rn.11.

바 수리를 요하는 신고로 나누었다. 기왕의 틀에 대해 필자는 2001년도부터 부단히 문제제기를 하여 왔다. 즉, 기왕의 틀을 버리고 금지해제적 신고와 정보제공적 신고로 나눌 것을 제안하였다. 기실 기왕의 틀은 신고제가 허가제의 대체제도인 점을 전혀 인식하지 못한 채, 사인의 공법행위에 관한 논의와 典據가 의심스러운 －이른바 준법률행위적 행정행위로서의－ 수리에 관한 논의를 단순 결합시킨 결과물이다. 일찍이 대법원이 영업양도에 따른 지위승계신고의 수리를 행정처분으로 봄으로써 이를 수리를 요하는 신고에 포함시켰고,[7] 대법원 2000.5.26. 선고 99다37382판결은 수리를 요하는 신고의 존재를 처음으로 명시적으로 인정하였다. 기실 건축법 제11조의 건축신고가 수리를 요하는 신고가 됨으로써, 이제 신고제의 목록 대부분은 수리를 요하는 신고에 해당하는 셈이 되었다.[8]

우리의 현하상황은 규제완화의 기치하에 절차민간화의 한 유형으로 신고제가 활발히 논의되고 있는 독일과는 비할 수 없다. 사실 수리에 대해선 일본에서도 대표적 행정법학자인 鹽野 宏 교수조차 그것의 독립적 행정행위성에 의문을 표하곤 하지만,[9] 우리의 경우 舊殼에서 벗어나기 위한 모색이 그다지 보이지 않는다. 수리를 요하는 신고와 같은 名實不副(!)한 법제도는 일반인은 물론 전문가조차도 그것의 존재를 쉽게 이해할 수 없거니와 그 해당성 여부가 전적으로 판례에 맡겨져 있다는 데서, 그것은 다른 차원의 규제장벽인 동시에 법치국가원리적 문제이기도 하다. 사실 그 자체로서도 형용모순이다. 요컨대 수리에 비중을 두는 한, 결코 그것은 신고제가 될 수 없다.[10] 이에 名實相符하지 않게 －실질적 심사를 전제로 한－ 신고

7) 대법원 1993.6.8. 선고 91누11544판결 등.
8) 그 후과가 법제처가 수리를 요하는 신고와 관련하여 수리여부통지제도를 결부시킨 것이다. 결국 지금의 법제에서는 수리여부통지가 규정되어 있는 신고는 수리를 요하는 신고에 해당하게 되었다.
9) 동인, 行政法 I, 2009, 118－128頁.
10) 수리를 요하는 신고의 문제점에 관해선 김중권, 이른바 “受理를 요하는 申告”의 問

수리결정을 별도로 명문화한 산지전용신고와 자본거래신고의 경우 하루바삐 그 본질에 맞춰 許可制로 改名되어야 한다.

Ⅳ. 맺으면서 - 오늘과는 같지 않을 내일을 기대하며

이른바 수리를 요하는 신고의 존재가 사적 영역에 대한 국가개입 모델을 혼란스럽게 만든다. 그것의 극복이 규제개혁이자 행정법도그마틱의 개혁인 셈이다. 기실 수리를 요하는 신고로 설정하여야만 수리거부(반려)를 처분으로 볼 수 있는 것은 결코 아니다. 수리거부(반려)의 본질을 -거부처분이 아니라- 금지하명으로 이해하면 수리를 요하는 신고를 동원할 필요도 없이 즉, 수리 자체의 처분성을 전제로 하지 않더라도, -행정청의 재량적 심사가능성을 전제로 하여- 그것을 처분(금지하명처분)으로 판단할 수 있다. 대법원 2006.6.22. 선고 2003두1684전원합의체판결이 오늘은 어제와 같지 않음을 보여주었듯이, 오늘과 같지 않을 내일을 기대한다.

題點에 관한 소고, 행정판례연구 제8집, 2003, 63면 이하.

16

중대명백성설의 墨守로부터 벗어나기 위한 소고

대법원 2009.10.29. 선고 2007두26285판결

Ⅰ. 대상판결의 요지

하자 있는 행정처분이 당연무효로 되려면 그 하자가 법규의 중요한 부분을 위반한 중대한 것이어야 할 뿐 아니라 객관적으로 명백한 것이어야 하므로, 행정청이 위법하여 무효인 조례를 적용하여 한 행정처분이 당연무효로 되려면 그 규정이 행정처분의 중요한 부분에 관한 것이어서 결과적으로 그에 따른 행정처분의 중요한 부분에 하자가 있는 것으로 귀착되고, 또한 그 규정의 위법성이 객관적으로 명백하여 그에 따른 행정처분의 하자가 객관적으로 명백한 것으로 귀착되어야 하는바, 일반적으로 조례가 법률 등 상위법령에 위배된다는 사정은 그 조례의 규정을 위법하여 무효라고 선언한 대법원의

판결이 선고되지 아니한 상태에서는 그 조례 규정의 위법 여부가 해석상 다툼의 여지가 없을 정도로 명백하였다고 인정되지 아니하는 이상 객관적으로 명백한 것이라 할 수 없으므로, 이러한 조례에 근거한 행정처분의 하자는 취소사유에 해당할 뿐 무효사유가 된다고 볼 수는 없다.

Ⅱ. 문제의 제기 – 빈약한 行政行爲瑕疵論

행정법의 존재이유를 여러 가지로 들 수 있다. 권리구제의 관점에서 보자면 문제가 되는 행정작용 특히 행정행위의 위법성이나 적법성을 설득력이 있게 판단하는 것이 그 이유가 된다. 따라서 행정법에서 가장 중요한 것이 바로 行政行爲瑕疵論이다. 아무리 법치국가원리를 구체화한 것이 행정법이라고 강변한들, 행정행위하자론이 제대로 정립되어 있지 않다면 법치국가원리는 바르게 구현될 수가 없다. 이처럼 행정행위하자론이 행정법의 시작과 마침을 함께함에도 불구하고, 우리의 현주소는 그것의 위상에 맞지 않는다. 90년 중반에 나온 박홍대 판사의 논문을[1] 제외하고선 행정행위의 하자 전반을 다룬 문헌을 찾을 수가 없다. 그리고 행정행위하자론의 핵심적 물음인 무효의 판단기준과 관련해서도, 과거 대법원 1995.7.11. 선고 94누4615판결의 반대의견을 기화로 중대명백성설의 문제점에 관해 일련의 문헌에서 매우 활발히 논의되곤 하였지만, 그런 분위기가 이어지지도 않고 있다.[2] 빈약한 행정행위하자론은 다름 아닌 行政法의 機能不全을 야기한다.

독일의 경우 중대명백성설의 명백성의 기준에 대해선 예전부터도

1) 동인, 행정행위의 무효화 사유, 재판자료 제68집(1995.05): 행정소송에 관한 제문제(하) 181면 이하.
2) 참고문헌으로 김남진, '중대 · 명백설'의 맹종에서 벗어나야, 법률신문 제3207호, 2003.10.2.).

Wolff, Forsthoff, Thieme, Martens 등 상당수의 학자들이 異議를 제기하였는데, 최근 다시금 Leisner가 이를 신랄하게 비판하였다.[3] 이에 필자는 최근의 비판을 바탕으로 일련의 글을 통해 중대명백성설을 타개하고 행정행위하자론을 새롭게 정립하고자 시도를 하였다.[4] 이하에선 문제인식을 확산시킬 公論의 장을 만들기 위하여 기왕의 발표를 바탕으로 管見을 제시하고자 한다.

Ⅲ. 중대명백성설의 출처

무효인 행정행위는 독일 행정법의 전형적인 법적 모습이다. 그것은 독일에서 행정재판의 발전에 맞춰 전개되어 왔다. Otto Mayer가 '무효인(nichtig) 행정행위'의 법형상을 처음으로 도입하였는데, 그는 무효와 취소의 구분을 일차적으로 귀속문제로 바라보았다.[5] 일찍이 행정행위의 무효에 관해 박사학위논문을 작성한 Heike는 "행정행위가 금방 알아차릴 수 있게 조직권의 남용을 지니고 있을 때 그 행정행위는 무효가 된다."는 Hatschek의 기술을[6] 중대명백성설의 시발점으로 여겼다.[7] 이를 계기로 중대명백성설이 등장하여 바이마르 시대 이후엔 그것이 일반적으로 문헌상으로 성립하였으며, 특히 1945년 이후 일련의 학자들이 그것을 받아들임으로써 그것은 이미 1950년대에 통설의 위치를 점하였다. 아울러 많은 고등행정법원 역

---

3) ders., Nichtigkeit eines Verwaltungsakts (nur) bei Offensichtlichkeit der besonders schweren Fehlerhaftigkeit? －Kritik an der Evidenzlehre zu §44 Abs.1 VwVfG, DÖV 2007, 669ff.

4) 김중권, 行政行爲瑕疵論의 改革에 관한 小考, 공법연구 제39집 제1호, 2010.10.; 행정행위의 위법사유의 비판적 분석에 관한 소고, 법조 제650호, 2010.11.

5) ders., Deutsches Verwaltungsrecht Bd. Ⅰ, 3.Aufl., 1924, S.95.

6) ders., Lehrbuch des deutschen und preußischen Verwaltungsrecht, 7.Aufl., 1931, S.102.

7) ders., (Die Evidenztheori als heute maßgebliche Lehre vom nichtigen Verwaltunsakt, DÖV 1962, S.416.

시 1950년대에 중대명백성설을 동원하였으며, 1970년대가 시작되면서부터 연방행정법원의 차원에서도 그것을 받아들였다.[8] 이런 기조에서 독일 행정절차법은 중대명백성설을 일반원칙으로 명문화하였다(동법 제44조 제1항). 아울러 이런 독일의 흐름은 우리뿐만 아니라 일본에도 전해졌다.

Ⅳ. 중대명백성설에서 명백성요청의 공법적 문제점

판례는 하자가 외관상으로, 객관적으로 명백한 것을 '하자의 명백성'으로 받아들이고 있다. 여기선 인식주체의 불확정성, 明白性 의미의 불명확성, 명백성기준의 필요성 그리고 명백성기준의 위헌성의 문제점이 제기될 수 있다. 중대명백성설에선 명백성기준의 척도를 편견이 없는 판단능력이 있는 평균적인 관찰자로 삼는다. 이에 대해 Leisner는 내부자나 관련자가 아니고선 평균적 관찰자로선 제반 고려상황을 알 수 없다는 점에서, 중대명백성설이 심히 현실과 동떨어져 있다고, 또한 사실 기껏해야 법관이 제반 고려상황을 잘 안다는 점에서 명백성의 요구 규정 자체가 실행가능성이 없다고 지적하였다. Martens는 평균관찰자가 실제로 유용할 수 있는지 여부는 그런 인조인간의 정신능력한계로 여전히 의문스러울 수밖에 없다고 주장하였다.[9] 판례는 하자가 외관상으로, 객관적으로 명백한 것을 '하자의 명백성'으로 받아들이고 있는데, 독일 판례 역시 관례적으로 "중대한 하자상태(위법성)가 곧바로 떠올라야(나타나야) 한다.",[10] "행정행위를 보면 위법성(하자상태)을 금방 알아 챌 수 있어야 한다."고[11]

---

8) BVerwG, NJW 1971, 578.
9) ders., Die Rechtsprechung zum verwaltungsverfahrensrecht, NVwZ 1990, S.624(625).
10) Vgl. OVG Lüneburg DÖV 1986, 382.
11) Vgl. BSG 17, 83.

판시하고 있다. 그런데 여기선 '명백하다'는 것이 과연 무엇인지 가늠하기가 쉽지 않다. 그 자체가 명백하지 않다는 비판을 충분히 자아낼 수 있다. 명백성의 요구는 일반적으로 법적 안정성을 위하여, 구체적으론 행정의 집행적 이익과 시민의 신뢰보호를 위하여 도입되었다. 그런데 주로 부담적 행정행위가 문제되는 상황에서 명백성의 요구는 일종의 행정청의 特權을 인정한 것이다. 법치국가원리가 무색할 정도로 하자가 중대함에도 불구하고, 일방적으로 행정청의 보호에 이바지하는 명백성의 기준을 추가로 요구한다는 것은 법치국가원리 자체를 도외시하는 것이다. 그리고 언필칭 명백성의 기준에서 추구되는 시민의 신뢰보호는 헌법적 근거를 둔 행정법일반원칙인 신뢰보호원칙에 의해서 충분히 강구될 수 있다. 요컨대 명백성의 기준으로 말미암아, 중대한 하자의 행정행위라 하더라도 하자의 명백성이 부인되면 통용상의 특권·존속특권(이른바 공정력)을 누리는데, 이는 명백히 행정의 법률적합성의 원칙을 훼손한다.[12)]

V. 대안으로서의 新重大性說

무효기준과 관련하여 주요 행정법문헌상의 입장을 대체적으로 살펴보면, 중대명백성설을 고수하는 입장과 그것에서 벗어난 입장으로 나뉘며, 또한 후자는 명백성요건보충설을 취하는 입장과 구체적 가치형량설을 취하는 입장으로 나뉜다. 저자로선 중대명백성설에서 명백성요청만을 삭제하여 重大性만을 유일한 무효기준으로 삼고자 한다. 그런데 중대명백성설이 지배하는 우리나 일본에서의 기왕의 논의는 중대한 하자의 명백성에만 초점을 맞추었을 뿐, 정작 하자의

---

12) 일찍이 Thorsten Quidde, Zur Evidenz der Fehlerhaftigkeit, DÖV 1963, 339ff.는, 부담적 행정행위의 경우엔 하자의 중대성만으로 충분하지만, 수익적 행정행위의 경우엔 중대성만으론 불충분하고 명백성의 기준이 추가되어 중대명백성설이 통용되어야 한다고 주장하였다.

중대성의 의미에 대해선 상대적으로 소홀히 다루었다(기왕의 重大性說의 내용역시 명칭에 상응하지도 않다). 판례 역시 "법규의 중요한 부분", "행정처분의 중요한 부분에 해당하는 규정"을 위반한 것을 하자의 중대성으로 받아들이고 있다. 법규의 '중요한 부분'과 '중요하지 않은 부분'을 과연 설득력이 있게 획정하고 판단할 수 있을지 매우 의문스럽다. 충분한 근거의 제시가 없는 이런 식은 접근은 법원의 판단에 대한 설득력을 제고하지 못한다. 독일의 경우 현행 법질서와 그것의 바탕이 되는 공동체적 가치관과의 불일치가 존재하되, 그 모순이 행정행위가 (그것으로써) 의도한 법효과를 가진다고 받아들일 수 없을 정도로 심각할 때, 비로소 그 하자가 (심히) 중대하게 된다.[13] 이 같은 독일의 중대성인정공식은 우리의 경우에도 그대로 받아들여야 한다.[14]

그리고 여기서 판단규준과 관련해선, 일정한 법규정 그 자체와의 위반이 우선되진 않고, 전체적으로나 일정한 측면에서 법질서의 바탕이 되고 이를 지지하는 목적관과 가치관에 대한 위반 —특히 중요한 헌법원칙에 대한 위반— 및 이들에 대한 불일치(모순)의 정도가 결정적인 기준이 되어야 한다.[15] 그러나 중대성판단이 위반법규정의 위계에 전적으로 좌우되어선 아니 된다. 따라서 헌법위반만이 무효를 초래하진 않으며, 아울러 헌법위반 모두를 필연적으로 무효가 초래될 수밖에 없는 중대한 것인 양 여기는 것은 곤란하다. 독일의 경우 법치국가원리를 표방하는 그들 기본법 제20조 제3항과 같은 헌법규정의 위반 그 자체만으로도 바로 무효가 도출되진 않는다.[16]

---

13) BVerwG NVwZ 1984, 578.

14) 새로운 접근을 강조하기 위해 필자는 이를 新重大性說이라 명명한다. 무효기준에서 독일처럼 중대명백성설을 취하는 유럽공동체법의 경우에도 중대성인정은 독일식의 접근을 한다.

15) Vgl. BVerwGE 8, 332; BVerwG DVBl. 1985, 624.

16) BVerwG NJW 1984, 2113.

대법원 1995.7.11. 선고 94누4615판결에서 다수의견(중대명백성설)과 반대의견(명백성보충요건설)은 공히 하자의 중대성을 인정하였고, 대상판결을 비롯한 근거법령의 위헌, 위법에 따른 행정처분의 효력이 문제된 사안에서도 판례는 하자의 중대성을 전제로 그것의 명백성만을 문제로 삼았다. 하지만 과연 행정행위의 잠정적인 통용이나마 용인하는 것이 법치국가원리적 질서와 요청과 불일치하다고 여겨질 정도, 그 하자가 '심히' 중대한 것인지 매우 의문스럽다. 참고로 독일의 경우 법률적 수권이 결코 주어지지 않은 소위 無法의 행정처분(gesetzloser VA)이라도 결코 무효일 필요는 없으며, 위헌인 법률에 의거한 행정처분은 원칙적으로 기껏해야 취소가능할 뿐이라고 한다.[17]

Ⅵ. 맺으면서 – 향상된 인식에 따른 전환요구

외국의 법제와 이론을 우리의 자산으로 만듦에 있어, 작가 崔仁勳의 「원시인이 되기 위한 문명한 의식」에서의 지적: "외국문화는 어떤 것이든지 받아들여도 좋다. 다만 原物形으로 받아들일 것이 아니라, 그것을 요소로 분해해서 구조식을 알아내고, 다음에는 소재는 국산자재든 수입자재든 간에 완제품을 국내생산을 하여 저렴한 가격으로(즉, 정신적 낭비–외국숭배·물신숭배를 줄이고) 지식시장에 내놓는 일이 바른 태도일 것이다."을 상기할 필요가 있다. 독일의 경우 실정법의 존재로 중대명백성설에서 벗어나기란 불가능하지만, 行政行爲瑕疵論이 전적으로 도그마틱에 맡겨져 있는 우리로선 별다른 어려움 없이 그것과 단호하게 결별할 수 있다(後發의 利點). 향상된 인식에 따른 전환이 시급히 요구된다.

---

17) Stelkens/Bonk/Sachs, VwVfG, §44 Rn.105.

17

인사교류계획에 의한 전출명령의 문제점에 관한 소고

대법원 2008.9.25. 선고 2008두5759판결

Ⅰ. 사실의 개요

원고는 1978.11.1. 지방행정서기보 시보로 임용되어 종로구 세종로동사무소에서 근무를 시작한 이래 종로구 도시정비국 주택과, 강서구 발산동사무소 등을 거쳐 서울특별시 건설행정과에서 근무해 오던 중 1995.7.1. 지방자치제가 실시됨에 따라 개인사정과 출·퇴근 등의 사유로 인사교류를 신청하여 1996.2.1. 강서구로 발령받아 2006. 10.1.까지 근무해 왔다. 그런데 서울특별시 강서구청장(피고)이 지방공무원법 제30조의2 제2항, 제3항, 지방공무원임용령 제27조의5, 서울특별시지방공무원인사교류규칙에 의거하여 서울시인사교류협의회에서 심의를 거쳐 확정된 '시·자치구 4급 이하 공무원 인사교류계획'에 의하여 피고 서울특별시장이 권고한 바에 따라 2006. 10.2. 원고를 구로구로 전출하는 내용의 명령(전출명령)을 하였다.

Ⅱ. 대상판결의 요지

지방공무원법 제30조의2 제2항 규정의 인사교류에 따라 지방자치단체의 장이 소속 공무원을 전출하는 것은 임명권자를 달리하는 지방자치단체로의 이동인 점에 비추어 반드시 당해 공무원 본인의 동의를 전제로 하는 것이고 (대법원 2001.12.11. 선고 99두1823판결, 헌법재판소 2002.11.28. 선고 98헌바101, 99헌바8결정 등 참조), 따라서 위 법 규정의 위임에 따른 지방공무원 임용령 제27조의5 제1항도 본인의 동의를 배제하는 취지의 규정은 아니라고 해석하여야 할 것이다. 원심이 확정한 사실관계에 의하면, 피고는 위 규정에 의한 인사교류의 일환으로 그 소속 공무원인 원고에 대하여 그 동의를 받지 아니한 채 임명권자를 달리하는 구로구로 전출을 명하는 이 사건 전출명령을 한 점을 알 수 있고 사정이 그와 같다면, 이 사건 전출명령은 원고의 동의 없이 이루어진 위법한 처분으로서 취소되어야 할 것이다.

Ⅲ. 원고의 주장

(1) 이 사건 전출명령은 당초 지방공무원법 제30조의2 제2항에서 정한 인사교류협의회의 심의절차도 거치지 아니하고 이루어진 것으로서 위법하고 그 후 인사교류협의회가 개최되어 심의절차를 거침으로써 사후 그 절차가 보완되었다 하더라도 그 심의결과에 행정, 기술, 기능직 교류희망자는 반드시 본인의 동의를 필요로 하는 것으로 정해져 있음에도 피고 강서구청장은 원고의 동의 없이 원고에 대한 이 사건 전출명령을 행하였으므로, 이 사건 전출명령은 위 인사교류

협의회의 심의결과에 위배된 것으로서 위법하다.

(2) 이 사건 전출명령의 근거법령인 지방공무원임용령 제27조의5 제1항은 제1호에서 5급 이상 공무원 또는 6급 기술직렬을 교류하는 경우, 제2호에서 인접 자치단체 상호간에 교류하는 경우, 제3호에서 5급 이하 공무원의 연고지 배치를 위하여 교류하는 경우를 각 규정하고 있는데, 이 사건 전출명령은 위 지방공무원임용령 제27조의 5 제1항 각 호의 요건에 모두 해당되지 아니함에도 원고의 동의없이 강제로 이루어졌으므로 인사권남용에 해당되어 위법하다.

(3) 이 사건 전출명령은 원고의 동의를 전제로 하지 아니한 강제전출로서 헌법상 공무원의 신분보장 원칙, 정치적 중립 원칙, 직업선택의 자유 등을 침해하여 무효이고, 중앙정부가 행하는 부처간, 중앙 · 지방간 인사교류에는 본인의 신청이나 동의를 받아 인사 · 급여상 여러 가지 인센티브를 제공하는데 이 사건 전출명령은 아무런 인센티브의 제공없이 출 · 퇴근시 3시간이나 소요되는 곳으로 강제로 전출시키는 것으로서 헌법상의 평등권, 행복추구권 등을 침해하여 무효이다.

Ⅳ. 관계법령

* 지방공무원법 제30조의2(인사교류)

② 시 · 도지사는 당해 지방자치단체 및 관할구역안의 지방자치단체 상호간에 인사교류의 필요가 있다고 인정할 때에는 당해 시 · 도에 두는 인사교류협의회에서 정한 인사교류기준에 따라 인사교류안을 작성하여 관할구역안의 지방자치단체의 장에게 인사교류를 권고할 수 있다. 이 경우 당해 지방자치단체의 장은 정당한 사유가 없는 한 이에 응하여야 한다.

* 지방공무원임용령(대통령령) 제27조의5(지방자치단체간의 인사교류)

① 법 제30조의2의 규정에 의하여 지방자치단체 상호간에 인사교류를 할 수 있는 경우는 다음 각호와 같다. 다만, 제3호에 의하는 경우에는 본인의 신청 또는 동의가 있어야 한다.

1. 지방자치단체간 인력의 균형있는 배치와 지방행정의 균형있는 발전을 위하여 5급 이상 공무원 또는 6급 기술직렬공무원을 교류하는 경우

2. 행정기관 상호간의 협조체제증진 및 공무원의 종합적 능력발전을 위하여 인접 지방자치단체간 교류하는 경우

3. 5급이하 공무원의 연고지 배치를 위하여 필요한 경우

V. 문제의 제기

원고의 주장에 대해 제1심은[1] 전혀 받아들이지 않았고, 항소심[2] 역시 그러하였다. 제1심은 지방공무원임용령 제27조의5 제1항을 중심으로 사안이 동항 제2호에 해당하는 즉, 대상자의 동의가 요구되지 않는다고 판시하였다. 나아가 나름의 근거에 의거하여 대상 공무원의 동의 요구는 지방자치단체 상호간의 인사교류제도의 목적 달성을 저해한다고 하면서, 사안에서 전입지가 그다지 멀지 않기에 원고의 동의 없이 행한 이 사건 전출명령이 헌법상 보장된 공무원의 신분보장, 정치적 중립, 행복추구권, 직업선택의 자유, 평등권 등을 본질적으로 침해하는 것은 아니라고 판시하였다. 반면 대상판결은 전출명령(결정)에는 대상자의 동의가 전적으로 요구된다는 기조를 취한다.[3] 대상판결의 결론에는 찬동하지만, 논증방식에서는 생각을 달

1) 서울행정법원 2007.8.14. 선고 2007구합4919판결.
2) 서울고법 2008.3.25. 선고 2007누22452판결.
3) 이에 대하 평석으로 박연욱, 지방공무원법 제30조의2 제2항에 정한 인사교류에 따라 지방자치단체의 장이 소속 공무원을 전출하는 경우, 본인의 동의가 필요한지 여

리하기에 이하에선 현행 법제상의 전출입제도의 본질에 의거하여 관련 문제점을 검토하고자 한다.

Ⅵ. 지방공무원법 제30조의2 제2항 규정의 인사교류와 공무원의 동의필요

대상판결은 대법원 2001.12.11. 선고 99두1823판결과 헌법재판소 2002.11.28. 98헌바101, 99헌바8을 참조하여 동의필요를 논증하였다. 그런데 참조대상인 판결과 결정에서 다툼의 대상은 지방공무원법 제30조의2 제2항이 아니라, 동법 제29조의3 조항이었다는 점에서 대상판결의 논증은 문제가 있다. 오히려 참조대상인 판결로 인해 일찍이 수원지방법원 2003.8.20. 선고 2002구합5079판결과 그 항소심인 서울고법 2004.9.15. 선고 2003누15968판결은 지방공무원법 제30조의2 조항에 의한 전입전출과 동법 제29조의3 조항에 의한 전입전출을 구별하는 태도를 취하였고. 기본적으로 전자의 경우에는 해당 공무원의 동의를 요하지 않는 것으로 보았다. 아울러 대법원 2003누15968판결의 상고심인 대법원 2005.6.24. 선고 2004두10968판결 역시 드러나진 않지만 항소심의 판단을 그대로 수용한 점에서 동일한 맥락에 서 있다고 봄직하다.[4]

사실 지방공무원임용령 제27조의5 제1항이 당사자의 동의요구를 사실상 예외적 상황에 두고 있기에, 동의요구에서의 이원적 접근은 나름의 근거가 있다고 할 수 있다. 따라서 먼저 지방공무원법 제30조의2 조항과 동법 제29조의3 조항의 체계를 정립하지 않고선 이원적 접근에 반론을 제기하기란 쉽지 않다. 요컨대 지방공무원법 제29

부, 대법원판례해설 제78호(2008 하반기)(2009.07), 94면 이하.

4) 대법원 2004두10968판결의 문제점에 관해선 김중권, 人事交流計劃이 결여된 轉出決定(命令)의 效力에 관한 小考, 행정판례연구 제15집 제1호, 2010.6.30., 273면 이하.

조의3 조항에 의한 전입전출 역시 인사교류의 한 방식이다. 따라서 지방공무원법 제30조의2 조항에 의한 인사교류를 (일반적)포괄적·개괄적 인사교류로, 지방공무원법 제29조의3 조항에 의한 인사교류를 개별적 인사교류로 볼 수 있으며, 아울러 －인사교류의 방식인 전입전출을 대입하여－ 지방공무원법 제30조의2 조항은 인사교류계획에 의한 전입전출로, 지방공무원법 제29조의3 조항은 인사교류계획과 무관한 전입전출로 설정할 수 있다.

이처럼 일원적으로 접근하면서, 동시에 임용을 동의를 필요로 하는 행정행위로 보는 것을 바탕으로 전출결정을 －전입결정자의 '특별임용'이 예정된－ 의원면직으로, 전입결정을 특별임용으로 보는 저자의 입장에 서면,[5] 지방공무원법 제30조의2 제2항에 의한 인사교류의 경우에도 당사자의 동의는 필수적 요청이다.

Ⅶ. 지방공무원임용령 제27조의5 제1항의 문제점

지방공무원 임용령 제27조의5 제1항이 동의필요사안과 동의불요사안을 분명히 구분하고 있으며, 제1심과 제2심이 이런 기조에 바탕을 두고서 접근한 이상, 이를 극복하기 위해선 세심한 배려가 필요하다. '행정상의 전출'이란 '행정주체가 그 소속 공무원에 대해 －그의 종전의 지위와 신분상의 변화는 주지 않으면서－ 다른 행정주체와의 새로운 신분상의 귀속관계를 설정하도록 이제까지의 신분상의 귀속관계를 해소하는 것'으로, '전입'이란 '행정주체가 전출에 대응하여 전출대상자에 대해 －그의 종전의 지위와 신분상의 변화는 주지 않으면서－ 새로운 신분상의 귀속관계를 설정하는 것'을 의미한다. 일찍이 헌법재판소와 대법원이 당사자 본인의 동의가 명시적으로 요

5) 김중권, 공무원의 전출전입과 관련한 법적 문제점에 관한 소고, 저스티스 제79호, 2004.6.28., 200면 이하.

구되지 않음에도 불구하고 지방공무원법 제29조의3에 당연히 그의 동의에 관한 요구가 담겨져 있는 것으로 볼 정도로, 전출과 전입은 해당 공무원에 대해 그의 신분관계에서 매우 중대한 영향을 준다. 즉, 신분관계에서 그 귀속관계의 해소는 비록 앞으로도 신분관계의 기본에는 변함이 없더라도, 앞으로의 경력관리나 승진 등에서 전출 그 자체만으로도 직업의 자유와 같은 기본권과 밀접한 관련성을 가진다.

요컨대 과거의 전통적인 특별권력관계이론이 더 이상 통용되지 않는다고 하면, 지방공무원법 제30조의2 조항이 명시적으로 당사자의 동의가 필요하지 않다는 것을 언명하지 않는 이상, 그것의 위임명령인 지방공무원 임용령 제27조의5 제1항에서 同意要否를 규정한 것은 법치국가원리에 반한다. 따라서 적어도 -비록 설득력이 있는 논거를 제시하진 않았지만- 대상판결처럼 동항에 대해 본인의 동의를 배제하는 취지의 규정은 아니라고 해석하지 않으면, 동항은 위헌성을 면할 수 없다. 그런데 대상판결의 이런 태도는 절반의 성공이라 할 수 있다. 왜냐하면 대상판결의 관점을 지방공무원 임용령 제27조의5 제1항에 바로 대입하면, 규범통제의 문제가 되어 동조항의 위헌·위법성이 바로 도출되고, 이에 동조항의 개정이 요구되기 때문이다. 나아가 이런 과정에서 모법률에서의 명시적인 동의요구까지도 자연스럽게 미칠 수 있다.

Ⅷ. 맺으면서 – de lege ferenda적 물음

일체의 전출전입에 대해 당사자의 동의를 요구하면, 행정조직의 유연화라는 시대흐름과는 배치될 수 있다. 사실 제1심은 이런 정책적 관점을 논거로 내세웠다. 따라서 현행법을 중심으로 한 de lege lata적 접근이 아닌, de lege ferenda적(입법정책적) 접근을 병행해야 한다. 독일의 경우 1997년의 공직법개혁법의 제정을 기화로 그들의 舊 공무원법기본법 제18조는 전출에서 해당 공무원의 동의결여의 가능성을 열어 놓았다. 그리고 동법을 대체하여 2009.4.1.부터 발효한 공무원신분법(Beamtenstatusgesetz) 제15조는 기본적으로 전출에 해당 공무원의 동의를 요구하면서, 아울러 동일한 기본급이 주어지는 경우엔 해당 공무원의 동의가 없더라도 전출이 가능하도록 규정하였다. 새삼 행정조직법의 현대화가 현하의 과제이다.

18

이른바 처분적 시행규칙의 문제점에 관한 소고

서울행정법원 2005.9.1. 선고 2004구합5911판결

Ⅰ. 사실의 개요

우리나라 제지 생산·판매업체인 동아제지(주) 등은 2002. 9. 30. 무역위원회에 대하여 인도네시아 및 중국으로부터 정보용지 및 백상지가 정상가격 이하로 수입되어 국내산업이 실질적인 피해를 받거나 받을 우려가 있으므로 관세법의 관련 규정에 따라 위 물품에 대한 덤핑방지관세부과에 필요한 조사를 하여 줄 것을 신청하였다. 무역위원회는 2002. 11. 14. 조사대상물품을 인도네시아·중국산 정보용지 및 백상지로서 일정한 것과 조사대상공급자로서 일정한 업체(원고)로 하여 덤핑사실과 실질적인 피해 등의 사실에 관한 조사개시결정을 하였다. 무역위원회는 이 사건 덤핑 및 산업피해 조사와 관련

하여 조사신청회사들과 원고들 사이에 쟁점이 되었던 문제에 관하여, 원고인 인도네시아 4개 업체에 대한 조사를 한 다음에, 2003. 9. 24. 조상대상물품의 덤핑수입으로 인하여 동종 물품을 생산하는 국내산업에 실질적인 피해가 있다고 판정하고, 이에 따라 국내산업의 피해를 구제하기 위하여 원고들이 공급하는 물품에 대하여 각 8.22%, 에이프릴이 공급하는 물품에 대하여 2.80%, 중국 4개 업체가 공급하는 물품에 대하여 5.50% 내지 8.99%의 덤핑방지관세를 향후 3년간 부과할 것을 피고(재정경제부장관)에게 건의하기로 결정하였다. 피고(재정경제부장관)는 위 건의를 그대로 받아들여 2003. 11. 7. 원고들이 공급하는 물품에 대하여 2003. 11. 7.부터 2006. 11. 6.까지 8.22%의 덤핑방지관세율을 부과하는 것 등을 내용으로 한 재정경제부령 제330호 '관세법 제51조의 규정에 의한 인도네시아·중국산 정보용지 및 백상지에 대한 덤핑방지관세 부과에 관한 규칙'(이하 위 규칙 중 원고들에 해당하는 부분을 '이 사건 규칙'이라 한다)을 제정·공포하고 같은 날 관보에 게재하였다.

이에 원고들은, 주위적으론 피고가 2003. 11. 7. 제정·시행한 '관세법 제51조의 규정에 의한 인도네시아·중국산 정보용지 및 백상지에 대한 덤핑방지관세부과에 관한 규칙' 중 원고들에 해당하는 관련 규정 부분의 무효확인을 구하였고, 예비적으론 피고가 2003. 11. 7. 제정·시행한 '관세법 제51조의 규정에 의한 인도네시아·중국산 정보용지 및 백상지에 대한 덤핑방지관세부과에 관한 규칙' 중 원고들에 해당하는 관련 규정 부분의 취소를 구하였다.

Ⅱ. 피고의 본안전 항변에서의 주장

이 사건 규칙은 일반적·추상적인 법령으로 규칙 시행만으로는 원고들의 구체적인 권리의무에 직접적인 변동을 초래하는 것이 아니므로 행정소송의 대상이 되는 처분으로 볼 수 없고, 가사 이 사건 규칙이 행정처분에 해당한다고 하더라도 원고들로서는 이 사건 규칙의 무효 확인보다는 위 규칙에 따라 수출물품에 대하여 관세가 부과되는 경우 이를 다투는 것이 더 발본색원적인 수단이므로 이 사건 소가 분쟁해결을 위한 직접적이고도 유효·적절한 수단이라 할 수 없어 그 확인의 이익이 없다. 따라서 이 사건 소는 부적법하다.

Ⅲ. (처분성 여부의 물음과 관련한) 대상판결의 요지

이 사건 규칙이 항고소송의 대상이 되는 행정처분에 해당하는지 여부에 대하여 보건대, 행정입법이나 조례가 집행행위의 개입 없이도 그 자체로서 직접 국민의 구체적인 권리의무나 법적 이익에 영향을 미치는 등의 법률상 효과를 발생하는 경우 그 조례 등은 항고소송의 대상이 되는 행정처분에 해당한다고 할 것인바(대법원 1996.9.20. 선고 95누8003판결 참조), 관세법 제53조 제1항은 재정경제부장관은 덤핑방지관세의 부과 여부를 결정하기 위한 조사가 종결되기 전이라도 그 물품과 공급자 또는 공급국 및 기간을 정하여 잠정적으로 추계된 덤핑차액에 상당하는 금액 이하의 잠정덤핑방지관세를 추가하여 부과할 것을 명하거나 담보의 제공을 명하는 조치(잠정조치)를 할 수 있다고 규정하고 있고, 관세법 제54조 제1항, 제2항은 당해 물품의 수출자 또는 재정경제부장관은 덤핑으로 인한 피해가 제거될 정도의 가격수정이나 덤핑수출의 중지에 관한 약속을 제의할 수 있고, 위 약속이 수락된 경우 재정경제부장관은 잠정조치 또는 덤핑방지관세의 부과 없이 조사가 중지 또는 종결되도록 하여야 한다고 규정하는 등 관세법은 조사대상공급자에게 덤핑방지관세의 부과 절차상 잠정조치의 대상 또는 협상 상대방으로서의 법적 지위를 부여하고 있는 점 및 관세법 제50조 제1항 소정의 관세율표에 의한 기본세율 및 잠정세율과는 달리 덤핑방지관세는 덤핑으로 인하여 국내산업에 실질적인 피해가 있다고 인정되는 경우에 그 물품과 공급자 또는 공급국을 지정하여 당해 물품에 대하여 부과되는 것이기 때문에 그 물품의 우리나라에 대한 수출에 직접적인 영향을 미친다는 점 등을 종합하여 보면 이 사건 규칙은 항고소송의 대상이 되는 행정처분에 해당한다고 봄이 상당하다. 또한 원고들로서는 이 사건 규칙에 대하여 항고소송을 제기함으로써 위 규칙이 유효함을 전제로 하여 향후 조사대상물품을 수입하는 수입자들에게 부과될 관세부과처분과 관련된 모든 분쟁을 일거에 해결할 수 있을 것이므로, 이 사건 소는 분쟁해결을 위한 직접적이고 유효·적절한 수단이라고 할 것이다. 따라서 피고의 본안전 항변은 이유 없다.

Ⅳ. 대상판결의 문제점

대상판결은 자신의 논증의 출발점을 이른바 '두밀분교통폐합조례사건'에 두고 있다. 동 사건에 관한 대법원 1996.9.20. 선고 95누8003판결은 이제까지 의례적 논의에 머물렀던 이른바 '처분적' 명령(조례)의 존재를 처음으로 시인하였다.[1] 종래 광범하게 행하여졌던 법규헌법소원심판이 적어도 조례의 경우에는 보충성의 원칙으로 인해 더 이상 허용되지 않게 되었다. 법원으로선 법규헌법소원심판에 대해서 처분성확대를 통해 크로스카운터 펀치를 날린 셈이다. 그 후 대법원 2003.10.9.자 2003무23결정에서 특정 '고시'(항정신병 치료제의 요양급여 인정기준에 관한 보건복지부 고시)의 처분성이 인정되었다.[2]

---

1) 한편 곧바로 처분성이 인정되는 양 誤解를 낳는 '처분적' 명령(조례)이란 용어는 하루바삐 시정되어야 한다. 日人學者(山田 晟)의 "ドイツ法律用語辭典"(1984)에서도 'Maßnahmegesetz'을 조치법으로 바르게 옮겨 놓고 있다(p.251).

2) 당해 결정에 대한 동지적 평석으로는 박해식, 고시의 처분성과 제약회사의 당사자 적격, 대법원판례해설 제47호, 2003. 하반기, 642면 이하.

이제 대상판결을 통해서 법규명령의 전형인 시행규칙까지도 처분성의 인정가능성이 열리게 되었다. 95누8003판결 이후 10년 만에 '조치적(처분적)' 명령이 행정작용형식의 하나로 자리를 잡은 셈이다. 이를 두고서 결과적으로 법규에 대한 헌법재판의 가능성을 축소하긴 했지만, 법원이 전향적으로 처분성확대를 도모하였다고 호평할 수 있다. 그렇지만, 현행의 공법질서 특히 규범체계로선 심각한 난맥상에 처하게 되었다. 입법자가 선택한 규범으로서의 법적 성격이 법원의 판단에 의해서 부인되는 결과가 빚어진 것이다. 종래 법형식의 선택이 법적으로 특히 권리구제의 측면에서 어떤 법적 결과를 초래하는지, 그리고 법형식과 그 실질이 불일치할 때 무엇이 최종적인 가늠자가 되는지에 관한 활발한 논의가 殆無하였다. 이하에선 이런 문제점을 중심으로 전개하고자 한다.[3)]

Ⅴ. 권리구제의 방도를 嚮導하는 행정의 작용형식

행정작용형식의 체계는 이론적으로 다양한 착안점에서 전개할 수 있다. 공통된 적법성의 요건, 공통된 법효과와 공통된 하자효과가 독립된 작용형식을 성립하게 하는 유형화징표이다. 본시 연계된 효과(Wirkungen)와 법적 결과(Rechtsfolgen)에 의해서 鑄造된 작용형식이 문제되었기에, 작용형식은 본래 하자유형의 체계에서 비롯되었다. 공법에선 오래 전부터 현행 법질서와의 모든 相違를 '법적 하자'(Rechtsfehler) 즉, '위법'(Rechtswidrigkeit)으로 여겼다. 하자결과(Fehlerfolgen)의 개념이란, 절차법이나 실체법에 반하는 국가행위의

3) 대법원 95누7994 · 95누8003판결의 문제점에 관해선, 김중권, "措置的 命令 내지 個別事件規律的 命令에 대한 權利保護에 관한 小考", 법조, 2002.11. 90면 이하; 김남진 교수님 역시 법규명령이나 조례가 "처분"의 성질을 갖는다 하더라도, "규범통제"라는 正道를 통해 문제를 해결해야 함을 역설한다. 동인, "행정상 확인소송의 가능성과 활용범위", 고시연구, 2005.5, 22면 주15.

법적 운명에 관한 물음 즉, 법하자에 대한 제재수단에 관해서 추상적으로 만들어진 집합명사이다. 요컨대 현행의 권리보호의 체제하에서 하자결과(효과)에는 무효, 消效可能性(취소가능성, 폐지가능성), 무결과(Folgenlosigkeit, 대단치 않음, 유효) 뿐만 아니라, 원상회복청구권(부작위청구권도 포함하여)과 (원상회복불가능시엔) 손실보상청구권도 포함된다. 그리하여 하자결과의 관점에서 행정의 작용형식체계는 행정행위, 법률하위적 규범, 공법계약, 그리고 사실행위의 네 가지 유형으로 완성된다.[4] 그에 따른 권리구제의 방도와 관련해서. 행정행위, 법률하위적 법규범에 대해선 각기 항고소송, 규범통제가, 공법계약과 사실행위에 대해선 당사자소송(독일의 경우엔) 일반이행소송이 강구된다(이를테면 권리구제상의 경로의존성). 요컨대 입법자는 그가 택한 法形式을 통해서 司法的 권리보호의 방법을 정한 셈이 된다.[5]

Ⅵ. 행정의 작용형식의 가늠잣대 – 형식인가 실질인가?

작용형식을 정한다 함은, 해당 행정작용을 지배하고 그에 대한 법적 판단을 내리는 법제도를 선택한다는 것을 의미한다. 그런데 법형식과 실질(실체)이 交錯할 때 무엇이 가늠자가 되어야 하는가? '두밀분교통폐합조례'와 이른바 '법규명령형식의 행정규칙'을 통해서 알 수 있듯이, 우리의 판례는 기본적으로 실질에 절대적 비중을 둔다. 독일의 경우에, 이 문제는 우리나 일본에서와는 다른 의미에서, 형식적 행정행위냐 아니면 실질적 행정행위냐를 둘러싼 논의가 전개되었다. 독일의 과거 지배적 입장은 실질을 규준으로 삼았지만, 오늘날의 지배적 입장은 형식을 규준으로 삼는다. 그리하여 행정행위와

4) 상론: 김중권, 행정의 작용형식의 체계에 관한 소고, 공법연구 제30집 제4호, 2002.6., 297면 이하.

5) v. Mutius, Rechtsnorm und Verwaltungsakt, in: FS für H.J. Wolff z.75. Geburtstag, 1973, S.181.

같은 '個別事件的 規律'이 법률, 법규명령, 조례의 형식으로 발해진 경우에 내용적으론 행정행위에 해당할 순 있겠지만, 결코 형식적으로는 행정행위가 아니며, 따라서 행정행위처럼 쟁송취소의 대상은 될 수가 없고, 규범통제의 방법을 취해야 한다고 한다. 반면 만약 법규명령으로 발해야 할 것을 잘못하여 법규명령 대신에 행정행위로 발하였다면, (위법한 행정행위로서) 그것의 쟁송취소가 허용되고 이유 있게 된다고 한다. 즉, 행정행위와 명령의 구분을 위해선, 우선적으로 문제의 규율의 외부적 형식에 좌우되어야 하되, 다만 그 형식이 다의적이거나 －형식선택의 자유를 전제로 하여－ 권리보호를 제한하기 위한 명백한 형식남용이 있는 경우에만 규율의 실질을 목표로 삼아야 한다고 주장된다.

Ⅶ. 맺으면서 － 과도한 처분성의 인정이 늘 바람직한가?

일찍이 대법원 95누8003판결이 취한 처분성 인정의 공식－다른 집행행위의 매개 없이 그 자체로서 직접 국민의 구체적인 권리의무나 법률관계를 규율하는 성격－ 자체가 문제점을 내포한다. 법효과란 궁극적으로 법규범에서 기인한다는 점에서, 오히려 과거보다 도드라진 법(권리)인식으로 인하여 결과를 선취한 것은 아닌지 저어된다. 그리고 대상판결의 시행규칙이 관세법 제51조에 의한 위임규정인 점에서, 대상판결이 처분성의 논증에서 제시한 법효과가 과연 동 시행규칙으로부터 구체적 직접적으로 발생하는지 의문스럽다. 결과를 선취하여 이를 법적 성격에 바로 직결시키는 판례의 경향은, 개별공시지가결정, 관리처분계획, 도시계획변경입안제안의 거부 등의 경우에서도 확인된다. 물론 이런 기조에 벗어나서 환지계획의 처분성을 정당하게 부정하기도 하였다.

입법, 판례, 법학계, 행정실무, 어느 누구도 행정법도그마틱의 造

形에 관해서 독점을 누리지 못하고 나름대로 각기 분화되어 무엇이 행정법인지를 공동으로 결정한다.6) 사실 행정법의 작용형식의 유지, 체계화, 적응화 그리고 창설은 전통적으로 판례와 행정법학이 담당한 소임이나, 이는 입법자가 아무런 언급을 하지 않은 경우에만 자명하게 통용된다.7) 권리구제의 확대를 도모하기 위한 처분성의 확대 인정 자체는 異論이 있을 순 없지만, 법집행행위를 무색하게 만드는 과도한 처분성의 인정은 규범통제의 항고소송화는 물론, 행정법도그마틱의 不全까지도 초래할 수 있다. 요컨대 처분성의 인정에서 미미해선 아니 되지만(過少禁止), 지나쳐서도 아니 된다(過剩禁止).

6) Bachof, VVDStRL 30(1972), S.224f.
7) Ossenbühl, Eine Fehlerlehre für untergesetzliche Normen, NJW 1986, S.2805(2806).

19

전환규범을 매개로 한 행정규칙의 법규성인정의 문제점

대법원 2009.12.24. 선고 2009두7967판결

Ⅰ. 사실의 경위

원고는 2008.1.7. 피고 아산시장에게 신규 건조저장시설(DSC)의 사업자인정 신청을 하였지만, 피고는 2008.4.21. 원고에 대하여, 농림사업실시규정(2007.12.28. 훈령 제1291호, 이하 '이 사건 훈령'이라 한다) 제4조에 의한 2008년도 농림사업시행지침서(이하 '이 사건지침서'라 한다)가 정한 신규 DSC 사업자 인정기준에 적합하지 않다는 이유로 위 신청을 반려하였다(이하 '이 사건 처분'이라 한다). 아산시 미곡종합처리장(RPC) · 건조저장시설(DSC) 운영협의회는, 원고가 논 면적 확보기준에 225ha 미달하였다는 아산시의 검토결과가 적합하다는 판정을 하였다. 신규 DSC 사업자로 인정되면 벼 매입 실적에 따

라 매입자금을 지원 받거나 공공비축 산물 벼 매입량이 배정되는 등의 혜택이 있다.

Ⅱ. 원심(대전고법 2009.4.30. 선고 2008누3096판결)의 판결 요지

2008년도 농림사업시행지침서가 농림부에 의하여 공표됨으로써 신규 RPC 또는 신규 DSC 사업자로 선정되기를 희망하는 자는 이 사건 지침에 명시된 요건을 충족할 경우 사업자로 선정되어 벼 매입자금 지원 등의 혜택을 받을 수 있다는 보호가치 있는 신뢰를 가지게 되었으므로 이 사건 지침에 명시되어 있지 아니한 시·군별 신규 DSC 개소당 논 면적 기준을 충족하지 못하였다는 이유를 들어 원고의 DSC 사업자 인정신청을 반려한 이 사건 처분은 이 사건 지침이 예기하고 있는 자기구속을 위반한 것이거나 자의적인 조치로서 평등의 원칙에 부합하지 아니하고, 따라서 이 사건 처분 당시 이 사건 지침과 달리 DSC 개소당 논 면적 기준을 적용할 특별한 사정이 보이지 않는 이 사건에서 피고의 이 사건 처분은 재량권을 일탈·남용한 것으로서 위법하다고 판단하였다.

Ⅲ. 대상판결의 요지

[1] 상급행정기관이 하급행정기관에 대하여 업무처리지침이나 법령의 해석적용에 관한 기준을 정하여 발하는 이른바 '행정규칙이나 내부지침'은 일반적으로 행정조직 내부에서만 효력을 가질 뿐 대외적인 구속력을 갖는 것은 아니므로 행정처분이 그에 위반하였다고 하여 그러한 사정만으로 곧바로 위법하게 되는 것은 아니다. 다만, 재량권 행사의 준칙인 행정규칙이 그 정한 바에 따라 되풀이 시행되

어 행정관행이 이루어지게 되면 평등의 원칙이나 신뢰보호의 원칙에 따라 행정기관은 그 상대방에 대한 관계에서 그 규칙에 따라야 할 자기구속을 받게 되므로, 이러한 경우에는 특별한 사정이 없는 한 그를 위반하는 처분은 평등의 원칙이나 신뢰보호의 원칙에 위배되어 재량권을 일탈·남용한 위법한 처분이 된다.

[2] 시장이 농림수산식품부에 의하여 공표된 '2008년도 농림사업 시행지침서'에 명시되지 않은 '시·군별 건조저장시설 개소당 논 면적' 기준을 충족하지 못하였다는 이유로 신규 건조저장시설 사업자 인정신청을 반려한 사안에서, 위 지침이 되풀이 시행되어 행정관행이 이루어졌다거나 그 공표만으로 신청인이 보호가치 있는 신뢰를 갖게 되었다고 볼 수 없고, 쌀 시장 개방화에 대비한 경쟁력 강화 등 우월한 공익상 요청에 따라 위 지침상의 요건 외에 '시·군별 건조저장시설 개소당 논 면적 1,000ha 이상' 요건을 추가할 만한 특별한 사정을 인정할 수 있어, 그 처분이 행정의 자기구속의 원칙 및 행정규칙에 관련된 신뢰보호의 원칙에 위배되거나 재량권을 일탈·남용한 위법이 없다.

Ⅳ. 문제의 제기

법원은 시종 행정규칙의 비법규성에 바탕을 둔 전환규범적 이론구성을 수긍하지 않고, 처음부터 관련 규정의 법적 성질(법규성여부)을 가늠하고 이를 관철하여 왔다. 그 결과물이 바로 법령보충적 규칙의 존재이다. 그러나 대상판결을 비롯 대법원 2009.3.26. 선고 2007다88828, 88835판결에 즈음하여, 자기구속의 법리, 평등원칙, 신뢰보호원칙과 같은 전환규범을 매개로 행정규칙의 대외적 구속력을 논증한 접근방식(독일의 통설적 기조)이 추가되었다. 법령보충적 규칙의 존재는 독일에서의 규범구체화규칙을 포함하면서도 그것을 넘어선다는 점에서, 행정규칙에 관한 독일식 도그마틱과 이별하게 하는 중요한 단초이다.

요컨대 이런 두 가지의 접근방식의 병존은 부자연스럽다. 이하에선 이런 문제인식을 公論化하기 위하여 관련 규정에 대한 대상판결 등의 접근이 바람직한지를, 우선 이 사건지침서의 법적 성질에 초점을 맞추어 논구하고자 한다. 行政規則의 法規性 問題에서 독일식의 전환규범적 접근에 대해 저자는 극히 비판적이다.

V. 법원의 기본적 접근기조

여기서 문제가 된 것은 농림사업실시규정 제4조에 의한 2008년도 농림사업시행지침서이다. 원심은 "양곡관리법 제22조는, 농림수산식품부장관은 미곡의 유통구조개선·품질향상 및 가격안정을 위하여 생산자로부터의 미곡의 매입, 매입한 미곡의 건조·선별·보관·가공 및 판매 등 종합적인 미곡의 유통기능을 담당하는 미곡유통업을 육성하여야 함을 전제로(제1항), 농업협동조합 기타 제1항의 규정에 의한 미곡의 유통기능을 능률적으로 수행할 수 있다고 인정되는 자에 대하여 미곡종합처리장 등 미곡의 건조·보관·가공·유통·판매시설의 설치 및 미곡의 매입에 필요한 자금의 일부를 예산의 범위 안에서 융자하거나 보조금을 교부할 수 있도록 하는 한편(제2항), 제2항의 규정에 의한 융자 및 보조에 관하여 필요한 사항은 농림수산식품부령으로 정하도록 규정하고 있으며(제3항), 위 규정의 위임을 받은 양곡관리법 시행규칙 제9조는, 양곡관리법 제22조 제2항의 규정에 의한 미곡의 매입자금을 생산자인 농민과의 계약재배를 통하여 원료 벼를 확보하는 자에게 우선 지원할 수 있도록 하고 있다. 위 각 규정들의 내용을 살펴보아도 양곡관리법 제22조 제3항이 일정한 사항을 행정입법으로 정하도록 규정하고 있을 뿐, 양곡관리법 및 그 시행규칙이 미곡의 건조·가공 등 미곡의 유통기능을 담당할 미곡 유통업을 육성함에 있어 농림수산식품부장관에게 위 법령 내용의 구체적 사항을 정할 수 있는 권한을 부여하였다고 볼 법적인 근거를 찾을 수 없다. 오히려 위 각 규정의 내용이나 성질, 이 사건 지침서의 취지 및 목적 등에 비추어 볼 때, 이 사건 지침서는 미곡종합처리장 등에 벼 매입자금을 지원하는 등의 사업목적 달성을 위한 사업대상자 선정 등에 관한 행정청 내부의 사무처리 준칙을 정한 것에 불과하여 대내적으로 행정청을 기속함은 별론으로 하되 대외적으로 국민이나 법원을 기속하는 법규명령으로서의 효력을 가지고 있다고 볼 수 없다."고 판시하였고, 대법원 역시 이를 그대로 수긍하였다.

Ⅵ. 법원의 기본적 접근기조의 문제점

법령보충적 행정규칙의 始原이 된 '재산제세사무처리규정'의 건을 보면, 모법률인 소득세법은 양도소득세의 양도차익을 계산함에 있어 실지거래가액이 적용될 경우를 대통령령에 위임하였다. 이에 따라 동법시행령(1982.12.31. 대통령령 제10977호로 개정된 것) 제170조 제4항 제2호는 양도소득세의 실지거래가액이 적용될 경우의 하나로서 국세청장으로 하여금 지역에 따라 정하는 일정규모 이상의 거래 기타 부동산투기억제를 위하여 필요하다고 인정되는 거래를 지정할 수 있게 하였다. 이에 국세청장이 훈령으로 '재산제세사무처리규정'을 발하였고, 판례는 이것의 법규성을 인정하였다.[1] 여기선 대통령령이 국세청장의 지정을 언급한 반면, 위의 사안에선 농림수산식품부령이 미곡유통업의 육성과 관련하여 아무런 언급을 하지 않았다.

그런데 이런 차이점이 해당 농림사업실시규정과 농림사업시행지침서를 단순한 업무처리지침으로서 비법규성을 지니는 것으로 보아야

1) 대법원 1987.9.29. 선고 86누484판결.

할 결정적인 근거가 될 수 있는가? 우선 법령보충적 규칙은 본래 침익적 행정에서 문제가 된 반면, 사안에서의 양곡관리법 제22조는 개입(침해)행정이 아니라 급부행정의 문제임을 유의하여야 한다. 그리고 입법자가 융자 및 보조에 관하여 필요한 사항을 농림수산식품부령으로 정하도록 규정하였다는 것은, 그것의 구체화를 행정에 맡긴 것이다. 사실 모법률이 구체적 권한행사를 행정청에게 수권(위임)한 이상, 그것의 구현메카니즘의 형식은 문제되지 않는다. 설령 법률이 정한 형식을 취하지 않는 경우에도, 그것의 법적 성질의 차원이 아닌 그것의 하자의 차원에서만 문제될 뿐인데, 그 문제 역시 다음과 같이 새롭게 보아야 한다. 議會立法의 原則上 위임입법의 법리(위임독트린)는 법률에서 법률하위적 명령으로 위임할 때 즉, 제1차 위임의 경우에만 의미를 갖는다. 행정부에 위임된 이상, 그 행정부안에서의 2차, 3차 위임의 경우에는 포괄위임금지와 같은 위임독트린은 별 의미를 갖지 않기 때문이다.[2] 구체적인 범위를 정하여 위임하지 않은 모법률에 비난의 화살을 던지는 것이 正道이다. 요컨대 명시적인 위임수권의 存否만으로 이 사건지침서의 법적 성질을 가늠하는 것은 바람직하지 않다.

Ⅶ. 맺으면서 – 농림사업시행지침서의 법적 성질

이 사건지침서에 따르면, 신규 RPC 사업자 인정기준과 DSC 사업자 인정기준을 명확히 구분하여 규정하면서, 신규 RPC 사업자는 시·군별 RPC 개소당 논 면적 3,000ha 이상과 원료 벼 확보가능 논 면적 2,000ha 이상을 확보하여야 하고, 신규 DSC 사업자는 시·군별 신규 DSC 개소당 원료 벼 확보가능 논 면적(RPC 및 DSC 모두

2) 이 점에서 재위임의 경우에도 위임독트린을 대입하는 일반적 경향은 재고되어야 한다.

권역 내 RPC, DSC, 임도정공장 등을 종합 검토하되, 도시지역의 경우는 인접한 군의 논 면적을 포함하여 검토할 수 있음) 1,000ha 이상을 확보하도록 지역기준을 설정하고 있으나, 시 · 군별 DSC 개소당 논 면적에 관하여는 명시적인 규정이 없다. 또한 DSC 사업자 인정기준에 있어 벼 가공시설 과잉지역 등은 신규 DSC 사업자 신청 및 선정에서 제외한다고 하면서 '선정 제외 지역은 신규 RPC 사업자 인정기준에 준함'이라고 명시하고 있다.

사실 농림사업시행지침서는, 규범이 필요한 일정한 분야에 법률적 규율이 不在할 때 발해지는 法律代位的 規則이라 하겠다. 여기서 법률적 규율의 不在란 그것이 전혀 없는 경우는 물론, 법률적 규정이 있으되 구체화규정이 요구될 정도로 개괄적인 경우도 의미한다. 재량준칙과 법률대위적 규칙이 구별되는 점은, 후자의 경우 정해진 결정규준을 구체화하는 것이 아니라 필요한 결정규준을 처음으로 제공한다는 것이다. 다만 여기서의 "법률대위"가 법률과 동등한 효력을 갖는 것을 뜻한다고 오해해선 아니 된다.[3] 본래 법률대위적 규칙은 독일의 경우 과거 자금조성과 같은 급부행정영역에서 입법의 不備狀況에서 행정이 나름의 지침에 의거하기 위해 고안된 것인데, 오늘날에는 급부행정영역에서도 법률적 규율이 대폭 증가하여 그 의의가 많이 가시었다. 그리고 본래 그것은 관계법령이 제정되기까지 나름의 행정통제규칙으로 기능할 뿐이고, 당연히 재판규범성을 갖지 않는다. 하지만 사안의 경우엔 이미 모법률의 차원에서 授權이 존재하기에, 독일에서의 법률대위적 규칙적 이해를 아무런 수정 없이 대입해선 아니 된다(법규명령과 행정규칙의 구분에서의 실질적 기준설에 의하면, 동지침은 법규적 효력을 가질 수 있다. 한편 법률대위적 규칙을 직접적 외부적 구속효를 갖는 법규로 보기도 한다.[4]

---

3) 김남진/김연태, 행정법 I, 2023, 193면
4) 홍정선, 행정법원원론(상), 2023, 291면.

독일의 경우, 행정은 立法과 司法사이에 꽉 끼인 존재이고, 명령에 대한 恐怖가 아우러져, 전환규범적 접근에 대해 엉터리라고 酷評이 가해지고 있음에도 불구하고, 행정규칙의 태생적 烙印－非法規性－은 여전히 주효하고 있다. 그러나 우리의 경우 대통령제하에서 행정에 대해 나름의 민주적 정당성이 부여되기에, 독일마냥 행정규칙에 대해 엄격한 태도를 취하여, 그것을 카스트제하의 賤民(Paria)으로 여기기보다는 의회와 행정의 共管的 法定立에서 바라볼 필요가 있다.[5] 요컨대 농림사업시행지침서는 법령보충적 규칙이라 하겠다.

---

5) 김중권, 행정법, 423면 이하.

20

임용결격자 임용행위의 문제점에 관한 소고

대법원 2003.5.16. 선고 2001다61012판결; 1987.4.14. 선고 86누459판결

Ⅰ. 대상판결의 요지

1. 대법원 2003.5.16. 선고 2001다61012판결

공무원 연금법에 의한 퇴직급여 등은 적법한 공무원으로서의 신분을 취득하여 근무하다가 퇴직하는 경우에 지급되는 것이고, 임용당시 공무원임용결격사유가 있었다면 그 임용행위는 당연무효이며, 당연무효인 임용행위에 의하여 공무원의 신분을 취득할 수 없으므로 임용결격자가 공무원으로 임용되어 사실상 근무하여 왔다고 하더라도 적법한 공무원으로서의 신분을 취득하지 못한 자로서는 공무원연금법 소정의 퇴직급여 등을 청구할 수 없고, 또 당연퇴직사유에 해당되어 공무원으로서의 신분을 상실한 자가 그 이후 사실상 공무원으로 계속 근무하여 왔다고 하더라도 당연퇴직 후의 사실상의 근무기간은

공무원연금법상의 재직기간에 합산될 수 없다(대법원 1995.9.15. 선고 95누6496판결, 2002.7.26. 선고 2001두205판결 참조).

2. 대법원 1987.4.14. 선고 86누459판결

가. 국가공무원법에 규정되어 있는 공무원임용 결격사유는 공무원으로 임용되기 위한 절대적인 소극적 요건으로서 공무원 관계는 국가공무원법 제38조, 공무원임용령 제11조의 규정에 의한 채용후보자 명부에 등록한 때가 아니라 국가의 임용이 있는 때에 설정되는 것이므로 공무원임용결격사유가 있는지의 여부는 채용후보자 명부에 등록한 때가 아닌 임용당시에 시행되던 법률을 기준으로 하여 판단하여야 한다.

나. 임용당시 공무원임용 결격사유가 있었다면 비록 국가의 과실에 의하여 임용 결격자임을 밝혀내지 못하였다 하더라도 그 임용행위는 당연무효로 보아야 한다.

다. 국가가 공무원임용결격사유가 있는 자에 대하여 결격사유가 있는 것을 알지 못하고 공무원으로 임용하였다가 사후에 결격사유가 있는 자임을 발견하고 공무원 임용행위를 취소하는 것은 당사자에게 원래의 임용행위가 당초부터 당연무효이었음을 통지하여 확인시켜 주는 행위에 지나지 아니하는 것이므로, 그러한 의미에서 당초의 임용처분을 취소함에 있어서는 신의칙 내지 신뢰의 원칙을 적용할 수 없고 또 그러한 의미의 취소권은 시효로 소멸하는 것도 아니다.

라. 공무원연금법이나 근로기준법에 의한 퇴직금은 적법한 공무원으로서의 신분 취득 또는 근로고용 관계가 성립되어 근무하다가 퇴직하는 경우에 지급되는 것이고, 당연무효인 임용결격자에 대한 임용행위에 의하여서는 공무원의 신분을 취득하거나 근로고용 관계가 성립될 수 없는 것이므로 임용결격자가 공무원으로 임용되어 사실상

근무하여 왔다고 하더라도 그러한 피임용자는 위 법률소정의 퇴직금 청구를 할 수 없다.

Ⅱ. 문제의 제기

공무원임용결격자의 임용행위의 무효 문제가 충분하게 논의되지 않다가, 이것이 IMF 환란때 첨예한 사회문제가 되었다. 사회 전반의 구조조정에서 공공부문 역시 예외가 될 수 없었는데, 당시 국민의 정부는 정부조직의 축소와 공직사회의 구조조정차원에서 전 공무원에 대한 신원조회작업을 통하여 1998.3. 경부터 임용결격사유가 있는 공무원 2,400여 명에게 임용취소통보를 하여 해직시켰다. 결격사유로 인한 당연퇴직 자체보다는 그로 인한 퇴직연금청구권의 불인정을 용납하지 못하는 해당 당사자의 반발을, 정부는 대법원 1987.4.14. 선고 86누459판결을 효시로 한 대법원의 판례를 들어 물리쳤다. 그 이후 당사자들의 물리적인 반발이 격화되어 급기야는 1999.8.31.에 '임용결격공무원 등에 대한 퇴직보상금지급 등에 관한 특례법'(법률 제6008호)의 제정을 가져왔다.

당사자의 반발로 인한 사회문제가 특례법의 제정을 통해 일거에 해소되어 버림으로써 과연 법적 평화가 이루어졌다고 할 수 있는가? 특례법의 명칭에 나타난 '퇴직보상금'이 시사하듯이, 이는 법적 물음에 대한 정치적(정치적) 해결책일 뿐이다. 그리고 공무원임용결격자의 임용행위의 무효 문제는 여전히 법적 조명을 받지 못한 채, 또 다른 정변시에 불쑥 등장할 법하다. 그런데 비록 정치적 해결책일망정 관련 법체계와의 조화를 충분히 고려하였을까 의문스럽다. 즉, 기왕의 공무원연금법이 제64조에서 예정하고 있는 급여제한이 이 특례법의 대상자에겐 처음부터 통용되지 않기 때문이다. 평등의 원칙에 대한 이런 단순 명백한 위반은 결코 정치적 정당성만으로 불식시킬 순 없다. 그런데 이런 체계위반적 입법의 등장까지 초래한 그 淵源이 바로 대법원 86누459판결이다. 따라서 공무원임용결격자의 임용행위와 관련한 여러 문제점은 추후에 충분한 지면에서 살펴보기로 하되, 여기선 그것의 무효성 여부와 이에 따른 퇴직연금청구권 인정 여부에 대해 간략히 논구하고자 한다.

Ⅲ. 공무원임용결격자의 임용행위의 무효성 여부

공무원임용결격자의 임용행위가 당연 무효라는 점이 문제발생의 연원이다. 그리하여 대법원 86누459판결에 대해서 맨먼저 김남진 교수님이 ⅰ) 사안상의 흠이 임용을 무효로 만들만큼 중대한지 의문스럽다는 점, ⅱ) 그런 임용행위의 취소에 신의칙을 전적으로 배격하는 것은 넓은 의미의 법치주의에 위배된다는 점을 들면서 비판하셨다.[1] 김성수 교수 역시 ⅰ) 무효와 취소의 구별기준에 대한 법적인 부담을 행정객체에게 일방적으로 미루어 버렸다는 점, ⅱ) 임용행위 무효론에 입각하여 신뢰보호원칙의 배제는 임용처분이라는 행정행위의 존속을 신뢰한 개인의 입장을 전혀 고려치 않은 점을 지적하면서 이런 무효도그마를 강하게 비판한다.[2]

그런데 임용결격자의 임용행위의 무효성 여부에 관한 논의의 출발점은 국가공무원법 제33조와 제69조이 되어야 한다. 동법 제33조가 일정한 자는 공무원에 임용될 수 없다고 결격사유를 규정한 점만을 갖고서 이를 판단의 기초로 삼을 순 없고, 오히려 소정의 결격사유에 해당할 때에는 '공무원이 당연히 퇴직한다'고 규정한 동법 제69조가 방향추이다. 이 점은 가령 의료법 제8조와 제52조처럼 '결격

1) 동인, 공무원임용의 취소와 신의칙, 고시연구, 1987.8 및 동인/이명구, 행정법연습, 2001, 427면 이하 참조.
2) 동인, 일반행정법, 2018, 329면 이하.

자의 당연퇴직'을 규정하고 있지 않는 입법상황과 비교하면 여실하다. 따라서 1949년 8월 12일에 법률 제44호로 제정된 국가공무원법 제40조가 규정한 것에 변함이 없는 현행의 입법상황에선 임용결격자의 임용행위는 무효로 볼 수밖에 없고,[3] 여기에선 임용취소를 제한하는 데 동원될 수 있는 신뢰보호의 원칙이란 애초부터 통용될 수가 없다. 다만 국가공무원법 제33조와 제69조가 과연 과잉금지의 원칙이나 신뢰보호의 원칙에 비추어 문제가 있지 않을까 의문을 표할 순 있지만, 다른 법률상의 '결격사유' 규정과의 相違함의 정당성을 특별신분관계로 공무원근무관계에서 찾을 수 있다. 헌법재판소 역시 "국가공무원법 제33조 제1항이 입법자의 재량을 일탈하여 직업선택의 자유나 공무담임권, 평등권, 행복추구권, 재산권 등을 침해하는 위헌의 법률조항이라고 볼 수 없다."고 타당하게 판시하였다.[4]

Ⅳ. 공무원임용결격자의 퇴직금청구권 인정 여부

임용결격자의 임용행위를 당연무효로 판시한 대법원 86누459판결 이래로 이런 입장은 지금까지 전혀 변함없이 고수되고 있다. 그리하여 무효인 행정행위에 하자의 치유를 인정하지 않는 일반적 논의도 여기에 통용된다.[5] 그런데 공무원임용결격자의 임용행위의 무효성 인정이 그 공무원임용결격자와 관련한 모든 법적 물음에서 가늠자가 되어야 하는지 숙고해야 한다. 공무원임용결격자에 대한 퇴직연금청구권의 부정이 바로 이런 논리가 두드러지게 나타난 대표적 경우이다. 즉, 판례에 의하면, 공무원연금법이나 근로기준법에 의한 퇴직금은 적법한 공무원으로서의 신분취득 또는 근로고용관계가 성립되어

3) 한편 행정행위의 무효는 불성립에 따른 무효인지, 하자로 인한 무효인지 구별이 필요한데, 여기서의 무효는 전자에 해당한다고 할 수 있다.
4) 헌재 1990.6.25. 89헌마220결정.
5) 서울행정법원 1999.2.2. 선고 98구15275판결.

근무하다가 퇴직하는 경우에 지급되는 것으로 본다. 그런데 공무원으로서의 신분설정을 처음부터 용인하지 않을 경우에 그 결격자가 행한 여러 행위의 효과가 문제가 된다. 물론 국가배상책임법의 영역에선 이른바 '사실상의 공무원' 이론을 매개하여 국가책임의 성립이 열려있다.[6] 그리고 '사실상의 공무원' 이론을 임용결격자의 법적 지위 인정에 접목시켜 그의 旣 受領給與를 대상으로 한 부당이득반환청구권은 부정된다고 한다.[7] 그러나 대법원 86누459판결 등은 '사실상 공무원' 이론이 퇴직금청구권의 인정에 동원될 수 없음을 분명히 하고 있다. '사실상의 공무원' 이론이 국가책임법상 외관주의의 지배의 산물이어서 임용결격자와 피해국민간에 발생한 법문제를 해결하는데 기여한다는 점에서 그것은 임용결격자의 퇴직금청구권의 인정에 결정적인 기여를 하지 못한다. 따라서 여기선 퇴직급여와 퇴직수당의 법적 성격의 규명이 관건이며, 이를 위해 공무원연금법 제1조상의 목적이 가늠자가 된다. 동법은 기본적으로 공무원 및 그 유족의 생활안정과 복리향상에 기여함을 목적으로 하는데, 이는 적법한 공무원관계의 성립의 전제를 다소 약화시킬 수 있는 모멘트이다.

법해석자는 법문의 상호관계, 법문에 규정된 사안과 정상 및 기타 법문의 의미 중에서 중요한 증표로서 평가될 수 있는 상황을 고려하여 가장 적절한 의미내용을 선택해야 한다.[8] 그리하여 역사적 사실로서 존재하는 입법자 등의 주관적 의사가 아니라, 그것과 무관하며 경우에 따라선 벗어나는 객관적인 규범목적에 바탕을 두고서 법률을 해석하고자 한다. 즉, 法律의 해석에 있어서 법문에 내재하는 입법취지(ratio legis)를 추구한다. 따라서 목적론적 법률해석을 취함으로써 임용결격자에게도 퇴직금청구권을 일단 인정하는 것이 불가능하

6) 사실상의 공무원 이론에 관해서는 김중권, 행정법, 321면.
7) 유지태/박종수, 행정법신론, 2021, 831면; 김성수, 개별행정법, 2001, 55면.
8) 김형배, 법률의 해석과 흠결의 보충, 고대 법률행정논집 제15집(1977), 13면.

지 않다. 그리고 이런 식으로 퇴직금청구권을 인정하면 그에 따라 공무원연금법 제64조 등이 규정한 급여제한이 당연히 통용될 수 있기에, 특례법에 의한 무차별적 보상이 제어될 수 있다.

한편 임용결격자에 대한 퇴직연금수급권의 부정이 헌재 2012.8.23. 2010헌바425에 의해 합헌으로 판단되었는데, 공무원퇴직연금을 지급한다고 하여 공무원에 대한 국민의 신뢰를 침해하거나 공무원연금 재정에 심각한 위협이 된다고 볼 수는 없는 점과 국가의 임용 과실 책임을 임용결격공무원에게만 모두 전가시키는 것은 부당한 결과를 초래하는 점을 내세운 재판관 3인(김종대, 송두환, 이정미)의 반대의견이 소중하게 여겨진다.

21

임용결격자의 시보·정규임용의 취소와 행정절차

대법원 2009.1.30. 선고 2008두16155판결

Ⅰ. 사실의 개요

원고는 2001.9.13. 대전지방법원에서 '특정범죄가중처벌 등에 관한 법률 위반죄' 등으로 징역 10월에 집행유예 2년의 형에 처하는 판결을 선고받아 위 판결이 2001.9.21. 확정되었다. 피고는 지방공무원법 제31조 소정의 결격사유가 없는 자를 응시자격자로 한 제한경쟁 특별임용시험을 시행하여 2005.5.1. 원고를 피고 소속 지방조무원시보로 임용하였고, 그로부터 6개월 후인 2005.11.1. 원고를 정규공무원으로 임용하였다. 그 후 피고는 시보임용처분 당시 원고에게 공무원 임용 결격사유인 전력이 있었음을 확인하고는 2007.6.21. 원고에 대

하여 지방공무원법 제31조 제4호에 따라 이 사건 시보임용처분을 취소하고, 그에 따라 2007.7.30. 정규임용처분(이 사건 처분)을 취소하였다. 원심(대전고법 2008.8.21. 선고 2008누1014판결)은 원고가 시보로 임용될 당시 지방공무원법 제31조 각 호의 결격사유가 있는 자는 공무원이 될 수 없다는 사정을 잘 알고 있었던 점, 원고가 정규공무원 임용 하자의 전제가 되는 시보임용 결격사유에 해당하는지의 여부가 법령에 명시적으로 규정되어 있는 점 등에 비추어 볼 때, 이 사건 처분이 비례의 원칙에 반하여 재량권을 일탈·남용하였다고 볼 수 없다고 판단하였다.

Ⅱ. 대상판결의 요지

정규공무원으로 임용된 사람에게 시보임용처분 당시 지방공무원법 제31조 제4호에 정한 공무원임용 결격사유가 있어 시보임용처분을 취소하고 그에 따라 정규임용처분을 취소한 사안에서, 정규임용처분을 취소하는 처분은 성질상 행정절차를 거치는 것이 불필요하여 행정절차법의 적용이 배제되는 경우에 해당하지 않으므로, 그 처분을 하면서 사전통지를 하거나 의견제출의 기회를 부여하지 않은 것은 위법하다

Ⅲ. 지방공무원법상의 관련 규정

제28조(시보임용) ① 5급 공무원(제4조제2항에 따라 같은 조 제1항의 계급 구분이나 직군 및 직렬의 분류를 적용하지 아니하는 공무원 중 5급에 상당하는 공무원을 포함한다. 이하 같다)을 신규임용하는 경우에는 1년, 6급 이하 공무원(제4조제2항에 따라 같은 조 제1항의 계급 구분이나 직군 및 직렬의 분류를 적용하지 아니하는 공무원 중 6급 이하에 상당하는 공무

원을 포함한다. 이하 같다)을 신규임용하는 경우에는 6개월간 시보로 임용하고, 그 기간의 근무성적·교육훈련성적과 공무원으로서의 자질을 고려하여 정규 공무원으로 임용한다. 다만, 대통령령으로 정하는 경우에는 시보임용을 면제하거나 그 기간을 단축할 수 있다.

제31조(결격사유) 다음 각 호의 어느 하나에 해당하는 사람은 공무원이 될 수 없다.

4. 금고 이상의 형을 선고받고 그 집행유예기간이 끝난 날부터 2년이 지나지 아니한 사람

Ⅳ. 문제의 제기-절차적 요청은 행정처분의 존재를 전제로

사안에서 2005.5.1.에 원고를 시보로 임용하였는데, 이 임용은 집행유예 2년의 형이 확정된(2001.9.2.) 이후 분명히 2년이 지나지 않은 것이어서 문제가 있다. 정규임용처분의 위법성 여부를 원심은 실질적 차원에서 검토하였는데, 이에 반해 대상판결은 처분의 존재를 전제로 절차적 차원에서 검토하였다. 행정절차법의 사전통지 등 절차적 요청은 행정처분의 존재를 전제로 하는데, 과연 사안에서 정규임용처분의 취소가 독립된 처분이 될 수 있는지 여부가 관건이다.

Ⅴ. 시보임용과 정규임용의 관계

신규임용의 메커니즘은 시보임용과 정규임용으로 구성되어 있다. 양자는 별도의 임용행위이므로 그 요건과 효력은 개별적으로 판단해야 한다.[1] 시보임용은 정규임용을 위한 필수적 사전과정이다. 일종

1) 대법원 2005.7.28. 선고 2003두469판결이 정규임용처분이 있은 후에 지방소방사시보 발령을 취소한다는 내용의 인사발령통지를 한 경우, 지방소방사시보 발령의 취소에 정규공무원 임용행위까지 취소한다는 취지가 포함된 것으로 볼 수 없다는 지적은 타당하지만, 시보임용절차가 정규임용절차를 위한 필수적 사전절차에 해당하

의 조건부 채용이다. 시보임용자는 시보기간중 근무성적·교육훈련 성적과 공무원으로서의 자질이 고려되어 적격판정을 받아 정규임용 처분을 받는다. 시보임용자를 반드시 정규임용해야 할 의무는 성립하지 않지만 시보임용이 있은 이상, 시보임용자는 그 시보임용시 장차 시보기간중 근무성적이 양호하여 적격판정을 받는 것을 조건으로, 특별한 사정이 없는 한 위 기간의 종료와 더불어 바로 정규공무원으로 임용될 권리를 취득하고 임용권자는 이에 대응하는 법률상의 의무를 부담한다고 할 것이며, 또한 지방공무원법상 시보임용에 의한 지방공무원으로서의 지위를 누리면서 그 조건부채용기간 중 면직 등의 처분이나 징계처분과 같은 신분상의 불이익한 처분을 받거나 또는 시보임용기간 종료 후 정규공무원으로서의 임용이 거부된 경우에는 행정소송 제기를 위한 전치절차로서의 지방공무원법 제67조 제3항에 의한 소청심사청구권도 가진다.[2]

시보임용의 구체적인 성질이 문제된다. 종국적 심사를 바탕으로 새로운 결정의 가능성이 유보된 점에서 잠정적 행정행위에 흡사한 점이 있다. 잠정적 행정행위의 본질적인 특징이 바로 불확실성에 기인한 행정결정의 잠정성이다.[3] 따라서 정규임용처분이 공직수행을 위한 최종적 판단에 의거하여 행하는 종국적인 행정행위이긴 해도, 잠정적 행정행위의 개념적 징표가 시보임용처분에는 존재하지 않는 이상, 시보임용처분을 잠정적 행정행위로 볼 수는 없다.

시보임용은 정규임용을 위한 필수적 사전과정이어서, 시보임용처분이 신분보장을 부여하는 정규임용처분의 전단계(Vorstufe)인 점에서 사전결정으로 볼 수밖에 없다. 다만 통상의 사전결정과는 다르다는 점을 유의해야 한다. 한편 앞으로의 정규임용을 전제로 한다는

여 임용결격자의 시보임용처분의 무효(부존재)가 결국 정규임용처분의 무효가 된다는 점을 고려하지 않은 치명적인 문제점을 지닌다.

2) 대법원 1990.9.25. 선고 89누4758판결.

3) 김중권, 행정법 244면 이하.

점에서, 시보임용처분을 일종의 시한부(조건부) 채용으로 볼 수도 있지만, 정규임용처분의 요건으로 시보기간의 경과가 요구되기에, 본연의 시한부 공무원관계(Beamtenverhältnis auf Zeit)와는 분명히 거리가 있다.

Ⅵ. 사안의 정규임용처분의 취소가 독립된 행정처분인가?

정규임용처분의 취소가 독립된 행정처분이 되기 위해서는 정규임용처분 및 그 전제인 시보임용처분이 독립된 유효한 행정처분으로 존재해야 한다. 어떤 행정처분이 -설령 위법하더라도- 유효하게 존재하지 않는 이상, 그것의 취소란 존재할 수 없다. 판례는 임용당시 공무원임용결격사유가 있었다면 그 임용행위는 당연무효이며, 당연무효인 임용행위에 의하여 공무원의 신분을 취득할 수 없다고 본다.[4] 따라서 시보임용 당시에 공무원임용결격사유가 있었다면, 그 시보임용행위는 당연무효이며, 당사자는 당연히 공무원의 신분을 취득할 수 없다. 무효인 행정처분이라도 행정처분의 존재는 긍정되기에, 정규임용처분의 취소가 독립된 행정처분으로서의 의이를 가진다고 주방될 수도 있지만, 이런 주장은 지방공무원법 제61조 및 국가공무원법 제59조의 당연퇴직제도와는 배치된다. 공무원법상 당연퇴직은 결격사유가 있을 때 법률상 당연히 퇴직하는 것이지 공무원관계를 소멸시키기 위한 별도의 행정처분을 요하지 않는다.[5] 즉, 임용결격사유에 해당하는 즉시 시보임용과 정규임용은 무효가 되어버려서 당사자는 더 이상 공무원이 아니다. 공무원이 아닌 이상, 자신에 대한 기왕의 정규임용을 취소하는 것은 아무런 법효과를 낳지 않는다. 당사자에게 그것은 -당연퇴직의 인사발령처럼- 공무원의

4) 대법원 2003.5.16. 선고 2001다61012판결.
5) 대법원 1995.11.14. 선고 95누2036판결.

신분을 상실시키는 새로운 형성적 행위로서 독립된 행정처분이 될 수 없다.

한편 임용결격자의 임용에서의 당연무효에 관한 바른 이해가 필요하다. 지방공무원법 제61조 등에 의해 법률상 당연히 퇴직한다는 것은 기왕의 임용처분의 존재를 전적으로 부정하는 것이다. 이는 행정처분의 존재를 전제로 하여 임용처분의 당연무효성을 인정하는 것과는 완전히 다르다. 행정처분이 당연무효를 넘어 부존재하다는 것은 무효인 행정행위의 전환의 논리를 원천적으로 전개할 수 없게 한다. 임용결격자의 임용을 －행정행위의 존재를 전제로 하는－ 단지 당연무효라고 표현하는 것은 문제가 있다. 지방공무원법 제31조의 결격사유는 임용처분의 소극적 성립요건인 점에서 여기서의 당연무효를 불성립에 기인한 무효로 접근해야 한다.

요컨대 정규임용처분은 정당한 시보임용자를 대상으로 하기에, 시보임용이 불성립 무효이어서 당사자가 정당한 시보임용자로서의 공무원신분을 보유하지 않는 이상, 정규임용은 일종의 사실적 불능의 차원에서도 불성립하여 무효이다. 그런데 대법원 2003두469판결은 시보임용과 정규임용이 별도의 행위임을 내세워 바람직하지 않게도 시보임용의 무효성을 정규임용에 대해서는 반영하지 않았다.

Ⅶ. 맺으면서 – 개념과 용어의 碇泊效果에 대한 경계

정규임용이 독립된 행정처분으로 존재하지 않는 이상, 그것의 취소 역시 새로운 형성적 행위로서 독립한 행정처분이 될 수 없다. 그것은 당연퇴직의 발령마냥 이른바 관념의 통지에 불과할 뿐이다. 당연히 행정절차법상의 사전통지 등 절차적 요청의 대상이 될 수 없다. 결론적으로 대상판결은 '처분', '취소' 등의 용어에 천착하여 접근한 나머지 임용결격자 임용과 관련한 법리 및 관련 공무원법제와 중대하게 배치되는 결과를 낳았다. 사실 유동적 효력불발생의 상황을 그릇되게 유동적 무효로 표현하는 것이[6] 잘 보여주듯이, 하자에 기인한 무효의 상황과 불성립에 따른 효력불발생의 상황이 판례와 문헌상으로 바르게 구분되지 않고 있다. 대상판결은 개념과 용어의 그릇된 碇泊效果를[7] 생생하게 보여준다.[8]

---

6) 대법원 1993.7.27. 선고 91다33766판결 등.

7) 정박효과(Ankereffekt, anchoring effect)라 달리 말하는 이것은 사람들이 어떤 판단을 하게 될 때 초기에 접한 정보에 집착한 나머지, 합리적 판단을 내리지 못하는 현상을 일컫는 - 2002년 노벨경제학상을 받은 Daniel Kahneman 교수가 발전시킨 – 행동경제학(behavioral economics)의 용어이다. 대부분의 사람들은 제시된 기준을 그대로 받아들이지 않고, 기준점을 토대로 약간의 조정과정을 거치기는 하나, 그런 조정과정이 불완전하므로 결국 최초의 기준점에 영향을 받는 경우가 많다. 선례구속의 원칙이 지배하는 법학에서는 닻내림효과의 부정적인 측면을 늘 성찰해야 한다.

8) 상론: 김중권 임용결격자 임용의 취소와 행정절차, 행정판례연구 제28집 제2호, 2023.12.31., 273면 이하.

22

집회금지구역제에 관한 헌법재판소 결정의 含意

헌재 2022.12.22. 2018헌바48, 2019헌가1(병합); 2023.3.23. 선고 2021헌가1

Ⅰ. 사실의 개요

헌재 2018헌바48, 2019헌가1(병합)의 경우, 집회 장소가 대통령 관저의 경계 지점으로부터 100 미터 이내에 있어 구 '집회 및 시위에 관한 법률'(이하 '집시법'이라 한다) 제11조 제2호에 위반된다는 이유로 집회를 금지하는 내용의 통고와 관련해서 구 집시법 제11조 제2호 중 '대통령 관저' 부분에 대하여 헌법소원심판이 청구되었고, 대통령 관저의 경계 지점 100 미터 이내인 청와대 앞 분수대 근처 노상에서 옥외집회를 주최하였다는 범죄사실로 기소된 것과 관련해서 구 집시법 제11조 제2호 중 '대통령 관저' 부분에 대하여 위헌법률심판이 제청되었다. 그리고 헌재 2021헌가1의 사안에서는 국회의

장 공관 정문 앞에서 옥외집회에 참가하였다는 공소사실로 기소된 것과 관련해서 구 집시법 제11조 제2호 중 '국회의장 공관'에 대하여 위헌법률심판이 제청되었다.

Ⅱ. 헌재 2022.12.22. 2018헌바48, 2019헌가1(병합)의 결정요지

심판대상조항은 대통령과 그 가족의 신변 안전 및 주거 평온을 확보하고, 대통령 등이 자유롭게 대통령 관저에 출입할 수 있도록 하며 경우에 따라서는 대통령의 원활한 직무수행을 보장함으로써, 궁극적으로는 대통령의 헌법적 기능 보호를 목적으로 한다. 심판대상조항은 대통령 관저 인근 일대를 광범위하게 집회금지장소로 설정함으로써, 집회가 금지될 필요가 없는 장소까지도 집회금지장소에 포함되게 한다. 대규모 집회 또는 시위로 확산될 우려가 없는 소규모 집회의 경우, 심판대상조항에 의하여 보호되는 법익에 대해 직접적인 위협이 될 가능성은 낮고, 이러한 집회가 대통령 등의 안전이나 대통령 관저 출입과 직접적 관련이 없는 장소에서 열릴 경우에는 위험성은 더욱 낮아진다. 또한, '집회 및 시위에 관한 법률' 및 '대통령 등의 경호에 관한 법률'은 폭력적이고 불법적인 집회에 대처할 수 있는 다양한 수단을 두고 있다. 이러한 점을 종합하면, 심판대상조항은 과잉금지원칙에 위배되어 집회의 자유를 침해한다. 구 집시법(2007.5.11. 법률 제8424호로 전부개정되고, 2020.6.9. 법률 제17393호로 개정되기 전의 것) 제11조 제2호 중 '대통령 관저' 부분 및 제23조 제1호 중 제11조 제2호 가운데 '대통령 관저(官邸)'에 관한 부분은 헌법에 합치되지 아니한다.

Ⅲ. 문제의 제기 – 현재와 미래를 결정하는 헌법재판소의 위상

헌법재판소가 일찍이 구 집시법 제11조 제1호 중 '국회의사당' 부분과 '각급 법원' 부분에 대하여 헌법불합치결정을 선고하여(헌재 2018.5.31. 2013헌바322 등; 2018.7.20. 2018헌바137) 관련 규정이 개정되었다. 헌재 2018헌바48, 2019헌가1(병합)과 동일한 기조로 헌재 2021헌가1 역시 국회의장 공관 100m 내 집회금지 규정에 대해 마찬가지로 헌법불합치결정이 내려졌다. 실로 최고 사법기관으로서의 헌법재판소가 현재와 미래를 결정하는 잠재적 입법자에 해당함을 실감할 수 있다. 집시법상의 집회금지구역제 전반에 대한 대대적인 손질이 시급하므로, 이를 위한 후속과제를 살펴본다.[1)]

Ⅳ. 독일에서의 집회금지구역제

집회금지구역제는 해당 기관이 본연의 기능을 제대로 수행할 수 있게 하는 것을 목적으로 한다. 역사적으로 1920.1.13.에 발생한 제국의회 앞에서의 대학살을 계기로 의회를 위해 1920년에 집회금지구역제가 마련되었다. 종전에는 연방 집시법에서 연방과 주의 입법기관 및 연방헌법재판소에 대해 집회금지구역을 설정하여 구체적인 집회금지구역은 연방과 주의 집회금지구역법에 의해 정하도록 규정하였지만, 지금은 2원적으로 규정하고 있다. 즉, –연방정부의 기관 및 외국공관을 포함하여 매우 광범하게 규율한 집회금지구역법을 대체하여– 1999년부터 시행된, 연방 헌법기관만을 위한 평온구역법(BefBezG)에 의해 연방 헌법기관(연방의회, 연방참사원, 연방헌법재판소)

1) 참고: 김중권, 현행 집시법의 발본적 개혁에 관한 소고, 법률신문 제4635호, 2018. 9.10.

을 위한 집회금지구역이 설정되어 있으며, 동시에 예외적 허용이 법률상 규정되어 있다.[2] 동법 제3조 제1항에 의하면, 해당 연방기관의 업무를 방해할 염려가 없을 때는 해당기관의 장의 동의를 얻어 집회가 허용되어야 하며(의무규정), 연방의회와 연방참사원이 휴회하는 날에는 원칙적으로 그렇게 해야 한다. 주의 입법기관만을 대상으로는 연방 집시법의 집회금지구역제가 통용되는데, 구체적인 집회금지구역은 주 집회금지구역법(Bannmeilengesetz)에 의해 정해지고(제16조), 주법 역시 집회금지의 예외허용 규정을 두고 있다(가령 베를린 주법 제2조 제2항에 의하면, 주의회 의장은 주 내무장관의 동의하에 예외를 발할 수 있으되, 휴회 중에는 그 예외를 발해야 한다). 한편 독일의 경우 집시법의 부칙이나 하위법령에서 해당 금지구역을 도로명으로 직접 설정하는데, 이를 관련 기관의 홈페이지에서[3] 바로 확인할 수 있다.

Ⅴ. 관저, 공관 등의 개념에 관한 논의

헌재 2018헌바48, 2019헌가1(병합)에서 주목할 것이 별개의견이다. 즉, '대통령 관저(官邸)'의 해석을 명시하고 그 해석을 토대로 위헌이라는 점을 논증하여야 한다면서, 집시법상의 관저와 공관을 구분하여 설명한다. 대통령과 그 가족의 생활공간인 대통령 관저 자체를 '협의의 대통령 관저'로, 협의의 대통령 관저(숙소)와 집무실 등 대통령 등의 직무수행 장소를 포함하여 '광의의 대통령 관저'로 설명한다. 대통령에 대해서는 '관저(官邸)'라는 용어를, 국회의장, 대법원장, 헌법재판소장에 대해서 '공관'이라는 용어를 구분하여 사용하고 있는 점에서, '관저(官邸)'는 생활공간 및 직무수행 장소까지 포함하

2) 이런 예외적 허용은 통상의 허가가 아닌 예외적 승인이다. 상론: 김중권, 행정법, 265면 이하.

3) https://www.bmi.bund.de/DE/themen/verfassung/staatliche-ordnung/versammlungsrecht/befriedeter-bezirk/befriedete-bezirke.html. 2023.11.20. 마지막 방문.

는 것으로, '공관'은 주로 생활공간을 의미하는 것으로 명확하게 구분될 수 있다고 지적한다. 그리하여 심판대상조항의 '대통령 관저(官邸)'는 광의의 대통령 관저를 의미한다고 지적한다. 그런데 이제까지 대통령의 관저를 대통령의 집무장소와 생활장소를 합쳐서 청와대라는 하나의 공간으로 인식하였으며, 또한 국가원수이자 행정부의 수반으로서 대통령은 그 자체가 항시 공권력을 행사하는 최고 국가기관이라는 점에서, 과연 별개의견처럼 관저를 구분한 것이 타당할지 의문이 든다. 이런 사정은 이제 대통령의 생활공간과 집무공간이 분리된 이후에도 동일하다. 한편 일본의 경우 관저(官邸)란 수상 등이 직무를 수행하는 공간을 의미하고, 수상의 사생활공간은 공저(公邸)로 달리 표현하고, 공관(公館)은 공공의 건물이나 관청의 건물로서 특히 대사관, 공사관, 영사관을 의미한다. 재외공관이란 표현이 시사하듯이 본래 공관이란 용어는 공무수행과 함께 숙식도 함께 할 수 공간을 나타낸다. 이 점에서 국회의장, 대법원장, 헌법재판소장에 대해 '공관'이란 용어를 사용하는 것은 재고가 필요하다. 일본의 경우 의회와 최고재판소의 수장에 대해 공저란 용어를 사용한다.

Ⅵ. 대상결정에 따른 후속과제

헌법재판소는 대통령의 헌법적 기능보호라는 법익에 대한 위험상황이 구체적으로 존재하지 않는 집회까지도 예외 없이 금지되는 점을 인용논거로 제시하였다. 집회금지구역제로 초래된 위헌적인 절대적 집회금지를 문제 삼은 것이다. 대통령의 헌법적 기능보호라는 법익에 대한 위험 상황이 구체적으로 존재하는지 여부를 판단하여 집회시위의 허용성을 가늠한다는 것 자체가 과연 바람직한지 의문이 든다. 대통령 관저 인근의 집회시위는 통상 강한 정치적 성향을 지니는데, 실질적 판단의 기조에서 접근하면 도리어 법집행의 불안정

성이 고조될 수 있고, 사법적 판단에 심각한 불신이 제기될 우려도 있다. 국회의장 등의 공관은 대통령의 관저와 다른 의미를 지닌다. 이들 장소에서 국회의장 등이 본래의 업무를 직접 수행하지는 않는다. 이들 장소에는 일반적인 제한의 메커니즘이 통용되어야 한다. 집회금지구역제는 해당 기관이 본연의 기능을 수행할 수 있게 하기 위함이다. 사실 독일은 물론, 일본의 静穏保持法(国会議事堂等周辺地域及び外国公館等周辺地域の静穏の保持に関する法律)이 국회의사당과 정당 사무소의 주변지역 및 외국공관을 대상으로 하는 것과 비교하면, 여러 국가 주요인사의 사적 공간까지 포함하는 현행 집회금지구역은 너무 넓다. 헌재 2021헌가1은 이 점에서 설득력을 지니며, 특히 헌재 2018헌바48, 2019헌가1(병합)과는 달리 별개의견이 제시되지 않은 것이 바람직하다. 요컨대 집회금지구역을 축소하되, 지금처럼 지형을 고려하지 않고 막연하게 거리기준으로 금지구역을 가늠하기보다는 독일처럼 거리명 주소로 금지구역을 구체적으로 나타낼 필요가 있다.

Ⅶ. 맺으면서 – 대상결정의 후과에 대한 성찰

집회시위의 자유는 민주정치의 바탕이 되는 건전한 여론표현과 여론형성의 수단이다. 그것은 대의제가 본연의 기능을 발휘하지 못하는 상황에서 소수의견을 국정에 반영하는 창구로서의 의미도 지닌다.[4] 이미 대통령 관저의 경계 지점 100미터에 근접해서 집회가 가능하듯이, 광장의 민주주의에 대한 국민적 효능감이 대의제를 압도하는 상황이다. 대의제의 심각한 기능부전 상황에서 집회시위의 과도화가 그 결과이긴 해도, 자칫 국가시스템의 기본인 대의제 자체가 전적으로 무색하게 될 우려가 있다. 대표적인 아날로그 법질서인 집

4) 헌재 1994.4.28. 91헌바14.

시법의 핵심개념 및 규율시스템을 디지털시대에 맞춰 시급하게 개혁해야 한다.

** **추기:** 집회 · 시위의 자유에는 그 장소를 선택할 자유가 포함된다. 헌법재판소 역시 바람직하게도 "집회의 자유는 다른 법익의 보호를 위하여 정당화되지 않는 한, 집회장소를 항의의 대상으로부터 분리시키는 것을 금지한다."고 판시하였다(헌재 2003.10.30. 2000헌바67, 83(병합)). 이런 맥락에서 집시법은 집회금지구역제를 규정한 것이다. 그런데 종종 판사 등의 공무원의 사저 앞에서 집회 · 시위가 종종 행해진다. 여기서는 사생활의 보호와 정치적 커뮤니케이션의 보호를 어떻게 조화를 이룰 것인가가 관건이다. 다만 사생활의 공간적 대상인 사저가 개인이 물러나서 평화롭게 혼자만의 권리를 누리는, 즉 외부환경적 요인이 접근할 수 없는 영역에 해당하지만, 공직자가 그곳에서 직무수행을 위한 새로운 활력을 얻는다는 점에서 직무수행과 관련하여 공적 연결점을 지닌다. 이제 집회금지구역제와 관련한 기왕의 논의수준을 넘어야 할 때이다.

23

법무법인에 대한 세무조정반지정거부처분의 위법성

대법원 2015.8.20. 선고 2012두23808전원합의체판결

Ⅰ. 사실의 개요

세무사 등록을 한 변호사가 소속된 법무법인 甲이 2000년경부터 매년 11월경 법인세법 시행규칙 제50조의3 제3항, 소득세법 시행규칙 제65조의3 제3항에 따라 세무조정계산서를 작성할 수 있는 조정반으로 지정할 것을 신청하여 乙지방국세청장으로부터 조정반 지정처분을 받아왔다. 乙지방국세청장이 2010.7.14. 기획재정부장관으로부터 법인세법 시행규칙 제50조의3 제2항 및 소득세법 시행규칙 제65조의3 제2항에서 규정하고 있는 세무조정계산서를 작성할 수 있는 조정반에는 법무법인이 포함되지 않는다는 회신을 받은 후, 기왕의 조정반 지정취소 통보를 하였고, 법무법인 甲이 2011.11.28.에

한 조정반지정신청에 대해서 거부처분을 하였다.

Ⅱ. 대상판결의 요지

법인세법 시행령 제97조 제9항, 제10항과 소득세법 시행령 제131조 제2항, 제4항(이하 '시행령 조항'이라고 한다) 및 법인세법 시행규칙 제50조의2, 구 법인세법 시행규칙 제50조의3과 구 소득세법 시행규칙 제65조의2, 제65조의3(이하 '시행규칙 조항'이라고 한다)이 정하는 것과 같은 내용의 납세의무자가 세무조정계산서의 작성을 외부 전문가에게 맡기도록 강제하는 제도(이하 '외부세무조정제도'라고 한다)는 국민의 기본권 및 기본적 의무와 관련된 것으로서 법률에서 정해야 할 본질적 사항에 해당하므로, 법률에서 적어도 적용대상 및 세무조정업무를 맡게 될 '외부'의 범위 등에 관한 기본적인 사항을 직접적으로 규정하고 있어야 하는데, 법인세법 제60조 제1항 및 제2항 제2호와 소득세법 제70조 제1항 및 제4항 제3호 중 조정계산서 관련 부분(이하 '모법조항'이라고 한다)에서는 단지 '대통령령으로 정하는 바에 따라 작성한' 세무조정계산서 등을 첨부해야 한다고만 정할 뿐, 외부세무조정제도에 관하여는 아무런 규정을 두고 있지 않으므로, 모법조항이 외부세무조정제도를 규정하고 있다고 볼 수 없는 점, 모법조항의 형식과 내용, 체계 및 취지에 비추어 보면 모법조항의 수권을 받은 시행령에 정해질 내용은 세무조정계산서의 형식 및 실질적 내용 등에 관한 것이라고 예상될 뿐 세무조정계산서의 작성 주체를 제한하는 내용까지 규정될 것으로 예상되지는 아니하는 점 등을 종합하여 보면, 시행령 조항은 모법조항의 위임 없이 규정된 것이거나 모법조항의 위임범위를 벗어난 것으로서 무효이고, 시행령 조항의 위임에 따른 시행규칙 조항 역시 무효이므로, 위 처분은 무효인 시행령 조항 및 시행규칙 조항에 근거하여 이루어진 것이어서 위법하다.

Ⅲ. 문제의 제기

대법원 2016.4.28. 선고 2015두3911판결에서 대법원은 법무법인 소속 세무사 자격보유 변호사의 세무사등록거부처분이 위법하다고 판시하였다. 이유인 즉, 법무법인 소속의 사유가 세무사법상의 세무사 등록의 거부사유에 해당하지 아니한다는 것이다. 아울러 대법원은 세무사법에 따라 등록을 할 수 있는 변호사는 세무사로서 세무대리업무를 할 수 있고, 변호사법 제49조 제1항, 제2항에 의하면 법무법인은 그 구성원이나 소속 변호사가 수행할 수 있는 세무대리 업무를 법인의 업무로 할 수 있다고 봄이 타당하고 판시하였다. 세무대리가 세무조정을 포함한다는 점에서 이를 계기로 법무법인에 대한 조정반지정의 문제가 새롭게 제기될 수 있기에 대상판결의 문제점을 살펴보고자 한다.

Ⅳ. 당시의 입법상황

세법은 납세의무자가 세무조정계산서의 작성을 외부 전문가에게 맡기도록 강제하는 제도('외부세무조정제도')를 운용하고 있는데, 대상판결 당시 강제적 외부세무조정제도의 법적 근거가 모법률인 법인세법과 소득세법에 규정되어 있지 않고, 동법의 시행령(법인세법시행령 제97조 제9항, 소득세법시행령 제131조 제2항)에 규정되어 있었다. 그리고 외부세무조정제도는 동법시행규칙상의 조정반지정제도를 통해 운용되고 있는데, 구 법인세법 시행규칙(2014.3.14. 기획재정부령 제409호로 개정되기 전의 것) 제50조의3 및 구 소득세법 시행규칙(2013.2.23. 기획재정부령 제323호로 개정되기 전의 것)은 법무법인을 조정반지정의 대상에서 배제하고 있다.

Ⅴ. 대상판결에 따른 후속입법상황

대상판결은 강제적인 외부세무조정제도가 국민의 기본권과 밀접한 관련이 있는 본질적 사항임을 들어 의회유보(법률유보)의 대상임을 확인하면서 모법률에 근거가 없는 입법상황에 의거하여 제정된 시행령조항이 무효임을 전제로 거부처분취소판결을 내렸다.[1] 대상판결 이후 모법률의 차원에서(법인세법 제60조 제9항 등) 의무적인 외부세무조정제도에 관한 법적 근거가 마련되면서 세무사등록부에 등록된 세무사, 공인회계사 및 변호사만이 세무조정을 할 수 있음을 분명히 하였다(2015.12.15.). 아울러 조정반지정제도와 관련해서는 지정대상은 종전과 동일하되(2명 이상의 세무사・(세무사등록)공인회계사・(세무사등록)변호사, 세무법인, 회계법인), 그 규율수준이 종래의 시행규칙의 차원에서 시행령의 차원으로 격상되었다(2016.2.12.). 이런 법률개정에 대해 대한변호사협회는 2016.2.18.에 '세무사법에 따른 세무사등록부에 등록한 변호사'만 외부세무조정업무를 할 수 있도록 규정한 법인세법 및 소득세법에 대한 헌법소원심판을 청구했다(대한변협신문 2016.3.14.).

Ⅵ. 맺으면서 – 대상판결의 논증방법상의 문제점

1. 대상판결의 논증방법상의 문제점

대상판결은 위임입법법리의 차원에서 사안을 접근했는데, 이런 논증에 의문이 든다. 세무사로 등록을 한 변호사는 조정반지정을 받는

---

1) 참고문헌: 임지영, 법률유보와 위임입법의 한계, 한국행정판례연구회 제315차 월례발표회 발표문.

데 아무런 어려움이 없다. 하지만 세무자자격을 가진 법무법인 소속 변호사의 경우 변호사법 제50조 제1항에 의해 항상 법인 명의로 업무를 수행해야 하고, 하위 법령(시행규칙)에서 법무법인이 조정반지정의 대상에서 배제하고 있기에, 처음부터 조정반지정을 받을 수가 없다. 즉, 법무법인을 지정대상에서 제외한 – 지금과 동일한 – 당시의 조정반지정제도가 문제이다. 따라서 대상판결이 의무적인 외부세무조정제도 자체의 문제점을 국민 일반을 대상으로 한 기본권관련성의 차원에서 논증하여 한 것은 타당하지 않다. 오히려 강제적인 외부세무조정제도에 따른 조정반지정제도가 변호사의 직업행사의 자유를 제한하는 점에 초점을 맞추어 논증했어야 한다. 이 점에서 대상판결의 원심이[2] 오로지 위임입법의 차원에서 접근한 대상판결과는 달리 세무사 등록을 한 변호사를 세무사와 공인회계사에 대비시켜 헌법상의 평등 원칙의 차원에서 그리고 직업수행의 자유의 차원에서 접근한 것은 바람직하다.

2. 법령우위의 원칙에서의 접근

비록 현행 모법률(법인세법 등)이 의무적인 외부세무조정제도 자체와 아울러 조정반지정제도의 근거를 규율하고 있지만, 법무법인을 조정반지정의 대상에서 배제한 것의 문제는 여전히 상존한다. 대상판결처럼 위임(수권)의 견지에서 모법률의 차원에서 이에 관한 구체적인 직접적 근거를 두지 않은 점을 문제 삼을 수도 있지만, 현행법이 제도의 근거를 규정하고 있는 이상, 이런 접근은 용이하지 않다.

그렇다면 법무법인을 조정반지정의 대상에서 배제한 것의 문제는 법령우위의 원칙에 따라 헌법과 법률에 저촉되는지 여부에서 접근해야 한다. 헌법재판소는 "기본권인 직업행사의 자유를 제한하는 법률

---

2) 대구고법 2012.9.28. 선고 2012누1342판결.

이 헌법에 저촉되지 아니하기 위해서는 그 기본권의 침해가 합리적이고 이성적인 공익상의 이유로 정당화될 수 있어야 한다"고 판시하였다.[3] 결국 이런 합헌성의 기준을 참고하여 – 광범한 입법형성의 여지를 전제하면서– 현재의 입법상황이 합리적이고 이성적인 공익에 의한 정당화요청에 부합하는지 여부가 관건이다.

3) 헌재 2002.9.19. 200헌바84.

24

건축신고의 허가의제효과에 관한 小考

서울행정법원 2009.4.9. 선고 2009구합1693판결

Ⅰ. 사실의 개요

원고가 2008.11.10. 경매절차를 통해 서울 강남구 역삼동 608–31 대 102.3㎡(이하 '이 사건 토지'라 한다)의 소유권을 취득한 다음, 2008.12.3. 피고(서울 강남구청)에게 이 사건 대지 위에 건축연면적 43.2㎡의 단층건축물을 신축하는 내용의 건축신고를 하였다. 이에 대해 피고는 2008. 12. 24. 이 사건 토지 및 그에 접하고 있는 서울 강남구 역삼동 608–30 토지는 1982. 4. 26.경 당시 소유자들이 자신들의 토지의 편익을 위하여 스스로 설치한 이래 현재까지 인근주민들의 통행로로 사용하고 있으므로 통행로를 폐쇄하는 것을 전제로 하는 원고의 건축물 신축행위는 허용될 수 없다는 이유로 원고의 건축신고를 반려하였다. 피고는 이 반려를 처분으로 삼아 취소소송을

제기하였다.

Ⅱ. 대상판결의 요지

일반적으로 건축법상의 건축신고는 행정청의 수리를 요하지 아니하여 그 신고가 행정청에 도달된 때에 효력을 발생하는 것이고, 만일 행정청이 실체적 사유에 기하여 그 신고수리를 거부하였다고 하더라도 그 거부처분이 신고인의 법률상 지위에 직접적으로 아무런 법률적 변동을 일으키지 아니하므로 항고소송의 대상이 되는 행정처분은 아니다. 다만, 건축신고시 건축법 제14조 제1항, 제11조 제5항에 따라 이른바 건축법상의 집중효(건축허가 내지 신고로 인하여 건축법 제11조 제5항 각 호에 정한 허가 또는 인가 등을 받은 것으로 의제하는 효력을 말한다)가 발생하는 경우에는 그 건축신고는 행정청의 수리를 요하는 신고로 봄이 타당하고, 따라서 그 신고를 거부하는 행위는 항고소송의 대상이 되는 처분이다.

Ⅲ. 문제의 제기

대상적격성의 결여가 곧바로 각하판결로 이어지는 우리의 상황에서, 대상판결의 특이함은 처분성여부의 물음을 신고의 의제효과를 매개로 일단 본안판단까지 나아간 점에 있다.[1] 법치국가원리란 穹窿의 宗石이자 황제기본권으로서의 재판청구권이 지향하는 효과적인 권리보호의 보장이라는 측면에서 보자면, 본안판단을 행한 대상판결을 호평을 할 법하나, 기왕의 판례는 물론 문헌상의 이해와의 심각한 충돌이 존재한다. 우선 건축신고를 수리를 요하는 신고로 접근한 것은 물론, (논증을 위해 동원된) 집중효적 논거가 과연 설득력

1) 제2심인 서울고법 2009.12.30. 선고 2009누11975판결 역시 그러하다.

을 갖는가? 건축법 제14조 제1항, 제11조 제5항에 따라 건축허가 내지 신고로 인하여 건축법 제11조 제5항 각 호에 정한 허가 또는 인가 등을 받은 것으로 의제하는 효력을 과연 집중효라 말할 수 있는가? 이하에선 행정법상의 신고제에 관한 필자 나름의 이해를 갖고서 이들 문제점을 간략히 검토하고자 한다.

Ⅳ. 수리를 요하는 신고적 접근의 문제점

대상판결이 소송요건적 물음을 피하기 위해 수리를 요하는 신고에 관한 나름의 인정근거를 제시하였지만, 기왕의 법도그마틱과는 배치된다. 건축법상의 건축신고가 보여주듯이, 법효과의 의제는 행정청의 행위(신고수리)가 아닌 법률규정에 의해 비로소 성립한다. 따라서 이를 수리를 요하는 신고로 접근할 것 같으면, 신고수리 자체가 법효과를 발생시킨다는 결과가 빚어진다. 요컨대 대상판결처럼 수리를 요하는 신고로 접근한다면, 그런 논증이 수리행위의 법적 의의는 물론 의제규정에 대해 어떠한 결과를 낳을지 심각히 고민하여야 한다.

사실 필자처럼, 수리거부의 처분성을 착안점으로 삼아 구성된 종래의 도식(자기완결적 신고와 수리를 요하는 신고)에서 벗어나 수리 그 자체는 처분이 아니지만 수리거부는 대상행위의 금지하명처분으로 보면, 사안에서의 반려(수리거부)를 처분으로 보는 데 의제규정과의 마찰이 전혀 없다. 평소 受理를 요하는 신고를 도그마틱적 修理를 요하는 신고로 판단하는 필자로선, 수리에 무게중심이 두는 이상 그것은 허가제를 대체한 신고제가 결코 될 수 없음을 재삼 강조하고 싶다. 사적 영역에 대한 국가개입모델인 허가제를 사인주도적 모델로 바꾸는 것이 바로 (금지해제적) 신고제의 참뜻이다. 하루바삐 수리의 성격과 수리거부(반려)의 성격을 同調化시킨 기왕의 틀을 탈피해야 한다. 한편 대상판결은 기왕의 대법원 1999.10.22. 선고 98두

18435판결과도 정면으로 배치된다.[2)]

Ⅴ. 집중효의 이해에 관한 문제점

대상판결은 건축법 제14조 제1항, 제11조 제5항에서의 허가(효과) 의제적 효과를 집중효의 관점에서 접근하였다. 집중효제도는 계획확정절차상의 절차의 신속화를 도모하기 위해 계획확정결정이 내린 다음에는 다른 법률상의 허가 등의 절차가 반복되지 않도록 하기 위해 고안된 법제도이다. 반면 법학에서 의제(Fiktion)라 함은 실제로 존재하지 않는 사안을 인정하도록 법률상으로 확정되어 있는 것을 의미한다. 일찍이 의제적 행정행위에 관해 효시적 논문을 쓴 Müller는 명문의 규정에 의해서 인용·부인 결정이 내려진 것으로 여겨질 때 의제적 행정행위가 존재한다고 보았다.[3)] 즉, 어떠한 상황의 발생과 더불어 행정행위가 발해진 것으로 간주된다는 식으로, 법률이 행정행위의 발급을 결정주체의 의사와 무관한 상황의 발생으로 대체하는 경우에 (의제의 효과가 발생하고) 그 행정행위는 의제적 행정행위가 된다.[4)] Caspar는 의제요건으로 기간경과를 강조하여, 의제적 행정행위란 행정청 스스로가 발하는 것이 아니라, 법상의 기간이 경과한 후에 법규범에 의해서 간주되어지는 것이라 정의를 내렸다.[5)]

의제규정의 효력은 허가발급의 절차를 대체시키는 데 있지, 허가의 내용이나 실체적 위법의 부재에 관한 언명과 같이, 절차법적 기능을 넘어선 의미는 부여되지 않는다. 한편 집중효의 법적 의의 역

2) 하지만 이 판결은 건축법상의 건축신고가 행정행위의 효과를 의제시킨다는 것이 신고인은 물론 인인에게 어떤 의미를 갖는지를 전혀 고려하지 않았다. 문제점에 관해선 김중권, 건축허가의제적 건축신고와 일반적인 건축신고의 차이점에 관한 소고, 판례월보 2001.5., 13면 이하 참조.

3) ders., DÖV 1966, S.704.

4) Jachmann, Die Fiktion im Öffentlichen Recht, 1998, S.249ff.

5) ders., AöR 125(2000), S.131(131).

시 독일의 통설과 판례에 의하면 통상 절차생략의 차원에서 절차적 집중효를 의미하기에, 양자를 동일하게 볼 수도 있다. 그러나 기본적으로 의제가 (허가)절차의 전환적 대체라면, −독일의 경우를 보자면− 집중효는 다른 행정청의 허가 등의 절차의 통합적, 수렴적 대체인 점에서 엄연히 구분된다. 후자를 제도화한 독일의 경우에도 통상 그것에 대해 의제와 연관지어 논의되고 있진 않다. 비록 우리 법제가 독일과는 달리 하나의 허가나 신고에 다수의 의제적 효과를 결부시켜서(복수의제), 오해할 충분한 소지가 있긴 해도, 대상판결의 표현은 분명 법도그마틱은 물론 향후 관련 법제의 정비에도 난맥을 초래할 수 있다.

참고로 최근 독일의 경우 개별법상으로 허가의제는 오랜 전부터 인정되어 왔지만, 하지만 행정절차법은 여태까지 허가의제에 관한 규율을 두지 않았다. 그러나 역내시장에서의 서비스제공에 관한 유럽지침(2006/123/EG)을 전환하기 위해 2008.12.11.에 의결된 제4차 행정절차법개정을 통해 일반적인 허가의제규정이 명문화되었다(동법 제42조의 a). 의제적 행정행위의 존재에 관한 일각의 의문은 이제 완전히 가셨다.[6]

V. 건축허가의제적 신고의 의의

독일 주건축법상의 "건축허가로부터의 결별"은 크게 허가를 전제로 하지 않은 신고(허가면제)절차와 그것을 여전히 전제한 간소화된 허가절차의 두 차원에서 행해져 왔다. 특히 신고절차의 경우 대기기간제를 도입하여 −특별한 금지하명이 없는 한− 그 기간경과와 동시에 건축을 할 수 있게 하였고(사실 독일에서 건축신고의 절차상으로

6) 참고문헌: 김중권, 독일 행정절차법상의 허가의제제도와 그 시사점, 법제연구 제54호, 2018.6.30., 39면 이하.

예방적 금지를 해제하는 연결점은 건축신고가 아니라, 공사금지처분의 부작위와 (혹은) 대기기간의 경과이다), 후자의 경우엔 특히 일정 결정기간의 경과와 동시에 건축허가의 효과가 의제되도록 하였다. 법제상의 다소간의 차이점은 있지만, 우리의 건축허가의제적 신고제는 결과적으로 독일에서의 법제기조가 융합(?)된 셈이다.

절차민간화의 일종으로 여겨지곤 하는 신고제로 인한 후속 문제점이 소소하지 않다. 신고인으로선 국가적 개입이 없다는 점이 편리하나, (허가를 통해 얻는) 자신의 행위에 대한 국가적 확인 내지 합법화의 단계가 없기에 국가의 사후적 개입에 무방비하게 노출되어 존속보호를 강하게 누리지 못한다. 즉, 신고인의 측면에선 신고제의 도입에는 신속화와 약화된 존속보호라는 양면이 존재한다. 제3자효 행정행위의 인정은 궁극적으로 국가를 상대로 하여 사적 분쟁을 해결하는 것인데, 허가의 부재상황에선 제3자인 隣人으로선 취소소송처럼 간단히 국가에게 책임을 추궁할 연결고리가 없다. 그로선 행정개입청구권을 통한 해결책을 강구할 수밖에 없는데, 재량의 존재는 그것의 인정가능성을 극히 예외적 상황에 처하게 한다. 독일의 경우 신고제하에서 효과적인 인인보호를 담보하기 위해 신고인으로 하여금 인인에게 그 사실을 알리도록 한다거나 재량 영으로의 축소의 기조에 수정을 가하고자 한다. 반면 우리의 경우 대법원 1999.12.7. 선고 97누17568판결로 인해 행정법문헌의 경향과는 배치되게 행정개입청구권의 실현은 애초에 기대할 수 없는 상황이다. 결국 제3자효 행정행위의 존재가 표방하는 공법적 인인보호는 사라지고, 단지 민사적 그것만이 남을 뿐이다. 여기서 신고제의 취대의 수혜자는 다름 아닌 행정당국이 되어 버린다.[7]

신고인과 인인에 대한 신고제의 이런 마이너스 효과를 효과적으

7) 상론: 김중권, 건축법상의 건축신고의 문제점에 관한 소고, 저스티스 제61호, 2001.6., 150면 이하.

로 상쇄할 수 있는 것이 바로 건축허가의제적 신고이다. 신고인과 관련해선, 비록 절차적 의미를 지녀 통상의 행정행위에 비하면 미약하긴 해도 존속보호나 신뢰보호를 주장할 근거가 존재한다는 점이 고무적이다. 제3자효 행정행위가 통상의 것인지 의제적인 것인지는 전혀 중요치 않다. 따라서 인인으로선 굳이 판례상 인정도 되지 않는 행정개입청구권을 강구할 필요도 없이 −독일의 경우와는 달리− 취소소송을 통해 손쉽게 대응할 수 있다.

Ⅵ. 맺으면서 − 疑心스런 制度(疑制)로서의 擬制?

우리의 경우 의제에 관한 법도그마틱적 접근은 활발하지 않다. 건축허가의제적 신고가 가져다 준 유익한 결과와는 별도로, 우리의 법제가 복수의제나 −건축신고가 초래하는− 증폭의제를 많이 규정하고 있으며, 일각에선 간소화차원에서 의제 자체를 확대하고자 한다. 의제규정의 확대는 법률집행을 전적으로 행정의 임의에 맡겨버리는 것이다. 즉, 유효한 법효과를 발생시키는 것이 전적으로 행정청에게 맡겨지는 셈이 되어 사실상 통제가 포기되어 버린다. 의제규정을 개별법상의 전체적인 허가절차에 전면적으로 확대 적용하면, 법률은 더 이상 규준이 되지 못하고, 전적으로 행정당국의 의사가 그것을 대신할 것이다. 따라서 의제규정의 계속적인 확대는, 실제로 법률구속 및 행정청에 대한 통제를 극도로 완화시켜 자칫 권력분립주의와 법치국가원리를 심각하게 훼손할 수 있다. 또한 행정의 감시부재(해태)를 허가성립에 연계시키는 식의 의제규정은, 국가의 기본권보호의무의 관점하에서도 의문스러울 수 있다.[8] 요컨대 입법기술로서의 擬制가 疑心스런 制度(疑制)로 變換되어선 아니 된다!

---

8) 의제적 행정행위의 법적 문제에 관해선 김중권, 의제적 행정행위에 관한 소고, 법제 제520호, 2001.4., 55면 이하.

25

「화물자동차운수사업법」상의 안전운임고시의 법적 성질에 관한 소고

대법원 2022.4.14. 선고 2021두61079 판결

Ⅰ. 사실의 개요

「화물자동차 운수사업법」 제5조의4 제2항(이하 '모법 규정'이라고 한다)은 피고(국토교통부장관)는 매년 10월 31일까지 화물자동차 안전운임위원회의 심의·의결을 거쳐 각 호의 운송품목에 대하여 다음 연도에 적용할 화물자동차 안전운임을 공표하여야 한다고 규정하면서, 안전운임 공표대상 운송품목의 하나로 제1호에서 '「자동차관리법」 제3조에 따른 특수자동차로 운송되는 수출입 컨테이너'를 들고 있다. 같은 조 제3항은 화물자동차 안전운임의 공표 방법 및 절차 등에 필요한 사항을 대통령령에서 정하도록 위임하고 있고, 같은 법

시행령 제4조의7 제2항은 피고가 위원회의 심의·의결을 거친 화물자동차 안전운임을 관보에 고시해야 한다고 규정하고 있다. 피고가 '환적 컨테이너'가 모법 규정인 화물자동차 운수사업법 제5조의4 제2항의 '수출입 컨테이너'에 포함된다고 보아 2019.12.30. 국토교통부 고시 제2019-1007호로 「2020년 적용 화물자동차 안전운임」을 고시하면서(이하 '이 사건 고시'이라 한다) 이 고시 가운데 환적 컨테이너에 대한 안전운임을 규정하였다(이하 '이 사건 환적고시'이라 한다).

Ⅱ. 대상판결의 요지

특정 고시가 위임의 한계를 준수하고 있는지를 판단할 때에는, 법률 규정의 입법 목적과 규정 내용, 규정의 체계, 다른 규정과의 관계 등을 종합적으로 살펴야 하고, 법률의 위임 규정 자체가 의미 내용을 정확하게 알 수 있는 용어를 사용하여 위임의 한계를 분명히 하고 있는데도 고시에서 문언적 의미의 한계를 벗어났다든지, 위임 규정에서 사용하고 있는 용어의 의미를 넘어 범위를 확장하거나 축소함으로써 위임 내용을 구체화하는 단계를 벗어나 새로운 입법을 한 것으로 평가할 수 있다면, 이는 위임의 한계를 일탈한 것으로서 허용되지 아니한다(대법원 2016.8.17. 선고 2015두51132판결 참조).

국토교통부장관이 '환적 컨테이너'가 모법 규정인 화물자동차 운수사업법 제5조의4 제2항의 '수출입 컨테이너'에 포함된다고 보아 위 고시 가운데 환적 컨테이너에 대한 안전운임을 규정한 부분이 위임입법의 한계를 일탈하여 위법하다.

Ⅲ. 문제의 제기 - 환적고시에 위임입법의 법리를 적용하는 것의 문제점

1. 안전운전제의 본질

안전운임제는 화물운수 종사자의 과로, 과속, 과적 문제를 해결하기 위해 이들이 지급받는 최소한의 운임을 공표하여 적정 임금을 보장받도록 하는 제도이다. 즉, 화물운수 종사자에 대한 일종의 최저임금제이다. 최저임금제의 파급효과처럼, 안전운임제에는 당연히 화물운수 종사자, 운수사업자와 화주 사이에 이익이 매우 첨예하게 충돌하므로 관련 문제를 다루는 데 있어서 나름의 균형이 필요하다.

2. 쟁 점

이 사건의 쟁점은 '환적 컨테이너'가 모법 규정의 '수출입 컨테이너'에 포함되는지 여부이다. 제1심인 서울행정법원 2021.1.8. 선고 2020구합60260판결 이래 법원은 이 사건 고시에서 환적 컨테이너 운송에 대한 안전운임을 규정한 것이 모법의 위임범위 내에 있는지 여부를 검토하였다. 원고는 이 사건 환적고시의 취소를 구하였다. 취소소송의 대상은 행정처분이므로, 이 사건 환적고시가 행정처분에 해당하지 않으면 취소소송의 허용성이 문제될 수 있는데, 이 사건 환적고시의 법적 성질이 전체 소송의 과정에서 논의되지 않고서 위임입법의 법리가 통용되었다. 요컨대 이 사건 환적고시의 법적 성질을 행정처분으로 보는 것을 전제로 하여, 위임입법의 법리에 의거하여 그것의 위법성을 논증하였다.

Ⅳ. 이 사건 고시(및 이 사건 환적고시)의 법적 성질의 문제

1. 고시의 법적 성질에 관한 논의

고시는 불특정다수를 직접적, 간접적 상대로 한 '알림'이되, 본래 그 자체로선 알림의 양식은 고려되지 않는다. 대부분의 국법행위가 문서에 의한 것이어서 「행정업무의 효율적 운영에 관한 규정」(대통령령: 구 사무관리규정) 제4조에 의해, 고시는 공고문서의 종류로서 행정기관이 법령이 정하는 바에 따라 일정한 사항을 일반에게 알리기 위한 문서를 말한다. 따라서 실정법상의 고시는 일의적으로 행정규칙(또는 이를 포함한 행정입법)으로 접근해서는 아니 되고, 고시되는 내용에 견주어 다양하게 판단되어야 한다. 이런 입장에서는 실정법상의 고시를 다음처럼 개관할 수 있다: ⅰ) 행정결정의 존재요건이자 성립요건으로서의 고시(토지수용에서의 사업인정의 고시), ⅱ) 사실행위로서의 고시(귀화의 고시), ⅲ) 행정처분으로서의 고시(도로법 제25조상의 도로구역결정의 고시), ⅳ) 행정규칙으로서의 고시(공정거래위원회의 '부당한 지원행위의 심사지침'), ⅴ) 법규명령으로서의 고시(공정거래위원회의 '체납과징금에 대한 가산금 요율 고시').[1]

2. 이 사건 고시(및 이 사건 환적고시)의 법적 성질

고시의 제정근거 방식은 대체로 다음의 두 가지이다: '000 장관(청장)이 정한다', '000 장관이 정하여 고시한다'. 이 사건 고시의 법률적 근거인 「화물자동차 운수사업법」 제5조의4 제2항 및 같은 법 시행령 제4조의7 제2항에서 보면, 후자의 방식이다. 후자의 방식으로 정한 보건복지부 고시인 '약제급여 · 비급여목록 및 급여상한금액표'(보건복지부 고시 제2002-46호로 개정된 것)에 대해, 대법원 2006.9.22. 선고

1) 상론: 김중권, 행정법 제5판, 2023, 232면 이하.

2005두2506판결이 다른 집행행위의 매개 없이 그 자체로서 국민건강보험가입자, 국민건강보험공단, 요양기관 등의 법률관계를 직접 규율하는 성격을 가지므로 항고소송의 대상이 되는 행정처분에 해당한다고 판시하였다.[2)]

그런데 이 사건 고시는 '약제급여 · 비급여목록 및 급여상한금액표'와는 다른 점이 있다. 후자는 개개의 제약사가 제조한 개개 약제를 대상으로 하여 금액을 정한 데 대해서, 전자는 개개의 구간을 대상으로 하여 금액을 정하였다.

최저운임제로서의 이 사건 고시가 그 이하로 운임이 책정되지 말 것을 강제하는 내용으로 하고, 이를 위반하면 과태료에 처해질 수 있다는 이상, 그것은 운수사업자에 대해서는 일종의 하명처분이라 할 수 있고, 화물운수 종사자에 대해서는 안전운임을 요구할 수 있는 권리를 부여하는 설권적 처분이자 사권형성적처분이라 할 수 있다. 비록 '약제급여 · 비급여목록 및 급여상한금액표'와는 다른 구석이 있긴 해도, 이 사건 고시로 인해 발생한 법효과를 감안하면 이 사건 고시는 행정처분에 해당한다고 볼 수 있다. 또한 이 사건 고시의 수범자가 구체화되지 않는 이상, 일반적 추상적 규율로서의 일반처분으로 볼 수 있다. 나아가 환적화물의 육상운송이 필요한 경우 운수사업자나 화물차주와 육상운송계약을 체결하고 일차적으로 운송비용을 부담하는, 해상을 통한 운송사업을 영위하는 선사들인 원고에 대해서 이 사건 고시는 일종의 하명처분이 될 수 있다. 사실 '약제급여 · 비급여목록 및 급여상한금액표'는 코드, 품명, 업소명, 규격단위, 상환금액 등이 구체적으로 적시되어 있어서, 그것을 전형적인 개별구체적인 규율로서의 행정처분으로 보는 데 하등의 문제가 없다. 다수인에게 발해져야 할 여러 처분을 합쳐서 일종의 엑셀파일로

---

2) 상론: 김중권, 조문형식을 띤 고시의 처분성 인정에 따른 문제점에 관한 소고, 저스티스 제98호, 2007.6.,6., 272면 이하.

공지한 집합처분인 셈이다.

V. 맺으면서 – 행정법상의 고시에 대한 바른 이해의 정립

사건명(화물자동차 안전운임 고시 취소청구)이 시사하듯이, 대상판결은 이 사건 고시를 처분으로 보아 접근하는데, 우선 문제가 처분성 여부에 관한 논증이 없다는 점이다. 그리고 사안을 위임입법의 법리의 차원에서 접근하여 이 사건 고시의 위법성을 논증하는데, 이런 논증방식은 규범통제의 메커니즘에서나 가능한 논증방식이다. 부수적 규범통제의 메커니즘에서 법원은 규범 그 자체를 취소시켜 무효화시킬 수는 없고 규범의 무효를 전제로 해당 사건에서 그 규범의 적용인 집행행위를 취소나 무효화시킬 뿐이다. 사안을 위임입법의 법리의 차원에서 접근하면서 이 사건 고시에 대해 직접적으로 취소판결을 내린 것은 현행의 규범통제의 메커니즘에 정면으로 배치된다. 사안을 위임입법의 법리의 차원에서 접근한 것 자체가 타당하지 않다. 그리고 이 사건 고시가 원고에게는 일종의 하명처분에 해당할 수 있으므로, 사안을 서울행정법원 2020구합60260판결처럼 법률유보의 문제로서 접근하는 것도 타당하지 않다.

사실 이 사건의 쟁점은 「화물자동차 운수사업법」 제5조의4 제2항 제1호의 '수출입 컨테이너'에 '환적 컨테이너'가 포함되는지 여부이다. 국가가 사적 계약의 대상인 운임을 구속적으로 결정하여 사적자치 및 계약체결의 자유를 강하게 제한한다는 점에서, 서울행정법원 2020구합60260판결의 지적대로 '수출입'의 의미는 그 문언에 따라 엄격하게 해석하여야 하고, 쉽사리 확장해석이나 유추해석할 수 있는 성질의 것이라고 보기 어렵다. 그런데 이 사건 환적고시에서의 '환적 컨테이너'를 '수출입 컨테이너'의 차원에서 즉, '수출입 컨테이너'가 동일한 세관의 관할구역내에서 환적이 되는 상황을 나타내는 것으로 보면 그 자체도 크게 문제가 되지 않는다.

결론적으로 대상판결의 접근의 기조 및 그에 따른 결론은 행정법도그마틱의 차원에서 공감하기 힘들다. 결론적으로 대상판결의 접근의 기조 및 그에 따른 결론은 행정법도그마틱의 차원에서 공감하기 힘들다. 그런데 대상판결이 지닌 문제는 결코 사소하지 않다. 행정의 작용형식의 체계는 하자의 유형 및 그에 대한 권리구제에 연계되어 형성된 것이다.[3] 소송대상이 처분인 이상, 그것에 위임입법의 법리 및 규범통제의 메커니즘을 적용하는 것은 현행 행정구제의 기본에 맞지 않는다. 법적 논증의 기초인 경로의존성에 관한 인식이 결여되어 있는 이상, 정연한 법도그마틱의 조성은 당연히 기대난망이다. 나아가 행정법상의 고시에 대한 바른 이해의 정립이 시급하다. 행정법상의 고시에 대한 바른 이해의 정립이 시급하다.

3) 김중권, 행정법, 196면.

26

국무총리 부서가 없는 대통령령의 효력

Ⅰ. '서리'맞은(?) 서리제(署理制)의 副産物

지난 2002.7.31.에 장상 씨가 국회에서 국무총리 임명동의를 받지 못해 '서리'로서 그 자리를 마감하였고, 그 이후에 '서리'로 선임된 장대환 씨 역시 8월 28일에 똑같은 전철을 밟았다. 殺他我生의 작금의 상황에서 각 정파와 충분한 협의를 거쳐 인선을 하였으면, 정파의 유불리를 떠나서 그간의 소모적 논쟁 그리고 항시적 앙금을 피할 수 있었을 것이다. '대~한민국'의 연호 속에 망울진 웃음꽃은 이미 저버렸고, TV 광고로서만이 '월드컵'의 자취가 있을 뿐이다. 당사자에겐 誰怨誰咎라 하겠지만, 과연 누군들 이 같은 일로부터 자유로울 수 있겠는가 하는 自問을 해 본다. 국무총리서리제를 둘러싼 그간의 논의에서 여러 법문제가 제기되었다. 크게 보아서 국무총리서리제가 헌법에 합치하느냐 위헌이냐의 물음을 시발로 하여, 현행의 국무총리부재에 따른 대통령의 권한행사에 법적 문제는 없는지, 그리고 현행의 국무총리 부재에 따른 국정운영상의 공백을 정부조직법상의 국무총리의 직무대행을 통해서 메울 수 있는지 등등이다.

이미 첫 번째 물음에 대한 답은 내려지고 세 번째 물음에 대한 시비만이 있을 뿐이라는 분위기이다. 필자는 기본적으로 문제의 '국무총리의 궐위'에는 정부조직법 제22조에 따른 직무대행규정이 적용될 수 없으며, 나아가 '국무총리서리제' 또한 법적 근거의 부재만으로 일의적으로 위헌이라 판단을 내려선 곤란하다는 입장을 취한다. 즉, 법원조직법과는 달리 '사고'만을 규정한 정부조직법과 감사원법의 직무대행규정은 행정부의 수반으로서의 대통령의 지위를 확실히 보장하는 셈이 된다. 또한 국무총리서리임명은 국무총리선임에 관한 확약이자, 국무총리권한의 (임의대리적) 수권행위이자, 대통령의 통치행위에 속한다. 따라서 그것 자체에 결코 처음부터 위헌 위법이 당연히 생기지는 않고, 문제는 국무총리서리 임명이나 서리제(署理制)에 있는 것이 아니라, 국무총리서리의 직무범위에 있다.[1)]

그러나 이런 입장이 국무총리서리제가 아무런 문제점이 없음을 웅변하는 것은 아니다. 국회의 동의를 얻어 임명된 정식의 국무총리와 그것이 결여된 국무총리서리를 동격시 여기는 데서 하루바삐 벗어나야 한다. 그런데 국무총리서리도 아닌 국무총리 자체를 虛無職으로 만든 일이 일어났다. 다름 아니라 국무총리직의 (서리가 되었든) 담당자가 전혀 없는 지난 2002.8.1.부터 8.8.까지의 기간에 김대중 대통령이 일련의 대통령령을 발하였다(2002.8.8.).[2)] 2002.8.8.자 관보

1) 김중권, 정부조직법의 최근의 문제점 검토, 한국법제발전연구소 제5회 세미나(2002.8.13) 발표문, 35면 이하 참조.

2) '외교통상부와 그 소속기관직제 중 개정령'(대통령령 제17697호), '환경부와 그 소속기관직제중개정령'(대통령령 제17698호), '건설교통부와그소속기관직제중개정령'(대통령령 제17699호), '법제처직제중개정령'(대통령령 제17700호), '환경친화적산업구조로의전환촉진에관한법률시행령중개정령'(대통령령 제17701호), '승강기제조및관리에관한법률시행령중개정령'(대통령령 제17702호), '대기환경보전법시행령중개정

를 보면 이들 대통령령에 대통령과 해당 국무위원인 장관의 서명만 있을 뿐 국무총리의 서명이 없다. 즉, 국무총리(서리)의 부서가 없다. 국무총리(서리)의 부서가 없는 대통령령의 효력이 문제되는데, 이것은 총리서리제의 위헌성시비와는 다른 차원에서 논구되어야 한다.

Ⅱ. (행정행위에서의) 서명의 기능

행정청이 문서로 행정행위를 발할 경우, 처분청을 알 수 있어야 한다는 것은 당해 행정행위가 형식상으로 적법하기 위한 요건이 된다.[3] 처분청을 알 수 있어야 한다는 것은, 한편으로는 법적 안전성과 명확성에 기여한다. 그리고 다른 한편으로는 처분청을 식별할 수 없으면 쟁송의 제기가 어려워질 수도 있으며 피고가 잘못 지정될 수도 있다는 점에서, 권리구제와 관련해서도 중요한 의의를 갖는다.[4]

일반적으로 서명의 요청은 다음과 같은 입증기능(Beweisfunktion)과 보장기능(Garantiefunktion)을 수행한다고 여겨진다.[5] 서명의 요청은 법적 안정성 예컨대 예측가능성과 산정가능성을 위하여 행정내부에서 행해진 결정과정의 명백한 종결을 수범자와 제3자가 인식할 수 있도록 표시하게끔 함으로써, 완성되지 않은 이를테면 아직은 종국적인 결정으로 간주되지 않는 문서 특히 초안(Entwurf)은 원칙적으로 행정행위로서 발송되지 못한다는 점을 확고히 한다. 이를 서명의 입증기능이라고 한다. 또한 서명의 요청은 수범자 등을 위하여

령'(대통령령 제17703호), '수질환경보전법시행령'(대통령령 제17704호), '유해화학물질관리법시행령중개정령'(대통령령 제17705호).

3) 특히 독일 행정절차법은 처분청의 불명함을 절대적 무효원인으로 규정하고 있다(동법 제44조 제2항 1호).

4) Kopp/Ramsauer, VwVfG Kommentar, 7.Aufl., 2000, §37 Rn.29.

5) Vgl. Badura, Die Form des Verwaltungsaktes, in: Walter Schmitt Glaeser(Hrsg.), Verwaltungsverfahren. Festschrift zum 50 Jährigen Bestehen des Richard Boorberg-Verlags, 1977, S.212.

행정조직내부의 소관 행정청의 장과 같은 직무담당자의 책임성을 명시하게끔 함으로써, 오로지 조직법상 대외적으로 표시할 권한이 있는 자, 이를테면 행위에 대하여 책임을 지는 직무담당자에 의해서만 행정행위가 발해진다는 점을 확고히 한다. 이를 서명의 보장기능이라고 한다.

Ⅲ. 부서(副署)의 기능

부서는, 그것의 유래가 전제군주체제의 유산으로 오늘날에 부합하지 않은 면이 있고 소기의 취지가 과연 실효성있을지 의문스러움에도 불구하고 변함없이 우리 헌정의 한 제도로 자리를 잡고 있다. 헌법상의 부서제도의 취지 내지 법적 성격과 관련해선, 일찍이 한태연 교수는 심의기관에 불과한 국무회의의 성격과 국무총리 등의 국회에 대한 원칙적인 무책임성을 바탕으로 부서제도란 대통령의 행위에 참여하였다는 물적 증거로서만 의미를 지닐 뿐, 대통령의 전제를 방지하는 의미와 국무총리 등의 책임소재의 의미는 갖지 못한다고 주장하였다.[6] 반면 다수는 부서제도의 취지가 대통령의 전제를 방지하고, 대통령의 국무행위를 보필하며, 부서권자의 책임소재를 명백히 함에 있다고 한다.[7] 허영 교수는 국무총리가 대통령의 모든 국정행위문서에 부서하는 것은 대통령의 국정행위에 대한 포괄적 보좌기관으로서의 책임을 지겠다는 의미와 대통령의 국정행위가 절차적으로 정당하게 이루어질 수 있도록 기관내 통제권을 행사한다는 의미를 함께 갖는 복합적 성질의 행위라고 보아야 한다고 주장한다.[8] 국무

6) 동인, 헌법학, 1977, 545·552면.
7) 권영성, 헌법학원론, 2002, 957면; 김철수, 헌법학개론, 1999, 1079면: 구병삭, 헌법학원론, 1997, 973면.
8) 동인, 헌법학원론, 1999, 940면. 허영 교수는 부서의 성질을 보필책임의 관점에서만 논하는 것은 문제가 있다고 지적하는데, 하지만 허영 교수는 우리 정부 구조가 갖는 특수성 때문에 부서제도가 그 본래의 통제적 기능을 나타내지는 못하더라도 부

총리 등의 부서에 보좌책임적 성격을 중시하든 기관내통제수단적 성격을 중시하든 양자가 상호 배척이지만은 않다.

Ⅳ. 국무총리(서리)의 부서가 없는 대통령령의 효력

대통령제하에서 그 실효성이 의문스럽지만 헌법에 규정된 이상 대통령의 국법상 행위에는 반드시 국무총리와 관계 국무위원의 부서가 따라야 하는데, 문제는 부서가 없이 행한 대통령의 권한행사의 효력이 문제된다. 이를 무효로 보는 입장이 문헌상 다수인데, 특히 허영 교수는 「책임소재가 확인되지도 않고 또 그 절차적 정당성의 요건도 갖추지 않은 국정행위가 효력을 발생한다는 것은 우리 헌법이 추구하는 통치구조의 기본이념과 조화될 수 없음」을 논거로 든다.[9] 반면 권영성 교수는 부서를 적법요건으로 보아서 무효가 되지 않고 위법에 그쳐서 탄핵소추사유가 될 뿐이라고 한다.[10]

단순한 보좌적 기능수행의 일환에서가 아니라, 대통령의 전제를 효과적으로 견제하기 위해서는 전자의 입장이 설득력이 있다. 하지만 정치현실에서 그런 주장이 과연 주효할 수 있을까 하는 의문과는 별도로, 대통령의 국법상 행위 전반이 일괄적으로 무효화되어 버린다는 것은 자칫 기존의 법질서 특히 행정의 작용형식체계를 붕괴시킬 우려가 있다. 따라서 대상행위 특히 행정행위와 법규범간에 따른 구분적 고찰의 가능성이 열려있는 후자의 입장이 바람직스럽게 여겨진다. 특히 전자의 입장에서는 이상과 같은 국무총리의 부서가 없는 대통령령의 효력은 당연히 무효가 될 것이고, 후자의 입장에서도 당연히 무효가 되지는 않으나 위법한 법규명령에 관한 논의를[11] 대입

서제도가 적어도 국정행위의 책임소재를 분명히 밝힌다는 기능은 여전히 하고 있다고 볼 수 있다고 한다.

9) 동인, 앞의 책, 940면.

10) 권영성, 앞의 책, 957면 이하.

하면 결과적으로 무효가 되어 버려 전자와 동일하게 되어 버린다. 물론 절차적 하자를 실체적 하자에 비해 평가절하시킬 수 있으나, 그것은 입법상의 문제이지 여기서의 하자효과에 관한 논의와는 일단 거리가 있다.

그런데 국무총리서리의 경우엔 그것의 위헌성 시비와 더불어 −비록 이제껏 국무총리서리가 아무런 의문이 없이 정식의 국무총리의 권한을 행사해 왔다 하더라도− 과연 부서하는데 아무런 문제가 없는가 하는 심각한 물음이 던져진다. 국무총리는 대통령의 국법상 행위 전반에 부서를 해야 한다. 만약 정식의 국무총리의 부서만을 고수하면 특히 무효설의 입장에선 모든 국정이 무효라는 단순하고도 필연적인 결론에 이른다. 유효설의 경우에도 정도의 문제이지 위법하게 됨은 피할 수 없다. 따라서 국무총리의 부서권이 그의 보좌기관적 지위에서 연유한 점을 감안하면, 대통령의 신임이 실린 국무총리서리 역시 부서권을 행사할 수 있다고 보아야 한다.

요컨대 국회의 동의는 이를 얻어 임명된 국무총리가 국회의 신임을 바탕으로 對대통령적으로나 對국민적으로나 자신의 나름의 의사를 어느 정도 국정에 반영할 수 있게끔 하는 핵심(Angelpunkt)이다. 전자에 있어선 (미약하긴 하나) 국회의 대통령 견제의 측면이, 후자에 있어선 대통령의 권한대행자로서나 상급행정관청으로서의 측면이 관련된다. 그렇다면 국회의 신임이 담보되지 않은 국무총리서리는 주로 대통령의 보좌기관적 지위와 관련해서 나름의 존재이유를 찾아야 한다. 즉, 대통령의 신임을 통해 민주적 정당성을 부여받긴 하였지만 국회를 통한 국민의 신임이 재확인되지 못한 국무총리서리는 대통령의 헌법상의 지위에 비추어 대통령의 권한을 대행할 수가 없고, 또한 국무위원·행정각부의 장의 임면(제청과 해임건의)에 관여할 수

---

11) 상세는 김중권, 행정의 작용형식의 체계에 관한 소고, 공법연구 제30집 제4호 (2002.6), 304면 이하 참조.

없으며, 총리령을 발할 수 없으며, 독임제 행정관청으로서의 소관사무를 처리할 수 없거니와 – 대통령의 명을 받아 각 중앙행정기관을 통괄(지휘·감독)할 권한은 갖지만– 이들 중앙행정기관의 장의 명령이나 처분을 중지·취소할 수 없으며(구 정부조직법 제19조(현 제18조) 제2항 참조), 끝으로 국회에 출석·발언할 수 없다. 반면 대통령의 보좌기관적 지위에서 비롯된 여러 권한과 관련해선 전체적으로 국무총리서리가 수행할 수 있으되, 국회동의절차를 거친 정식의 보좌기관이 행할 사항은 배제하여야 한다. 따라서 행정에 관하여 대통령의 명을 받아 행정각부를 통할하는 것(헌법 제86조 제2항), 행정부의 권한에 속하는 중요한 정책을 심의하는 국무회의에서 부의장으로서 대통령을 보좌하는 것(헌법 제88조 제3항), 대통령의 모든 국법상 행위에 부서하는 것(동법 제82조)의 영역에서 국무총리서리의 직무범위가 강구되어야 한다.[12] 결론적으로 서리(署理)는 서명대리(署名代理)이다!

V. 맺으면서 – 법학적 형식주의와 정치적 실질주의 사이에 균형을 찾기

법률안 공포 등 총리의 부서가 없는 문서의 적법성 논란에 대해서, 청와대 관계자가 "국정 최고책임자인 대통령의 결재로 처리할 수 있다. 총리 결재 사항도 대통령이 직접 하면 된다. 예를 들어 차관의 해외 출장 결재는 총리의 전결 사안이지만 이를 차상급자인 대통령이 결재하면 된다."고 말했다는 기사는[13] 지난 '7·11서리 파동'이 어느 수준에서 이루어졌는지 극명하게 보여준다. 이번에 국무총리(서리)의 부서가 없는 대통령령 가운데 직제에 관한 개정령은

12) 이에 관한 상세는 김중권, 발표문, 57면 이하 참조.
13) 동아일보 2002.8.4.

그것이 직접적인 대외적 효과를 발생시키지 않기에 일단 큰 문제가 없겠지만, 대국민적으로 효과를 미칠 수 있는 '대기환경보전법시행령 중개정령' 등은 개정 내용이 주로 권한의 위임과 관련되어 가능성이 희박하긴 해도 차후에 문제가 될 수도 있다. 그런데 문제의 대통령령이 공포된 그 다음날(!)에 국무총리 서리임명이 이루어진 점을 감안하면, 이러한 문제제기는 오히려 부차적인데 그치고. 중요한 것은 명백한 형식적 하자를 담은 대통령의 국법상 행위가 출현한 점이다. 이것과 서리제의 위헌성 시비는 그 궤가 다르다!

요컨대 서리제의 위헌성 시비와 관련해선, 법학적 형식주의와 정치적 실질주의 사이에서 균형을 찾아가는 것은 지나간 역사와 현재의 문제상황에 대한 반복된 물음 속에서 찾아져야 할 것이다. 한편 국무총리서리제의 위헌성에 대한 결정적인 논거가 바로 헌법 제86조에 따른 국회의 동의 없이 선임된 자는 결코 국무총리의 권한을 행사할 수 없고 행사해서도 안 된다는 것이다. 그런데 이런 식의 논증에는 간과된 치명적인 구석이 있다. 그런 논리라면, 정부조직법 제22조의 직무대행사유인 '사고'를 '궐위'까지 포함시켜서 '궐위'시에 직무대행자가 국무총리의 권한 전부를 행사할 수 있다는 그 자체 또한 국무총리서리제와 마찬가지로 헌법위반이라고 보아야 한다. 그리고 만약 정부조직법 제22조를 일부 주장처럼 직무대리사유로 '궐위'를 추가하는 식으로 개정하더라도 그 또한 위헌임을 면치 못한다. 나아가 만약 차후에 국무총리지명자가 국회동의를 거쳐 임명되기 전까지 일정한 권한을 행사하는 것을 내용으로 하는 법률 또한 당연히 위헌이게 될 것이다.

제 2 장

행정구제법상의 주요 판례

01 이의신청기각결정의 법적 성질 문제

02 행정소송에서 대학의 당사자능력에 관한 소고

03 취소소송에서 계쟁처분의 위법성과 원고적격상의 권리침해의 견련성에 관한 소고

04 독립유공자 망인에 대한 법적 평가의 변경에 따른 그 유족에 대한 법효과 문제

05 도시계획변경입안제안에 대한 거부의 처분성여부

06 주민등록번호변경신청권이 과연 조리상의 그것인지?

07 새만금간척사업판결의 문제점에 관한 소고

08 행정소송법상의 집행정지결정의 논증과 관련한 문제점

09 1차적 권리보호의 우위에 따른 민사법원에서의 선결문제와 후결문제

10 변호사등록지연에 대한 손해배상책임과 관련한 법적 문제점

11 위법한 과세처분에 대한 국가배상법적 대응에 관한 소고

12 국가배상책임상의 주관적 책임요소와 법치국가원리적 문제점

13 공무원의 개인적 배상책임인정의 문제점에 관한 소고,

14 공무수탁사인의 행정주체적 지위의 문제점에 관한 소고

15 법률적 근거가 없는 생활대책의 신청에 대한 거부에 관한 소고

16 사인의 방제보조작업에 대한 사무관리적 접근의 문제점

17 원처분주의하에서 재결취소소송의 문제에 관한 소고

18 국유재산법상의 변상금부과징수권과 민사상 부당이득반환청구권의 관계

19 지방의회의원 유급보좌인력의 채용 문제

01

이의신청기각결정의 법적 성질 문제

대법원 2022.3.17. 선고 2021두53894판결 등

Ⅰ. 사실의 개요

1. 대법원 2012.11.15. 선고 2010두8676판결

甲은 A시장에게 주택건설사업계획승인신청을 하였으나, A시장은 2008. 7. 31. 이를 불허가하였다(이하 '이 사건 제1처분'이라고 한다.). 甲은 2008.10.27. A에게 민원법에 따라 이 사건 제1처분의 취소와 함께 위 주택건설사업계획의 승인을 구하는 내용의 이의신청을 하였고, 이에 대하여 A는 2008.11.25. 甲에게 이 사건 이의신청을 수용할 수 없다는 취지의 결정을 통지하였다(이하 '이 사건 제2처분'이라고

한다). 이 사건 제2처분은 독립된 항고소송의 대상이 될 수 있는가?

2. 대법원 2021.1.14. 선고 2020두50324판결

B공사가 2017.7.28.에 乙에 대하여 이주대책 대상자 제외결정(1차결정)을 통보하면서 '이의신청을 할 수 있고, 또한 행정심판 또는 행정소송을 제기할 수 있다'고 안내하였고, 이에 乙이 이의신청을 하자 2017.12.6.에 乙에게 다시 이주대책 대상자 제외결정(2차결정)을 통보하면서 '다시 이의가 있는 경우 본 처분통보를 받은 날로부터 90일 이내에 행정심판 또는 행정소송을 제기할 수 있다'고 안내하였다. 2차결정이 1차결정과 별도로 행정쟁송의 대상이 되는가?

3. 대법원 2022.3.17. 선고 2021두53894판결

C시장이 丙소유 토지의 경계확정으로 지적공부상 면적이 감소되었다는 이유로 지적재조사위원회의 의결을 거쳐 丙에게 조정금수령을 2018.1.9.에 통지하자(1차 통지), 丙이 구체적인 이의신청 사유와 소명자료를 첨부하여 이의를 신청하였으나, C시장이 지적재조사위원회의 재산정심의·의결을 거쳐 종전과 동일한 액수의 조정금 수령을 2018.6.12.에 통지한(2차 통지) 사안에서, 새로운 처분으로서 2차 통지는 1차 통지와 별도로 행정쟁송의 대상이 될 수 있는가?

Ⅱ. 제 판결의 요지

1. 대법원 2012.11.15. 선고 2010두8676판결

구 민원사무처리법 제18조 제1항에서 정한 거부처분에 대한 이의신청(이하 '민원 이의신청'이라 한다)은 행정청의 위법 또는 부당한 처분이나 부작위로 침해된 국민의 권리 또는 이익을 구제함을 목적으로 하여 행정청과 별도의 행정심판기관에 대하여 불복할 수 있도록 한 절차인 행정심판과는 달리, 민원사무처리법에 의하여 민원사무처리를 거부한 처분청이 민원인의 신청 사항을 다시 심사하여 잘못이 있는 경우 스스로 시정하도록 한 절차이다. 이에 따라, 민원 이의신청을 받아들이는 경우에는 이의신청 대상인 거부처분을 취소하지 않고 바로 최초의 신청을 받아들이는 새로운 처분을 하여야 하지만, 이의신청을 받아들이지 않는 경우에는 다시 거부처분을 하지 않고 그 결과를 통지함에 그칠 뿐이다. 따라서 이의신청을 받아들이지 않는 취지의 기각 결정 내지는 그 취지의 통지는, 종전의 거부처분을 유지함을 전제로 한 것에 불과하고 또한 거부처분에 대한 행정심판이나 행정소송의 제기에도 영향을 주지 못하므로, 결국 민원 이의신청인의 권리·의무에 새로운 변동을 가져오는 공권력의 행사나 이에 준하는 행정작용이라고 할 수 없어, 독자적인 항고소송의 대상이 된다고 볼 수 없다고 봄이 타당하다.

2. 대법원 2021.1.14. 선고 2020두50324판결

수익적 행정처분을 구하는 신청에 대한 거부처분은 당사자의 신청에 대하여 관할 행정청이 이를 거절하는 의사를 대외적으로 명백히 표시함으로써 성립된다. 거부처분이 있은 후 당사자가 다시 신청을 한 경우에는 신청의 제목 여하에 불구하고 그 내용이 새로운 신청을 하는 취지라면 관할 행정청이 이를 다시 거절하는 것은 새로운 거부처분이라고 보아야 한다. 관계 법령이나 행정청이 사전에 공표한 처분기준에 신청기간을 제한하는 특별한 규정이 없는 이상 재신청을 불허할 법적 근거가 없으며, 설령 신청기간을 제한하는 특별한 규정이 있더라도 재신청이 신청기간을 도과하였는지는 본안에서 재신청에 대한 거부처분이 적법한가를 판단하는 단계에서 고려할 요소이지, 소송요건 심사단계에서 고려할 요소가 아니다.

3. 대법원 2022.3.17. 선고 2021두53894판결

구 지적재조사법 제21조의2가 신설되면서 조정금에 대한 이의신청 절차가 법률상 절차로 변경되었으므로 그에 관한 절차적 권리는 법률상 권리로 볼 수 있는 점, 丙이 이의신청을 하기 전에는 조정금 산정결과 및 수령을 통지한 1차 통지만 존재하였고 丙은 신청 자체를 한 적이 없으므로 丙의 이의신청은 새로운 신청으로 볼 수 있는 점, 2차 통지서의 문언상 종전 통지와 별도로 심의 · 의결하였다는 내용이 명백하고, 단순히 이의신청을 받아들이지 않는다는 내용에 그치는 것이 아니라 조정금에 대하여 다시 재산정, 심의 · 의결절차를 거친 결과, 그 조정금이 종전 금액과 동일하게 산정되었다는 내용을 알리는 것이므로, 2차 통지를 새로운 처분으로 볼 수 있는 점 등을 종합하면, 2차 통지는 1차 통지와 별도로 행정쟁송의 대상이 되는 처분으로 보는 것이 타당함에도 2차통지의 처분성을 부정한 원심판단에 법리오해의 잘못이 있다.

Ⅲ. 문제의 제기 – 혼재된 판례상황

이의신청에 대한 기각결정의 독립된 처분성 문제와 관련하여 판례가 적잖이 혼란을 자아내고 있다. 일찍이 대법원 2010두8676판결은 부인하였는데, 최근의 대법원 2020두50324판결과 대법원 2021두53894판결은 대법원 2010두8676판결과 다른 논거를 내세우면서 정반대의 입장을 취한다. 판례상으로 긍정설과 부정설이 혼재하고 있는 셈이다. 정반대의 상황이 정당화되기 위해서는 사안과 법제의 차원에서 양자 사이에 분명하고 설득력 있는 차이가 있어야 한다. 만약 그렇지 않다면 기왕의 판례를 변경하는 절차를 밟아 새로운 입장을 천명해야 한다. 대법원 2020두50324판결은 대법원 2010두8676판결과 다른 접근을 나름의 근거로 정당화시켰고, 이것이 대법원 2021두53894판결에 이어졌다.[1)]

Ⅳ. 대법원 2020두50324판결의 논증의 타당성 여부

대법원 2020두50324판결은 원심(서울고법 2020누30162판결)이 원용한 대법원 2010두8676판결이 구 민원사무처리법 제18조에 근거한 '이의신청'에서 접근한 것을 문제 삼아, 대법원 2010두8676판결의 사안에서는 행정청이 기각결정에 대하여 행정쟁송을 제기할 수 있다는 불복방법 안내를 하지 않았던 것과 대비시켜 대법원 2020두50324판결의 사안에서는 불복방법 안내의 존재를 부각시켰다. 이런 차이에 의거하여 대법원 2010두8676판결을 원용하는 것은 타당하지 않다. 대법원 2020두50324판결의 사안에서의 이의신청은 일종의 임의적이다. 그것에 대한 기각결정에서의 불복방법의 안내가 기각결정의 법적 성질을 결정적으로 가늠한다는 것은 사리에 어긋난다. 행정청의 친절이 기각결정을 새로운 독립된 처분으로 접근하는 것을 가능하게 한 것인데, 불복방법의 안내의 존재가 처분성을 인정하는 착안점이 될 수 있으나, 그것은 대상행위의 처분성이 불분명한 상황에서 '수범자에게 유리하게'라는 권리구제에 친화적 해석의 방법에 따른 것이다. 이미 당초결정의 처분성이 확고한 이상, 불복방법의 안내의 존재로 기각결정을 새로운 2차결정으로 보는 것은 타당하지 않다. 한편 "우리 공사의 이의신청 불수용처분에 대하여 다시 이의가 있으신 경우 행정소송법에 따라 본 처분통보를 받은 날로부터

---

1) 긍정하는 문헌으로 임재남, 한국행정판례연구회 제380차 월례발표회 발표문, 2022.10.21.

90일 이내에 행정심판 또는 행정소송을 제기할 수 있음을 알려드리니 참고하시기 바랍니다."라는 안내문구와 관련해서, 대법원 2020두50324판결의 논증과는 달리 이 불복안내의 문구는 '본처분'인 1차결정에 관한 것이지, 결코 이의신청기각결정인 2차결정에 관한 것이 아니다.

V. 대법원 2021두53894판결의 논증의 타당성 여부

원심이[2] 2차 통지가 1차 통지의 조정금 수령통지를 재차 확인하는 것에 불과하다는 점을 들어 1심(대전지방법원 2020.12.17. 선고 2019구합101143판결)과는 달리 독립된 처분성을 부인한 데 대해서, 대법원 2021두53894판결은 2차 통지를 독립된 새로운 거부처분으로 접근하였다. 대법원 2021두53894판결의 논증 가운데 가장 이해가 되지 않는 것이, "구 지적재조사법 제21조의2가 신설되면서 조정금에 대한 이의신청절차가 법률상 절차로 변경되었으므로 그에 관한 절차적 권리는 법률상 권리로 볼 수 있는 점"이다. 이의신청절차의 법정화가 이의신청절차를 새로운 신청절차로 보게 하는 근거가 될 수 있는지 매우 회의적이다. 한편 지적재조사법상으로 조정금의 수령통지 또는 납부고지는 지적소관청에 의해 일방적으로 행해지고, 결코 신청절차가 진행되지 않는다. 따라서 대법원 2021두53894판결이 이의신청을 –기왕의 신청과 구분된 의미에서의– 새로운 신청절차로 접근한 것은 바람직하지 않다.

VI. 맺으면서 – 조화될 수 없는 병존에 대한 문제인식

대법원 2020두50324판결과 대법원 2021두53894판결이 기왕의 대

---

2) 대전고법 2021.9.30. 선고 2021누10048판결.

법원 2010두8676판결과 다른 접근을 강구하기 위해 전개한 논증은 이상에서 본 대로 수긍하기 힘들다. 그런데 이런 접근이 가져다줄 정(+)의 효과에 주목할 필요가 있다. 이의신청의 기각결정이 내려진 시점에 이미 1차결정에 대해 불가쟁력이 발생하여 권리구제의 공백이 빚어진 상황이 타개될 수 있다. 그런데 행정기본법 제36조 제4항이 이의신청에 대한 결과 통지받을 날을 권리구제의 기산점으로 규정한 이상, 대법원 2020두50324판결과 대법원 2021두53894판결이 염려한 듯한 권리구제의 공백은 생길 수가 없다. 변화된 법상황에서 대법원 2010두8676판결, 대법원 2020두50324판결과 대법원 2021두53894판결이 조화될 수 없게 병존하는 것에 대한 문제인식이 시급하다.

02

행정소송에서 대학의 당사자능력에 관한 소고

서울행정법원 2009.6.5. 선고 2009구합6391판결

Ⅰ. 사실의 개요

원고(국가)가 1957.5.1. 문교부장관의 설치허가를 받아 서울대학교 내에 서울대학교 보건진료소를 설립한 후, 1989. 9. 30. 관악구청장에게 동 대학교 총장을 개설자로, 진료과목을 내과 등 8개 과목으로 하여 위 보건진료소를 의원으로 개설하겠다는 취지의 의료기관 개설신고를 하였고, 이에 관악구보건소장(피고)은 같은 날 원고의 위 신고를 수리한 다음 의료법 시행규칙 제22조에 의하여 의료기관 개설신고필증을 교부하였다. 피고는 2008.11.21. 의원으로 신고된 위 보

건진료소는 당초부터 의료기관 신고대상이 아님에도 착오로 인하여 의원으로 등록된 것이라는 이유로 위 보건진료소를 직권폐업하기로 결정하고, 같은 달 25.경 위 결정을 통보하였다.

Ⅱ. 피고의 주장 및 그에 대한 판단

1. 당사자능력

피고는, 항고소송은 위법한 행정처분 등에 대하여 개인의 권리나 이익이 침해된 경우에 이를 보호함을 목적으로 하는 주관적 소송이므로 개인이 아닌 국가는 원고로서 항고소송을 제기할 수 없다고 주장하나, 국가는 권리 · 의무의 귀속 주체로서 행정소송법 제8조 제2항과 민사소송법 제51조 등 관계 규정에 따라 행정소송상의 당사자능력이 있는 것이고, 이는 항고소송에서 원고로서의 당사자 능력이라고 하여 달리 볼 것은 아니므로, 피고의 위 주장은 이유 없다.

2. 당사자적격

피고는, 이 사건 직권폐업통보로 인하여 권리나 이익을 침해받은 자는 원고가 아니라 서울대학교이므로, 원고는 이 사건 직권폐업통보의 무효확인 또는 취소를 구할 법률상 이익이 없어 원고 적격이 없다고 주장하나, 서울대학교는 국가가 설립 · 경영하는 학교일 뿐 위 학교는 법인도 아니고 대표자 있는 법인격 없는 사단 또는 재단도 아닌 교육시설의 명칭에 불과하여 권리능력과 당사자능력을 인정할 수 없으므로, 서울대학교를 상대로 하는 법률행위의 효과는 서울대학교를 설립 · 경영하는 주체인 국가에게 귀속되고, 그 법률행위에 대한 쟁송은 국가가 당사자가 되어 다툴 수밖에 없다 할 것이어서, 피고의 이 부분 주장 역시 이유 없다.

Ⅲ. 문제의 제기 – 법인화법만이 대학의 당사자능력을 인정하기 위한 유일한 방도인가?

기왕의 법원 입장에 기초하여, 서울행정법원 역시 지난 5월 17일 로스쿨 인가 조건인 장학금 지급 비율을 지키지 않았다가 로스쿨 정원 축소와 시정명령을 받은 강원대 총장이 교육과학기술부를 상대로 낸 학생모집정지처분과 시정명령 취소소송에서 "국립대는 당사자 능력이 인정되지 않는다."며 각하판결을 내렸다.[1] 이는 대상판결의 입장을 그대로 반영한 결과이다. 종전에 판례는 국가의 당사자능력의 인정에 소극적이었다. 즉, 아파트 건축으로 인접 대학교 구내에 설치계획중인 관측장비가 제대로 작동되지 못하는 결과 연구·수업에 지장이 생기게 된다는 사정이 인정된다 하여 그 대학교 총장이 개인명의로 건축허가처분의 집행정지신청을 구한 사건에서[2] 그 원심은[3] 국가는 항고소송의 원고가 될 수 없음을 분명히 하였다. 대부분의 문헌들은 이 문제에 대해 무관심하다.[4] 그러나 국가가 국토이용계획과 관련한 기관위임사무의 처리에 관하여 지방자치단체의 장을 상대로 취소소송을 제기한 사건에서 법원은 국가의 당사자능력결여를 문제 삼은 피고의 항변을 수용하지 않았다.[5] 나아가 대상판결 및 이를 그대로 수긍한 관련 후속판결은[6] 국가의 당사자능력을 분명히 인정하면서 원고적격까지도 인정하였다. 이는 분명 발전이라 하겠지만, 대학의 당사자능력은 여전히 완전히 부인되고 있다. 이는 대법원 2007.9.20. 선고 2005두6935판결에서도 바로 확인할 수 있다. 서

1) 서울행정법원 2012.5.17. 선고 2011구합32485판결.
2) 대법원 1994.12.30.자 94두34결정.
3) 부산고법 1994.6.16.자 94부131결정.
4) 예외적으로 박정훈, 행정소송법(편집대표: 김철용·최광율), 2004, 390면–391면.
5) 대법원 2007.9.20. 선고 2005두6935판결.
6) 대법원 2010.3.11. 선고 2009두23129판결; 서울고법 2009.11.25. 선고 2009누19672판결.

울대법인화법의 시행을 기화로 자칫 법인화법만이 당사자능력을 인정하기 위한 유일한 방도인 양 糊塗될 수 있어서 이 문제를 새롭게 보고자 한다.

Ⅳ. 비판적 검토

1. (국립)대학의 법적 지위에 관한 기왕의 논의

독일에선 과거 영조물로 보았지만, '대학기본법' 제58조 제1항이 '공법단체'(공법상의 사단)임을 명시함으로써, 오늘날에는 인적 단체로 보고 있다. 그러나 동조항은 대학이 동시에 공공시설임을 명시하고 있기에, 공법단체인 대학이 영조물적 특징도 지닌다고 주장이 분분하다. 우리의 경우 실정법상 대학 특히 국립대학의 법적 지위와 관련해서 특별히 규정하고 있지 않지만, 통상 대학은 영조물에 해당한다고 본다. 영조물법인은 영조물이 법인격을 취득한 공공단체인데, 권리능력 있는 단체처럼 권리능력 있는 영조물(영조물법인)은 법률에 의해서 또는 법률에 의거해서 설립되어야 한다. 행정주체로서의 영조물법인은 그것의 법적 독자성으로 인해 그 자신이 맡은 임무를 자기책임껏 수행할 권리·의무를 갖는다. 그리하여 그 자신 권리·의무의 귀속주체이어서 －자신의 기관을 통해서이지만－ 스스로 법적으로 활동하고 스스로 책임을 진다. 반면 권리능력 없는 영조물은 법적으로 독립체가 아니기에, 직접적인 국가행정에 속한다(예: 학교 등). 따라서 이 영조물의 설립자(예: 국가, 도)가 권리·의무의 주체이고 원칙적으로 소송주체가 된다.

2. 대학의 기본권주체성 및 대학의 자율권

우선 법인의, 나아가 공법인의 기본권주체성의 물음을 살펴보면, 헌법학계에선 다수입장은 논거상의 차이가 있지만 일단 예외적 긍정설을 취한다.[7)] 헌법재판소 역시 공법인의 기본권주체성을 원칙적으로 부정하되,[8)] 서울대학교에 대해 공권력행사의 주체이자 동시에 학문의 자유의 주체가 됨을 인정하였다: 「헌법 제31조 제4항이 규정하고 있는 교육의 자주성, 대학의 자율성 보장은 대학에 대한 공권력 등 외부세력의 간섭을 배제하고 대학인 자신이 대학을 자주적으로 운영할 수 있도록 함으로써 대학인으로 하여금 연구와 교육을 자유롭게 하여 진리탐구와 지도적 인격의 도야라는 대학의 기능을 충분히 발휘할 수 있도록 하기 위한 것으로서 이는 학문의 자유의 확실한 보장수단이자 대학에 부여된 헌법상의 기본권이다. 따라서 국립대학인 서울대학교는 다른 국가기관 내지 행정기관과는 달리 공권력의 행사자의 지위와 함께 기본권의 주체라는 점도 중요하게 다루어져야 한다. 여기서 대학의 자율은 대학시설의 관리·운영만이 아니라 학사관리 등 전반적인 것이라야 하므로 연구와 교육의 내용, 그 방법과 그 대상, 교과과정의 편성, 학생의 선발, 학생의 전형도 자율의 범위에 속해야 하고 따라서 입학시험제도도 자주적으로 마련될 수 있어야 한다.」.[9)]

3. 管 見

문헌에선 국립대학교에 대해 단지 영조물적 이해에 그치고 그것의 권리주체성 즉, 독립성에 대해선 적극적으로 모색되지 않았다. 대학의 자율보장을 위해 영조물적 구성을 취하더라도 법인격이 인정될 필요가 있는데,[10)] 어떻게 근거를 지우느냐가 관건이다. 박정훈 교수는 국립대학교가 법적 형식의 관점에선 국가의 기관으로서 국가

7) 한수웅, 헌법학, 2022, 405면 이하.
8) 헌재 1994.12.29. 93헌마120.
9) 헌재 1992.10.1. 92헌마68·76.
10) 이경운, 대학의 법적 지위와 국립대학의 법인화, 교육법학연구 제16권 제2호, 2004, 167면.

의 행정영역에 흡수되지만 그 실질적 기능에선 독자적인 생활영역을 갖고 헌법상의 학문의 자유와 대학의 자율권에 의거하여 생활영역의 법적인 독립성을 부여받고 있다고 강력히 주장한다.[11] 이처럼 헌법재판소가 대학의 자율권을 헌법상의 기본권으로 인정하고, 아울러 대학에 대해 학문의 자유와 대학자율권의 기본권주체로 인정한 것이 법인격인정의 출발점이다. 종래 개별법상의 법인격부여를 법인격인정의 유일한 근거점으로 보는 데 그치고, 헌법상의 논의를 그것에 대입하지 않았다. 그 결정적인 이유는 바로 "법인은 법률의 규정에 의함이 아니면 성립하지 못한다."는 민법 제31조에서 벗어나지 못하였기 때문이다. 대학의 경우 그것의 자율성의 보장이 헌법상으로 표방되고 있기에 그것의 독자성 즉, 법인격은 당연히 인정된다. 왜냐하면 그것이 헌법상 인정되는 기본권인 대학의 자율권을 보장하기 위한 첫걸음이기 때문이다.

그런데 국립대학교에 대해 권리능력을 인정하는 경우에 개별법에 의거한 법인격부여의 경우와 구별할 필요가 있다. 법인격부여에서 가장 중요한 것이 재산의 귀속인데, 여전히 교원임용(교육공무원법 제25조 등) 등에서 국가의 강한 지배를 받고 있기에 재산의 귀속 등에서 완전한 권리능력을 인정한다는 것은 성급하다. 독일의 문헌에[12] 의하면, 완전한 권리능력이 있는 公法人의 신분은 갖지 않되, 일정한 행정임무를 자기 책임껏 수행할 수 있고 그러한 한에서 고유한 권리 · 의무가 부여되는 공법적으로 성립한 조직체가 부분적 권리능력이 있는 행정단위이다. 그것은 구조에 따라서 공법단체(공법상 사단), 영조물, 그 밖의 것이 될 수 있다. 권리능력이 있는 한에 있어서 그들은 행정주체이다. 독일에서의 대표적인 예가 대학교의 단과

11) 동인, 국립대학 법인화의 공법적 문제: 헌법상 실질적 법인격과 법률상 형식적 법인화의 갈등, 법학 제47권 제3호, 2006.9., 432면－433면.

12) Maurer, Allg. VerwR, 2009, §21 Rn.10.

대학이다. 그것은 대학교와는 달리 공법인은 아니되, 일정한 측면에서 권리능력을 갖는다.[13]

요컨대 국립대학교는 부분적 권리능력을 갖는 영조물로서 대학의 자율권과 관련해서 권리능력(독자성)을 가지며, 그리하여 그 자율권과 관련한 국가의 조치에 대해선 소송상의 당사자능력을 지닌다고 하겠다. 동시에 대학의 자율권과 관련해선 대학의 주관적 법적 지위 역시 별 어려움 없이 긍정될 수 있다. 나아가 사립대학의 경우에도 비록 해당법인이 권리주체로 여겨지고 있지만, 여기서의 논의는 그대로 통용될 수 있다. 즉, 법인과 대학당국간의 갈등에서 대학이 자율권과 관련해선 －설령 민사적 방도일지라도－ 독립된 권리주체가 될 수 있다고 보아야 한다.

V. 맺으면서－公法的 이슈에 관한 과도한 民事法的 接近의 문제

당사자능력은 소송요건의 출발점임에도 불구하고 행정법문헌에선 그냥 지나치는 수준에서 언급되고 있다. 행정소송의 아이덴티티를 담보하려는 노력이 너무나 부족하다. 공무수탁사인을 바람직하지 않게 행정주체로 설정한 대법원 2010.1.28. 선고 2007다82950, 82967 판결이 보여주듯이,[14] 종래 행정주체에 관한 논의가 태부족하거니와, 법인에 관한 민법적 논리에 사로잡힌 나머지 관련 논의가 정체된 듯하다. 공법학의 융성으로 민법의 原性岩이 훼손되어간다고 민법학에서 우려가 제기되는 독일과 비교하면, 우리의 경우 민사법적 논리가 과도하게 공법적 이슈를 지배하는 역설적 상황이다.[15]

---

13) Vgl. BVerfGE 15, 256, 261f.
14) 상론: 김중권, 공무수탁사인의 행정주체적 지위의 문제점에 관한 小考, 법률신문 제3989호, 2011.12.5.
15) 김중권, 國家賠償法改革을 통한 法治國家原理의 具體化, 행정법학회 제1회 연합학술대회(2011.12.9.) 발표문, 143면 이하 참조.

03

취소소송에서 계쟁처분의 위법성과 원고적격상의 권리침해의 견련성에 관한 소고

대법원 2015.12.10. 선고 2011두32515판결

Ⅰ. 대상판결의 요지

구 하천법 및 구 국가재정법의 규정 내용과 형식, 입법취지와 아울러, ① 예산은 1회계연도에 대한 국가의 향후 재원 마련 및 지출 예정 내역에 관하여 정한 계획으로 매년 국회의 심의·의결을 거쳐 확정되는 것으로서, 이 사건 각 처분과 비교할 때 그 수립절차, 효과, 목적이 서로 다르고, ② 이 사건 각 처분의 집행을 위한 예산이 책정되어 있지 않더라도 피고들은 그와 무관하게 이 사건 각 처분을 할 수 있는 한편, 정부는 이 사건 각 처분이 없더라도 이 사건 각 처분 내용의 집행을 위한 예산을 책정할 수 있는 등 예산과 이 사건 각 처분은 단계적인 일련의 관계가 아닌 독립적인 관계에 있으

며, ③ 예산은 관련 국가 행정기관만을 구속할 뿐 국민에 대한 직접적인 구속력을 발생한다고 보기 어려운 사정 등을 종합하여 보면, 국가재정법령에 규정된 예비타당성조사는 이 사건 각 처분과 형식상 전혀 별개의 행정계획인 예산의 편성을 위한 절차일 뿐 이 사건 각 처분에 앞서 거쳐야 하거나 그 근거법규 자체에서 규정한 절차가 아니므로, 예비타당성조사를 실시하지 아니한 하자는 원칙적으로 예산 자체의 하자일 뿐, 그로써 곧바로 이 사건 각 처분의 하자가 된다고 할 수 없다.

Ⅱ. 관련규정

구 하천법(2012.1.17. 법률 제11194호로 개정되기 전의 것, 이하 같다) 제27조에 따르면, 하천관리청이 하천공사를 시행하려는 때에는 대통령령으로 정하는 바에 따라 하천공사의 시행에 관한 계획(이하 '하천공사시행계획'이라 한다)을 수립하여야 하고(제1항), 하천관리청은 하천공사시행계획을 수립하거나 변경한 때에는 대통령령으로 정하는 바에 따라 이를 고시하여야 한다(제3항). 한편 구 국가재정법(2010.5.17. 법률 제10288호로 개정되기 전의 것) 제38조 및 구 국가재정법 시행령(2011.12.30. 대통령령 제23433호로 개정되기 전의 것) 제13조에 따르면, 기획재정부장관은 총사업비가 500억 원 이상이고 국가의 재정지원 규모가 300억 원 이상인 신규 사업으로서 건설공사가 포함된 사업 등에 해당하거나, 국회가 그 의결로 요구하는 사업에 대하여 예비타당성조사를 실시하여야 한다.

Ⅲ. 문제의 제기 – 국가재정법상의 위법사유가 행정소송상으로 대상처분의 위법사유로 될 수 있는지 여부

4대강 사업과 관련한 사안에서 원고측은 하천공사시행계획고시 그 자체와 각 사업에 대한 실시계획 및 실시계획변경에 관한 승인·고시를 대상으로 하여, 각 처분이 하천법, 국가재정법, 건설기술관리법, 문화재관리법, 수자원공사법, 환경영향평가법 등 관련 법률에 위배될 뿐만 아니라, 재량권을 일탈·남용한 위법이 있음을 주장하였다. 이에 대해 일찍이 부산고법 2012.2.10. 선고 2011누228판결은 하천법, 건설기술관리법, 문화재관리법, 수자원공사법, 환경영향평가법상의 위법성은 수긍하지 않되, 단지 국가재정법상의 예비타당성조사의 결여는 처분의 위법사유로 보면서 사정판결을 내렸다. 쟁점은 예비타당성조사의 결여와 같은 국가재정법상의 위법사유가 행정소송상으로 대상처분의 위법사유로 될 수 있는지 여부이다. 대상판결에서의 결론이 '4대강 사업'을 둘러싼 그간의 혼란상에 미치지 못할 수도 있지만, 행정법의 차원에서는 특히, 행정소송법의 차원에서는 결코 사소하지 않는 행정법도그마틱적 물음을 제기한다. 이하에서는 이에 초점을 맞추어 살펴보고자 한다.[1]

---

1) 저자는 제204차(2015.7.20.) 대법원 특별소송실무연구회에서 '제3자가 제기한 취소소송에서의 위법성 견련성에 관한 소고'의 제명으로 발표하였다. 김중권, 취소소송에서 계쟁처분의 위법성의 권리침해 견련성에 관한 소고, 행정판례연구 제20집 제2호 2015.12.31. 83면 이하.

Ⅳ. 취소소송에서 계쟁처분의 위법성이 권리침해와 연계되는지 여부

1. 부인하는 입장

취소소송에서 계쟁처분의 위법성이 권리침해와 연계되는지 여부의 물음은 권리침해와 행정처분의 위법성간에 견련관계(관련성)에 있는지 여부에 관한 물음이다. 실정법상으로 위법성의 권리침해 견련성을 명시적으로 인정하고 있는 독일(행정법원법 제113조 제1항 제1문) 및 일본(행정사건소송법 제10조 제1항)과는 달리 우리의 경우 명문으로 그에 관한 직접적인 언급을 하지 않고 있으며, 판례는 과세처분에 대한 취소소송에서의 소송물로 언급한 '처분의 위법성 일반'을 권리침해와 무관한 것으로 본다. 그리하여 일각에서 항고소송을 객관소송의 차원에서 접근하면서, 판례의 태도를 −일반− 취소소송의 경우에 대입하여 우리 판례의 입장은 권리침해와 계쟁처분의 위법성 사이에 견련관계를 부인하는 것으로 평가한다.[2] 이에 의하면, 원고는 본안에서 자신의 권리를 침해하지 않은 위법사유도 주장할 수 있다고 한다.

2. 부인하는 입장에 대한 반론

비록 독일이나 일본처럼 견련성의 요청을 명문으로 내세우지는 않지만, 우리 행정소송법 제1조가 동법의 목적이 "행정청의 위법한 처분 그밖에 공권력의 행사·불행사 등으로 인한 국민의 권리 또는 이익의 침해를 구제하는 데" 있음을 명시한다. 따라서 소송을 통해 배제되어야 할 권익침해가 행정청의 위법한 처분에서 비롯된 것임을

---

2) 대표적으로 박정훈, 행정소송의 구조와 기능, 2006, 160면 이하; 208면 이하; 281면 이하; 394면 이하; 최계영. "처분의 상대방이 아닌 제3자가 제기한 항고소송에서 본안판단의 범위", 제201회 특별소송실무연구회 2015.4.6. 발표문, 16면 이하.

분명히 한다. 독일과 일본과 마찬가지로 처분의 위법성이 권리침해의 조건이어서, 원고적격의 물음은 당해 처분의 위법성과 권리침해의 인과관계를 전제로 한다. 따라서 현재의 법상황 그 자체로서도 주관적 권리침해의 요소 즉, 피침적 구조 및 원고적격과 위법성의 견련성을 충분히 도출해 낼 수 있다. 요컨대 원고적격상의 권리침해와 위법성의 견련성은 당연하다.

견련성의 부정이 확립된 판례이자 학계의 오래된 통설이라는 일각에서의 지적에 대해서는 치명적인 오해가 유발될 수 있다는 점에서 세심한 재고가 필요하다.[3] 원고적격의 물음과 본안상의 이유구비성의 물음에 대해 판례가 분리하여 접근하긴 하나, 결코 양자관계가 고립분산적 관계는 아니다. 본안판단은 원고적격의 인정을 전제로 한다. 양자의 물음이 각기 별개라는 식으로 절연된 것으로 보는 것은 사리에 맞지 않는다. 판례의 입장은 원고적격의 물음을 전제로 하면서 본안에서의 물음을 검토한 것이다. 분리적 접근방식 그 자체를 양자의 견련성을 부인하는 것으로 볼 수는 없다. 본안에서 자기의 법률상의 이익과 관계없는 주장을 할 수 있다는 것은 주관소송으로서의 취소소송의 본질에 반하는 것이다. 형성소송으로서의 취소소송의 본질 및 취소판결의 효과에 비추어 원고적격의 법제도를 인정하는 이상, 위법성의 권리침해 견련성은 당연히 전제적으로 인정된다.

한편 일각에서 납골당설치신고의 수리를 다툰 대법원 2011.9.8. 선고 2009두6766판결을 견련성 부인의 예로 들지만, 장사시설의 설치・조성 및 관리 등에 관한 사항 전부는 모법률차원에서 환경오염 내지 지역주민들의 보건위생상의 위해 등을 예방한다는 점에서 그 자체로 인근주민의 법률상 이익과 직접 견련된다고 하겠다. 따라서

---

3) 취소소송에서의 소송물을 '처분의 위법성 일반'으로 보는 것과 관련한 문제점은 김중권, 행정법, 745면 이하.

동판결을 위법성의 권리침해 견련성을 부정한 것으로 볼 수는 없다.

Ⅴ. 견련성의 부정이 초래할 공법적 문제점

ⅰ) 항고소송의 객관소송화의 문제점: 행정소송법 제1조에 의해 행정소송에 관한 객관소송적 이해는 허용될 수가 없다. 법원조직법 제2조 제1항상의 법률상의 쟁송에 대해서 일반적으로 기관소송이나 민중소송과 같은 객관소송은 그것에 해당하지 않는다.[4)]

ⅱ) 보호규범이론 및 원고적격의 차원에서의 문제점: 견련성의 부정은 보호규범이론 자체를 부정한 것과 다를 바 없다. 여과장치로서의 원고적격의 존재 의미 역시 근본적으로 변화시킨다.

ⅲ) 사법시스템의 차원에서의 문제점: 객관적 법통제의 방향으로 권리보호의 기조를 바꾸는 것은, 행정부와 법원간의 비중을 전자에게 부담되게 바꾸는 것이 되어 권력분립의 원리와 마찰을 유발할 것이다.

ⅳ) 공법체제상의 문제점: 법치국가원리의 정당성은, 개인이 자신의 고유한 권리범주를 벗어나서 국가에 대해 영향을 미치는 것은 정책적, 정치적 차원으로 즉, 민주주의원리의 차원으로 이전시킨 데 있다. 행정이 권리침해가능성이 부인되는 법질서를 준수하는지 여부의 문제는 사법의 문제가 아니고, 정치나 정책의 문제이다.

Ⅵ. 맺으면서 – 愚公移山의 含意

항고소송의 객관소송화로 귀결될 근거인 위법성의 권리침해 견련성의 부정은 객관소송으로 사법의 본질을 바꾸고, 기왕의 공법체제의 붕괴를 가져다줄 트로이목마일 수 있다. 이 점에서 대상판결은

---

4) 宇賀克也, 改正行政事件訴訟法, 2006, 15頁.

견련성의 요청을 공식적으로 확인한 셈이다. '4대강 사업'은 그 자체로 국민적 갈등의 대상이거니와, 자칫 현세대가 다음 세대에 무한책임을 져야할 과제이기도 하다. 현재 국민과의 소통과 약속의 문제이자, 미래 세대에 대한 책임의 문제이다. 愚公移山의 含意는 자기 當代만을 고집하지 않은 것이다.

** **추기:** 일각에서 대법원 2011.9.8. 선고 2009두6766판결이 위법성의 권리침해 견련성을 부인한 것으로 평가하듯이, 이 문제를 소극적으로 접근하려는 경향이 분명히 존재한다. 위법성의 권리침해 견련성을 부정하는 것은 객관소송으로 사법의 본질을 바꾸는 것이어서 허용될 수 없는 헌법상의 문제이다. 일찍이 한비자가 개미구멍으로 제방이 무너진다고 말하였다(제궤의혈, 堤潰蟻穴). "과세처분취소소송의 소송물은 그 취소원인이 되는 위법성 일반이다."라고 판시하여 취소소송의 소송물을 '위법성 일반'으로 오해하게 한 대법원 1989.4.11. 선고 87누647판결이 주관소송의 원칙의 붕괴를 낳는 개미구멍이 될 수 있다. 취소소송의 소송물에 관한 바른 인식이 시급하다.[5]

5) 김중권, 행정법, 745면 이하.

04

독립유공자 망인에 대한 법적 평가의 변경에 따른 그 유족에 대한 법효과 문제

대법원 2013.3.14. 선고 2012두6964판결 등

Ⅰ. 관련 판결요지

1. 대법원 2013.3.14. 선고 2012두6964판결

[2] 갑을 친일반민족행위자로 결정한 친일반민족행위진상규명위원회(이하 '진상규명위원회'라 한다)의 최종발표(선행처분)에 따라 지방보훈지청장이 「독립유공자 예우에 관한 법률」(이하 '독립유공자법'이라 한다) 적용 대상자로 보상금 등의 예우를 받던 갑의 유가족 을 등에 대하여 독립유공자법 적용배제자 결정(후행처분)을 한 사안에서, 진상규명위원회가 갑의 친일반민족행위자 결정 사실을 통지하지 않아

을은 후행처분이 있기 전까지 선행처분의 사실을 알지 못하였고, 후행처분인 지방보훈지청장의 독립유공자법 적용배제결정이 자신의 법률상 지위에 직접적인 영향을 미치는 행정처분이라고 생각했을 뿐, 통지를 받지도 않은 진상규명위원회의 친일반민족행위자 결정처분이 자신의 법률상 지위에 영향을 주는 독립된 행정처분이라고 생각하기는 쉽지 않았을 것으로 보여, 을이 선행처분에 대하여 일제강점하 반민족행위 진상규명에 관한 특별법에 의한 이의신청절차를 밟거나 후행처분에 대한 것과 별개로 행정심판이나 행정소송을 제기하지 않았다고 하여 선행처분의 하자를 이유로 후행처분의 효력을 다툴 수 없게 하는 것은 을에게 수인한도를 넘는 불이익을 주고 그 결과가 을에게 예측가능한 것이라고 할 수 없어 선행처분의 후행처분에 대한 구속력을 인정할 수 없으므로 선행처분의 위법을 이유로 후행처분의 효력을 다툴 수 있음에도, 이와 달리 본 원심판결에 법리를 오해한 위법이 있다고 한 사례.

2. 대법원 2014.9.26. 선고 2013두2518판결

[1] 헌법 제11조 제3항과 구 상훈법 제2조, 제33조, 제34조, 제39조의 규정 취지에 의하면, 서훈은 서훈대상자의 특별한 공적에 의하여 수여되는 고도의 일신전속적 성격을 가지는 것이다. 나아가 서훈은 단순히 서훈대상자 본인에 대한 수혜적 행위로서의 성격만을 가지는 것이 아니라, 국가에 뚜렷한 공적을 세운 사람에게 영예를 부여함으로써 국민 일반에 대하여 국가와 민족에 대한 자긍심을 높이고 국가적 가치를 통합·제시하는 행위의 성격도 있다. 서훈의 이러한 특수성으로 말미암아 상훈법은 일반적인 행정행위와 달리 사망한 사람에 대하여도 그의 공적을 영예의 대상으로 삼아 서훈을 수여할 수 있도록 규정하고 있다. 그러나 그러한 경우에도 서훈은 어디까지

나 서훈대상자 본인의 공적과 영예를 기리기 위한 것이므로 비록 유족이라고 하더라도 제3자는 서훈수여 처분의 상대방이 될 수 없고, 구 상훈법 제33조, 제34조 등에 따라 망인을 대신하여 단지 사실행위로서 훈장 등을 교부받거나 보관할 수 있는 지위에 있을 뿐이다. 이러한 서훈의 일신전속적 성격은 서훈취소의 경우에도 마찬가지이므로, 망인에게 수여된 서훈의 취소에서도 유족은 그 처분의 상대방이 되는 것이 아니다. 이와 같이 망인에 대한 서훈취소는 유족에 대한 것이 아니므로 유족에 대한 통지에 의해서만 성립하여 효력이 발생한다고 볼 수 없고, 그 결정이 처분권자의 의사에 따라 상당한 방법으로 대외적으로 표시됨으로써 행정행위로서 성립하여 효력이 발생한다고 봄이 타당하다.

3. 대법원 2015.4.23. 선고 2012두26920판결

[1] 구 상훈법 제8조는 서훈취소의 요건을 구체적으로 명시하고 있고 절차에 관하여 상세하게 규정하고 있다. 그리고 서훈취소는 서훈수여의 경우와는 달리 이미 발생된 서훈대상자 등의 권리 등에 영향을 미치는 행위로서 관련 당사자에게 미치는 불이익의 내용과 정도 등을 고려하면 사법심사의 필요성이 크다. 따라서 기본권의 보장 및 법치주의의 이념에 비추어 보면, 비록 서훈취소가 대통령이 국가원수로서 행하는 행위라고 하더라도 법원이 사법심사를 자제하여야 할 고도의 정치성을 띤 행위라고 볼 수는 없다.

Ⅱ. 사실의 개요와 경과

사건의 공통된 사실은 다음과 같다: 망인이 서훈에 의해 독립유공자법의 적용대상자인 독립유공자(순국선열, 애국지사)로 인정을 받은 다음 그 망인의 유가족이 수년간 독립유공자법에 따라 보상을 받아오던 차에 망인의 친일행적이 들어나 그것을 이유로 서훈취소나 친일반민족행위자 결정이 내려졌고, 이에 따라 그 유가족은 더 이상 독립유공자법상의 보상을 받을 수 없게 되었다. 이에 망인의 유가족은 대법원 2012두6964판결의 경우에는 후행처분인 독립유공자법 적용배제자 결정을, 대법원 2013두2518판결과 대법원 2012두26920판결에는 선행처분인 서훈취소결정을 대상으로 다투었다.

Ⅲ. 문제의 제기 – 독립유공자인 망인에 대한 법적 평가의 변경에 따른 법적 영향의 문제

대법원 2012두6964판결의 경우 하급심과 달리 친일반민족행위자 결정과 독립유공자법 적용배제자 결정사이에 하자승계를 인정하였다. 대법원 2013두2518판결은 하급심과는 달리 망인의 서훈취소에 대해 유가족은 상대방이 아니어서 다툴 자격이 없는 것처럼 접근을 하였다. 대법원 2012두26920판결의 경우 망인의 유가족이 망인에 대한 서훈취소처분을 다툰 데 대해 크게 문제 삼지 않았다. 독립유공자인 망인에 대한 법적 평가가 변경된 것이 망인의 유가족에 대해 법적 영향을 미치는지가 문제되는데, 이상의 판결들은 상호 심각한 모순을 안고 있다. 소송에서는 보훈처장이 행한 서훈취소의 통보의 법적 성질에 기하여 피고적격이 문제되었는데, 관련 논의는 지면관계상 생략한다.[1)]

---

1) 원심(서울고법 2012.12.27. 선고 2012누5369판결)은 원고적격과 대상적격을 인정하여 무권한무효의 원칙에서 입각하여 인용판결을 내렸지만, 대법원 2013두2518판결은 서훈취소통보의 처분권자는 대통령임을 전제로 원심이 무권한무효의 원칙을 적용하기보다는 대통령으로의 피고경정의 절차를 밟았어야 한다고 지적하였다.

Ⅳ. 대법원 2013두2518판결과 대법원 2012두26920판결의 불일치 문제

원심(서울고등 2012누5369판결)은 유족의 원고적격을 인정하고 무권한무효의 원칙에서 입각하여 인용판결을 내렸지만, 대법원 2013두2518판결은 정반대의 입장을 취하였다. 그 주된 착안점은 유족의 원고적격의 부정이다. 이 사건 서훈취소를 유족을 상대방으로 하는 행정행위로 볼 수 없는 이상, 서훈취소가 유족인 원고 등에 대한 서훈취소처분이라고 볼 수 없다고 판시하였다. 기본적으로 서훈대상자의 유족은 서훈과 관련해서 간접적인 법효과를 향유할 뿐이라는 입장이다. 취소소송의 대상적격은 처분의 존재만으로 부족하고 계쟁처분이 원고에 대해 직접적으로 법적 영향을 미쳐야 한다. 여기서 동일하게 망인의 유족이 제기하였음에도 대법원 2012두26920판결은 대법원 2013두2518판결과는 달리 서훈취소의 대상적격 및 원고적격을 그대로 수긍하였다. 실질적인 판례변경에 해당한다는 점에서 양자의 불일치가 사소하지 않다. 다만 대법원 2013두2518판결의 원심이 서훈취소통보를 계쟁처분으로 보아 보훈처장의 무권한행사를 이유로 위법성을 논증한 것은 타당하지 않다.

Ⅴ. 대법원 2012두6964판결과 대법원 2013두2518판결의 불일치 문제

대법원 2012두6964판결은 망인에 대한 친일반민족행위자 결정이 망인의 유족에 대해서도 법효과를 발생시키는 행정처분에 해당함을 전제로 하여 하자승계의 차원에서 접근하였다. 이런 기조는 분명히 대법원 2013두2518판결과는 완전히 배치된다. 실질적인 판례변경에 해당한다는 점에서 양자의 불일치가 사소하지 않다. 그런데 사안에서 망인의 유족에게 처음부터 친일반민족행위자결정이 통지되지 않은 이상, 유족에 대해 성립하지 않아 효력이 없다고 보면, 굳이 선행처분의 후행처분에 대한 구속력의 차원에서 예측가능성과 수인가능성을 언급할 필요가 없었다. 친일반민족행위자결정의 존재를 처분의 근거로 보면 망인의 유족이 적용배제자결정을 다투는 데 아무런 문제가 없다.

Ⅵ. 망인에 대한 서훈취소의 법적 성격

망인의 서훈이 법률상으로 허용되는 이상, 그에 대한 서훈취소 역시 그 자체로 문제가 없다. 문제는 그것이 망인의 유족에 대해 어떤 법적 의미를 갖느냐 하는 것이다. 서훈취소에 따른 후속효과를 살펴보면, 영예감의 박탈이라는 불명예와 국립묘지에서의 이장은 물론, —서훈에 따라 제공된— 보상금지급의 중단과 같은 법효과를 낳는다. 이런 법효과가 망인에게는 원천적으로 생길 수 없기에, 망인의 유족만이 서훈취소를 다툴 수 있다. 서훈 및 서훈취소에 따른 법효과의 발생이 망인의 유족에 대해 직접적인지 여부가 관건이다. 대법원 2013두2518판결처럼 망인의 서훈에 따라 유족이 상훈법과 독립유공자법에 의해 향유하는 이익을 반사적 이익으로 접근하면, 망인에 대한 역사적 평가가 변경된 것의 당부를 사법적으로 확인하는 기회가 원천적으로 봉쇄된다. 이는 재판청구권의 차원에서 법치국가원리에도 부합하지 않는다. 대법원 2013두2518판결의 원심이 지적한 대로 유족에 대해 서훈취소는 직접적 법효과를 발생시킨다고 할 수 있다. 망인에 대한 서훈취소의 법적 성격을 보면, 설령 대법원 2013두2518판결처럼 망인의 서훈취소가 상대방이 없는 것이라 해도, 그것이 분명히 망인의 유족에 대해 법적 효과를 미친다고 할 때, —상대방에 대해서는 授益的인, 제3자에 대해서는 侵益的인 효과를 발생시키는- 통상적인 제3자효 행정행위와는 다른 의미의 즉. 일종의 변종의 제3자효 행정행위에 해당한다고 하겠다.[2)]

**** 추기:** 하급심에서 무권한무효의 원칙의 차원에서 접근하였는데, 무권한무효의 원칙이 통용되기 위해서는 권한이 없는 보훈처장이 마치 자신의 권한을 행사한 것양 서훈취소를 창설적으로 해야 한다. 사안에서 보훈처장이 자신의 이름으로 서훈취소를 통보하였더라도 그가 실질적으로 서훈취소를 하지 않은 것이서 권한의 행사가 인정되지 않은 이상, 무권한무효의 원칙은 통용될 수가 없다. 그런데 피고적격과 관련해서는 현행의 처분청주의의 문제점이 드러난다. 행정소송의 피고가 국가나 지방자치단체에 해당할 것같으면, 피고적격의 문제가 생기지는 않는다. 지금의 처분청주의는 행정법에서 견지되어야 할 법(권리)주체의 원칙(Rechtsträgerprinzip)에 정면으로 반한다. 차제에 독일과 일본처럼 국가와 지방자치단체를 피고로 하는 법개정이 있어야 한다.

2) 김중권, 행정법, 237면.

05

도시계획변경입안제안에 대한 거부의 처분성여부

대법원 2004.4.28. 선고 2003두1806판결

Ⅰ. 원심판결(광주고법 2003.1.23. 선고 2002누1945판결)의 요지

원심은 광주 북구 우산동 190－8번지선 13,619.5㎡(이하 '이 사건 시설부지'라 한다)가 도시계획법상 일반주거지역에 위치하여 구 건축법(1991. 5. 31. 법률 제4381호로 개정되고 2000. 1. 28. 법률 제6247호로 개정되기 전의 것) 제45조, 구 건축법시행령(1992.5.30. 대통령령 제13655호로 개정되고 2000.6.27. 대통령령 제16874호로 개정되기 전의 것) 제65조 제1항 제2호, 구 광주직할시북구건축조례(1993.6.1. 개정된 것) 제23조 제11호에 의하여 자동차 및 중기운전학원의 건축이 금지됨에도 불구하고 그 지상에 도시계획시설로서 자동차 및 중기운전학원을 설치하도록 한 피고의 1993.6.17.자 도시계획시설결정은 위법하다고 판단한 다음, 그 판시와 같은 사정을 종합하여, 1999.2.27. 이 사건 시설부지의 일부를 낙찰받은 원고가 그 부분의 도시계획시설폐지 등을 포함하여 도시계획시설변경을 입안제안한 2002.1.4.자 신청에 대하여 피고가 2002.1.11.자 회신으로 그 변경입안이 불가함을 밝힌 이 사건 거부처분은 위 입안제안신청을 도시계획입안에 반영할지 여부를 결정함에 있어서 이익형량을 전혀 하지 아니하였거나 이익형량의 고려대상에 포함시켜야 할 사항을 누락한 경우에 해당하여 재량권을 남용하였거나 그 범위를 일탈한 위법한 처분이라고 판단하였다.

Ⅱ. (처분성여부의 물음과 관련한) **대상판결의 요지**

구 도시계획법(2000.1.28. 법률 제6243호로 개정되어 2002.2.4. 법률 제6655호 국토의계획및이용에관한법률 부칙 제2조로 폐지되기 전의 것)은 도시계획의 수립 및 집행에 관하여 필요한 사항을 규정함으로써 공공의 안녕질서를 보장하고 공공복리를 증진하며 주민의 삶의 질을 향상하게 함을 목적으로 하면서도 도시계획시설결정으로 인한 개인의 재산권행사의 제한을 줄이기 위하여, 도시계획시설부지의 매수청구권(제40조), 도시계획시설결정의 실효(제41조)에 관한 규정과 아울러 도시계획 입안권자인 특별시장·광역시장·시장 또는 군수(이하 '입안권자'라 한다)로 하여금 5년마다 관할 도시계획구역 안의 도시계획에 대하여 그 타당성 여부를 전반적으로 재검토하여 정비하여야 할 의무를 지우고(제28조), 도시계획입안제안과 관련하여서는 주민이 입안권자에게 '1. 도시계획시설의 설치·정비 또는 개량에 관한 사항 2. 지구단위계획구역의 지정 및 변경과 지구단위계획의 수립 및 변경에 관한 사항'에 관하여 '도시계획도서와 계획설명서를 첨부'하여 도시계획의 입안을 제안할 수 있고, 위 입안제안을 받은 입안권자는 그 처리결과를 제안자에게 통보하도록 규정하고 있는 점(제20조 제1항, 제2항) 등과 헌법상 개인의 재산권 보장의 취지에 비추어 보면, 도시계획구역 내 토지 등을 소유하고 있는 주민으로서는 입안권자에게 도시계획입안을 요구할 수 있는 법규상 또는 조리상의 신청권이 있다고 할 것이고, 이러한 신청에 대한 거부행위는 항고소송의 대상이 되는 행정처분에 해당한다고 할 것이다.

원심이 원고의 신청에 대한 피고의 거부행위가 항고소송의 대상이 되는 행정처분에 해당함을 전제로 본안 판단에 나아간 것은 정당하고, 거기에 도시계획법상 도시계획시설변경 입안신청권에 관한 법리오해의 위법이 없다.

Ⅲ. 문제의 제기 – 대상판결으로 인해 지불해야 할 법리적 희생

대상판결과 원심판결은 본안에서의 판단이 서로 다를 뿐, '도시계획시설변경입안제안의 거부'를 거부처분으로 본 기본 출발점에선 동일하다. 특히 대법원은 종래의 거부처분 인정의 공식에서 요구된 '법규상 또는 조리상의 신청권'의 존재를 관련 규정에 의거하여 논증하여 이를 거부처분인정의 착안점으로 삼았다. 대상판결은 거부처분 인정과 관련하여 매우 의미심장하다. 1984년의 대법원 1984.10.23. 선고 84누227판결은 계획변경신청권을 부인하였고, 1999년의 대법원 1999.8.24. 선고 97누7004판결은 구「행정규제 및 민원사무기본법」(현「민원사무처리에 관한 법률」)상의 민원접수 및 통지의무가 민원인에게 실체적인 신청권을 성립시키진 않음을 들어, 민원접수(재개발사업에 관한 사업계획변경신청)에 따른 불허통지를 거부처분으로 인정하지 않았다.

이들 판례와 대상판결의 의의를 연계시켜 朴正勳 교수는, ⅰ) 대법원 84누227판결과 관련하여 20년 동안 도시계획·국토이용계획의 분쟁에 관한 행정소송을 봉쇄한 장벽이 사실상 붕괴되었다는 점, ⅱ) 대법원 97누7004판결과 관련하여 민원에 대한 통지의무와 도시계획입안제안에 대한 통지의무가 근본적으로 다르지 않기에 행정청에 대한 모든 신청에 대해 신청권을 인정하든지 아니면 거부처분의 요건으로 신청권을 요구하는 판례 자체를 포기하여야 할 시점이 임박하였다는 점을 지적하였다.[1)]

대상판결의 취지를 좇는다면, 도시계획변경입안의 '제안'에 관해 신청권이 인정되는데, 하물며 도시(관리)계획변경에 관해선 당연히 신청권이 인정되어야 하지 않겠는가? 대법원 2003.9.23. 선고 2001두10936판결이 폐기물처리사업계획의 적정통보를 착안점으로 삼아 국토이용계획변경신청권을 예외적으로 인정함으로써, 부분적으로 진일보하였지만, 태생적 한계를 벗어나지 못하였다.[2)] 이런 한계가 계획변경신청권의 일반적 인정을 가져올 대상판결에 의해서 극복된 셈이긴 하나, 계획변경신청권의 인정문제는 부담적 행정행위의 철회의 차원에서 접근하여야 한다. 반면 대상판결으로 인해 지불해야 할 법리적 희생－가령 준비행위나 절차행위를 완료된 행정처분과 동일하게 취급함으로 인한 전면적 사법통제가능성－이 그보다 월등하다. 왜냐하면 대상판결에서 소송대상은 '도시계획시설변경입안제안의 거부'이기 때문이다. 통상의 거부처분의 경우에 신청대상행위가 행정행위(행정처분)인 점에서 사안과는 거리가 있다. 그럼에도 불구하고 대상판결 등은 사안의 차이점에 대한 인식을 전혀 하지 않은 채 논증하였다. 여기서 거부처분 인정과 관련한 통상의 논의와의 간극이 존

---

1) 동인, 행정판례 반세기의 회고－행정소송·국가배상·손실보상을 중심으로－, 행정판례연구 제11집, 2006, 80면 이하.

2) 상론: 김중권, 국토이용계획변경신청권의 예외적 인정의 문제점에 관한 소고, 행정판례연구 제10집, 2005, 21면 이하.

재한다. 이하에선 이런 문제점을 살펴보고자 한다.[3)]

Ⅳ. 거부처분인정의 공식에 관한 논의

대법원 1984.10.23. 선고 84누227판결의 의의는, 계획변경신청권의 존부의 물음을 넘어서 거부처분의 성립요건으로서 '국민이 행정청에 대하여 그 신청에 따른 행정행위를 해줄 것을 요구할 수 있는 법규상 또는 조리상의 권리' 즉, '신청권'의 존재를 요구한 점에 있다. 대법원 1984.10.23. 선고 84누227판결은 지금까지 그대로 이어져서, 거부처분과 관련한 판례 는 물론 행정심판의 공식이 되고 있다.[4)]

한편 대법원 1996.6.11. 선고 95누12460판결은 신청권을 신청의 인용이라는 만족적 결과를 얻을 권리 즉, 실질적 권리(청구권)차원에서 이해하지 않기에, 기실 신청에 대한 단순한 응답요구권(이른바 형식적 신청권)만으로도 거부처분의 근거점인 신청권의 존재가 인정된다.[5)] 엄밀히 보자면, 대법원 1996.6.11. 선고 95누12460판결은 대법원 1984.10.23. 선고 84누227판결을 그대로 전승한 판결들과는 상반된다고 판단될 정도로 기본태도에 차이가 있다. 신청권의 존부에 연계하여 거부처분여부를 판단하는 원칙적 태도상의 문제점은 대법원 1996.6.11. 선고 95누12460판결을 통해서 가실 수 있기에, 동판결의 취지가 설령 조리에 의탁하여 실현될지언정 적극적으로 구현되는 것

---

3) 대상판결에 대한 긍정적 평가로 이선희, 도시계획입안 신청에 대한 도시계획 입안권자의 거부행위가 항고소송의 대상이 되는 행정처분에 해당하는지 여부(대법원 2004.4.28. 선고 2003두1806판결: 공2004상, 913), 대법원판례해설 제50호(2004년 상반기), 149면 이하.

4) 대법원 84누227판결에 대한 비판적 입장으로 이홍훈, 「도시계획과 행정거부처분」, 행정판례연구 Ⅰ, 1992, 115면 이하 참조).

5) 한편 나아가 신청대상행위의 처분성이 긍정되면, 이는 형식적 신청권 역시 긍정하는 셈이 되기에, 별도로 형식적 신청권을 요구할 필요가 없다고 한다. 김남진/김연태, 행정법Ⅰ, 2023, 924면.

이 요망된다.

Ⅴ. 거부처분인정의 공식과 사안과의 불일치

요컨대 거부처분의 성립(인정)요건은 대상행위의 처분성과 대상행위에 관한 신청권의 존재이다. 행정처분이 아닌 행위에 대한 신청이 거부되었다고 하여 거부결과만을 갖고서 이를 처분으로서의 거부 즉, 거부처분으로 삼을 순 없다. 사안의 경우에 '도시계획시설변경입안의 제안'에 대한 거부가 문제된다. 기왕의 공식에 비추어 '도시계획시설변경입안'('입안된 도시계획시설변경안')이 행정처분에 해당하여야 한다. '도시계획시설변경입안'('입안된 도시계획시설변경안')의 법적 성격은 도시(관리)계획의 수립절차를 바탕으로 가늠될 수 있다. 이 절차의 최종 결과물인 '도시계획시설변경계획결정'은 분명히 행정처분이지만, 그 이전 단계에서 행해진 '입안결정'은 아직 법적 효과를 발생시키지 않은 점에서 일종의 준비행위이자 절차행위이다. 도시계획의 입안권자와 결정권자가 다르기에, 도시계획의 입안의 상황과 완료(확정)의 상황을 무차별적으로 받아들이면, 자칫 쟁송을 통해 각자의 고유한 관할이 사실상 침범당할 수 있다.

한편 대법원 1998.7.10. 선고 96누14036판결이 거부처분의 성립요건으로 신청권의 존재에 덧붙여 ⅰ) 그 신청한 행위가 공권력의 행사 또는 이에 준하는 행정작용이어야 할 것, ⅱ) 그 거부행위가 신청인의 법률관계에 어떤 변동을 일으킬 것을 요구한 이래로, 이런 양식은 패턴처럼 되었다. 일단 행정소송법상의 처분정의에 의거한 듯 한 점은 호평되어지나, 문제점 또한 안고 있다. 우선 ⅰ)과 ⅱ)가 독립되게 요구될 정도로 서로 본질적으로 나누어질 대상인지 의문스럽다. 신청대상행위가 ⅰ)의 요건을 충족하면, 그것의 거부는 당연히 ⅱ)의 요건을 충족하게 된다. 따라서 ⅰ)과 ⅱ)는 불필요하게 중복된 것이라 하겠다. 그런데 과연 이 판결이 현행법상의 처분정의에 부합하는지 여부도 의문스럽다(후술 참조). 대법원 96누14036 판결의 논증은 기본적으로 기왕의 판결과 궤를 같이 하지만,[6] 그것의 i)의 요건은 처분정의와는 분명한 간극이 있다. 요컨대 대법원 1998.7.10. 선고 96누14036판결에 의하더라도, '도시계획시설변경입안'('입안된 도시계획시설변경안')이 준비행위이자 절차행위인 이상, 여기에 거부처분인정공식을 대입할 순 없다.

Ⅵ. 비처분적 행위의 신청에 대한 거부의 처분성 여부

독일의 경우에도 과연 직무활동의 실행과 그 거부가 동일한 법적 성질을 갖는지가 다투어진다. 특히 사실행위의 거부와 관련하여, 다수는 사실행위실행에 관한 결정은 원하는 급부와의 관계에서 단지 비독립적인 부속물에 불과하고 아무런 법적 구속력있는 규율을 가지지 않음을 근거로 처분성을 부인한다. 그러나 반대의 입장도 상당하며, 판례 또한 그 경향을 판단하기가 쉽지 않다.[7] 우리의 경우 판례가 논증한 거부처분공식에서 신청대상행위의 처분성을 요구하거니와, 현행 행정소송법 제2조 제1항 제1호상의 처분정의－'행정청이 행하는 구체적 사실에 관한 법집행으로서의 공권력의 행사 또는 그 거부와 그밖에 이에 준하는 행정작용'－에 의하더라도, 거부행위가 처분성을 가지려면 신청대상행위가 '행정청이 행하는 구체적 사실에 관한 법집행으로서의 공권력의 행사'이어야 한다("그 거부"). 따라서 행정행위(처분)가 아닌 사실행위나 공법계약체결의 거부는 거부처분이 될 수 없다. 다만 이런 거부행위가 처분정의상의 준처분적 부분

6) 동지: 洪準亨,「평생교육시설 설치자 지위승계와 설치자변경 신청서 반려처분의 적법여부」, 행정판례연구 제8집, 2003, 97면 주3.

7) 이에 관해선 vgl. Stelkens/Bonk/Sachs, VwVfG Kommentar, 6.Aufl., 2001, §35 Rn.56, 87c.

('그밖에 이에 준하는 행정작용')에 해당하여 처분성을 가질 수 있다고 주장될 법하다. 그러나 자칫 본행위의 법적 성질에 관한 오해를 방지하기 위하여, 이 경우에도 전형적인 처분으로서의 거부처분으로 換置시켜선 아니 된다. 그런데 준비행위처럼 종국적 행위를 대상으로 하지 않는 경우에는 이런 논증마저 통용될 수 없다.

Ⅶ. 맺으면서 – 경로의존성(path dependency)으로부터의 탈피

K. Ladeuer 교수가 말했듯이, 행정행위는 행정법에서 생존의 명수이다.[8] 사전결정(예비결정)이나 부분인허, 잠정적 행정행위는 전형적인 행정행위의 종국적, 본원적 성격에 견주어 다분히 목적론적으로 인정되어 제도화된 것들이다. 따라서 '입안'을 '확정된 것'에 견주는데 의견의 일치가 모아지지 않는 이상, 전자에 후자의 논의를 대입하는 것은 도치적 논증이다. 그리고 '입안제안'의 거부를 신청권을 매개로 거부처분으로 等値시킨 대상판결로 인하여, 일련의 과정으로 행해질 행정활동의 경우에 자칫 매단계마다 법집행이 난맥에 처해질 수도 있거니와, 무엇보다도 朴正勳 교수의 지적처럼 행정청에 대한 모든 신청에 대해 신청권이 인정될 우려가 있다. 또한 계획형성의 자유(이른바 계획재량)의 존재가 무의미해질 수 있다.

요컨대 도시계획의 입안권자와 결정권자가 다르다는 점을 인식함과 더불어, '도시계획시설변경입안'('입안된 도시계획시설변경안')을 준비행위이자 절차행위로 정당하게 자리매김할 때, –기왕에 또는 장차에– 수립되어 결정된 도시계획을 권리구제의 목표점으로 삼아야 한다. 나비효과(butterfly effect)가 초기조건에의 민감성(senstivity to initial

---

8) Vgl. Ladeuer, Die Zukunft des Verwaltungsakts, VerwArch.86(1995), S.511ff.; Schmidt–Aßmann, Das allgemeine Verwaltungsrecht als Ordnungsidee, 1998, 6.Kap. Rn.46.

conditions)에서 비롯되듯이, 처분성인정의 물음에 원고적격의 물음을 혼입시키는 것이 문제의 根源이다. 이 물음에 대한 典範인 대법원 1984.10.23. 선고 84누227판결은 행정소송법의 전면개정(1984.12.15.)에 따른 "84년 체제"에 명백히 반한다. 따라서 이것과의 결별에 행정소송법의 개정이 필요하지는 않다.

** **추기:** 한편 도시계획시설결정에 이해관계가 있는 주민은 도시시설계획의 입안권자 내지 결정권자에게 도시시설계획의 입안 내지 변경을 요구할 수 있는 법규상 또는 조리상의 신청권이 있다고 판시한 대법원 2015.3.26. 선고 2014두42742판결과 관련해서 유의할 점이 있다. 계획의 입안권자와 결정권자가 동일한 경우 결정권자가 입안권자인 셈이고, 변경도 계획의 입안과 관련해서이다.

06

주민등록번호변경신청권이 과연 조리상의 그것인지?

대법원 2017.6.15. 선고 2013두2945판결

Ⅰ. 사실의 경과

원고들은 "인터넷 포털사이트 또는 온라인 장터의 개인정보 유출 또는 침해 사고로 인하여 주민등록번호가 불법 유출되었다."는 이유로 각 관할 지방자치단체장에게 주민등록번호를 변경해 줄 것을 신청하였으나, 당시 현행 주민등록법령상 주민등록번호 불법 유출을 원인으로 한 주민등록번호 변경(정정)은 허용되지 않는다는 이유로 주민등록번호 변경을 거부하는 취지의 통지를 받았다. 이에 원고들은 주민등록번호 변경신청 거부처분 취소의 소를 제기하였으나,[1] 주민등록번호 변경에 대한 신청권이 인정되지 않는다는 이유로 각하되

1) 서울행정법원 2012.5.4. 선고 2012구합1204판결.

자, 이에 불복하여 항소를 제기하고,[2] 그 소송 계속 중 주민등록법 제7조 제3항, 제4항 등이 헌법에 위반된다고 주장하며 위헌법률심판 제청을 신청하였으나(서울고등법원 2012아506), 항소가 기각됨과 동시에 위 위헌법률심판제청신청이 각하되자, 2013.2.27. 당시 주민등록법 제7조 전체에 대하여 헌법재판소 2013헌바68호로 헌법소원심판을 청구하였다. 헌법재판소는 2015.12.23. 주민등록번호 변경에 관한 규정을 두고 있지 않은 주민등록법 제7조는 과잉금지원칙을 위반하여 원고들의 개인정보자기결정권을 침해한다는 이유로 '주민등록법(2007.5.11. 법률 제8422호로 전부 개정된 것) 제7조는 헌법에 합치되지 아니한다. 위 조항은 2017.12.31.을 시한으로 입법자가 개정할 때까지 계속 적용된다.'고 선고하였다.[3] 그리고 이에 따라 2016.5.29. 법률 제14191호로 개정된 주민등록법(시행일자 2017.5.30.)은 제7조의4(주민등록번호의 변경), 제7조의5(주민등록번호변경위원회) 등 규정들을 신설하여 유출된 주민등록번호로 인하여 생명·신체 또는 재산에 위해를 입거나 입을 우려가 있다고 인정되는 사람 등의 일정한 경우에 주민등록번호의 변경을 신청할 수 있도록 허용하고 있다.

Ⅱ. 대상판결의 요지

갑 등이 인터넷 포털사이트 등의 개인정보 유출사고로 자신들의 주민등록번호 등 개인정보가 불법 유출되자 이를 이유로 관할 구청장에게 주민등록번호를 변경해 줄 것을 신청하였으나 구청장이 '주민등록번호가 불법 유출된 경우 주민등록법상 변경이 허용되지 않는다'는 이유로 주민등록번호 변경을 거부하는 취지의 통지를 한 사안에서, 피해자의 의사와 무관하게 주민등록번호가 불법 유출된 경우

2) 서울고법 2013.1.17. 선고 2012누16727판결.
3) 헌재 2015.12.23. 2013헌바68 등.

개인의 사생활뿐만 아니라 생명·신체에 대한 위해나 재산에 대한 피해를 입을 우려가 있고, 실제 유출된 주민등록번호가 다른 개인정보와 연계되어 각종 광고 마케팅에 이용되거나 사기, 보이스피싱 등의 범죄에 악용되는 등 사회적으로 많은 피해가 발생하고 있는 것이 현실인 점, 반면 주민등록번호가 유출된 경우 그로 인하여 이미 발생하였거나 발생할 수 있는 피해 등을 최소화할 수 있는 충분한 권리구제방법을 찾기 어려운데도 구 주민등록법(2016.5.29. 법률 제14191호로 개정되기 전의 것)에서는 주민등록번호 변경에 관한 아무런 규정을 두고 있지 않은 점, 주민등록법령상 주민등록번호 변경에 관한 규정이 없다거나 주민등록번호 변경에 따른 사회적 혼란 등을 이유로 위와 같은 불이익을 피해자가 부득이한 것으로 받아들여야 한다고 보는 것은 피해자의 개인정보자기결정권 등 국민의 기본권 보장의 측면에서 타당하지 않은 점, 주민등록번호를 관리하는 국가로서는 주민등록번호가 유출된 경우 그로 인한 피해가 최소화되도록 제도를 정비하고 보완해야 할 의무가 있으며, 일률적으로 주민등록번호를 변경할 수 없도록 할 것이 아니라 만약 주민등록번호 변경이 필요한 경우가 있다면 그 변경에 관한 규정을 두어서 이를 허용해야 하는 점 등을 종합하면, 피해자의 의사와 무관하게 주민등록번호가 유출된 경우에는 조리상 주민등록번호의 변경을 요구할 신청권을 인정함이 타당하고, 구청장의 주민등록번호 변경신청 거부행위는 항고소송의 대상이 되는 행정처분에 해당한다고 한 사례

Ⅲ. 문제의 제기 – 조리에 의거한 논증의 문제점

대상판결은 원심인 서울고법 2013.1.17. 선고 2012누16727판결이 내려진 이후에 전개된 새로운 변화상, 즉, 헌법재판소의 헌법불합치 결정과 주민등록변경신청제도를 신설한 주민등록법개정에 즈음하여

원심판결을 파기하고, 사건을 서울고등법원에 환송하였다. 바뀐 법상황에 따른 당연한 귀결이지만, 주민등록번호변경신청권을 조리상의 그것으로 접근하는 것은 행정법적으로 매우 중요한 물음을 던진다.

Ⅳ. 거부처분취소소송에서 위법판단기준시점의 문제

판례는 행정행위의 위법판단기준과 관련해서 처분시설을 견지하는데, 거부처분의 경우에도 그 입장을 견지하고 있다.[4] 대상판결이 사안을 조리상의 신청권의 차원에서 접근한 것은 판례의 기왕의 입장에 따른 당연한 결과로 여겨진다. 대상판결의 판결시점에서 보면 바뀐 주민등록법은 명시적으로 주민등록번호변경신청권을 인정하고 있다. 비록 상고심이 원심을 대상으로 한다지만, 현재의 법상황을 뒤로 물리고 사안을 조리상의 신청권의 차원에서 접근하는 것은 자연스럽지 않다. 처분시설을 예외를 허용하지 않는 원칙으로 묵수(墨守)하는 것이라 여겨진다. 법적 판단에서 원칙의 정립에 못지않게 중요한 것이, 원칙을 원칙답게 유지하게 하는 예외의 인정이다. 예외인정의 가능성을 전면 배제하면 자칫 그 원칙은 원칙을 위한 원칙으로 치부되고, 원칙의 의의를 무색하게 만들어 수긍하기 힘든 결과를 야기할 수 있다. 물론 기왕의 원칙이 원칙으로서 더 이상 기능할 수 없다면, 과학혁명의 경우처럼 그것은 새로운 패러다임으로 교체해야 한다. 만약 위법판단의 기준시점과 관련해서 판례가 원칙과 예외의 견지에서 판결시점에서 접근하였다면 사안을 굳이 조리상의 신청권으로 파악하지 않았을 것이다.

판례는 취소판결의 소급효 문제와 관련해서 '특별한 사정이 없는 한'이란 한정을 함으로써,[5] 묵수(墨守)적인 원칙 고수의 태도에 변화

4) 대법원 2008.7.24. 선고 2007두3930판결 등.
5) 대법원 2012.3.29. 선고 2008다95885판결.

를 주었는데, 위법판단의 기준시점과 관련해서도 '특별한 사정이 없는 한' 처분시설을 견지한다는 식으로 동일하게 변화의 양상을 보인다.[6] 위법판단기준시점과 관련해서 처분시설을 견지하면서도, 이처럼 예외인정의 가능성을 부여하는 탄력적인 자세를 취한다면, 계속효를 가지는 행정행위, 제3자효 행정행위의 경우에는 소송경제나 추가적 분쟁의 미연의 방지 등의 이유에서 독일처럼 예외적으로 판결시설을 취할 필요가 있다.[7]

V. 거부처분취소소송에서 처분시설의 문제

거부처분취소소송에서 처분시설을 취하면 처분이후에 발생한 법상, 사실상의 사정변경이 고려되지 않는다. 따라서 처분시설을 고수하는 상황에서 만약 그런 사정변경이 발생하면 소송을 통한 분쟁의 해결은 절반에 그치고 또 다시 동일한 분쟁상황을 맞닥칠 수 있다. 나아가 2013년 행정소송법의 개정안처럼 의무이행소송과 함께 거부처분취소소송과 부작위위법확인소송을 존치하면, 동일한 상황임에도 불구하고 부작위위법확인소송에서는 －판례가[8] 취하듯이－ 판결시가 통용되고, 의무이행소송에서는 처분시 또는 판결시를 택할 것으로 예정되는 이상한 결과가 빚어진다. 결국 동일한 기능을 하는 3가지 소송이 병존하는 데 대한 체계상의 의문점과는 별도로 위법판단기준시점과 관련해서 심각한 혼란상이 빚어진다. 거부처분과 부작위에 대한 소송유형을 의무이행소송으로 일원화한 독일에서 위법판단기준시점은 판결시점이다. 재판이후 불필요한 분쟁가능성을 미연에 확실히 제거한다는 소송경제적 이유에서 판결시설을 취한 것이다.

---

6) 대법원 2017.4.7. 선고 2014두37122판결.
7) 상론: 김중권, 행정법, 2023, 830면.
8) 대법원 1990.9.25. 선고 89누4758판결.

의무이행소송의 도입이전이라도, 위법판단기준시점과 관련해서 거부처분취소소송의 경우 일반적인 처분취소소송과 구별하여 판결시설로 과감하게 바꿀 필요가 있다.

Ⅵ. 맺으면서 – 2015.12.23. 이전에 지금과 같이 할 수 없었는지?

대상판결은 매우 설득력이 있게 조리상의 신청권을 인정하는 논증을 전개하였다. 아쉬운 점은 2015.12.23. 이전에 그것이 불가능하였는지 여부이다. 여기서 행정법상 공권을 강구함에 있어서 기본권을 동원할 수 있는지 여부와 어떤 요건에서 기본권을 동원할 수 있는지가 문제된다. 기본권이 주관적 공권에 해당한다는 것은 다툼의 여지가 없지만, 그것이 행정법적 법관계에 어느 정도로 적용되는지는 문제된다. 해당 개별법상의 규범화가 없을 경우에 행정법의 주관적 공권을 기본권으로부터 직접 도출할 수 있는지 여부 즉, 그리하여 기본권이 규범외적으로 영향을 미치는지 여부가 다투어지고 있다. 독일의 경우 판례와 통설은 –대부분 가중적인 기본권제한의 요건하에서– 자유권적 기본권과 재산권과 같은 방어권의 경우에 이를 시인한다. 기본권의 규범내부적 효과가 개별법상으로나 판례법상으로 충분히 발휘되는 한, 굳이 주관적 권리를 추가적으로 기본권으로부터 직접 도출할 필요는 없다. 그런데 행정법제가 그런 헌법합치적 해석이 가능하도록 나름 정연하게 구조화되어 있으면 모르되, 그렇지 않을 경우 즉, 실체적으로 꼭 필요한 이익균형이 심각하게 도외시된 경우에는 보호규범의 틀에서 벗어나 적극적으로 주관적 권리를 모색할 필요가 있다. 이런 상황에서 기본권은 예외적으로 규범외부적 효과를 발휘한다.[9]

---

9) 상론: 김중권, 행정법, 765면 이하.

요컨대 개인의 정보자기결정권이 기본권으로 확립된 이상, 그리고 2015.12.23.이전의 동법 시행령이 비록 사안의 해당사유를 정정사유를 규정하지는 않았지만 정정 규정을 두었다는 점에서, 2015.12.23. 이전이라도 주민등록번호변경신청권을 조리상으로 충분히 도출할 수 있다고 여겨진다. 대법원은 과거 호적법에 성전환에 따른 호적정정에 관해 아무런 직접적인 근거규정이 없음에도 불구하고 성전환자에 대한 호적정정을 허락하였다.10)

---

10) 대법원 2006.6.22.자 2004스42전원합의체결정. 그러나 이 판결은 관련 법률의 제정을 불필요하게 만든 점에서 치명적인 문제점을 안고 있다. 김중권, 성전환자의 성별정정허가신청사건 등 사무처리지침의 문제점에 관한 소고, 법률신문 제3493호.

07

새만금간척사업판결의 문제점에 관한 소고

서울행정법원 2005.2.4. 선고 2001구33563판결

Ⅰ. 대상판결의 요지

「감사원의 특별감사 결과 간척지를 농지로 사용할 것인지 여부조차 제대로 특정되지 않았고, 담수호의 예상수질이 농업용수 수질기준에 미달되며, 농지로서의 경제성평가에 오류가 있다는 등의 문제점이 지적된 점, 민관공동조사단 및 환경부의 수질예측결과 등에 비춰 볼 때 새만금담수호 중 만경수역에 대하여는 농업용수로서의 수질관리가 사실상 불가능할 것으로 보이는 점, 위와 같은 수질관리문제를 감안하여 확정된 정부조치계획에 의하더라도 새만금지구의 상당부분을 차지하는 만경수역의 경우 수질관리가 될 때까지 개발이 유보됨으로써 그 부분에 대한 편익은 전혀 발생하지 않음에도 수질개선을 위한 비용은 계속 증가하여 사업 자체의 경제적 타당성을 기

대할 수 없다는 것이 명백한 점 등의 사유가 발생하였고, 그러한 사유들은 이미 막대한 예산이 소요된 새만금사업 자체를 무산시킬 뿐만 아니라 갯벌을 포함한 환경생태계를 파괴시킬 정도로 중대한 사정변경에 해당된다고 할 것이다」

「公有水面埋立法 제32조에 의하면 매립공사가 준공되기 전에 예상하지 못한 사정변경이 있을 경우 농림부장관은 공유수면매립면허처분을 취소하거나, 변경하는 등의 조치를 취하도록 규정하고 있다」

「새만금간척사업은 사정변경으로 말미암아 당초 사업목적 달성이 어려워지는 것은 물론 갯벌과 주변 해양환경까지 파괴하는 결과를 초래하게 되고, 이로 인하여 환경영향평가 대상지역안의 주민을 포함한 국민에게 미치는 환경적, 생태적, 경제적 위험성이 회복 불가능할 정도로 중대하고 급박한 상태에 놓이게 됨에 따라 공유수면매립면허에 대한 취소나 변경 등의 행정권 발동이 반드시 필요한 상황이라 할 것이다」

「따라서 환경영향평가 대상지역 안에 거주하는 원고로부터 행정권 발동요구를 받은 피고 농림부장관으로서는 이 사건 공유수면매립면허 및 사업시행인가처분을 취소하거나, 변경하는 등의 필요한 처분을 하여야 할 의무가 있음에도 불구하고, 피고 농림부장관이 필요한 처분을 하지 아니한 채 이 사건 거부처분을 한 것은 위법하다」

Ⅱ. 문제의 제기 – 행정법학으로선 쓰나미와 같은 顚覆의 효과

2005년 2월 4일에 서울행정법원 행정3부는 새만금간척사업의 중단을 가져올 수 있는 판결을 내렸다. 前日에 헌법재판소에 의한 '호주제'의 헌법불합치결정에 따른 후폭풍이 채 가시기도 전에, 4대 정권에 걸쳐 15년간 2조원이 투입된 사업이 중단될 처지에 놓였다. 또한 前日에 지율스님의 단식 및 그것의 중단으로 빚어진 경부고속철도의 천성산구간에 관한 비공식적인 환경영향조사로 말미암아, 3개월간의 공사차질이 불가피하게 되었다. 연일 사법적 이슈가 국민 일반은 물론, 국가전체에 엄청난 충격파를 일으키고 있다.

대상판결에 대해 부여하는 의미에는 당연히 天壤之差가 있다. 보기에 따라선, 대상판결이 도룡뇽 사건에서[1] 실현되지 못한 생태주의적 법치국가의 단초를 제시한 것으로 봄직하다. 하지만 대상판결이 환경적 가치를 앞세웠다는 세평과는 다르게, 자칫 행정법학으로선 쓰나미와 같은 顚覆을 맞이할 수도 있다. 요컨대 법원은 「당시 예상하지 못했거나 간과하였던 여러 사정들의 변경으로 인하여 원래의 이 사건 공유수면매립면허 및 사업시행인가처분을 유지할 수 없는 상황에 처하게 되었다」고 하여, 공유수면매립법 제32조 제3호상의 사유에 의거하여 농림부가 공유수면매립면허 및 사업시행인가처분을 취소하거나 변경하지 않은 것은 위법하다고 판시하였다. 국가중요정책의 시행가부가 사법부에 좌우되는 것에 관한 물음, 행정청의 정책적 판단여지에 관한 물음이나 불가쟁적 행정행위의 재심사의 물음 등이 심도있게 다루어져야 한다. 대상판결의 내용적 타당성과 관련이 있는 이들 근본적인 물음은 다른 지면에서 다루기로 하되, 여기선 공유수면매립법 제32조 제3호를 착안점으로 삼아 전개한 것이 법원의 기왕의 태도에 합치하는지 여부에만 초점을 맞추고자 한다.

Ⅲ. 대법원 1999.12.7. 선고 97누17568판결과의 비교

이 사건에서 소송의 대상(객체)은 농림부장관에 대한 원고의 공유수면매립면허 등의 취소신청에 대한 거부(처분)이다. 서울행정법원 행정3부는 이런 신청에 대한 거부가 단순한 차원이 아니라, 거부처분에 해당한다고 보고서 본안의 판단을 내렸다. 이 같은 태도가 현

1) 대법원 2006.6.2.자 2004마1148, 1149결정.

재의 거부처분의 인정공식에 부합하는지 검토되어야 한다.

일찍이 대법원이 1984년에 제시한 거부처분의 인정공식: 「국민의 신청에 대한 행정청의 거부처분이 항고소송의 대상이 되는 행정처분이 되기 위하여는, 국민이 행정청에 대하여 그 신청에 따른 행정행위를 해줄 것을 요구할 수 있는 법규상 또는 조리상의 권리가 있어야 하는 바, 도시계획법상 주민이 도시계획 및 그 변경에 대하여 어떤 신청을 할 수 있음에 관한 규정이 없을 뿐만 아니라, 도시계획과 같이 장기성·종합성이 요구되는 행정계획에 있어서는 그 계획이 일단 확정된 후에 어떤 사정의 변동이 있다고 하여 지역주민에게 일일이 그 계획의 변경을 청구할 권리를 인정해 줄 수도 없는 이치이므로 도시계획시설변경신청을 불허한 행위는 항고소송의 대상이 되는 행정처분이라고 볼 수 없다」는[2] 후속 판결에서 기본 출발점이 되고 있다.

요컨대 동판결의 의의는, 계획변경신청권의 존부의 물음을 넘어서, 거부처분의 성립요건으로서 '국민이 행정청에 대하여 그 신청에 따른 행정행위를 해줄 것을 요구할 수 있는 법규상 또는 조리상의 권리' 즉, '신청권'의 존재를 요구한 점에 있다. 물론 대법원 1998. 7.10. 선고 96누14036판결이 거부처분의 성립요건으로 신청권의 존재에 덧붙여 i) 그 신청한 행위가 공권력의 행사 또는 이에 준하는 행정작용이어야 할 것, ii) 그 거부행위가 신청인의 법률관계에 어떤 변동을 일으킬 것을 요구하기도 하나, 기본적으로 기왕의 판결과 궤를 같이 한다. (한편 대법원 1996.6.11. 선고 95누12460판결은 신청권을 신청의 인용이라는 만족적 결과를 얻을 권리 즉, 실질적 권리(청구권) 차원에서 이해하지 않기에, 기왕의 공식을 그대로 전승한 판결들과는 상반된다고 판단될 정도로 기본태도에 차이가 있다.)

이런 거부처분의 인정공식을 나름대로 분명히 탈피하지 않는 한,

---

2) 대법원 1984.10.23. 선고 84누227판결.

공유수면매립법 제32조 특히 동조 제3호와 관련하여 '신청권'이 존재하는지가 검토되어야 한다. 동법 제32조(면허의 취소등)는 「해양수산부장관은 매립공사의 준공인가 전에 다음 각호의 1에 해당하는 사유가 있는 경우에는 이 법에 의한 면허 또는 인가 등을 취소·변경하거나 매립공사의 시행구역안에 있는 공작물 기타 물건의 개축·제거 또는 원상회복 기타 필요한 처분을 할 수 있다. 1. 허위 기타 부정한 방법으로 매립면허 기타 처분을 받은 경우, 2. 매립공사가 매립면허를 받은 자의 귀책사유로 인하여 예정공정에 현저히 미달된 경우, 3. 公有水面의 狀況 변경 등 예상하지 못한 사정변경으로 인하여 공익상 특히 필요한 경우, 4. 기타 법령의 규정에 의하여 토지를 收用 또는 사용할 수 있는 사업을 위하여 필요한 경우, 5. 이 법 또는 이 법에 의한 명령이나 처분에 위반한 경우」고 규정한다. 대부분의 행정법령 역시 '감독'의 차원에서 동일하게 규정하고 있다.

동조의 기본구조는 해양수산부장관을 비롯한 면허권자와 매립면허를 받은 자간의 법률(권리·의무)관계를 바탕으로 한다. 따라서 본 사건처럼 제3자가 과연 자신의 권리를 위하여 동조와 같은 감독규정을 원용할 수 있는지 검토되어야 한다. 일찍이 대법원은 1999.12.7. 선고 판결(97누17568)에서, 「구 건축법(1999.2.8. 법률 제5895호로 개정되기 전의 것) 및 기타 관계 법령에 국민이 행정청에 대하여 제3자에 대한 건축허가의 취소나 준공검사의 취소 또는 제3자 소유의 건축물에 대한 철거 등의 조치를 요구할 수 있다는 취지의 규정이 없고, 같은 법 제69조 제1항 및 제70조 제1항은 각 조항 소정의 사유가 있는 경우에 시장·군수·구청장에게 건축허가 등을 취소하거나 건축물의 철거 등 필요한 조치를 명할 수 있는 권한 내지 권능을 부여한 것에 불과할 뿐, 시장·군수·구청장에게 그러한 의무가 있음을 규정한 것은 아니므로 위 조항들도 그 근거 규정이 될 수 없으며, 그 밖에 조리상 이러한 권리가 인정된다고 볼 수도 없다」라고 하면서, 인근주민(제3자)이 건축허가 및 준공검사의 취소등과 관련하여 제기한 거부처분취소의 소와 부작위위법확인의 소가 부적법하다고 판시하였다.

국가개입과 관련한 물음에서 대법원의 이 같은 태도가 과연 바람직한지 여부와는 무관하게,[3] 일단 대상판결이 이에 합치되는지 여부가 검토되어야 한다. 요컨대 대상판결은 일단 대법원1999.12.7. 97누17568판결과는 어울리지 않는다. 물론 대상사안의 성격을 들어 양자간에 비교가 성립할 수 없다고 주장할 법하나, 먼저 조문의 기본성격에 관한 검토가 면밀하게 이루어져야 한다. 공유수면매립법 제32조 제3호는 처분당시의 위법성이 문제되지 않는, 더군다나 귀책사유없는 철회사유에 해당한다는 점에서, 사업시행의 타당성과 같은 정책적 물음에 못지않게, 아니 그것보다 더 치밀한 법적 논증이 필요하다. 왜냐하면 자칫 장기간 처분이 존속하고 이에 따라 진행될 사업은 물론, 이미 처분이 종료된 사업까지도, 항시 제3자에 의한 공세 및 無化의 가능성에 노출됨으로써, 사실상 무한적인 변경유보에 놓이기 때문이다. 제조업체의 AS비용이 다름 아닌 해당 제품의 원가로 전가되듯이, 무한적인 변경유보는 결코 비례적이지 않는 사회경제적 비용으로 환원된다. 이 점에서, 대상판결이 행정법의 주관적 권리화의 계기를 마련하였다고 평가하기에는 해명되어야 할 점이 많다.

Ⅳ. 맺으면서 – 법학적 미네르바 부엉이의 飛翔

이른바 '관습헌법'을 매개로 한 행정수도위헌결정의 건에서 보듯

---

3) 이에 관해선 특히 김중권, 건축법상의 진압적 개입수단을 통한 인인보호에 관한 소고, 공법연구 제29집 제3호, 2001.5. 참조.

이, 최근에 발생한 쟁점에는 단순한 법적 물음의 차원을 넘는 含意가 내포되어 있다. 여기에는 개인은 물론 지역의 경제적, 환경적 이익은 물론, 나아가 각각의 정치관, 사회관이 어우러져 있다. 그리고 1987.5.12. 당시 황인성 농림수산부장관이 서해안 간척사업의 추진계획을 발표한 후에, 그 해 12.10. 당시 민정당 노태우 대통령후보가 새만금사업을 공약으로 발표하였듯이, 지금 문제가 되는 대형 국책사업 대개가 과거 개발독재체제가 여전한 시절에 성안되어 시행되었다는 사실에 주목할 필요가 있다. 문제점을 인식하길 애써 주저하던 그 시절과는 정반대로, 오늘날에는 매사 참여의 기치하에 好爭的 傾向이 날로 극심해 지고 있다. 통념과는 달리 조선조에 송사가 매우 빈번하였다는 점이 새삼 연상된다. 보통국가이자 정상국가로, 나아가 선진민주국가로 이행하는 통과절차로 보기에는 너무나 과한 사회경제적 수업료가 지불되고 있다.

요컨대 치밀한 논증에 기반한 법을 통한 평화의 구축이 요구된다. 복합적인 행정결정에서 행정법도그마틱의 機能不全은 자칫 법적 카오스(Rechtschaos)를 초래할 우려가 있다. 왜냐하면 행정결정에 대해 단호하면서도 이성적 근거를 제시하면서 즉, 공법질서속에서 적법이니 위법이니 판단을 내리는 것이, 행정법도그마틱의 최종목표이기 때문이다. 법학적 미네르바 부엉이의 비상은 '법'의 하늘에서 이루어져야 한다. 물론 그 하늘을 온통 '법'의 색깔로 덧칠하여선 아니 된다.

** **추기:** '제3자에 대한 행정개입청구권'의 법리는 '행정법의 주관적 권리화'라는 개념으로 요약할 수 있는 변화의 소산이다. 대법원 1999.12.7. 선고 97누17568판결로 인해 기실 '행정개입청구권'의 법리가 건축법을 넘어 전 행정영역에서 존재할 수 있을지 의문스럽기 짝이 없다. 그런데 새만금과 관련한 하급심의 판례(서울고법 2005.12.21. 2005누4412판결, 서울행법 2005.2.4. 선고 2001구합33563판결)가 신청권

의 부존재를 근거로 거부처분의 부존재를 들어 각하판결을 내리지 않음으로써, 행정법의 주관적 권리화의 "싹"을 마련하였는데, 상고심인 대법원 2006.3.16. 선고 2006두330판결은 행정개입청구권의 법리를 명시적으로 언급하진 않았지만, 개입수권규정에 대한 접근에서 결과적으로 대법원 97누17568판결에서 벗어났다.[4] 사실 여기서 쟁점은 다름 아닌 불가쟁적(不可爭的) 행정행위의 재심의 문제인데, 대법원 2006.6.30. 선고 2004두701판결은 이 법리(法理)를 원천 부정하는 셈인 대법원 97누17568판결을 적시하면서, 신청권의 결여를 들어 거부처분의 존재를 부인하였다.[5] 다만 대법원 2014두41190판결은 제3자의 건축허가철회신청에 대한 거부와 관련해서 조리상의 신청권의 인정을 전제로 하여 거부처분의 존재를 인정하고 본안에서 거부처분이 위법하다고 판시하였다. 일종의 행정행위의 광의의 재심사의 문제이기도 한데, 판례상으로 행정개입청구권의 법리가 실현된 것으로 볼 수 있다. 다만 대법원 2017.3.15. 선고 2014두41190판결은 제3자의 건축허가철회신청에 대한 거부와 관련해서 조리상의 신청권의 인정을 전제로 하여 거부처분의 존재를 인정하고 본안에서 거부처분이 위법하다고 판시하였다. 일종의 행정행위의 광의의 재심사의 문제이기도 한데, 판례상으로 행정개입청구권의 법리가 실현된 것으로 볼 수 있다.[6]

---

4) 상론: 김중권, 행정개입청구권의 인정과 관련한 법적 문제점에 관한 소고, 저스티스 제86호, 2005.8., 216면 이하; 새만금판결의 행정법적 의의에 관한 소고, 법률신문 제3459호, 2006.5.18.

5) 상론: 김중권, 채석허가에 따른 적지복구상의 산림소유자의 법적 지위, 법률신문 제3563호, 2007.6.18.

6) 상론: 김중권, 제3자에 의한 건축허가철회청구권의 행정법적 의의, 법조 제728호, 2018.4.28., 455면 이하.

08

행정소송법상의 집행정지결정의 논증과 관련한 문제점

Ⅰ. 처음에 – 이전과 다른 의미로 다가온 집행정지제도

행정소송법은 집행부정지의 원칙을 천명하고, 일정한 요건하에 집행정지결정을 허용하고 있다(법 제23조 제1항). 공법상의 가처분제도의 도입이 판례상 부인되기에, 집행정지제도가 유일한 행정소송법상의 잠정적 권리보호수단이다. 작년 이맘때 대한민국 전체가 매서운 초겨울의 날씨를 일소하는 엄청난 열기로 가득 찼고, 마침내 대한민국 헌정사상 초유의 일이 일어났다. 이런 결과의 원인과 경과를 두고서 상반된 평가가 가능하지만, 분명한 점은 서울행정법원이 촛불집회금지처분에 대해 내린 일련의 집행정지결정이 역사적 흐름의 결정적인 변곡점이 되었다.[1] 새로운 지평에서 집행정지제도와 관련한 논증구조 등에 관해 살펴보고자 한다.

Ⅱ. 논의의 전제 – 법치국가원리와 잠정적 구제

1. 잠정적 권리보호의 요청과 그 기능

법원의 적법성심사 전에 행정청이 돌이킬 수 없는 조치를 집행했다고 하면, 재판청구권의 실현을 통한 '포괄적이고 효과적인 권리보호'는 구두선(口頭禪)일 수밖에 없다. 잠정적 권리보호는 헌법상의 재판청구권이 표방하는 효과적인 권리보호를 위한 기본요소이다. 잠정적 권리보호는 먼저 소송계속중에 결정의 집행이나 그 후속결과에 대해 보호를 가져다주거나 일정한 권리나 사실적 상태를 소송의 종결까지 보전하는 데 이바지한다(보전기능). 재판청구권을 통해 이런 보전기능은 헌법적으로 자리매김이 되어 있다. 그런데 아쉽게도 잠정적 권리보호의 보전기능의 헌법적 의의가 비단 공법소송만이 아니라, 소송법 문헌에서 적극적으로 기술되고 있지 않다. 또한 잠정적 권리보호는 행정소송이 종료되기 전에 불법이 집행되지 않도록 행정의 법구속이란 통제의 객관적 기능을 지닌다(행정통제기능).

2. 집행부정지의 원칙의 채택 및 그것의 헌법적 문제점

헌법상의 재판청구권에 비추어 잠정적 권리보호는 원칙적으로 헌법상의 위상을 갖는다. 통상 행정소송법상 집행정지를 원칙으로 할 것인지 아니면 집행부정지를 원칙으로 할 것인지 여부의 물음에 대해서는 입법정책의 문제로 보는 것이 일반적이다. 그런데 법치국가원리적 의문점과는 별개로 집행부정지의 원칙은, 특히 공정력과 관

---

1) 상론: 김중권, 집회금지처분에 대한 잠정적 권리구제에 관한 소고, 법조 제725호, 2017.10.28., 541면 이하.

련해서 법치국가원리에 입각한 행정법도그마틱의 전개를 결정적으로 방해한다. 독일 연방헌법재판소는 집행정지의 원칙을 규정한 행정법원법 제80조 제1항을 효과적인 권리보호의 기본법적 보장의 개별법적 표현으로, 또한 정지효의 원칙을 공법쟁송의 근본원칙으로 본다(그리고 집행정지와 집행부정지가 원칙과 예외의 관계에 놓이며, 만약 이런 관계를 역전시키는 행정실무는 위헌이라고 한다.[2] 민주화와 행정소송이 비례관계에 있어서 법치국가원리에 부응한 행정소송제도를 구축해야 한다는 점에서, 집행정지제도를 입법정책적 차원에서 접근하는, 일본에서 연유한 기왕의 태도가 이제는 획기적으로 바뀌어야 한다.[3]

Ⅲ. 요건과 관련한 논증구조의 문제

집행정지의 요건과 관련한 논증은 궁극적으로 −적극적 요건으로서− 회복하기 어려운 손해를 예방하기 위한 긴급한 필요성에(법 제23조 제2항) 해당하는 정지(연기)이익과 −소극적 요건으로서− 공공복리에 대해 중대한 영향을 미칠 우려에(법 제23조 제3항) 해당하는 즉시집행이익간의 이익형량의 문제이다. 여기서 문제되는 것이 본안에서의 승소가능성여부이다. 신청인의 본안청구가 이유없음이 명백하지 않아야 집행정지가 허용된다. 본안의 승소전망과 관련한 계쟁처분의 위법성에 관한 약식심사와 −적극적 요건과 소극적 요건을 대상으로 한− 이익형량간의 관계가 불분명하다. 계쟁처분의 위법성이나 적법성에 관한 판단이 포괄적인 이익형량에 반영되면 자칫 계쟁처분의 명백한 위법성과 본안에서의 승소전망에도 불구하고 집행

2) BVerfGE 35, 382(402).
3) 일본에서도 그들 집행부정지원칙의 위헌성이 지적된다. 松井茂記, 『裁判を受ける権利』, 1993, 186頁以下.

정지신청이 거부될 수 있다. 따라서 먼저 계쟁처분의 명백한 적법성이나 위법성을 심사한 다음, 결과예측이 불확실할 때 비로소 정지(연기)이익과 즉시집행이익간의 이익형량을 행해야 한다(이단계적 시스템).[4] 이 점에서 법무부행정소송개정안이 소극적 요건의 조항에서 본안에서의 승소가능성여부를 함께 규정한 것은(제24조 제3항) 집행정지의 활성화를 저해할 우려가 있다.

Ⅳ. 본안에서의 승소가능성 여부 문제

신청인의 본안청구가 이유없음이 명백하지 않아야 집행정지가 허용된다. 판례는 시종 이 점을 고수하지만, 종종 행정처분 자체의 위법 여부는 궁극적으로 본안재판에서 심리를 거쳐 판단할 성질의 것이므로 원칙적으로는 판단할 것이 아니고 행정소송법 제23조 제2항, 제3항에 정해진 요건의 존부만이 판단의 대상이 된다고 판시하여,[5] 심각한 논란이 빚어지고 있다. 체계적 접근이 쉽지 않다는 점에서 하루바삐 정리될 필요가 있다. 본안에서의 승소전망은 일종의 동적 시스템으로 그 다음 단계의 이익형량에 영향을 미친다. 여기서 유의할 점은 가해지는 부담이 중하면 중할수록, 행정조치로 불가변적 상황이 야기되면 야기될수록, 적법성 심사의 강도가 높아져야 한다. 따라서 집회금지처분과 관련해서는 집회자유의 고양된 의의에 비추어, 그리고 집회금지가 지닌 심각하고 불가역적인 결과(재현불가능)를 감안할 때, 설령 긴급절차라 하더라도 법원은 사안과 계쟁처분의 적법성을 심도 있게 심사해야 한다.

---

4) 이는 독일의 통설과 판례가 취하는 논증구조이다.
5) 대법원 2008.8.26.자 2008무51결정.

V. 이익형량에서의 판단태도 문제

즉시집행의 이익과 정지이익간에 형량에 의해 보전의 필요성이 판단되는데, 원고의 청구가 명백한 이유가 있거나 계쟁처분의 적법성에 심각한 의문이 있을 때는 행정의 집행이익은 존재하지 않고, 집행정지가 내려져야 한다. 하지만 행정행위가 명백히 적법하다고 하여 그 자체가 즉시집행의 이익을 성립시킨다고 결론을 내려서는 아니 된다. 따라서 본안에서의 이유 있음이나 없음이 명백하지 않은 경우에 비로소 즉시집행이익과 정지이익간의 형량결정이 내려질 수 있다. 본안의 승소가능성이 높으면 높을수록, 정지이익에 대한 요청은 더욱더 쉽게 관철되고, 반대로 본안의 승소가능성이 낮으면 낮아질수록 집행정지를 정당화시키는 정지이익을 더 엄격히 사정해야 한다. 정지이익과 즉시집행이익간의 이익형량에서는 법률의 목적 역시 고려해야 하며, 법원은 원칙적으로 신청자와 처분청의 이익만이 아니라, 본안과 관련한 모든 공익과 사익을 고려해야 한다. 유의할 점은 추상적으로 공익의 우위와 사익의 후퇴를 판단의 출발점으로 삼아서는 아니 된다. 관련인의 기본권적 중요사항이 형량에 포괄적으로 반영되어야 한다(가령 집회금지처분에서 그것의 즉시집행은 원칙적으로 집회의 종국적인 저지를 초래하기에, 제1심의 잠정적 권리보호가 사실상 종국적 권리보호인 셈이다. 여기선 잠정적 권리보호가 특별한 의의를 가지며, 당연히 집회금지를 정당화시키는 공익상의 위험예측에 대해서 높은 기준요청을 설정해야 한다). 여기서 법관은 이중가설의 공식의 방법으로, 행정처분이 즉시 집행되었는데 만약 나중에 그 소송이 종내 인용될 경우에 일어날 상황은 어떠하며, 행정처분의 집행이 정지되었는데 만약 그 소송이 궁극적으로 이유가 없다고 판명될 경우에 일어날 상황은 어떠한지에 관해 물음을 제기하여야 한다. 잠정적 권리보호의 목표는 본안오판의 리스크를 최소화하고 가능한 방지하는 것이기 때문에, 비록 현행 행정소송법이 집행부정지의 원칙을 취하지만, 재판청구권의 차원에서 집행정지에 유리하게 결정을 내릴 필요가 있다('집행이익과 정지이익이 비등하면 집행정지에 유리하게'). 그리고 공공복리에 대한 중대한 영향에 대해서는 엄격한 태도를, 반면 회복하기 어려운 손해를 예방할 긴급한 필요성에 대해서는 덜 엄격한 태도를 취하는 것이 바람직하다.[6]

Ⅵ. 맺으면서 – 입법자의 선물이 아니라 헌법상의 명령이다

행정법원에 의한 잠정적 권리보호는 입법자가 임의로 부여하거나 제한하거나 빼앗을 수 있는 선물이 아니라, 헌법상의 명령(원칙)이다.[7] 30년에 가까운 헌법재판의 역사에서 이제껏 가처분인용 건수가 5건에 불과할 정도로, 잠정적 권리보호는 공법소송상으로 매우 낮은 위상을 지닌다. 행정재판은 물론, 헌법재판에서도 민사법상의 가처분규정이 준용되기에, 민사가처분적 관점이 공법적 잠정적 권리보호를 압도적으로 지배하고 있다. 공법소송에 민사가처분의 기조가 그대로 투영되는 것은 사물의 본성에 반한다. 이제 공법적 잠정적 권리보호 시스템을 법치국가의 원리에 맞게 개혁할 필요가 있다.

---

6) 김중권, 행정법, 809면 이하.

7) Finkelnburg/Dombert/Külpmann, Vorläufiger Rechtsschutz im Verwaltungsstreitverfahren, 6. Aufl. 2011., Rn.1.

09

1차적 권리보호의 우위에 따른 민사법원에서의 선결문제와 후결문제

Ⅰ. 처음에 – 권리보호체계의 구성

위법한 국가활동에 대한 권리보호의 형식은 제1차적인 것(Primärrechtsschutz)과 제2차적인 것(Sekundärrechtsschutz)으로 나뉜다. 취소소송, 부작위소송이나 결과제거청구소송처럼, 공권력의 위법한 행위의 적법성을 심사하고 그에 따라 그 위법한 국가행위의 폐지와 제거를 목표로 하는 적법성통제의 메카니즘에 해당하는 것이 전자이고, 국가배상청구, 공용개입(공용침해, 공용수용)상의 손실보상청구, 희생보상청구처럼 국가활동으로 발생한 (손실을 포함한 넓은 의미로) 손해에 대한 보상과 배상을 목표로 하는 것이 후자이다. 존속보호 및 적법성회복을 목표로 하는 전자와는 구별되게, 후자는 –비록 국가활동의 적법성통제와 적법성의 관철에 이바지하긴 하지만– 위법한 국가적 조치의 파기(Kassation)가 아닌 재정적 補塡(배상·보상)을 그

목적으로 한다.[1]

독일에선 지난 2001년의 국법학자 대회의 주제가 되었던 공법에서의 제1차적, 제2차적 권리보호의 문제가 국내에선 아직 충분히 소개되지 못하였다. 다만 '법관의 재판'에 대한 국가배상책임의 인정과 관련해서, 판례는 "재판에 대하여 따로 불복절차 또는 시정절차가 마련되어 있는 경우에는 재판의 결과로 불이익 내지 손해를 입었다고 여기는 사람은 그 절차에 따라 자신의 권리 내지 이익을 회복하도록 함이 법이 예정하는 바이므로, 불복에 의한 시정을 구할 수 없었던 것 자체가 법관이나 다른 공무원의 귀책사유로 인한 것이라거나 그와 같은 시정을 구할 수 없었던 부득이한 사정이 있었다는 등의 특별한 사정이 없는 한, 스스로 그와 같은 시정을 구하지 아니한 결과 권리 내지 이익을 회복하지 못한 사람은 원칙적으로 국가배상에 의한 권리구제를 받을 수 없다고 봄이 상당하다"고 판시하였다.[2] 공법에서의 제1차적, 제2차적 권리보호의 문제를 환기시킨 이 판례를 계기로, 공론화를 도모하기 위해 종래의 선결문제 등을 새롭게 접근하고자 한다.[3]

Ⅱ. 제2차적 권리보호에 대한 제1차적 권리보호의 우위

소위 자갈채취 판결에서, 독일 연방헌법재판소는 쟁송취소와 손실보상 간에 선택권은 존재하지 않기에 위법한 공용개입적 행위에 대해선 우선 취소소송을 제기하여야 하며, 만약 그것에 불가쟁력이 발생하면, 이른바 공용개입유사적 개입에 따른 손실보상소송은 거부된

1) Maurer, Allg. VerwR, 17.Aufl., 2009.§25 Rn.9.; 김중권, 公用介入類似的(收用類似的), 公用介入的(收用的) 介入의 適用領域에 관한 小考, 토지공법연구 제43집 제2호, 2009.2. 15면.
2) 대법원 2003.7.11. 선고 99다24218판결.
3) 이런 접근에 관해서는 김중권, 국가배상법상의 과실책임주의의 이해전환을 위한 소고, 법조 제635호, 2009.8., 45면 이하.

다고 판시하였다.[4] 이에 따라 공용개입유사적(준공용개입적) 개입의 법리가 축소되고, 제2차적 권리보호에 대한 제1차적 권리보호의 우위가 인정되었다. 법위반을 제거할 의무는 법치국가원리에 부합한다. 따라서 위법한 활동을 내버려둔 채 손해보전(손해배상 · 손실보상)을 통해 補塡하기보다는 그 위법한 활동을 제거하는 것이 법치국가원리적 요청이다. 그런데 제1차적 권리보호의 우위를 유럽최고법원(EuGH)도 피해자의 손해제한의무의 사상에서 받아들였다.[5] 그 결과 시민(국민)으로선 권리구제방도에서 행정법원에 의한 방어와 민사법원에 의한 재정적 補塡간에 선택이 허용되지 않는다. 나아가 "受忍하라 그리고 청산(보상)을 청구하라."는 명제에 대신하여 "청산을 청구하기 전에, 방어하라."는 명제가 통용된다. 독일의 경우에는 궁극적으로 제1차적 권리보호를 통해 헌법재판권(위헌법률심사권)을 담보하기 위함이며, 동시에 전자가 행정법원의 소관이고, 후자가 일반(민사)법원의 소관이라는 재판방도의 분할이라는 점도 고려되어야 한다. 독일 대부분의 문헌은 제1차적 권리보호의 우위가 기본권적 고려에서 비롯된다고 본다.[6] 우리의 경우 비록 제1차적 권리보호의 우위가 司法上의 不法을 넘어서[7] 판례상으로 견지될지 판단하기 어렵긴 해도, 기본권의 방어적 성격에서 제1차적, 제2차적 권리보호의 나눔 및 전자의 우위는 당연히 인정된다고 하겠다.

---

4) BVerfGE 58, 300ff.

5) EuGH, Slg.1996, I −1029, Rn.84

6) 反論: Axer, Primär− und Sekundärrechtsschutz im öffentlichen Recht, DVBI. 2001, S.1322(1328f.

7) 판례는 사법상의 불법의 문제에서 배상책임의 성립요건인 위법성과 유책성의 정도를 일반적인 경우보다 상향시켜 설정하고 또한 재판에 대하여 따로 불복절차 또는 시정절차가 마련되어 있는 경우에는 그 같은 구제절차가 국가배상의 구제에 대해 원칙적으로 우선함을 판시하였다(대법원 2003.7.11. 선고 99다24218판결 등). 그런데 바람직하지 않게도 판례는 종종 재판상의 불법이 아니라 법관의 불법 문제로 접근한다. 김중권, 행정법, 2023, 891면 이하.

Ⅲ. 제1차적 권리보호의 우위에 따른 민사재판에서의 先決問題

제1차적 권리보호의 우위를 인정하면, 행정재판에 우선적 심사권한이 인정됨으로써, 공법활동의 적법성판단에선 민사재판보다 행정재판이 우위에 선다. 더욱이 우위의 의미를 전적으로 앞세우면 권리구제방도상의 선택가능성은 부인된다. 해서 국민이 취소소송제기를 해태하는 경우에는, 그로 인해 손해배상·손실보상청구권의 주장까지도 차단될 수 있다. 따라서 제1차적 권리보호의 우위에 따라 행정행위의 존속력에 고양된 의의가 인정됨으로써, 종래 민사소송에서의 선결문제는 새로운 국면을 맞는다. 여기서는 손해배상청구권을 주장하고자 하는 원고가 어떤 방어적 수단을 행사하지 않은 경우에, 그것이 어떻게 旣成力(구성요건적 효력)으로 다루어져야 할지 물음이 던져질 수 있다.[8)]

독일의 경우 수로건설분담금납부하명에 대해 제소기간내에 제소하지 않은 채 해당 확정금액을 납부한 원고가 나중에 민사구제의 방법으로 국가배상청구소송을 통해 직무위반에 따른 손해배상을 청구한 사건에서, 이것이 다투어졌다. 주 고등법원(OLG Oldenburg)과 독일연방대법원(BGH)이 서로 다른 입장을 취하였다. 여기서 Oldenburg 주고등법원은 하명처분의 불가쟁력을 이유로 당해 소를 각하하였다. 독일의 기왕의 판례와 문헌상의 통설은, 국가배상청구권의 성립이유로 행정행위의 위법성이 주장될 경우에, 민사법원으로선 행정행위의 유효성을 고려함이 없이 행정행위의 적법성을 심사하여야 한다고 본다(선결문제에서의 적극설). 그리고 이런 심사의무는 피해자가 행정행위에 대한 제소를 해태한 경우에도 존재하며, 존속력은 (선결문제에

8) Schmidt－Aßmann, in: Schoch/Schmidt－Aßmann/Pietzner(Hrsg.), VwGO Kommentar, 2008, Einl. Rn.232.

해당하는) 행정행위의 적법성과는 무관하다고 한다. 행정절차와 법원 판결의 상이한 기능을 고려한 즉, 이런 차이점으로 인해 행정행위의 존속력에 대해 그것의 적법성과 관련해서도 후속 재판절차를 위한 기속효를 부여하는 것은 금지된다고 한다. 또한 법도그마틱적 착안점에서도 위법한 행정행위의 제거와 배상책임간에는 본질적인 차이점이 존재한다고 한다. 이에 따라 독일 연방대법원은 기왕의 통설에 의거하여 不可爭力의 발생으로 손해배상청구권이 배제되진 않으며, 다만 피해자가 행정행위에 대한 권리구제의 제기를 비난가능하게 즉, 유책하게 지연할 경우에만 전적으로 그들 민법 제839조 제3항에 의해 손해배상청구권이 배제된다고 판시하였다.[9)]

항소심을 파기한 이 판결에 대해 비판적 문헌은 독일 연방대법원이 종전의 판례를 독일 연방헌법재판소의 자갈채취판결의 배경에서 숙고하고, 아울러 제1차적 권리보호로서의 행정재판적 권리보호와 제2차적 권리보호로서의 국가배상청구를 분명히 나눌 기회를 가졌음에도 불구하고 유감스럽게도 그렇지 못하였다는 점을 우선 지적하였다. 그리고 이미 행정의 적법성의 원칙과 동등하다고 여겨짐에도 불구하고, 불가쟁력의 근거인 법적 안정성의 원칙을 전혀 고려하지 않았다고 비판하였다. 아울러 자갈채취 판결에서 연방헌법재판소가 손실보상청구와 관련해 (부담적 행정행위의) 불가쟁력의 발생에 대해 배제효를 부여하였다는 점을 들어 이런 사고를 일관되게 견지한다면 의당 불가쟁적 행정행위에서는 국가배상의 청구가 배제되어야 한다고 주장한다.[10)]

---

9) BGHZ 113, 17=NJW 1991, 1168.
10) Jeromin, Die Bestandskraft von Verwaltungsakten im Amtshaftungsprozeß, NVwZ 1991, 543ff.

Ⅳ. 제1차적 권리보호의 우위에 따른 민사재판에서의 後決問題

대법원 1984.7.24. 선고 84다카597판결 이래로 판례는 행정소송상의 위법성판단과 국가배상청구상의 (직무행위의) 위법성판단은 별개라는 입장을 견지하고 있다.[11] 비록 국가배상사건의 차원에서 직무행위의 위법성을 논증하기 위함이지만, 이미 행정소송을 통해 위법성이 확인된 처분을 민사소송에서 다시 심사하는 것이 과연 문제가 없는가? 민사재판의 後決問題이자 일종의 다른 의미의 先決問題인 셈인 이 문제는, 취소소송의 취소판결의 기판력이 後訴인 국가배상청구의 소에 미치는지의 물음과 취소소송의 위법성과 국가배상책임의 성립요건상의 위법이 동일한지 여부의 물음에 관한 것인데, 궁극적으로 국가배상법상의 위법개념의 문제로 귀착된다.

법해석은 어느 경우에서나 결코 법률가의 의견에만 좌우되진 않기에, 적합하게 공평하게 사고하는 시민들의, 건전한 상식을 가지고 있는 시민들의 견해와 기대감도 고려하여야 한다.[12] 행정소송을 통해서 원고가 바라는 행정행위의 위법성이 확인되었음에도 불구하고, 비록 담당 재판부는 다르지만 같은 사법부에서 원고의 바램이 국가배상의 차원에서 실현되지 않는다는 것이 과연 법감정상 받아들여질 수 있을지 심히 의아스럽다. 물론 법감정이 실정법을 넘을 순 없기에, 초점은 현행 관련 법제 전체의 문제점에 모아진다. 독일에선 행정사건은 행정법원이, 민사사건은 일반법원이 관할하지만, 우리는 일원적 법원체제를 취한다. 더군다나 장차 행정소송법개정으로 종래 민사사건으로 다루어 온 국가배상청구의 사건이 당사자소송사건이 될 것 같으면, 동일한 행정소송의 테두리 안에서 한쪽에선 원고의

11) 대법원 2007.5.10. 선고 2005다31828판결 등.
12) Mayer/Kopp, Allg. VerwR, 5.Aufl., 1985, S.116.

바램이 수긍되고, 다른 한쪽에서는 이미 한쪽에서 수긍되었던 원고의 바램이 결과적으로 좌초되어 버리는 상황이 빚어질 수도 있다.

이런 판례의 태도가, 효과적인 권리구제를 담보로 한 법치국가원리, 제1차적 권리보호의 우위, 헌법상의 국가배상책임구조에 비추어 과연 바람직한지 이제는 곱씹어 볼 때가 되었다. 이미 다툼의 대상(행정처분)의 위법성이 행정소송에서 확인된 이상, 그 위법의 결과는 국가배상제도에서 굴절 없이 그대로 실현되어야 한다.[13] 여기서 결정적인 난관은 국가배상법상으로 요구된 주관적 책임요소(고의, 과실)의 존재인데, 이것은 헌법 제29조 제1항의 本旨가 국가의 자기책임을 분명히 함으로써 탈색시킬 수 있다.[14] 민법의 공무원자기책임에서 출발하여 개별 주법이나 연방공무원법상의 대위책임적 구조의 채택을 거쳐 헌법차원의 대위책임적 구조로 진행된 독일과는 달리, 우리는 헌법이 먼저 만들어지고 이를 구체적으로 형성하는 국가배상법이 만들어졌다. 나아가 우리로선 왕정의 전통으로 敗戰前까지 國家無責任을 견지하였던 일본과도 전혀 다른 역사적 토양을 갖는다. 국가책임의 제도적 보장인 헌법 제29조 제1항은 입법자가 넘을 수 없는 책임요건과 책임의 최소한의 보장을 담고 있다.[15] 현행 국가배상법제는 부단히 헌법상의 국가배상책임의 本旨에 합치하여야 한다. 따라서 국가배상법제 및 그것의 운용이 법치국가원리와 권리보호의 보장을 보충하고 구체화하는 국가책임의 임무에 미치지 못하면. 이는 헌법차원의 문제이기도 하다.

새로운 접근에 따라 국가배상법상의 위법성의 의미도 다시금 가다듬어야 한다. 즉, 취소소송에서의 평가와 동일해야 하며, 최소소송

13) 독일의 경우에도 행정조치의 적법성이나 위법성을 실질적 확정력있게 확인한 행정법원의 판결, 즉, 인용·기각판결의 기판력에 민사법원은 구속된다(BGH NJW 1953, 862(863); BGH NJW 1992, 2691).

14) Papier 교수는 그들 현행법상의 유책성요청의 실제적 의의를 과대평가해선 아니 된다고 강조한다(in: Maunz/Dürig, GG Kommentar, §34 Rn.197).

15) Vgl. BVerfGE 61, 149(198).

판결의 기판력은 당연히 국가배상청구의 소에 미쳐야 한다. 궁극적으로 행정처분의 객관적 정당성에 의거하여 위법성을 판단하는 판례의 태도(이른바 상대적 위법성설)를 어떻게 극복하느냐가 관건이다. 이젠 국가배상법제를 지배한 과도한 民事不法行爲論的 접근을 버리고, 그것을 공법질서에서 새롭게 정립하여야 한다.

**** 추기:** 행정법을 '민주적 법치국가원리의 구체화'로 새롭게 자리매김함에 따라 그에 걸맞은 새로운 행정법의 구축은 항시적 과제이다. 그러나 후발법인 공법 및 행정법의 바른 이해가 민주적 법치국가원리에 입각하여 정립되기 전에 모든 법률가가 민사법적 세례를 받았다는 점이 우리 공법 및 행정법의 현대화와 개혁을 더디게 하는 치명적인 초기조건이다. 공법 및 행정법은 민사법의 단순한 연장이 아니다. 입헌군주제를 견지하는 일본의 경우 공법의 발전이 상당히 억제될 수밖에 없지만, 우리의 경우 일본과 다른 역사적 전통에서 전개된 이상, 기왕의 민사논리에 사로잡힌 접근을 손쉽게 떨칠 수 있다. 민사적 접근과의 과감한 결별이 우리 공법학의 숙제이다.[16]

---

16) 상론: 김중권, 행정법이론의 발전과 행정판례의 동향에 관한 비판적 고찰, 인권과 정의, 제515호, 2023.8.1., 73면 이하.

10

변호사등록지연에 대한 손해배상책임과 관련한 법적 문제점

대법원 2021.1.28. 선고 2019다260197판결

Ⅰ. 사실의 개요

갑이 선고유예 판결의 확정으로 변호사등록이 취소되었다가 선고유예기간이 경과한 후 대한변호사협회에 변호사등록신청을 하였는데, 협회장 을이 등록심사위원회에 갑에 대한 변호사등록 거부 안건을 회부하여 소정의 심사과정을 거쳐 대한변호사협회가 갑의 변호사등록을 마쳤고, 이에 갑이 대한변호사협회 및 협회장 을을 상대로 변호사 등록거부사유가 없음에도 위법하게 등록심사위원회에 회부되어 변호사등록이 2개월간 지연되었음을 이유로 손해배상을 구하였다.

Ⅱ. 대상판결의 요지

대한변호사협회는 등록신청인이 변호사법 제8조 제1항 각호에서 정한 등록거부사유에 해당하는 경우에만 변호사등록을 거부할 수 있고, 그 외 다른 사유를 내세워 변호사등록을 거부하거나 지연하는 것은 허용될 수 없는데, 갑의 선고유예 판결에 따른 결격사유 이외에 변호사법이 규정한 다른 등록거부사유가 있는지 여부를 짧은 시간 안에 명백하게 확인할 수 있었음에도 그러한 확인절차를 거치지 않은 채 단순한 의심만으로 변호사등록 거부 안건을 등록심사위원회에 회부하고, 여죄 유무를 추궁한다며 등록심사기간을 지연시킨 것에 관하여 협회장 을 및 등록심사위원회 위원들의 과실이 인정되므로, 대한변호사협회는 이들이 속한 행정주체의 지위에서 배상책임을 부담하여야 하고, 갑에게 변호사등록이 위법하게 지연됨으로 인하여 얻지 못한 수입 상당액의 손해를 배상할 의무가 있는 반면, 을은 대한변호사협회의 장(장)으로서 국가로부터 위탁받은 공행정사무인 '변호사등록에 관한 사무'를 수행하는 범위 내에서 국가배상법 제2조에서 정한 공무원에 해당하므로 경과실 공무원의 면책 법리에 따라 갑에 대한 배상책임을 부담하지 않는다.

Ⅲ. 문제의 제기 – 국가배상법에 의거한 접근의 문제점

원심과[1)] 대상판결은 공히 변호사등록의 정당하지 않은 지연을 위법이라고 보고서 그에 따라 대한변호사협회의 손해배상책임이 인정된다고 보는데, 차이는 대한변호사협회장을 상대로 직접 손해배상을 청구할 수 있는지 여부이다. 원심과 제1심은[2)] 사안을 국가배상법이

1) 서울중앙지방법원 2019.7.23. 선고 2018나58549판결.
2) 서울중앙지방법원 2018.8.22. 선고 2017가단5243733판결.

아닌 민법의 차원에서 접근하여 부정하지만, 대상판결은 사안을 국가배상법의 차원에서 접근하여 대한변호사협회장을 국가로부터 위탁받은 공행정사무인 '변호사등록에 관한 사무'를 수행하는 범위 내에서 국가배상법 제2조에서 정한 공무원으로 보고서, 경과실 공무원의 면책 법리에 의거하여 배상책임을 부정하였다. 그리고 대한변호사협회가 져야 할 손해배상의 범위에 원고의 일실수입 상당의 손해가 포함되는지 여부도 다투어졌다.[3] 대상판결의 접근이 현행 국가배상법의 차원에서 그리고 손해배상책임의 법리에서 용인될 수 있는지를 비판적으로 검토하고자 한다.

Ⅳ. 변호사법상의 변호사등록제도의 연혁

대한변호사협회는 간접적인 국가행정의 일환인 파생적 행정주체인 공공단체이다. 그런데 공공단체가 행정주체성을 지니기 위해서는 그것이 회원을 상대로 공권력주체로서 공권력을 행사할 수 있어야 한다. 변호사는 자유직업적으로 활동하지만 그의 활동은 공익을 위한 것이어서 특별한 법률상의 의무와 구속을 따른다. 여기서 행정주체로서의 변호사협회는 변호사등록에 참여해야 하고, 신분상 의무의 준수를 유의해야 하며 명예를 지키기 위해 활동해야 하는데, 그 핵심이 회원에 대한 징계권의 행사이다.[4]

1949년에 제정된 변호사법(법률 제63호)은 변호사업무는 법무부에 비치된 변호사명부에 등록되어야 개시할 수 있으며(제7조), 변호사회를 경유하여 법무부장관에 등록신청서를 제출하여야 한다고(제8조) 규정하였다. 지금과 같이 대한변호사협회가 변호사등록업무를 관장

---

3) 참고문헌: 이상덕, 대한변호사협회의 변호사등록 지연이 불법행위에 해당하는지의 판단 기준, 대법원판례해설 제127호, 2021.

4) Vgl. Maurer/Waldhoff, Allg. VerwR, 19.Aufl., 2017, §23 Rn.38.

한 것은 1982년의 법개정 이후이다. 변호사의 등록업무가 법무부장관으로부터 대한변호사협회로 전면 이관하였다. **한편** 변호사의 징계 역시 변호사법의 제정 당시에는 법무부장관의 절대적인 지배를 받았는데(제19조), 1993년 법개정을 통해 현행과 같이 대한변호사협회에 변호사징계위원회가 －법무부 변호사징계위원회와 별도로－ 독립되게 설치되었다. 징계위원회의 구성이 대한변호사협회에 전적으로 맡겨져 있고 일정한 징계사항을 대한변호사협회 변호사징계위원회가 전속적으로 관장한다. 대한변호사협회는 처음부터 행정주체로서의 공공단체에 해당한 것이 아니라, 1993년 법개정 이후에 비로소 그렇게 되었다.

Ⅴ. 사안을 국가배상법의 차원에서 접근한 것의 문제점

국가배상의 책임주체와 관련해서, 헌법은 국가와 공공단체를 규정하고 있지만, 국가배상법은 국가와 지방자치단체만을 규정하고 있다. 국가배상법의 제정 당시에는 배상책임자로 국가와 공공단체를 규정하였는데, 그 뒤 1967년 개정법에서 바뀌었다. 1967년 개정법의 해설에 의하면, 공공조합이나 영조물법인은 공무원을 구성원으로 하지 않기 때문에 사실상 국가배상법의 적용이 없고 구성원의 불법행위 등에는 민법에 의한 배상책임을 인정하였다고 한다.[5] 비교법적으로 보면, 독일의 경우 국가배상법제에 해당하는 독일 민법 제839조는 공공단체를 특별히 거명하지 않지만, 기본법 제34조는 국가와 공공단체가 원칙적으로 배상책임자가 된다고 규정한다. 일본의 경우 헌법 제17조와 국가배상법 제1조가 공히 공공단체를 배상책임의 주체로 규정한다. 국가배상법이 헌법과 달리 배상책임의 주체를 제한한 것과 관련하여 위헌성이 제기되나, 민법에 의한 배상가능성이 배

5) 김정렬, 새 국가배상법해설.

제되지 않기에 위헌성 여부에 대해 의견의 일치를 보기가 어렵다.

공법인이 국가로부터 위탁받은 공행정사무를 집행하는 과정에서 공법인의 임직원이나 피용인이 고의 또는 과실로 법령을 위반하여 타인에게 손해를 입힌 경우 공법인은 위탁받은 공행정사무에 관한 행정주체의 지위에서 배상책임을 부담하여야 하지만, 현행법상으로(de lege lata) 공공단체가 국가배상법상의 배상책임의 주체가 될 수 없는 이상, 공공단체의 배상책임의 문제는 민법의 차원에서 접근해야 한다. 여기서 유추의 방법으로 국가배상법적 접근할 수 있는지가 문제되는데, 유추를 인정하기 위해서는 먼저 현행의 법상황이 법률흠결에 해당하고 그것이 입법자가 의도하지 않은 것이어야 한다. 그런데 지금의 법상황은 분명히 입법자가 의도한 것이어서 유추적 모색은 불허된다. 대상판결이 사안을 국가배상법에 의거하여 접근한 것은 배상책임주체를 국가와 지방자치단체를 규정한 제2조를 정면으로 위배한 것이다. 물론 입법정책적으로는(de lege ferenda) 공공단체의 고권적 활동이 국가배상책임의 차원에서 전개되도록 국가배상법의 제정 당시로 환원하는 것이 바람직하다.

Ⅵ. 대한변호사협회장의 개인적 배상책임을 다룬 것의 문제점

하급심과 달리 대상판결은 대한변호사협회장의 개인적 배상책임의 성립 여부를, －배상책임성립의 기본적인 요건인 인과관계의 문제를 간과한 채－ 가해공무원의 개인책임을 고의 또는 중과실의 경우에 인정한 대법원 1996.2.15. 선고 95다38677전원합의체판결에 의거하여 다루었다. 대상판결이 지적한 대로, 대한변호사협회장은 국가로부터 위탁받은 공행정사무인 '변호사등록에 관한 사무'를 수행하는 범위 내에서 국가배상법 제2조에서 정한 공무원에 해당하지만, 이를 이유로 국가배상책임상의 가해공무원으로 접근한 것은 매우 바람직하지 않다. 왜냐하면 사안을 국가배상법의 차원에서 접근한 것은 명백히 허용되지 않기 때문이다. 나아가 대상판결은 배상책임의 성립요건의 차원에서도 문제가 있다. 위법한 직무행위로 인해 손해가 발생해야 하므로, 위법한 직무행위와 손해발생 사이에 인과관계가 있어야 한다. 공무수행에서 대한변호사협회장이 공무원에 해당하고 그의 업무수행이 위법하더라도 그 업무수행이 손해발생의 직접적인 원인이 아닌 한, 대한변호사협회장의 배상책임을 논의하는 것은 바람직하지 않다. 원심과 제1심이 바르게 지적하였듯이, 변호사등록과 관련한 대한변호사협회장 등의 일련의 행위는 변호사등록메커니즘에 따른 일련의 절차상의, 내부적인 일일 뿐이다. 적시에 변호사등록이 되지 않음에 따른 손해는 대한변호사협회가 변호사등록절차를 지연한 것이 그 결정적인 원인이 될 뿐이다. 변호사등록과 관련한 대한변호사협회장 등의 일련의 행위는 대한변호사협회의 변호사등록절차의 지연을 낳은 원인사실에 불과하다. 대상판결은 대한변호사협회장 등이 변호사등록을 신청한 원고를 직접 상대하지 않는다는 점을 간과하였다.

Ⅶ. 맺으면서 – 부정적인 닻내림효과(정박효과)를 저지하기 위한 국가배상법의 근본적인 개혁

원심과 달리 대상판결은 최대 3개월의 심사기간 동안 배상책임이 항상 면제된다고 볼 수는 없다고 하면서 적극적으로 원고의 일실수입을 인정하였다.[6] 대상판결은 정당하지 않은 등록지연을 문제 삼아 시간의 의미를 새롭게 한 점은 수긍할 만한데, 이를 계기로 재판을 비롯한 사법 전반에 공감할 수 있는 시간인식이 스며들기를 기대한

6) 독일 연방변호사법(BRAO)의 경우 명문의 등록처리기간 규정을 두고 있지 않지만, 보통 3개월이 소요된다고 한다.

다.[7)]

대상판결이 기조로 삼은 대법원 1996.2.15. 선고 95다38677전원합의체판결은 기본적으로 국가배상사건을 전적으로 민사불법행위의 차원에서 접근하여 국가배상책임에서 극복되어야 할 국가무책임의 사고가 배여 있다. 대상판결의 논증은 국가배상책임의 본질을 왜곡시킨 대법원 95다38677전원합의체판결로 인해 바람직하지 않은 닻내림효과(정박효과)(anchoring effect)가 발생한 것을 잘 보여준다. 국가배상법제의 개혁을 결정적으로 저지하는 장애물인 대법원 95다38677전원합의체판결을 시급히 극복해야 한다. 이를 위해 국가배상법의 개혁의 차원에서, 스위스 국가배상법(제3조 제1항 및 제3항)에서처럼 국가배상법 자체에서 주관적 책임요소인 공무원의 고의 및 과실을 삭제하고, 가해 공무원에 대해 직접적인 배상책임을 묻는 것을 배제할 필요가 있다. 나아가 국가배상책임의 기조를 완전히 바꾸기 위해, 헌법 제29조처럼 청구권적 기본권으로 규정한 방식보다는 스위스(연방헌법 제146조)나 독일(기본법 제34조)처럼 국가가 직접적으로 책임을 지는 방식으로 개헌할 필요가 있다.[8)]

---

7) 김중권, 언제까지 "지체된 정의는 정의가 아니다."라는 법언에 머물 것인가? 법률신문 제4945호, 2021.12.9.

8) 상론: 김중권, 행정법, 2023, 879면, 881면, 886면, 899면, 928면; 개헌논의에 따른 국가배상시스템의 발본적 개혁에 관한 소고, 법률신문 제4580호 2018.2.8.; 국가배상책임상의 주관적 책임요소와 법치국가원리적 문제점, 법률신문 제4357호, 2015.10.12.

11

위법한 과세처분에 대한 국가배상법적 대응에 관한 소고

대법원 2015.6.23. 선고 2012두2986판결

Ⅰ. 사실의 개요와 경과

과세관청이 2009년도 주택 등 종합부동산세와 농어촌특별세를 부과하는 처분을 하고, 종합부동산세 및 농어촌특별세의 경정청구를 거부하는 처분을 하면서, 주택 등 종합부동산세액에서 공제할 각각의 재산세액을 구 종합부동산세법 시행규칙(2009. 9. 23. 기획재정부령 제102호로 개정되기 전의 것) 제5조 제2항 [별지 제3호 서식 부표(2) 중 작성요령]에서 정한 '(공시가격 - 과세기준금액) × 종합부동산세 공정시장가액비율 × 재산세 공정시장가액비율 × 재산세율'의 산식(이하 '이 사건 시행규칙 산식'이라 한다)에 따라 산정하였다. 원심(서울고등법원 2011.12.15. 선고 2011누21593판결)은 이를 수긍하여 그에 따른 과세처분이 적법하다고 판시하였다. 하지만 대법원은 과세관청이 이상의 산식에 의거하여 발한 과세처분이 다음의 근거로 위법하다고 판시하였다: 이 사건 시행령 산식에 따라 공제되는 재산세액은 '(공시가격－과세기준금액)×재산세와 종합부동산세의 공정시장가액비율 중 적은 비율×재산세율'의 산식에 따라 산정하여야 할 것이다. 따라서 재산세 공정시장가액비율이 종합부동산세 공정시장가액비율보다 적거나 같은 2009년도 종합부동산세의 경우 주택 등 종합부동산세액에서 공제되는 재산세액은 '(공시가격－과세기준금액)×재산세 공정시장가액비율×재산세율'의 산식에 따라 산정하여야 한다.

Ⅱ. 문제의 제기－보충적 권리구제수단으로서의 국가배상책임

대상판결에서의 원고는 일단 추후 환급을 받을 수 있는 기회를 갖는다. 하지만 동종사건의 관련자와 관련해서, 이미 당초의 과세처분에 대한 불복기간이 경과하였기에, 과세처분에 대한 행정소송을 통해 자신의 권리회복 즉, 법적 보호를 도모할 수가 없다. 권리보호 및 조세정의와 관련해서 형평의 차원에서 중대한 문제가 제기될 수 있다. 비록 불복기간이 경과했다고 하더라도 위법한 행정처분에 대해 국가배상을 통해 나름의 권리구제를 강구할 수 있는지 여부가 문제될 수 있다. 이런 상황을 계기로 위법한 과세처분에 대한 국가배상법적 대응의 문제를 기왕의 판례와 최근의 일본 판결에[1] 견줘 다시금 되돌아보는 차원에서 접근하고자 한다.

Ⅲ. 기왕의 판례

국가배상책임을 통한 권리구제의 도모가 매우 드물다. 이제까지 판례상으로 두 건 있었다.[2] 그런데 두 판례가 시사하는 내용은 약

1) 最高裁 平成22年6月3日 民集64巻4号1010頁, 判時2083号 71頁.

간 다르다. 대법원 1991.1.25. 선고 87다카2569판결의 경우 취소소송과 국가배상청구의 소의 관계에 관한 일반적인 내용을 담고 있다: 세무서장이 한국감정원의 상속재산 가액감정의 결과가 잘못된 것임을 알았거나 알 수 있었다면 세무서장 등 담당공무원들이 그 직무를 집행함에 당하여 고의 또는 과실로 부실 감정에 기초한 상속재산 평가액에 따라 상속세납세고지처분을 함으로써 손해를 가한 것이 되므로 정당한 감정결과를 기초로 계산되는 세금을 초과하는 차액 상당의 금액을 배상하여야 한다. 반면 대법원 1979.4.10. 선고 79다262판결의 경우 다투어지는 일부 사건이 국세기본법 제55조 제5항, 감사원심사규칙 제6조에 정한 청구기한을 도과하였다는 이유로 그 심사청구가 기각된 사건이다. 즉, 불가쟁력이 발생하였을 때의 문제인데, 대법원은 국배긍정설의 입장을 나타냈다. 일본의 경우 문헌상 취소소송의 취지잠탈에 바탕을 둔 국배부정설이 다수를 차지하고, 하급심판례에선 국배긍정설이 우세한 가운데 앞의 최고재판소가 명백히 국배긍정설을 취하여 새로운 전기를 마련하였다.

Ⅳ. 문헌상 논의현황

이상의 판례를 두고서 문헌상의 논의가 전개된다. 적극설(국배긍정설)은 조세행정의 특수성을 감안할 헌법적 근거나 합리적 사유를 발견할 수 없는 이상, 국민의 권리구제에서 적극적으로 나서야 한다고 주장한다. 반면 이른바 절충설이라 통칭하는 국배부정설은 선결문제를 긍정하여 부정설과 거리를 두되, 공정력의 의의와 조세법의 특수성을 감안하여 국가배상청구를 통한 권리구제는 제한되어야 한다고 주장한다. 즉, 국가배상청구의 소를 통한 권리구제는 위법한 과세처분에 대한 취소소송과 동일한 목적과 효과를 지녀서 사실상 후자를

2) 대법원 1991.1.25. 선고 87다카2569판결; 1979.4.10. 선고 79다262판결.

무의미하게 만든다는 것이다.

여기서 관건은 조세행정 및 조세법의 특수성을 인정할 것인지 여부이다. 이 논의는 궁극적으로 권리구제시스템에서의 제1차적 권리구제와 제2차적 권리구제간의 문제이다. 제2차적 권리구제는 제1차적 권리구제에 대해서 보완적 관계이다. 비록 제1차적 권리구제가 우위에 있다 하더라도 그것이 제2차적 권리구제의 가능성을 제한한 것은 아니다. 제1차적 권리구제로 충분히 않을 때, 여의치 않을 때 제2차적 권리구제를 강구하는 것은 당연하다. 공정력은 그 본질이 위법함에도 불구하고 행정행위의 유효성을 인정한 것이다. 따라서 그것이 국민의 권리구제방도를 좌우할 수는 없다. 행정행위의 불가쟁력에 의거하여 행정관계의 법적 안정성을 강구하는 것은 일차적으로 행정에 유리한데, 그 점이 국가배상책임을 통한 권리구제를 봉쇄하는 식으로 국민에게 불리한 영향을 미친다는 것은 타당하지 않다. 권리구제의 경합차원의 국배부정설의 논거는 그 자체로 수긍할 만하지만, 이런 문제점만으로 국민의 권리구제의 수단 하나를 배척하는 것은 법치국가원리의 의의 및 그것을 구체화하는 행정구제의 의의에 비추어 타당하지 않다. 국가배상제도의 기능 가운데 제재기능과 위법행위억제기능에서 보면, 국가배상제도의 동원은 당연히 요구될 수 있다. 결론적으로 국배부정설이 개진하는 기조인 조세행정 및 조세법의 특수성은 수긍하기 힘들다.

Ⅴ. 맺으면서: 대법원 2012두2986판결의 논증의 문제점

조세쟁송을 통한 권리구제가 충분하지 않다는 점에서 과세권자와 납세자간에 무기대등을 확보하는 것은 법치국가원리적 요청이다. 따라서 국배긍정설이 타당하다. 그런데 국배긍정설에 입각하여 제3자가 국가배상청구를 하더라도, 과세처분의 위법성이 시행규칙의 위법성에서 비롯되었고, 공무원의 고의나 과실 및 위법성과 관련한 현행 판례의 태도에 비추어 사안에서 국가배상책임의 인정가능성은 그다지 높지 않다고 할 수 있다. 민사불법행위론에 기조를 둔 현재의 논의에서 -가령 국가의 자기책임에 입각하고 주관적 요소를 제거하는 등의 방법으로- 하루바삐 벗어나야 한다.

한편 대법원 2012두2986판결에서 문제가 된 것은 시행규칙상의 바뀐 과세표준 표준세율 재산세액 산식이다. 대법원은 바뀐 과세표준 표준세율 재산세액 산식의 위법성에 의거하여 법집행행위(과세처분)의 위법성을 논증하였는데, 바뀐 과세표준 표준세율 재산세액 산식에 관한 시행규칙 부분을 법령에 근거가 없음을 들어 법규가 아니라, 행정규칙으로 접근하였다. 부령형식의 제재처분기준에 대해 법규로 보는 문헌상의 일반적 입장과는 달리 행정규칙을 고수하는 대법원의 입장이 다시금 재현된 것이다. 매우 기술적, 전문적이고 복잡한 사항을 규율하는 조세법에 행정입법의 위임법리를 일반행정영역과 동일하게 적용시킬 수는 없다. 그 소산이 판례가 인정한 법령보충적 규칙이다. 법원이 자신에게 편리한 행정규칙의 비구속성에 착안하여 재산세액 산식에 관한 당해 시행규칙 규정의 비법규성에서 사안을 접근할 것이 아니라, 바뀐 재산세액 산식의 위법성을 규범통제의 차원에서 검토하는 식으로 접근하는 것이 정도(正道)이다.

12

국가배상책임상의 주관적 책임요소와 법치국가원리적 문제점

대법원 2014.10.27. 선고 2013다217962판결

Ⅰ. 대상판결의 요지

형벌에 관한 법령이 헌법재판소의 위헌결정으로 소급하여 효력을 상실하였거나 법원에서 위헌·무효로 선언된 경우, 그 법령이 위헌으로 선언되기 전에 그 법령에 기초하여 수사가 개시되어 공소가 제기되고 유죄판결이 선고되었더라도, 그러한 사정만으로 수사기관의 직무행위나 법관의 재판상 직무행위가 국가배상법 제2조 제1항에서 말하는 공무원의 고의 또는 과실에 의한 불법행위에 해당하여 국가의 손해배상책임이 발생한다고 볼 수는 없다. 「국가안전과 공공질서의 수호를 위한 대통령긴급조치」(이하 '긴급조치 제9호'라 한다)는 그 발령의 근거가 된 구 대한민국헌법(1980.10.27. 헌법 제9호로 전부 개정되기 전의 것. 이하 '유신헌법'이라 한다) 제53조가 규정하고 있는 요건

자체를 결여하였을 뿐만 아니라, 민주주의의 본질적 요소이자 유신 헌법과 현행 헌법이 규정한 표현의 자유, 영장주의와 신체의 자유, 주거의 자유, 청원권, 학문의 자유를 심각하게 제한함으로써 국민의 기본권을 침해한 것이므로 위헌·무효라고 할 것이다(대법원 2013.4.18.자 2011초기689전원합의체결정 참조). 그러나 당시 시행 중이던 긴급조치 제9호에 의하여 영장 없이 피의자를 체포·구금하여 수사를 진행하고 공소를 제기한 수사기관의 직무행위나 긴급조치 제9호를 적용하여 유죄판결을 선고한 법관의 재판상 직무행위는 유신헌법 제53조 제4항이 "제1항과 제2항의 긴급조치는 사법적 심사의 대상이 되지 아니한다."고 규정하고 있었고 긴급조치 제9호가 위헌·무효임이 선언되지 아니하였던 이상, 공무원의 고의 또는 과실에 의한 불법행위에 해당한다고 보기 어렵다. 다만 긴급조치 제9호 위반의 유죄판결에 대하여 재심절차에서 무죄판결이 확정되었다면 피고인이나 그 상속인은 일정한 요건 아래 「형사보상 및 명예회복에 관한 법률」에 따른 형사보상을 청구하여 그 피해에 대한 정당한 보상을 받을 수 있을 것이다.

Ⅱ. 문제의 제기 – 국가배상법상의 주관적 책임요소의 법치국가 원리적 문제점

국가배상법은 공무원의 직무행위로 인한 국가배상책임의 인정에 있어서 공무원이 고의 또는 과실로 법령에 위반할 것을 요구한다. 국가배상책임의 주관적 책임요소의 존재는 국가배상법이 대위책임적 구조임을 분명히 한다. 일반적으로 과실의 객관화의 관점에서 가해 공무원의 주관적 책임요소의 비중을 나름대로 저하시켜 왔지만, 판례는 전체적으로 과실책임주의를 강조하는 경향을 나타낸다. 이런 태도는 어떠한 행정처분이 항고소송에서 취소되었음에도 불구하고 다시금 새로이 고의·과실의 유무를 엄격히 검토하여 국가배상책임을 부인한 데서도 극명히 확인할 수 있다.[1] 엄혹한 지난 시절의 긴급조치 그 자체에 대해서는 －비록 심사관할의 다툼은 있지만－ 대법원과 헌법재판소가 지속적으로 위헌, 무효로 판시함으로써, 사법적 판단은 이미 내려졌다. 하지만 국가배상책임과 같은 후속적 물음은 여전히 남아 있다. 국가배상책임의 인정에서 종종 결정적인 장애물이 되곤 하는 국가배상법상의 주관적 책임요소의 존재를 법치국가원리의 차원에서 비판적으로 검토하고자 한다.

Ⅲ. 현행 국가배상법 및 헌법상의 국가배상책임의 성질

주관적 책임요소를 규정하고 있는 이상, 현행 국가배상법상의 배상책임시스템은 분명 대위책임적 구조이다. 국가배상법의 구체적 법상황이 어떤 시스템의 본질을 파악하는 데 중요한 착안점이긴 해도, 그것이 헌법상의 본질을 전적으로 좌우할 순 없다. 여기서 헌법상의 배상책임시스템이 국가배상법상의 그것과 동일한지 검토가 필요하다. 우리는 1948.7.17.에 시행된 －지금의 제29조와 기본적으로 동일한－ 제헌헌법 제27조가 마련된 다음, 국가배상법이 1951.9.8.에 제정·시행되었다. 국가배상법이 마련되기 전에는 민법의 불법행위론이 주효하였다. 국가배상법제의 형성에서 민법의 불법행위책임에서 출발한 독일과 왕정의 전통에서 국가배상법이 구축된 일본과 다른 역사를 가졌다는 것은 중요한 착안점을 제공하다. 우리의 경우 헌법상의 배상책임구조를 국가배상법상의 대위책임으로 전개할 필연적 이유가 없다. 헌법상의 배상책임의 성질을 독일과는 달리 국가배상법상의 그것과 분리시켜 검토할 수 있다. 따라서 헌법 제29조 제1항상의 불법행위를 고의나 과실이 전제된 위법행위를 의미하는 것으

1) 대법원 2007.5.10. 선고 2005다31828판결 등.

로 주장할 수도 있지만, 이는 명문에 반한다. 헌법학의 문헌에선 헌법상의 국가배상책임시스템이 자기책임이라는 입장이 다수이다. 국가배상에서 헌법이 자기책임적 기조를 지향할 경우, 하위법인 국가배상법의 대위책임적 구조는 조화되지 않는다. 이런 괴리는 당연히 국가배상법에 대해 위헌시비를 야기할 수 있다

Ⅳ. 법치국가원리적 차원에서의 문제점

법치국가원리는 국가에 대해, 그의 위법한 행위의 결과를 가능한 광범하게 제거할 것과 위법하게 행사된 공권력으로 인해 손해를 입은 국민에게 효과적인 상당한 손해보전을 행할 것을 명한다.[2] 국가배상책임제도는 법치국가원리와 (재판청구권을 통한) 권리보호보장을 보충하고 구체화한다. 위법한 행위로부터 비롯된 손해는, 행정소송(특히 취소소송)을 통해선 전혀 메워질 수 없거나 단지 국소적으로만 메워질 수 있다. 이런 법체계상의 흠결을 헌법 제29조의 국가배상책임제도가 메운다. 즉, 제2차적 권리보호수단으로서의 국가배상책임제도는 제1차적 권리보호를 필수적으로 보충한다. 그런데 국가배상법상의 주관적 책임요소의 존재는 행정소송상의 위법성판단과 국가배상법상의 (직무행위의) 위법성판단이 다르게 만들거니와,[3] 가해공무원의 고의나 과실의 존부가 국가책임인정의 궁극적인 기준이 되게 한다.[4] 이에 주관적 책임요소의 존재를 법치국가원리적 차원에서 심각하게 문제 삼아야 한다.

---

2) BVerfGE 94, 100(103).
3) 예로 대법원 2011.1.27. 선고 2008다30703판결.
4) 예로 대법원 2011.2.24. 선고 2010다83298판결.

V. 맺으면서 – 근본적인 해결책의 모색: 주관적 책임요소의 삭제

국가배상법에 주관적 책임요소가 건재한 이상, 합헌적 법률해석마저도 한계를 지닌다. 현행의 행정구제의 문제점과 미비점은 법치국가원리의 관점에서 늘 성찰하여야 한다. 제도적인 국가책임의 보장인 헌법 제29조 제1항은 입법자가 넘을 수 없는 책임요건과 책임의 최소한의 보장을 포함한다. 판례가 때때로 이해하기 힘든 과실관(過失觀)을 드러내거니와,[5] 이제는 국가배상법제에서 주관적 책임요소와 절연하는 문제를 숙고할 필요가 있다. 여전히 지금도 일부 구동독지역에 통용되고 있으며, 과거 서독국가책임법의 모델이 되었던 구동독의 국가책임법(제1조 제1항)은 물론, 스위스 국가배상법(제3조 제1항)은 공무원의 유책성을 요구하지 않는다. 나아가 유럽연합법의 배상책임 역시 그러하다.[6] 엄혹한 지난 시절의 결과로써 법학적 형식주의와 정치적 실질주의는 종종 충돌하곤 하는데, 지나간 역사와 현재의 문제상황에 대해 반복된 물음을 제기하여 법치국가원리적 대응을 마련하여야 한다. 긴급조치와 관련한 사법적 판단과 역사적 판단의 간격은 어떤 식이든 법치국가원리의 차원에서 메워야 한다. 사안에서 수사기관의 직무행위나 법관의 재판상의 직무행위에 초점을 맞추지 않고, 입법행위인 긴급조치 그 자체에 초점을 맞추면 전혀 다른 접근을 강구할 수 있다. 그러나 군 정보기관이 법령상의 직무범위를 벗어나 민간인에 관한 정보를 비밀리에 수집·관리한 사건을 민사상의 불법행위 문제로 다룬 대법원 1998.7.24. 선고 96다42789판결이 보여주듯이, 국가배상책임제도는 공법제도로 확고히 자리매김하지 못하고 있다. 하루바삐 공법제도로서의 본연에 맞춰 국

5) 대법원 1995.7.14. 선고 93다16819판결.
6) 유럽연합운영방식조약(AEUV) 제340조 제2항.

가배상책임제도에서 기왕의 민사불법행위적 기조로부터 벗어나야 한다.7)

**** 추기:** 한편 사안에서 조직과실의 차원에서 접근하면 주관적 책임요소가 문제되지 않는데, 대법원 2022.8.30. 선고 2018다212610전원합의체판결(다수의견)은 조직과실을 명시적으로 내세우지 않고, 광범위한 다수 공무원(대통령, 수사기관, 법관)이 관여한 일련의 국가작용에 의한 기본권침해에 대해서는 전체적으로 보아 객관적 주의의무위반이 인정되면 충분하다고 보아 국가배상책임을 인정하였다. 긴급조치 국가배상청구 사건에서 이 판결에 의해 대상판결이 극복되었다. 그런데 사안의 본질은 재판상의 불법 문제이다. 榮辱의 역사에서 긴급조치와 관련한 재판상의 불법 문제는 이제 본격적인 논의가 필요하다.8)

---

7) 상론: 김중권, 국가배상법상의 과실책임주의의 이해전환을 위한 소고, 법조 제635호, 2009.8., 45면 이하.

8) 상론: 김중권, 긴급조치와 관련한 국가배상책임에서 재판상의 불법의 문제, 인권과 정의 제510호, 2022.12.1., 109면 이하.

13

공무원의 개인적 배상책임인정의 문제점에 관한 소고

대법원 2011.9.8. 선고 2011다34521판결

Ⅰ. 대상판결의 요지

[1] 공무원이 직무 수행 중 불법행위로 타인에게 손해를 입힌 경우에 국가나 지방자치단체가 국가배상책임을 부담하는 외에 공무원 개인도 고의 또는 중과실이 있는 경우에는 불법행위로 인한 손해배상책임을 지고, 공무원에게 경과실이 있을 뿐인 경우에는 공무원 개인은 불법행위로 인한 손해배상책임을 부담하지 아니하는데, 여기서 공무원의 중과실이란 공무원에게 통상 요구되는 정도의 상당한 주의를 하지 않더라도 약간의 주의를 한다면 손쉽게 위법·유해한 결과를 예견할 수 있는 경우임에도 만연히 이를 간과함과 같은 거의 고의에 가까운 현저한 주의를 결여한 상태를 의미한다.

[2] 공무원이 고의 또는 과실로 그에게 부과된 직무상 의무를 위반하였을 경우라고 하더라도 국가는 그러한 직무상의 의무 위반과 피해자가 입은 손해 사이에 상당인과관계가 인정되는 범위 내에서만 배상책임을 지는 것이고, 이 경우 상당인과관계가 인정되기 위하여는 공무원에게 부과된 직무상 의무의 내용이 단순히 공공 일반의 이익을 위한 것이거나 행정기관 내부의 질서를 규율하기 위한 것이 아니고 전적으로 또는 부수적으로 사회구성원 개인의 안전과 이익을 보호하기 위하여 설정된 것이어야 한다.

Ⅱ. 문제의 제기 – 공론화를 위한 문제제기

공무원 갑이 내부전산망을 통해 을에 대한 범죄경력자료를 조회하여 공직선거 및 선거부정방지법 위반죄로 실형을 선고받는 등 실효된 4건의 금고형 이상의 전과가 있음을 확인하고도 을의 공직선거 후보자용 범죄경력조회 회보서에 이를 기재하지 않은 사안에서, 원심과[1] 대법원은 갑의 중과실을 인정하여 국가배상책임 외에 공무원 개인의 배상책임까지 인정하였다.

불법행위를 한 가해공무원의 개인책임을 고의 또는 중과실의 경우에 인정한 대법원 1996.2.15. 선고 95다38677전원합의체판결이 출현한 이후에 가해공무원의 개인책임은 異論의 여지가 없게 되어 버린 양 느껴진다. 그런데 대법원 95다38677전원합의체판결의 기조 그 자체의 문제점은 차치하고서, 그로 인해 행정법에 난맥이 빚어지곤 한다. 가령 공무수탁사인을 전적으로 行政主體로만 인식하여, –위법행위를 행한– 한국토지공사에 대해 직접적인 국가배상책임을 인정한 대법원 2010.1.28. 선고 2007다82950, 82967판결은, 국가배상법이 배상책임주체로 국가와 지방자치단체만을 규정한 것에 정면

1) 서울고법 2011.4.1. 선고 2010나78588판결.

으로 배치되는데,[2] 법원의 이런 태도는 실은 대법원 95다38677전원합의체판결에서 기인한다. 대법원 95다38677전원합의체판결이 내려졌을 땐 관련 논의가 매우 치열하였지만, 그 이후엔 그다지 문제제기가 없다. 향후 국가배상법제의 개혁에서 판례의 태도가 결정적인 장애물이 될 수 있기에, 새롭게 곱씹어 보아야 한다.[3] 더불어 직무의무의 사익보호성과 관련한 접근에서의 문제점도 살펴보고자 한다.

Ⅲ. 직무행위의 사익보호성과 관련한 접근의 문제점

일찍이 손해발생과 관련하여 직무행위(직무상의 의무)의 사익보호성(제3자성)여부를 효시적으로 논증한 대법원 1993.2.12. 선고 91다43466판결('극동호사건')처럼 사익보호성여부는 국가배상책임성립요건에서 손해의 발생 그 자체와 직결된 문제이다. 동 판결은 규제권능의 불행사로 인한 국가배상책임에서 관련 규정의 사익보호성을 모색한 점에 획기적인 의의를 갖지만, 직무상의 의무와 해당 직무행위의 재량성을 구별하지 않고 사안을 전적으로 상당인과관계의 차원에서 전개한 논증의 취약점도 있다.[4] 그럼에도 불구하고 대법원 1994.6.10. 선고 93다30877판결이래로 이를 전적으로 상당인과관계의 차원에서 접근하는데, 대상판결 역시 그러하다. 한편 배상책임제한적 기능을 갖는 사익보호성 요구에 대해서, 일부에선 −독일과는 달리− 근거가 없음을 이유로 부정적으로 보지만, 반사적 이익에 대한 보호배제를 목적으로 하는 이 요구는 모든 국가책임의 본질적 요소라 하겠

2) 동 판결의 문제점에 관해선 김중권, 공무수탁사인의 행정주체적 지위의 문제점에 관한 소고, 법률신문 제3989호, 2011.12.5.

3) 상론: 김중권, 國家賠償法上의 過失責任主義의 理解轉換을 위한 小考, 법조 제635호, 2009.8.1, 45면 이하. 이를 바탕으로 하여 여러 글을 통해 공론화를 시도하였는데, 아쉽게 그런 상황이 조성되지 못하였다.

4) 그리하여 김남진 선생님은 재량축소의 관점을 환기시켰다. 김남진, 행정법의 기본문제, 1994, 1045면.

다.[5] 독일의 경우에도 개인보호인정의 기준에서 국가책임법과 행정소송법은 동일한 기조에 있으며, 유럽연합법 역시 －공익만이 아니라－ 원고의 이익을 보호하도록 되어 있는 규범을 위반한 경우에 한하여 배상책임을 인정하고 있다.[6]

직무행위의 사익보호성여부는 어떤 경우에 문제가 되는가? 독일의 경우 행정소송에서 원고적격의 문제를 해결하는 데 도움을 주는 수범자(상대방)이론이 있다.[7] 이는 부담적 처분의 직접 상대방은 별다른 논증없이 원고적격이 인정되나 신청에 대한 거부처분이나 부작위의 경우 그리고 제3효 행정행위에서 그 제3자의 경우엔 원고적격여부가 탐문되어야 한다는 것이다. 이는 국가책임법에도 그대로 접목될 수 있다. 즉, 직무행위(직무상의 의무)의 사익보호성여부는 직무행위가 제3자와 관련성을 가질 경우와 직무행위가 부작위이나 거부처분으로 나타난 경우에 문제된다. 사안과 같이 직무행위가 그것의 직접 상대방과의 관련성만을 지닐 땐 굳이 직무의무(및 그 근거규정)의 사익보호성을 탐문할 필요가 없다.

Ⅳ. 공무원의 개인적 배상책임인정의 문제점

1. 국가배상책임의 본질과 관련한 문제점

대법원 95다38677전원합의체판결은 기본적으로 현행법상의 공무원개인의 책임은 면해지지 않는 것(헌법 제29조 제1항 단서)과 국가배상법 제2조 제2항상의 구상조항에 기저에 두었는데, 배상책임의 본질의 문제가 논의핵심이다. 즉, 배상책임의 성질은 공무원 자신의

5) Ossenbühl, Staatshaftungsrecht, 5.Aufl. 1998, S.57.
6) 상론: 김중권, 미니컵 젤리로 인한 질식사와 국가배상책임의 문제, 인권과 정의 제419호, 2011.8., 100면 이하.
7) 대법원 1995.8.22. 선고 94누8129판결을 계기로 우리의 경우에도 불이익처분의 당사자와 관련해서는 수범자(상대방)이론이 통용된다고 봄직하다.

책임이나 구상에 관한 법상황에 의거하여 가늠할 수 없는 제도의 본질에 해당하기에, 이 문제는 전체의 체계와 그 역사적 연원에 의거하여 판단하여야 한다. 國家無責任에 따른 공무원개인책임형은 사상적으론 "왕은 악을 행하지 않는다"는 봉건사상에, 이론적으론 적법한 것만을 위임하였다는 소위 委任理論에 바탕을 두었다.[8] 국가배상시스템은 이런 체제가 극복되는 과정이자 결과이다. 그리고 국가자기책임설은 기본적으로 가해공무원의 고의나 과실을 문제 삼지 않는다.

비록 국가의 자기책임까진 가진 않더라도 국가의 책임인수를 바탕으로 한 대위책임에 이르렀다면, 가해 공무원의 개인적 책임 문제는 이미 돌이킬 수 없는 단계에 진입한 것이다. 즉, 대위책임의 인정은 책임인수를 통한 배상책임자의 바꾼 것이어서 그 자체가 가해공무원에 대한 직접적인 책임추궁의 가능성을 배제한 것이다. 나아가 배상책임을 자기책임으로 보는 것은, 피해자를 상대로 한 배상책임자로 처음부터 국가만을 상정한 것이다. 따라서 개인적 주관적 책임요소를 탈색시킨 국가자기책임설의 입장을 취하면서도, 선택적 청구권을 인정한 동 판례의 다수견해의 기조를 수긍한다는 것은 어울리지 않는다. 배상책임의 성질은 일원적으로 보아야 한다. 배상책임의 성질은 求償에 관한 입법상황에 좌우될 수 없는 본질의 문제이다. 요컨대 동 판례의 다수견해는 국가배상법제를 以前 시대로, 과장하면 위임이론이 주효하였던 國家無責任의 시대로 되돌렸다 하겠다. 더군다나 해당 사건이 군인·군무원에 관한 특례를 규정한 과거 유신헌법의 잔영이 顯現된 사건인 점에서 또 다른 문제인식을 불러일으킨다.

---

8) 이 위임이론은 18세기에 풍미하였는데, 그 당시에도 "정말 터무니없다"고 표현되곤 하였다.

2. 헌법차원의 문제점

현행 국가배상법이 명문으로 공무원의 고의와 과실을 규정하고 있는 점에서, 현행 국가배상법상의 배상책임시스템은 분명 대위책임적 구조이다(하지만 지금도 일부 주에서 통용되는 구 동독의 국가책임법은 물론 유럽연합법은 고의와 과실과 같은 주관적 요소를 폐기하였다). 그런데 헌법학의 문헌에선 헌법상의 국가배상책임시스템이 자기책임이라는 입장이 多數이다. 국가배상에서 헌법이 자기책임적 기조를 지향할 경우, 하위법인 국가배상법의 대위책임적 구조는 조화되지 않는다. 이런 괴리는 자칫 국가배상법에 대해 위헌시비를 야기할 수 있다. 독일의 경우 민법이 ―현재에도― 분명 국가무책임에 따른 공무원개인책임을 표방하였음에도 불구하고, 동위의 다른 법률(일종의 특별법으로서)이 대위책임적 구조를 성립시켰고, 그런 수정이 헌법차원으로 이어졌다. 우리는 1948.7.17.에 시행된 ―지금의 제29조와 기본적으로 동일한― 제헌헌법 제27조가 마련된 다음, 국가배상법이 1951.9.8. 제정, 1951.9.8.에 시행되었다(일본도 우리와 동일하게 진행되었는데, 다만 국가무책임설의 모태인 王政을 기반으로 한 점을 유의하여야 한다). 국가배상법이 마련되기 전에는 민법의 불법행위론이 주효하였다.

국가배상법제의 형성에서 독일과 다른 역사적 경험은 중요한 착안점을 제공하다. 독일의 경우 그 자체로 대위책임을 표방하지 않았다 하더라도, 역사적, 체계적 해석상 대위책임으로 접근하지만, 우리의 경우에는 연혁적 관점에서 보자면, 대위책임으로 전개할 필연적 이유가 없다. 국가배상법이 대위책임형을 표방한 것이었다. 헌법상의 배상책임의 성질을 독일과는 달리 국가배상법상의 그것과 분리시켜 검토할 수 있다. 요컨대 헌법이 無責的 국가배상책임을 분명히 표방하기에, 국가배상법 제2조에 의거하여 가해 공무원의 개인적 책임을 전제로 하여 국가책임의 성립을 부정한다든지, 국가가 아닌 공무원 개인에게 책임을 묻는다든지 하는 것은 그 자체로 違憲을 면치 못한다. 참고로 구 동독의 국가책임법은 공무원에 대한 직접적인 손해배상청구권을 명시적으로 배제하였다(동법 제1조 제2항).

V. 맺으면서 – 還曆의 전환점에 선 국가배상법에 대한 발본적 개혁

여기서의 문제제기가 螳螂拒轍로 치부될지 모르지만, 나름의 의미를 구하고자 한다. 왜냐하면 건축법 제14조상의 건축신고를 이른바 '수리를 요하는 신고'로 봄으로써 도리어 신고제 자체에 逆風을 가져다 줄 대법원 2011.1.20. 선고 2010두14954전원합의체판결에서 그 반대의견이 미래 변화에 대한 희망의 싹이듯이, 대법원 95다38677 전원합의체판결에는 소중한 반대의견이 있었기 때문이다. 구 동독의 국가책임법, 유럽연합법 그리고 대위책임구조하에서 나름의 진화를 강구하는 독일 판례의 경향과 비교하면, 우리 국가배상법은 民事不法行爲論的 틀 그것도 우리와 다른 일본 민법의 불법행위론에서 비롯된 정말 불필요한 논의에 너무나 오랫동안 강력하게 포획되어 있다. 비단 법원만이 아니라 행정법학 역시 어제의 행정법학이 오늘은 물론 내일도 그대로이어선 아니 된다. 법학적 체계사고에서의 언명은 미래의 향상된 인식과 바탕규준의 불변성의 유보하에 있기에,[9] 행정법도그마틱의 收藏庫에 들어있는 것들에 대해 변화된 인식을 바탕으로 새롭게 조명해야 한다. 인생에서 60년 還曆은 과거를 돌이켜 보고 새로운 삶을 시작하는 타이밍이다. 1951.9.8.에 제정・시행된 국가배상법 역시 마찬가지이다. 환력의 전환점에 선 국가배상법

---

9) Schmidt–Aßmann, Das allgemeine Verwaltungsrecht als Ordnungsidee,2.Aufl., 2004, S.1.

에 대해 그것의 拔本的 改革만이 요구된다.[10]

**** 추기:** 공무원의 개인적 배상책임이 인정됨에 따라 피해자가 국가나 지방자치단체를 상대로 국가배상청구를 하기보다는 가해 공무원을 상대로 손쉽게 민사소송을 제기할 가능성이 바람직하지 않게도 높아진다. 유럽법의 차원에서도 가해공무원에 대한 직접적 청구가 그리스를 제외하고서 대부분 당연히 부인된다. 일부 국가에선 통상 가중적 요건(고의나 중과실)하에서 인정되지만,[11] 거의 과반의 국가에서는 피해자를 상대로 공무원의 개인적 책임은 인정되지 않고, 단지 내부적으로 배상책임의 주체에 대해 구상책임을 인정할 뿐이다.[12] 한편 직무담당자가 개인적으로 책임을 지는 한, 피해자를 보호하기 위해 국가책임이 때때로 보충적으로나(에스토니아) 중첩적으로(프랑스, 그리스, 이탈리아) 규정되어 있다.[13] 공무원의 개인적 배상책임이 인정되어 빚어진 본말전도의 현상은 결국 국가배상책임의 본질을 심각하게 훼손한다.

---

10) 저자는 한국행정법학회가 2011.12.9.에 개최한 제1회 행정법분야 연합학술대회에서 기존의 국가배상법제를 전면적으로 바꿀 것을 제안하였다. 국가배상법개혁을 통한 법치국가원리의 구체화, 발표문 143면 이하.

11) 벨기에, 덴마크, 프랑스, 그리스, 이탈리아, 포르투갈, 루마니아, 스웨덴, 슬로베니아.

12) 독일, 리투아니아, 오스트리아, 폴란드, 체코, 터키, 아일랜드, 라트비아, 룩셈부르크, 스페인.

13) 상론: 김중권, 유럽국가의 국가배상책임법제에 관한 개관, 「法學硏究」(충남대 법학연구소) 제30권 제1호, 2019.2.28., 11면 이하.

14

공무수탁사인의 행정주체적 지위의 문제점에 관한 소고

대법원 2010.1.28. 선고 2007다82950, 82967판결

Ⅰ. 사실의 개요와 경과

피고 토지공사는 2003.3.14.경부터 2004.1.29.경까지 원고 1, 2 주식회사에게 6차례에 걸쳐 관련 보상절차가 완료되었다는 이유로 이 사건 토지상의 각 건물에 대한 철거와 지장물을 이전할 것을 요청한다는 내용의 계고를 하였다. 위 원고들이 이에 응하지 아니한 채 이 사건 토지 및 그 지상 공장건물 등을 계속 사용・수익하자, 피고 토지공사는 2004.1.30. 피고 3 주식회사와 행정대집행 철거도급계약을 체결한 다음 2004.2.5.부터 2004.2.9.까지 사이에 피고 2를 행정대집행 책임자로 삼아 피고 토지공사의 직원들과 피고 3 주식회사에서 고용한 인부들을 지휘・감독하여 이 사건 토지상의 공장건물 내부

에 있던 영업시설물 등을 반출함과 아울러 공장건물을 철거하는 한편 반출물건 중 일부와 철거잔존물을 파주시 교하읍 ○○리에 있는 적치장으로 이전하는 방법으로 행정대집행을 실시하였다. 원고는 여기서의 행정대집행의 위법을 내세워 토지공사와 그의 직원 및 토지공사와 철거도급계약을 맺은 주식회사를 상대로 국가배상책임을 구하였다.

Ⅱ. 대상판결의 요지

한국토지공사는 구 한국토지공사법(2007.4.6. 법률 제8340호로 개정되기 전의 것) 제2조, 제4조에 의하여 정부가 자본금의 전액을 출자하여 설립한 법인이고, 같은 법 제9조 제4호에 규정된 한국토지공사의 사업에 관하여는 「공익사업을 위한 토지 등의 취득 및 보상에 관한 법률」 제89조 제1항, 위 한국토지공사법 제22조 제6호 및 같은 법 시행령 제40조의3 제1항의 규정에 의하여 본래 시·도지사나 시장·군수 또는 구청장의 업무에 속하는 대집행권한을 한국토지공사에게 위탁하도록 되어 있는 바, 한국토지공사는 이러한 법령의 위탁에 의하여 대집행을 수권받은 자로서 공무인 대집행을 실시함에 따르는 권리·의무 및 책임이 귀속되는 행정주체의 지위에 있다고 볼 것이지 지방자치단체 등의 기관으로서 국가배상법 제2조 소정의 공무원에 해당한다고 볼 것은 아니다.

Ⅲ. 문제의 제기 – 피고의 법적 지위에 따른 배상책임의 성립에서의 차이

여기서 문제는 공무수탁사인인 격인 토지공사에 대해 통상의 가해공무원의 개인책임마냥 고의 또는 중과실의 경우에만 배상책임을 물을 수 있는지 아니면 이런 제한 없이 즉, 경과실의 경우에도 물을 수 있는지 여부이다. 원심은[1] 한국토지공사법 및 같은 법 시행령에 의하면, 피고 토지공사가 토지개발사업을 행하는 경우에는 지방자치단체의 장은 공익사업법 제89조의 규정에 의한 대집행 권한을 피고 토지공사에 위탁한다고 규정하고 있으므로, 위 규정에 따라 대집행 권한을 위탁받은 피고 토지공사는 그 위탁범위 내에서는 공무원으로 볼 수 있다고 하여, 토지공사는 물론 기타의 피고(토지공사의 대집행 실무책임자, 위탁받은 민간업체 및 그 대표자) 역시 고의 또는 중과실의 경우에만 직접적 배상책임을 진다고 보았다. 반면 대상판결은 공무수탁사인격인 토지공사를 국가배상법상의 단순한 공무원이 아닌 행정주체로 봄으로써, 고의나 중과실과 같은 귀책사유의 제한을 고려할 필요 없이 곧바로 즉, 경과실만으로도 배상책임을 물을 수 있다고 본다. 여기에는 공무수탁사인의 법적 지위와 관련하여 간단하지 않은 문제가 있다.[2]

Ⅳ. 공무수탁사인의 법적 지위

1. 행정주체설의 문제점

종래 독일의 'Verwaltungsträger'를 행정주체로 옮겼다. 독일의 문헌이 공무수탁사인 역시 'Verwaltungsträger'의 일종으로 들기에 자연 공무수탁사인에 대해서도 행정주체적 지위를 부여하여 왔다. 법에서 권리(법)주체는 권리의무의 귀속주체를 의미한다. 그런데 행정주체설을 단순 대입하면 공무수탁사인의 경우 귀속주체인 이상 그의 위법한 행위로 인한 배상책임은 국가배상차원에서는 그 스스로가 져

1) 서울고법 2007.10.4. 선고 2006나37894(본소), 2006나37900(반소)판결.
2) 공무수탁사인을 포함한 공무수행상의 민간전문가의 문제는 김중권, 행정법집행에서의 민간전문가참여, 공법연구 제40집 제1호, 2011.10., 389면 이하.

야 한다는 논증이 성립한다. 행정주체로서의 공무수탁사인과 관련한 이런 인식(행정주체=배상책임주체)은 별다른 의문 없이 보편적으로 문헌에서[3] 받아들여지고 있다.[4] 그런데 기왕의 논의는 조직법상의 의미, 작용법상의 의미 그리고 책임법상의 의미를 구분하지 않았다. 공무수탁사인이 행정주체가 되어 −지방자치단체, 공공조합, 영조물법인, 공재단처럼− 간접적인 국가행정의 일환이 되나, 이는 조직법상의 의미이다.[5] 작용법의 차원에선 그것은 고유한 직무담당자(Amtsträger)이다. 즉, 공무수탁사인은 헌법 제29조와 국가배상법 제2조상의 직무를 집행한다. 직무담당자로서 공무수탁사인을 설정하면, 그의 행위에 따른 법적 효과는 당연히 위탁자(국가나 지방자치단체)에게 귀속하며, 이는 국가책임법의 차원에서도 그대로 통용된다. 즉, 공무수탁사인에게 공임무를 위탁한 자가 공무수탁사인의 위법한 직무행위에 대해 배상책임을 진다. 사실 행정절차법은 물론 행정소송법상으로 공무수탁사인이 행정청마냥 동일하게 피고가 되기에 행정주체설이 결정적으로 한계가 가질 수밖에 없음에도 불구하고, 행정주체설에 사로잡힌 나머지 행정소송상의 이런 취급을 소송수행상의 편의상의 것으로 오해하였다.

---

3) 정하중, 국가배상법 제2조 제1항의 '공무를 위탁받은 사인'의 의미, 법률신문 제3965호, 2011.9.5.; 박균성, 공무수탁자의 법적 지위와 손해배상책임, 행정판례연구 제15집 제1호, 2010.6, 151면 이하; 정남철, 행정대집행과 국가배상책임, 행정판례연구 제15집 제1호, 2010.6, 189면 이하.

4) 이에 대한 문제제기로 김중권, 2010년도 주요 행정법(행정)판결의 분석과 비판에 관한 소고, 안암법학 제35호, 2011.5.31., 96면 이하. 홍준형 교수 역시 행정주체설에 대해 강한 의문을 피력한다. 동인, 사인에 의한 행정임무의 수행 : 공무수탁사인을 둘러싼 법적 쟁점을 중심으로, 공법연구 제39집 제2호(2010), 639면.

5) Klement, Höchstrichterliche Rechtsprechung zum Verwaltungsrecht: Ungereimtes in der Beleihungsdogmatik des BGH, VerwArch 2010, 112(119); Maurer, Allg. VerwR, 2009, §21 Rn.11.

2. 독일에서의 논의

독일의 경우 통설은 그들 판례에서 전개된 위탁이론(Anvertrauen-stheorie)과 그들 기본법상 배상책임주체로 국가와 공공단체만이 규정되어 있는 점에 의거하여, 공무수탁사인에게 위탁한 행정주체(Verwaltungsträger)가 배상책임을 진다고 본다.[6] 그 결과 공무수탁사인은 국법적 의미에서의 공무원이나 행정보조인과 동일하게 설정되는 셈이다. 그런데 최근 독일에선 일부문헌에서 반대주장이 제기되었다. Frenz는 기본법 제34조의 책임이 사법의 권리주체에게도 이전될 수 있음을 들어, 고권적 권능을 독립되게 행사하는 공무수탁사인이 스스로 책임을 진다고 주장하였다.[7] 즉, 공무수탁사인에로의 책임의 원칙적인 이전이 독립된 행정주체로서의 공무수탁사인의 법적 지위의 논리적 결과라고 본다. Frenz의 반론에 공감하여, Schmidt am Busch는 민간의 자원을 가능한 효과적으로 투입하기 위하여, 그리고 -바뀐 국가임무에 상응하여- 필연적인 행정단위의 독자성을 감안하여 책임을 공무수탁사인에게 맞추어야 한다고 주장한다.[8] 반대론에 의하면 임무수행과 관련하여 제1차적 권리보호(행정소송)이든 제2차적 권리보호(국가책임)이든 동일인을 피고로 삼을 수 있다.

V. 공무수탁사인이 배상책임의 주체가 될 수 있는가?

배상책임의 주체와 관련해서, 우리의 경우 -독일과는 마찬가지로 - 헌법이 국가와 공공단체만을 규정하고, 우리의 국가배상법제에

6) Maurer, Allg. VerwR, §23 Rn.59, §26 Rn.43; Ossenbühl, Staatshaftungsrecht, 5.Aufl., 1998, 16f.; Freitag, Das Beleihungsverhältnis, 2004, S.25)과 판례(BGHZ 49, 108(115); BGHZ 122, 85(87).

7) ders., Die Staatshaftung in den Beleihungstatbeständen, 1992, S.148ff.

8) ders., Die Beleihung: Ein Rechtsinstitut im Wandel, DÖV 2007, 533(542).

해당하는 독일 민법 제839조는 특별히 언급하지 않지만 국가배상법은 국가와 지방자치단체만을 규정하고 있다. 설령 행정주체로서의 공무수탁사인을 인정하더라도, 그는 처음부터 국가와 지방자치단체와 다른 위상을 갖는다. 요컨대 배상책임은 신분법적 의미상의 공무위탁적 고권주체와 관련이 있다. 나아가 배상책임주체가 이처럼 명문화된 이상, 독일에서의 반대주장이 우리에게 통용되는 데는 극복될 수 없는 장애가 있다. 독일의 경우에도 이 점은 동일하다. 따라서 대상판결이 공무수탁사인을 배상책임의 주체의 차원에서 전개한 것은 깊이 재고되어야 한다.

그런데 대상판결은 물론 원심은 토지공사(피고1)를 비롯한 피고(피고2－피고 토지공사의 업무 담당자, 피고3－피고 토지공사와 사이에 용역계약을 체결한 법인, 피고4－그 법인 대표자)를 국가배상법의 차원에서 －판례가 인정하는－ 가해공무원의 개인책임가능성에 의률하여 접근한다. 특히 대법원은 토지공사를 행정주체이자 원(1차) 공무수탁사인으로 설정하기에, 그 토지공사와 용역계약을 체결한 자 및 그의 대표자를 마치 복(2차) 공무수탁사인이자 그 집행공무원으로 보는 셈이다. 그런데 전적으로 사인인 이들을 국가배상책임에 의률하여 접근하는 것은 이론적으로 문제가 있을뿐더러, 민법상의 불법행위책임과 비교하여 요구되는 과실정도가 높다. 사실 판례는 법인이 공무수탁사인인 경우 해당 법인과 그 업무담당자를 구분하여 고찰하고 있다. 그런데 법인이 공무수탁사인에 해당하면 직무행위의 기준이 되는 직무담당자는 그 수탁업무를 직접 담당하는 자(그 법인의 직원)이지 결코 해당 법인은 될 수 없다. 왜냐하면 직무담당자는 반드시 자연인만 될 수 있기 때문이다.[9)]

---

9) BGH, Urt. v.22.2.2006, NVwZ 2006, 966; BGHZ 170, 260(266 Rn.18.

Ⅵ. 맺으면서 – 오해의 축이 빚은 결과

직무담당자의 공무원적 지위인정은 공권력주체(국가와 지방자치단체)에 대한 책임귀속 즉, 국가책임을 성립시키기 위함이다. 결코 그의 개인적 책임을 국가배상법의 차원에서 묻기 위함이 아니다. 그럼에도 불구하고 법원은 사안을 가해공무원의 개인책임의 능부차원에서 접근하였고, 그 결과 –대상판결이– 공무수탁사인을 국가배상법에 위배되게 배상책임의 주체로 인정하였다. 그런데 2009.10.21.의 국가배상법의 개정에서 공무수탁사인을 명시적으로 공무원과 병렬적으로 규정하였다. 개정 이전의 사안이지만, 그에 관한 행정주체적 접근은 많은 아쉬움을 남긴다. 사실 이 모든 요령부득의 논증은 국가배상법의 본지에서 벗어나 가해공무원의 직접적 배상책임을 인정하여 국가배상책임의 본질마저 오해하게 한 대법원 1996.2.15. 선고 95다38677전원합의체판결에서 비롯되었다. 이 판결을 극복하지 않고선 우리 네 국가책임법제는 한 발자국도 나아갈 수 없다고 하겠다.[10)]

10) 이런 사정에 관해선 김중권, 국가배상법상의 과실책임주의의 이해전환을 위한 소고, 법조 제635호, 2009.8.1., 45면 이하.

15

법률적 근거가 없는 생활대책의 신청에 대한 거부에 관한 소고

대법원 2011.10.13. 선고 2008두17905판결

Ⅰ. 사실의 개요

서울특별시장과 에스에이치공사(피고)는 2002.11.20. 은평뉴타운을 포함한 강북뉴타운 개발사업의 이주대책 기준일을 2002.11.20.로 하여 이를 공고하였고, 그 후 에스에이치공사는 2004.10.19. 이 사건 사업의 시행으로 인하여 생활근거 등을 상실하는 주민들을 위한 주거대책 및 생활대책으로 '은평뉴타운 도시개발구역 이주대책'을 공고하였다. 이 사건 사업의 시행으로 인하여 영업근거를 상실하는 화훼영업자를 위한 생활대책은 다음과 같다: 기준일 3개월 이전부터 사업구역내에서 관계법령에 의한 허가·등록·신고 및 사업자등록을

하고 협의계약 체결일까지 계속 영업을 하여 영업손실보상을 받고 보상에 협의하여 자진 이주한 화훼영업자에게는 사업구역내 화훼용지 82㎡ 이하 지분을 공급하되, 사업자등록 미필 영업자는 영업손실보상자의 생활대책기준(이 사업구역내 분양상가 또는 상가용지(준주거) 16.5㎡ 이하의 지분 공급)에 의한다.

甲(원고)은 1999.2.5. 동생인 소외 1의 명의를 빌려 '태평양농원'이라는 상호로 화훼도매업을 영위하는 내용의 사업자등록을 하고 그 무렵부터 위 임차시설에서 화훼도매업을 영위하면서 소외 1의 명의로 세금을 신고·납부하였다. 甲은 신용불량자 등록이 해제됨에 따라 사업자등록 명의를 자신의 명의로 변경하려고 하였으나 그 명의변경이 여의치 않자, 2003.6.30. 소외 1의 명의로 사업자등록을 한 '태평양농원'에 관하여 폐업신고를 함과 아울러 다시 자신의 명의로 상호는 동일하게 '태평양농원'으로 신규로 사업자등록을 하고 이 사건 화원에서 화훼도매업을 계속 영위하였다. 甲이 생활대책과 관련해서 사업구역내 화훼용지 82㎡ 이하 지분의 공급을 신청하였는데, 에스에이치공사는 요건미비를 이유로 거부하고, 대신 상가용지 16.5㎡ 이하를 공급받을 수 있는 대상자 중 공급순위 3순위 적격자로 선정되었음을 통보하였다.

Ⅱ. 사안의 경과

제1심(서울행정법원 2008.3.19. 선고 2007구합34422판결)은 화훼영업의 실질성에 초점을 맞추어 甲 역시 생활대책의 수급자격을 갖는다고 판시하였다: ⅰ) 이 사건 선정기준에서 '기준일 3개월 이전부터 사업자등록을 하고 계속 영업을 한 화훼영업자'일 것을 요건으로 정하여 그 요건의 충족 여부에 따라 생활대책에 차등을 둔 취지는 사업자등록을 하여 세금을 성실하게 납부하려는 영업자와 사업자등록을 하지 않음으로써 세금 납부를 회피하려는 영업자를 생활대책에 있어서 서로 다르게 취급하고 또 '기준일 3개월 이전'이라는 객관적, 일률적인 기준을 설정함으로써 이주대책 기준일 3개월 이전부터 화훼영업을 한 것이 아님에도 이를 가장하는 자를 공급대상자에서 제외하기 위한 것으로 보이는 점, ii) 이 사건 대책과 같은 생활대책은 택지 등 조성사업의 시행자가 그 사업의 원활한 시행을 위하여 그 사업 시행으로 인하여 생활근거를 상실하게 되는 이주자에 대하여 종전의 생활상태로 원상회복 시켜 주기 위하여 마련하는 것으로서 헌법 제23조 제3항의 손실보상의 한 형태로 볼 수 있는 점, iii) 만약 원고가 이 사건 화원의 사업자등록 명의를 자신의 명의로 바꾸지 않고 소외 1의 사업자등록 명의를 그대로 유지하였더라면 소외 1이 이 사건 선정기준을 충족한 것으로 처리되어 화훼용지 공급대상자로 선정되었을 것으로 보이는 점. 제2심(서울고등법원 2008.9.24. 선고 2008누10272판결)과 대상판결 역시 이를 그대로 수긍하였다.

Ⅲ. 대상판결의 요지

공익사업을 위한 토지 등의 취득 및 보상에 관한 법률은 제78조 제1항에서 "사업시행자는 공익사업의 시행으로 인하여 주거용 건축물을 제공함에 따라 생활의 근거를 상실하게 되는 자(이하 '이주대책 대상자'라 한다)를 위하여 대통령령으로 정하는 바에 따라 이주대책을 수립·실시하거나 이주정착금을 지급하여야 한다."고 규정하고 있을 뿐, 생활대책용지의 공급과 같이 공익사업 시행 이전과 같은 경제수준을 유지할 수 있도록 하는 내용의 생활대책에 관한 분명한 근거 규정을 두고 있지는 않으나, 사업시행자 스스로 공익사업의 원활한 시행을 위하여 필요하다고 인정함으로써 생활대책을 수립·실시할 수 있도록 하는 내부규정을 두고 있고 내부규정에 따라 생활대책대상자 선정기준을 마련하여 생활대책을 수립·실시하는 경우에는, 이러한 생활대책 역시 "공공필요에 의한 재산권의 수용·사용 또는 제한 및 그에 대한 보상은 법률로써 하되, 정당한 보상을 지급하여야 한다."고 규정하고 있는 헌법 제23조 제3항에 따른 정당한 보상에 포함되는 것으로 보아야 한다. 따라서 이러한 생활대책대상자 선정기준에 해당하는 자는 사업시행자에게 생활대책대상자 선정 여부의 확인·결정을 신청할 수 있는 권리를 가지는 것이어서, 만일 사업시행자가 그러한 자를 생활대책대상자에서 제외하거나 선정을 거부하면, 이러한 생활대책대상자 선정기준에 해당하는 자는 사업시행자를 상대로 항고소송을 제기할 수 있다고 보는 것이 타당하다.

Ⅳ. 문제의 제기 – 기존의 접근을 뛰어넘는 매우 대조적인 모습

법적 물음은 소송요건의 차원과 본안에서의 인용여부의 차원에서 제기된다. 전자에서 제기되는 법적 물음은 거부처분의 인정여부이다. 대법원 1984.10.23. 선고 84누227판결이래로,[1] 신청대상행위가 행정행위이고, 그 신청자에게 법률상 조리상의 신청권이 있어야 거부처분이 존재한다(거부처분인정의 공식: 행정행위신청+신청권). 여기서 문제는 신청권의 존재인데, 근거 법률인 공익사업법은 이주대책과는 별도로 생활대책에 관해 특별히 규정하고 있지 않다. 행정행위의 재심의 문제와 관련해서 판례가 신청권의 논증에서 매우 엄격한 태도를 취하는 경향과 비교하여, 대상판결은 –기존의 접근을 뛰어넘는 – 매우 대조적인 모습을 보여준다. 본안에서의 인용여부의 차원에서 제기되는 법적 물음은 사업자등록의 문제이다. 판례는 형식적 메커니즘을 넘어 실질적 관점에서 즉, 구체적 타당성의 관점에서 대처하였는데, 이것이 과연 현행의 형식적, 공식적 메커니즘과 마찰은

1) 이에 대한 비판으로 이홍훈, 행정판례연구 제1집(1992), 115면 이하.

없는지 검토가 필요하다.[2]

V. 소송요건의 차원에서의 검토

1. 생활대책대상자 선정기준 등에 관한 규정의 법적 성질

판례는 생활대책대상자 선정기준 등에 관한 규정(이하 '대상규정'이라 한다)대상규정의 법적 성질을 구체적으로 논하지 않은 채, 대상규정을 착안점으로 생활대책대상자 선정기준에 해당하는 자의 신청권을 논증하였다. 법률유보의 원칙에서 사회급부유보설이나 전부유보설을 취하지 않는 한, 헌법상 추구되는 생활보상의 측면에서 사업시행자 스스로 공익사업의 원활한 시행을 위하여 필요하다고 인정하여 생활대책을 수립·실시하는 것, 이를 위해 대상규정을 마련한 것 그 자체는 아무런 문제가 없다. 법률적 위임이 없는 이상, 판례마냥 대상규정은 내부규정 즉, 일종의 행정규칙으로 보는 것이 자연스러우며, 일단 法律代位的 規則에 해당할 수 있다.[3] 그런데 이런 식의 접근이 허용되자면, 대상규정이 행정당국에 의해 만들어져야 한다. 실상은 전혀 다르다. 대상규정은 에스에이치공사가 나름 협상수단의 차원에서 만든 것이다. 그렇다면 대상규정은 공법적 의미를 갖지 않고 사법적 의미를 갖는다. 여기서의 대상규정을 공법적 논의의 착안점으로 삼아선 곤란하고 만약 그것을 논의의 착안점으로 삼으려면 민사적 접근을 강구해야 한다.

---

2) 이 글은 한국보상법학회 겨울학술발표회(2012.12.20.)에서 발표한 것을 요약한 것이다.

3) 법률대위적 규칙에 관해서는 김중권, 행정법, 2023, 452면.

2. 생활대책신청권이 헌법 제23조 제3항의 정당보상에서 도출될 수 있는가?

법률에서 규정하지 않은 생활대책용지의 공급과 같은 생활대책을 과연 헌법 제23조 제3항에 따른 정당한 보상에 곧바로 포함시킬 수 있는지 세심한 검토가 필요하다. 공익사업법이 규정하고 있는 이주대책에 대한 판례의 기왕의 입장에 비추어 검토가 필요하다.[4] 일찍이 헌법재판소는 이주대책은 헌법 제23조의 정당보상의 범주에 들어가지 않는다고 판시하였다: "이주대책의 실시는, 공공필요에 의하여 재산권을 수용당한 국민이 당연히 국가에 대하여 갖는 공법상의 권리인 손실보상청구권과는 전혀 다른 개념으로서, 택지개발사업등 공공사업의 시행으로 생활근거를 잃게 된 철거민들에 대하여 생활보호의 차원에서 공공용지의취득및손실보상에관한특례법 제8조에 따라 이루어지는 시혜적인 조치에 불과하여, 헌법 제23조 제3항에서 말하는 '정당한 보상'에 당하지 아니 한다."[5]

대법원 역시 이주대책이 생활보상의 일환으로 인정되는 것임을 분명히 한다: "공공용지의취득및손실보상에관한특례법상의 이주대책은 공공사업의 시행에 필요한 토지 등을 제공함으로 인하여 생활의 근거를 상실하게 되는 이주자들을 위하여 사업시행자가 기본적인 생활시설이 포함된 택지를 조성하거나 그 지상에 주택을 건설하여 이주자들에게 이를 그 투입비용 원가만의 부담하에 개별 공급하는 것으로서, 그 본래의 취지에 있어 이주자들에 대하여 종전의 생활상태를 원상으로 회복시키면서 동시에 인간다운 생활을 보장하여 주기 위한 이른바 생활보상의 일환으로 국가의 적극적이고 정책적인 배려

4) 생활보상의 내용과 범위에 관해선 특히 정남철, 공생발전을 위한 생활보상의 문제, 제2회 행정법연합학술대회(2012.12.15.), 발표문 참조.
5) 헌재 1993.7.29. 92헌마30결정; 동지: 헌재 2006.2.23. 2004헌마19결정.

에 의하여 마련된 제도이다."[6)]

이처럼 법률에서 규정되어 있는 이주대책조차 기본적으로 생활보상의 일환으로 입법자에 의해 시혜적으로 인정되는 제도임에도 불구하고, 법률에서 규정되고 있지 않는 생활대책이 헌법 제23조 제3항상의 정당보상에 들어간다는 것은 비단 이상의 헌법재판소결정만이 아니라. 대법원 1994.5.24. 선고 92다35783전원합의체판결의 판결기조를 정면으로 번복하는 것이다. 요컨대 헌법 제23조 제3항에서의 정당한 보상은 그것이 법률에 규정된 것을 전제로 하며, 또한 법률적 근거의 결여를 생활보상의 원칙을 내세워서 메울 순 없다. 사실 대상판결을 기화로 생활대책이 마련되어 있지 않은 현행의 법상황이 위헌성시비로부터 자유로울 수 없는 매우 난처한 국면이 전개될 우려가 있다.

Ⅵ. 본안에서의 인용여부의 차원에서의 검토

생활대책규정이 명문으로 '사업자등록'을 요구함에도 불구하고, 판례는 당해 규정을 다분히 목적론적 해석을 강구하였다. 법률해석의 목적이란 현재 법적인 규준이 될 수 있는 법률의 규범적 의미를 밝히는 일이긴 해도,[7)] 목적론적 해석의 정당성은 먼저 문언적, 역사적 해석을 통해 나름의 문제해결을 강구한 다음에 그런 접근을 강구하여야 한다는 점에 있다. 어떤 제도의 출발점은 일단 형식적 기준에 두어야 한다. 명문으로 사업자등록을 요구하고 있는 이상, 어떤 이유에서건 사업자등록에 이름을 올리지 않은 자를 실질적 관점에서 배려하는 것은 문제가 있다. 법제도의 운영은 원칙적으로 일단은 명

6) 대법원 1994.5.24. 선고 92다35783전원합의체판결: 동지: 대법원 2003.7.25. 선고 2001다57778판결.

7) Larenz, Methodenlehre der Rechtswissenschaft, 5. Aufl., 1983, S.304.

의자를 중심으로 행해져야 하되, 그렇게 처리한 결과적 후속적 다툼은 기본적으로 명의주체와 언필칭 실제적 주체 간의 민사적 다툼이다. 다만 형식적 기준에 의거할 때 법적 정의와 공평에 어긋날 상황에선 형식위주적 원칙이 수정될 수 있는데. 그러기 위해선 충분한 논증이 선행되어야 한다. 요컨대 사안처럼 어떤 충분한 선행의 논증을 하지 않은 채, 사업자등록에 대해 실질적 관점을 투영하는 것은 바람직하지 않다.

16

사인의 방제보조작업에 대한 사무관리적 접근의 문제점

대법원 2014.12.11. 선고 2012다15602판결

Ⅰ. 사실의 개요

2007.12.7. 충남 태안군 앞바다에서 갑 중공업 소속 크레인선과 유조선 허베이 스피리트호가 충돌하여 1만 2000kℓ로 추정되는 기름 유출 사고가 발생하였다. 유출 원유는 충청도 해안 전역, 심지어 전남과 제주도까지 흘러들어가 생태계와 지역 경제에 심각한 타격을 입혔다. 유례를 찾아보기 어려운 해양오염사고이어서, 국가는 피해 예상 지역을 특별재난지역으로 선포하고 사고처리를 위해 조직적으로 사고처리에 나섰는데, 유조선 선박 주식회사의 조치만으로는 해양오염을 방지하기 곤란할 정도로 긴급방제조치가 필요한 상황이라 여겨 해상방제업체인 을 회사에 대해 방제작업을 보조하도록 요청하

였다. 이에 을 회사는 해양경찰의 직접적인 지휘를 받아 방제작업을 보조하였다.

Ⅱ. 대상판결의 요지

[1] 사무관리가 성립하기 위하여는 우선 사무가 타인의 사무이고 타인을 위하여 사무를 처리하는 의사, 즉 관리의 사실상 이익을 타인에게 귀속시키려는 의사가 있어야 하며, 나아가 사무의 처리가 본인에게 불리하거나 본인의 의사에 반한다는 것이 명백하지 아니할 것을 요한다. 다만 타인의 사무가 국가의 사무인 경우, 원칙적으로 사인이 법령상 근거 없이 국가의 사무를 수행할 수 없다는 점을 고려하면, 사인이 처리한 국가의 사무가 사인이 국가를 대신하여 처리할 수 있는 성질의 것으로서, 사무처리의 긴급성 등 국가의 사무에 대한 사인의 개입이 정당화되는 경우에 한하여 사무관리가 성립하고, 사인은 그 범위 내에서 국가에 대하여 국가의 사무를 처리하면서 지출된 필요비 내지 유익비의 상환을 청구할 수 있다.

[2] 갑 주식회사 소유의 유조선에서 원유가 유출되는 사고가 발생하자 해상 방제업 등을 영위하는 을 주식회사가 피해 방지를 위해 해양경찰의 직접적인 지휘를 받아 방제작업을 보조한 사안에서, 갑 회사의 조치만으로는 원유 유출사고에 따른 해양오염을 방지하기 곤란할 정도로 긴급방제조치가 필요한 상황이었고, 위 방제작업은 을 회사가 국가를 위해 처리할 수 있는 국가의 의무 영역과 이익 영역에 속하는 사무이며, 을 회사가 방제작업을 하면서 해양경찰의 지시·통제를 받았던 점 등에 비추어 을 회사는 국가의 사무를 처리한다는 의사로 방제작업을 한 것으로 볼 수 있으므로, 을 회사는 사무관리에 근거하여 국가에 방제비용을 청구할 수 있다고 본 원심판단을 수긍한 사례.

Ⅲ. 당사자들의 주장

원고(을 회사)의 주장: 피고가 이 사건 유출사고를 수습하기 위해 원고에게 방제보조작업을 지시하거나 요청하고 원고가 이에 응해 방제보조작업을 함으로써 원고와 피고 사이에 도급계약이 체결되었으므로 피고는 원고에게 도급계약에 따른 작업비용을 지급해야 한다. 설사 도급계약이 체결된 것으로 볼 수 없더라도, 피고는 이 사건 유출사고의 긴급방제조치 의무자로서 원고의 방제보조작업으로 인해 법률상 원인 없이 그 비용 상당의 이익을 얻고 이로 인해 원고에게 손해를 가했으므로 비용을 부당이득으로 반환하거나, 원고가 의무 없이 피고를 위해 피고의 긴급방제조치 사무를 관리한 것이므로 그 비용을 상환해야 한다.

피고(국가)의 주장: 국가를 당사자로 하는 계약에 관한 법률에 의하면 원고와 피고 사이에 도급계약이 체결된 것으로 볼 수 없고, 원고의 방제보조작업 비용 상당의 부당이득을 한 자는 긴급방제조치 비용 부담자인 허베이호 선주이며, 이 사건 해양오염의 방제사무는 오염야기자인 선주 측의 사무이지 보충적 지위에 있는 피고의 사무라 할 수 없고, 원고 또한 선주 측의 사무를 처리한다는 의사로 방제작업을 한 것이다. 따라서 피고는 도급계약, 부당이득, 사무관리를 근거로 원고에게 방제보조작업 비용을 지급할 의무가 없다.

Ⅳ. 문제의 제기 – 민사상의 사무관리의 차원에서 접근한 근본적인 문제점

구 해양오염방지법(2007.1.19. 법률 제8260호 해양환경관리법 부칙 제2조로 폐지되기 전의 것) 제48조 제2항, 제50조 제1항 등에 의하면, 해양에 기름 등 폐기물이 배출되는 경우 배출된 기름 등 폐기물이 적재되어 있거나 적재되어 있던 선박의 소유자는 배출되는 기름 등 폐기물을 신속히 수거·처리하는 등 필요한 방제조치를 즉시 취하여야 하고, 선박의 소유자가 위와 같은 조치를 하지 아니하거나 그 조치만으로는 해양오염을 방지하기 곤란하다고 인정하는 경우 또는 긴급방제조치가 필요하다고 인정하는 경우에는 해양경찰청장은 관계기관의 협조를 얻어 필요한 조치를 하여야 한다고 규정하고 있다. 이에 대상판결은 이 사건 유출사고 처리를 위한 방제작업이 긴급방제 등 필요한 조치로서 국가의 사무에 해당한다는 점을 들어 사무관리의 차원에서 접근하였다. 전통적으로 상호부조설(Theorie der Menschenhilfe)에 바탕을 둔 사무관리에 관한 판례가 그다지 많지 않다는 점에서, 대상판결은 나름의 의의를 갖지만, 전적으로 민사상의 사무관리의 차원에서 접근한 근본적인 문제점을 안고 있다.

V. 대상판결의 문제점에 관한 개개의 검토

1. 민사상의 사무관리로 접근한 것의 문제점

민사상의 사무관리의 징표를 갖는 공법상의 법관계가 공법상의 사무관리이다. 협조의 마음에서 다른 사람을 위해 임의적으로 행동에 나서는 데에 따른 법제도인 민법상의 사무관리는 사적 자치와 행동의 자유에서 비롯되었다. 반면 공법상의 사무관리의 경우, 구하지 않음에도 불구하고 임의로 공임무를 수행한 것을 법치국가원리의 차원에서 어떻게 정당화할 것인지의 문제가 관건이다. 대상판결이 정당히 판시한 대로 긴급사태나 비상사태와 같은 매우 이례적인 상황에서만 그것이 정당화될 수 있다. 따라서 민사상의 사무관리와 공법상의 그것은 구별되어야 하고, 구별의 결과로 후자의 경우에는 민법의 사무관리 규정이 '준용'되어야 하고, 쟁송방식 역시 행정소송인 당사자소송이 강구되어야 한다. 사안에 대한 사무관리적 접근을 근거지우기 위해, 판례는 국가가 최종적으로 방제조치를 취할 법률상의 의무와 국민의 생명, 건강, 재산을 보호하고 영토가 심각하게 훼손되는 사고가 발생할 경우 이를 회복하기 위한 조치를 취해야 할 법적 의무가 있다는 점에 의거하여 사안에서의 방제작업이 국가의 임무에 속한다고 논증하였다. 사안에서의 방제작업이 국가의 긴급방제조치의 일환이어서 분명히 공법적 성격을 지닌다. 공법상의 사무관리의 문제임에도 불구하고, 판례는 사안을 아쉽게도 전적으로 '민사상'의 사무관리의 차원에서 접근하였다.

2. 사무관리의 성립요건상의 문제점

사무관리의 핵심은 법적 의무가 없음에도 불구하고 타인의 사무를 처리하는 데 있다. 다시 말해, 사무처리하는 사람이 원래 사무처리해야 할 사람과의 관계에서 아무런 활동권한을 가지지 않아야만 한다. 타인이 구하지 않음에도 불구하고 그 타인의 사무를 처리했다는 점이 관건이다. 구 해양오염방지법 제48조 제2항, 제50조 제1항 등에 의한 긴급방제조치는 발생한 경찰상의 장애를 제거하는 일종의 경찰권발동이다. 따라서 해양경찰이 긴급방제조치의 차원에서 을 회사에 대해 방제보조작업을 지시하거나 요청한 것은, 일종의 경찰비책임자에 대한 경찰권발동이라 할 수 있다. 여기서 을 회사는 긴급방제조치에 따른 일종의 행정보조인적 지위를 갖는다. 을 회사가 방제작업의 보조에 나선 것이 해양경찰청장의 요청에 따른 것이고, 방제작업을 하면서 해양경찰의 지시·통제를 받았다면, 과연 을 회사가 의무 없이 즉, 위임 없이 타인의 사무를 처리를 한 것으로 볼 수 있을지 의문이다.

Ⅵ. 맺으면서 – 민관협력의 수단으로서의 경찰비책임자에 대한 경찰권발동

사무관리 제도에는 상호부조의 고귀한 동기가 배어 있다. 하지만 행정이 당사자가 되는 공법상의 그것의 경우 완전히 다르다. 공법상의 사무관리는 법률유보의 원칙 및 관할법정주의 등 공법질서의 차원에서 그 허용성이 검토되어야 한다. 그리하여 독일의 경우 많은 행정법문헌이 공법상의 사무관리에 관한 판례에 대해 매우 비판적이다.[1] 대상판결에서 대상사무의 공임무로서의 성질 및 행정보조로서의 그것의 수행이 논구되지 않은 점은 아쉽다. 경찰비책임자에 대한 경찰권발동의 차원에서 접근하면 자연스럽게 손실보상규정의 결여가 문제되어, 비용상환에 관한 민법 제739조의 준용여부와는 별도로 경찰비책임자에 대한 손실보상의 문제가 정면으로 부각되었을 것이다. 대상판결을 계기로 공법상의 사무관리가 별 의문 없이 그대로 제도화될 우려가 있다. 세월호사태가 보여주듯이, 사고와 재난은 발생 그 자체가 아니라, 그것에 대한 효과적인 대처가 문제이다. 경찰비책임자에 대한 경찰권발동은 재난에 대해 효과적으로 대응하기 위한 민관협력의 수단이기도 하다.

1) 대표적으로 Schoch, DV 38(2005), 91ff.

17

원처분주의하에서 재결취소소송의 문제에 관한 소고

서울고법 2022.7.7. 선고 2022누30388판결

Ⅰ. 사실의 개요

강원도교육감은 2020.11.2. B초등학교 교원으로 재직 중인 甲에 대한 초임호봉 획정 시 군복무기간 26개월을 모두 산입하여 산정하였다가 군복무기간과 대학재학기간이 겹치는 기간인 2개월을 제외하여야 한다는 사유를 들어 甲의 호봉을 정정하고(이하 '이 사건 호봉정정처분'이라 한다) 이를 홍천교육지원청과 B초등학교에 통보하였다. 홍천교육지원청 교육장은 2021.1.8. B초등학교에 이 사건 호봉정정처분에 따라 甲이 반환해야 할 급여가 1,204,020원이고 이 금액을 2020. 11.분부터 2021.1.분까지의 급여 지급 시 정산할 것임을 통보

하였다(이하 '이 사건 정산금반환통보'라 한다). 그런데 강원도교육감은 이 사건 호봉정정 처분을 하면서 甲에게 교원소청심사위원회에 특별행정심판에 해당하는 소청심사를 청구할 수 있음을 알리지 아니하였다. 이런 상황에서 불복하여 甲은 2021.1.11. 중앙행정심판위원회에 이 사건 호봉정정처분 및 이 사건 정산금반환통보의 취소를 구하는 행정심판을 청구하였으나, 중앙행정심판위원회는 2021.2.26. 다음과 같은 사유를 들어 이 사건 행정심판청구를 각하하였다(이하 '이 사건 재결'이라 한다): '구 교원지위법'((2021.3.23. 법률 제17952호로 개정되기 전의 것) 제9조 제1항은 교원의 의사에 반하는 불리한 처분에 대하여는 교원소청심사위원회의 소청심사를 거치도록 하고 있는데, 이러한 소청심사는 행정심판법 제3조 제1항에 규정된 위 법에 따른 행정심판의 대상이 되지 아니하는 '다른 법률에 특별한 규정이 있는 경우'에 해당하는 바, 이 사건 호봉정정처분은 교원의 의사에 반하는 불리한 처분으로서 소청심사의 대상이므로 행정심판법에 따른 행정심판의 대상이 되지 아니한다. 그리고 이 사건 정산금반환통보는 甲이 법률상 원인 없이 지급받은 부당이득을 반환하라는 것에 불과하여 공권력의 행사라고 볼 수 없으므로 행정심판의 대상이 되는 처분이라고 할 수 없다. 따라서 이 사건 행정심판청구는 행정심판의 대상이 아닌 사항에 대한 것으로서 부적법하다.

Ⅱ. 대상판결의 요지

호봉정정처분은 구 교원지위법 제9조 제1항에 규정된 '교원의 의사에 반하는 불리한 처분'에 해당하여 소청심사의 대상이 되므로, 행정심판위원회에 의한 행정심판의 대상이 되지 아니하나, 행정청이 행정심판법 제58조 제1항 제2호에 따라 처분상대방에게 '행정심판청구절차'를 알리는 것에는 행정심판 또는 특별행정심판을 담당하는 소관 기관을 알리는 것이 포함되는데, 강원도교육감은 호봉정정 처분을 하며 갑에게 교원소청심사위원회에 특별행정심판에 해당하는 소청심사를 청구할 수 있음을 알리지 않았으므로, 행정심판청구서를 받은 중앙행정심판위원회로서는 이를 교원소청심사위원회의 소청심사대상이라는 이유로 곧바로 이를 각하하여서는 안 되고, 강원도교육감에게 보내서 강원도교육감으로 하여금 교원소청심사위원회에 사건을 송부하도록 하여야 하는 점, 행정심판법 제23조 제2항에 따른 송부의무는 원처분의 성격에 따라 정해지는 것이지 청구인의 의사에 좌우되는 것이 아닌 점을 종합하면, 위 재결은 위법하다.

Ⅲ. **문제의 제기** – 처분청이 제대로 불복고지를 하지 않은 것의 결과

대상판결과 제1심판결은[1] –과거 1969.12.9. 선고 69다1700판결에서 비롯된 공법상 부당이득반환의 법리를 수긍하지 않는 (바람직하지 않는) 기조에 입각하여– 공히 '이 사건 정산금반환통보'의 처분성을 부인한 점에는 일치하며, '이 사건 호봉정정 처분'과 관련해서도 그것이 행정처분으로서 '교원의 의사에 반하는 불리한 처분'이며, '교원의 의사에 반하는 불리한 처분'은 구 교원지위법에 따라 행정심판위원회의 심판대상이 아니라 특별행정심판의 일종인 교원소청심사위원회에 의한 소청심사대상이라는 점에서는 의견이 같고, 단지 그것에 관한 교원소청심사위원회의 소청심사가 확보되도록 해당 사건을 강원도교육감에게 이송해야 하는지 아니면 중앙행정심판위원회가 행정심판청구요건의 차원에서 그 자체로 각하하더라도 무방한지 여부에서만 입장을 달리한다. 공무원에 대한 징계처분 등 일체의 불이익한 처분에 대해 통용되는 소청전치주의(국가공무원법 제16조 제1항)

1) 서울행정법원 2021.12.14. 선고 2021구합66012판결.

가 교육공무원에 대해 그대로 통용되는 상황(교육공무원법 제58조 제1항)에서. 처분청이 제대로 불복고지(행정심판법 제58조, 행정절차법 제26조)를 하지 않은 것이 문제의 시발이다.

Ⅳ. 과연 중앙행정심판위원회가 송부하지 않은 것이 문제인가?

1. 대상판결의 논거

대상판결은 소청전치주의하에서 자신의 귀책사유 없이 교원소청심사의 기회가 상실된 데 따른 권리구제의 공백을 강하게 지적하면서 행정심판 제23조 제2항의 송부의무를 다음의 논거로 강조한다. 즉, 행정심판법 제23조 제2항이 행정심판청구서를 잘못 받은 행정기관으로 하여금 이를 처분청에 보내도록 한 것은, 국민의 입장에서는 해당 사건의 행정심판을 담당하는 소관 기관을 알기 어려울 수 있다는 점을 고려하여 이러한 경우에도 청구인이 적시에 소청심사와 행정재판을 받을 수 있도록 함으로써 국민의 재판청구권 등을 실질적으로 보장하고 국민의 권리구제에 만전을 기하기 위함으로 보이고, 행정심판법 제23조 제1항이 행정심판청구서를 해당 행정처분을 한 피청구인에게도 제출할 수 있도록 한 것 또한 국민이 소관 행정심판기관을 직접 찾는 수고와 위험을 덜어주기 위한 것으로 보인다, 이러한 보장의 필요성은 특별행정심판인 소청심사의 절차에서도 마찬가지로 존재한다.

2. 행정심판법 제23조 제2항의 연혁

본래 현행 행정심판법 제정(1984.12.15.) 당시에는 피청구인인 행정청(처분청)에 행정심판을 제기하도록 되어 있었고(제17조 제1항), 통합

행정심판위원회 격인 국무총리행정심판위원회 하에서는(1995.12.6.) 재결청 또는 피청구인인 행정청(처분청)에 행정심판청구서를 제출해야 하였다(제17조 제1항). 재결청제가 폐지된 상황에서는(2008.2.29.) 피청구인인 행정청 또는 중앙행정심판위원회에게(제17조 제1항) 제출해야 하는데, 2010.1.25. 개정에 따른 현행법 역시 동일하다. 송부자와 수신자는 각기 '다른 행정기관'과 '정당한 권한 있는 행정청'으로 하여 오다가, 2010.1.25. 개정에서 수신자를 '피청구인'으로 하였다.

3. 행정심판법 제23조 제2항에 의거하여 송부가 가능한가?

일부인용판결인 대상판결이 지닌 치명적인 문제점은 행정심판법 제23조 제2항에 따른 송부하지 않았음을 이유로 삼은 것이다. 대상판결이 지적하듯이 송부의무를 전제로 송부하지 않은 것을 문제삼기 위해서는, 그 전제로 행정심판법 제23조 제2항에 의거하여 송부가 가능해야 한다. 동 규정은 불복고지에서 불고지와 오고지의 상황을 대비한 것이다. 법문에는 송부기관을 '다른 행정기관'으로 하고 있는데, 중앙행정심판위원회가 여기에 포함될 수 있는지 여부가 관건이다. 여기서의 '다른 행정기관'은 연혁적으로 피청구인인 처분청과 동렬에 놓일 수 있는 행정기관을 의미하는 것으로 보아야 한다. 중앙행정심판위원회가 피청구인인 행정청이나 교원소청심사위원회에 송부하는 것은 소송법적 의미에서는 이송보다는 이관에 가까운데, 이는 명문의 규정이 있어야 한다. 이 점에서, "행정심판법은 제43조 제1항에서 '위원회는 심판청구가 적법하지 아니하면 그 심판청구를 각하한다.'고 규정하고 있을 뿐, 적법한 심사기관으로 이송할 것을 규정하고 있지 아니하므로, 이 부분을 이송하지 아니하고 각하재결을 하였더라도 위법하다고 할 수 없다."는 제1심판결의 지적에 공감한다. 그간 현실에서 중앙행정심판위원회가 교원소청심사위원회의 소청심사의 대상이 되는 처분을 다투는 사건이 접수된 경우 이를 교원소청심사위원회로 이송해 왔다 하더라도 이는 법문에 철저하지 못한 양태에 불과하고, 그것을 인용이유로 삼을 순 없다.

Ⅴ. 원처분주의하에서 과연 어떤 경우에 재결취소소송이 가능한가?

대상판결과 제1심판결에서 취소를 구하는 대상은 공히 중앙행정심판위원회의 각하재결이다. 현행 행정소송법 제19조 단서는 재결취소소송의 제기를 규정하고 있다. 여기서 문제되는 것이 법 제19조 본문의 원처분주의와의 관계이다. 재결 자체에 고유한 위법이 있더라도 원처분주의하에서는 소의 대상은 원처분이지 결코 재결이 될 수 없다. 불이익변경금지의 원칙에 의해 처분의 수범자를 상대로 원처분보다 더 부담적인 재결은 내려질 수 없다. 원처분이 최대한이다. 결국 재결 자체에 고유한 위법이 있어서 그 재결이 다투어지는 상황은, 전적으로 제3자효 행정행위에서 제3자가 제기한 행정심판청구에 대해 인용재결이 내려져서 이 재결을 처분상대방이 다투는 경우만이다.[2] 그런데 대법원 2001.7.27. 선고 99두2970판결이 원처분주의를 간과하여 바람직하지 않게도 각하재결의 취소소송 대상성을 인정하여 심각한 혼선을 빚고 있다(소위 정박효과). 대상판결 및 제1심판결은 이런 혼란의 결과물이다.

Ⅵ. 맺으면서 – 바뀐 법상황에 맞는 행정심판법의 개정이 시급하다

대상판결과 제1심판결은 허용되지 않는 재결취소소송을 용인하였다. 대상판결은 현행법의 명문규정에도 맞지 않는다. 소청전치주의로 인한 불가역적인 권리구제의 공백을 생각하면, 중앙행정심판위원

2) 효시적 판결로 대법원 1995.6.13. 선고 94누15592판결.

회가 청구인이 교원소청심사위원회 앞으로 바르게 소청심사를 청구하도록 더 적극적으로 나서야 했다고 할 수 있겠지만, 이는 적극행정의 차원에서 법외적으로 주장할 수 있는 사항이다. 행정절차법이 제정되기 전에 행정심판전치주의와 재결청시스템을 근간으로 하여 구성된 행정심판법은 구조상의 문제를 안고 있다. 사후적 행정절차로서의 본질에 맞춰 전면적으로 새롭게 고쳐야 한다.

18

국유재산법상의 변상금부과징수권과 민사상 부당이득반환청구권의 관계

대법원 2014.7.16. 선고 2011다76402전원합의체판결

Ⅰ. 대상판결의 요지

1. 다수의견

(가) 국유재산의 무단점유자에 대한 변상금 부과는 공권력을 가진 우월적 지위에서 행하는 행정처분이고, 그 부과처분에 의한 변상금 징수권은 공법상의 권리인 반면, 민사상 부당이득반환청구권은 국유재산의 소유자로서 가지는 사법상의 채권이다. 또한 변상금은 부당이득 산정의 기초가 되는 대부료나 사용료의 120%에 상당하는 금액으로서 부당이득금과 액수가 다르고, 이와 같이 할증된 금액의 변상금을 부과·징수하는 목적은 국유재산의 사용·수익으로 인한 이익의 환수를 넘어 국유재산의 효율적인 보존·관리라는 공익을 실현

하는 데 있다. 그리고 대부 또는 사용·수익허가 없이 국유재산을 점유하거나 사용·수익하였지만 변상금 부과처분은 할 수 없는 때에도 민사상 부당이득반환청구권은 성립하는 경우가 있으므로, 변상금 부과·징수의 요건과 민사상 부당이득반환청구권의 성립 요건이 일치하는 것도 아니다. 이처럼 구 국유재산법(2009.1.30. 법률 제9401호로 전부 개정되기 전의 것, 이하 같다) 제51조 제1항, 제4항, 제5항에 의한 변상금 부과·징수권은 민사상 부당이득반환청구권과 법적 성질을 달리하므로, 국가는 무단점유자를 상대로 변상금 부과·징수권의 행사와 별도로 국유재산의 소유자로서 민사상 부당이득반환청구의 소를 제기할 수 있다. 그리고 이러한 법리는 구 국유재산법 제32조 제3항, 구 국유재산법 시행령(2009. 7. 27. 대통령령 제21641호로 전부 개정되기 전의 것) 제33조 제2항에 의하여 국유재산 중 잡종재산(현행 국유재산법상의 일반재산에 해당한다)의 관리·처분에 관한 사무를 위탁받은 한국자산관리공사의 경우에도 마찬가지로 적용된다.

2. 반대의견

행정주체가 효율적으로 권리를 행사·확보할 수 있도록 관련 법령에서 간이하고 경제적인 권리구제절차를 특별히 마련해 놓고 있는 경우에는, 행정주체로서는 그러한 절차에 의해서만 권리를 실현할 수 있고 그와 별도로 민사소송의 방법으로 권리를 행사하거나 권리의 만족을 구하는 것은 허용될 수 없다고 보아야 한다. 특히 국유재산 중 잡종재산에 관한 법률관계는 사경제주체로서 국가를 거래 당사자로 하는 것이어서 사법의 적용을 받음이 원칙임에도, 구 국유재산법 제51조는 잡종재산의 무단점유자에 대해서까지 대부료의 120%에 상당하는 중한 변상금을 부과하고, 국세징수법의 체납처분에 관한 규정을 준용하여 이를 강제징수할 수 있도록 함으로써 특별한 공법적 규율을 하고 있다. 나아가 구 국유재산법 제51조 제1항에 의하여 국유재산의 무단점유자에게 변상금을 부과하는 것은 행정주체의 재량이 허용되지 않는 기속행위로서, 행정주체의 선택에 의하여 부과 여부가 결정될 수 있는 성질의 것도 아니다. 따라서 국유재산의 무단점유와 관련하여 구 국유재산법 제51조에 의한 변상금 부과·징수가 가능한 경우에는 변상금 부과·징수의 방법에 의해서만 국유재산의 무단점유·사용으로 인한 이익을 환수할 수 있으며, 그와 별도로 민사소송의 방법으로 부당이득반환청구를 하는 것을 허용하여서는 아니 된다.

Ⅱ. 문제의 제기 – 변상금부과처분과 민사상 부당이득반환청구권의 독립적 병존의 문제점

甲(피고)이 대부계약을 체결하지 아니한 채 권한 없이 2005.7.1.부터 2008.12.31.까지 국가 소유의 잡종재산(지금의 일반재산)인 이 사건 토지를 점유하여서, 한국자산관리공사(원고)가 위 기간 동안의 무단점유를 이유로 甲에 대하여 변상금을 부과하였으나 이를 납부받지 못하자 그를 상대로 부당이득의 반환을 구하는 소를 제기한 사안이다. 일찍이 대법원 1988.2.23. 선고 87누1046판결이 구 국유재산법 제51조 소정의 국유재산 무단점유자에 대한 변상금부과처분이 행정소송의 대상이 되는 행정처분이라고 확인한 이래로, 이는 확고한 판례의 입장이다. 그러나 국유재산 무단점유자에 대한 변상금부과처분의 근거규정인 구 국유재산법 제51조가 민사상 부당이득반환청구권의 행사가능성에 대해 어떤 영향을 미칠지는 분명치 않았다. 대상판결은 국유재산법상의 변상금부과처분과 민사상 부당이득반환청구권이 상호 독립적으로 병존한다고 판시하였는데,[1] 이하에서는 비판적

1) 동지: 대법원 2014.9.4. 선고 2012두5688판결.

으로 검토하고자 한다.

Ⅲ. 제 논거

1. 다수의견의 논거

국유재산의 무단점유자에 대한 변상금 부과는 공권력을 가진 우월적 지위에서 행하는 행정처분이고, 그 부과처분에 의한 변상금 징수권은 공법상의 권리인 반면, 민사상 부당이득반환청구권은 국유재산의 소유자로서 가지는 사법상의 채권이다. 또한 변상금은 부당이득 산정의 기초가 되는 대부료나 사용료의 120%에 상당하는 금액으로서 부당이득금과 액수가 다르고, 이와 같이 할증된 금액의 변상금을 부과·징수하는 목적은 국유재산의 사용·수익으로 인한 이익의 환수를 넘어 국유재산의 효율적인 보존·관리라는 공익을 실현하는 데 있다. 그리고 대부 또는 사용·수익허가 없이 국유재산을 점유하거나 사용·수익하였지만 변상금 부과처분은 할 수 없는 때에도 민사상 부당이득반환청구권은 성립하는 경우가 있으므로, 변상금 부과·징수의 요건과 민사상 부당이득반환청구권의 성립 요건이 일치하는 것도 아니다.

2. 반대의견의 논거

행정주체가 효율적으로 권리를 행사·확보할 수 있도록 관련 법령에서 간이하고 경제적인 권리구제절차를 특별히 마련해 놓고 있는 경우에는, 행정주체로서는 그러한 절차에 의해서만 권리를 실현할 수 있고 그와 별도로 민사소송의 방법으로 권리를 행사하거나 권리의 만족을 구하는 것은 허용될 수 없다고 보아야 한다. 특히 국유재산 중 잡종재산에 관한 법률관계는 사경제주체로서 국가를 거래 당사자로 하는 것이어서 사법의 적용을 받음이 원칙임에도, 구 국유재산법 제51조는 잡종재산의 무단점유자에 대해서까지 대부료의 120%에 상당하는 중한 변상금을 부과하고, 국세징수법의 체납처분에 관한 규정을 준용하여 이를 강제징수할 수 있도록 함으로써 특별한 공법적 규율을 하고 있다. 나아가 구 국유재산법 제51조 제1항에 의하여 국유재산의 무단점유자에게 변상금을 부과하는 것은 행정주체의 재량이 허용되지 않는 기속행위로서, 행정주체의 선택에 의하여 부과 여부가 결정될 수 있는 성질의 것도 아니다. 따라서 국유재산의 무단점유와 관련하여 구 국유재산법 제51조에 의한 변상금 부과·징수가 가능한 경우에는 변상금 부과·징수의 방법에 의해서만 국유재산의 무단점유·사용으로 인한 이익을 환수할 수 있으며, 그와 별도로 민사소송의 방법으로 부당이득반환청구를 하는 것을 허용해서는 아니 된다.

Ⅳ. 다수의견에 대한 비판적 검토

변상금부과처분에 관해 명문의 규정이 있음에도 불구하고, 그것을 무색하게 만들 수 있는 병존적 논증은 도그마틱적으로 검토할 필요가 있다. 행정이 법형식이자 작용형식을 선택한다는 것은 통용되는 법체제를 선택한 것이다. 마찬가지로 입법자가 행정의 법형식이자 작용형식을 규정한 것은 통용되는 법체제를 규정한 것이다. 입법자가 소정의 국유재산 무단점유자에 대해서 변상금부과처분을 통해 대처하도록 규정하였음에도 불구하고 그것을 무색하게 만든 것은 입법자의 의사를 부정한 것이다. 국가배상법상의 배상기준(제3조)을 —비구속성을 전제로 하여— 단순기준으로 본 대법원 1980.12.9. 선고 80다1820판결 역시 같은 문제점을 안고 있다.

모순이 없어야 한다는 것이 법질서의 중요한 부분이기 때문에, 공법과 사법간에 법적 평가상의 모순은 가능한 한 피해야 한다. 그러나 다수의견처럼 병존가능성이 시인되면, 당연히 평가상의 불일치가 초래된다. 공법질서와 사법질서, 양자를 교호적 포용(포괄)질서로 인식하여야 하지만, 결코 평가상의 불일치를 무조건적으로 정당화할 수는 없다. 그리고 공법메커니즘과 사법메커니즘의 동원과 관련한 기왕의 판례와 다소 괴리가 있다. 판례는 행정대집행절차가 인정되는 공법상 의무의 이행을 민사소송의 방법으로 구할 수 없다고 본다.[2] 다수의견은 이것과는 분명히 어울리지 않는다. 국유 일반재산(잡종재산)의 대부료 등의 징수를 민사소송의 방법으로 관철하는 것은 허용되지 않는다고 본 대법원 2014.9.4. 선고 2014다203588판결과도 다수의견은 어울리지 않는다.

V. 맺으면서 – 판례의 허용최대한으로서의 법형성기능

공물이 아닌 일반재산(잡종재산)의 무단점유에 대해 공적 메커니즘인 변상금부과처분으로 대처할 수 있게 한 법규정(구 국유재산법 제51조)의 정당성을 직접 논의하는 것, 즉 규범통제를 먼저 강구하는 것이 正道이다. 일종의 '국고적 특권(Fiskusprivilegien)'에 해당하는 이법규정은 정당화가 필요한 예외적 경우에 허용될 수 있다.[3] 일반재산이 공물이 아닌 사물에 해당하더라도 국·공유재산이라는 공적 특성을 감안하면 정당화될 수 있다. 결론적으로 다수의견처럼 현행 법규정의 존재를 무색하게 하는 식의 접근을 강구한 것은, 판례가 법형성기능을 넘어서 –허용되지 않는– 새로운 입법을 한 셈이 된다.

---

2) 대법원 2009.6.11. 선고 2009다1122판결.
3) 김중권, 행정법, 2023, 32면.

19

지방의회의원 유급보좌인력의 채용 문제

대법원 2017.3.30. 선고 2016추5087판결

Ⅰ. 사실의 개요

A시의회의 요청을 A시장이 받아들여 A시 인사위원회위원장이 시간선택제임기제공무원 40명을 '정책지원요원'으로 임용하여 지방의회 사무처에 소속시킨 후 상임위원회별 입법지원요원(입법조사관)에 대한 업무지원 업무를 담당하도록 한다는 내용의 채용공고를 하자, 행정자치부장관이 A시장에게, 이 사건 채용공고는 '지방의회의원 개인별 유급 보좌 인력'의 도입을 목적으로 하는 것으로 지방재정법 제3조 제1항, 제47조 제1항, 제67조 제2항 등 관련 법 규정에 위반된다는 이유를 들어, 이 사건 채용공고를 취소하라는 내용의 이 사건 시정명령을 하였다. 시정명령에 응하지 않자 이 사건 채용공고를 직권

으로 취소하였다.

Ⅱ. 대상판결의 요지

[1] 행정소송법상 항고소송은 행정청이 행하는 구체적 사실에 관한 법집행으로서의 공권력의 행사 또는 거부와 그 밖에 이에 준하는 행정작용을 대상으로 하여 위법상태를 배제함으로써 국민의 권익을 구제함을 목적으로 하는 것과 달리, 지방자치법 제169조 제1항은 지방자치단체의 자치행정 사무처리가 법령 및 공익의 범위 내에서 행해지도록 감독하기 위한 규정이므로 적용대상을 항고소송의 대상이 되는 행정처분으로 제한할 이유가 없다.

[2] 지방의회의원에 대하여 유급 보좌 인력을 두는 것은 지방의회의원의 신분·지위 및 처우에 관한 현행 법령상의 제도에 중대한 변경을 초래하는 것으로서 국회의 법률로 규정하여야 할 입법사항이다.

[3] 위 공무원의 담당업무, 채용규모, 전문위원을 비롯한 다른 사무직원들과의 업무 관계와 채용공고의 경위 등을 종합하면, 지방의회에 위 공무원을 두어 의정활동을 지원하게 하는 것은 지방의회의원에 대하여 전문위원이 아닌 유급 보좌 인력을 두는 것과 마찬가지로 보아야 하므로, 위 공무원의 임용은 개별 지방의회에서 정할 사항이 아니라 국회의 법률로써 규정하여야 할 입법사항에 해당하는데, 지방자치법은 물론 다른 법령에서도 위 공무원을 지방의회에 둘 수 있는 법적 근거를 찾을 수 없으므로, 위 공무원의 임용을 위한 채용공고는 위법하고, 이에 대한 직권취소처분이 적법하다고 한 사례.

Ⅲ. 문제의 제기 – 지방의회의원을 위한 유급보좌 인력의 충원

종전 지방자치법은 지방의회에 의원, 전문위원, 그리고 사무처사무직원만을 둘 수 있어서, 법률에 근거하지 않고 지방의회의원을 지원하기 위해 사무처소속의 유급 보좌 인력을 두는 것이 문제된다. 그리고 지방자치법 구 제169조(현행 제188조) 제1항에 의하면, 지방자치단체의 사무에 관한 그 장의 명령이나 처분이 법령에 위반되거나 현저히 부당하여 공익을 해친다고 인정되면 시·도에 대하여는 주무부장관이, 시·군 및 자치구에 대하여는 시·도지사가 기간을 정하여 서면으로 시정할 것을 명하고, 그 기간에 이행하지 아니하면 이를 취소하거나 정지할 수 있다(이 경우 자치사무에 관한 명령이나 처분에 대하여는 법령을 위반하는 것에 한한다). 사안에서 A시장은 지방자치법 구 제169조(현행 제188조) 제1항의 적용을 피하기 위해 이 사건 채용공고가 국가의 감독처분(시정명령 및 취소정지)의 대상이 아니라고 주장하였다. 지방분권 및 지방자치의 확대강화가 개헌논의에서 쟁점이 된 점에서 대상판결은 의미 있는 방향을 제시하여서 그 의의와 문제점을 살펴본다.[1]

Ⅳ. 법률에 근거하지 않고 지방의회의원을 위한 유급보좌 인력의 충원의 문제

지방자치법 구 제59조(현행 제68조)는 의원의 자치입법활동을 지원하기 위해 전문지식을 가진 위원(전문위원)을 둘 수 있도록 규정하고 있다. 이런 전문위원과 별도로 서울특별시가 지방의회의원 개인에 대

1) 관련 문헌: 정남철, 지방자치단체에 대한 감독수단으로서 직권취소의 대상 및 위법성 판단기준, 「법조」 제724호(2017.8), 493면 이하; 최봉석, 직권취소처분 취소청구의 소, 제338차 행정판례연구회 월례발표회 발표문.

해 국회의원의 보좌관과 같은 유급 보좌 인력을 배치하고자 하는 것인데, 이 사건 채용공고가 지방자치의 내용인 자주조직권의 차원에서 허용되는지 여부가 문제된다. 시종 판례는 지방의회의원에 대하여 유급 보좌 인력을 두는 것은 지방의회의원의 신분·지위 및 그 처우에 관한 현행 법령상의 제도에 중대한 변경을 초래하는 것으로서 국회의 법률로 규정하여야 할 입법사항으로 본다.[2] 판례의 이런 입장은, 과거 명예직인 지방의회의원에게 유급보좌관을 두도록 한 조례안 재의결과 관련해서, 대법원 1996.12.10. 선고 96추121판결이 "명예직인 지방의회의원에 대하여 유급 보좌관을 두는 것은 지방의회의원을 명예직으로 한다고 한 위 규정에 위반되고, 나아가 조례로써 지방의회의원에 유급보좌관을 둘 경우에는 지방의회의원에 대하여 같은 법이 예정하고 있지 않는 전혀 새로운 항목의 비용을 변칙적으로 지출하는 것이고, 이는 결국 법령의 범위 안에서 그 사무에 관하여 조례를 제정하도록 한 같은 법 제15조(현행 제22조)의 규정에 위반된다."고 판시한 데서 비롯한다. 지방의회의원이 더 이상 명예직이 아니더라도, 대법원 96추121판결이 "조례로써 지방의회의원에 유급보좌관을 둘 경우에는 지방의회의원에 대하여 같은 법이 예정하고 있지 않는 전혀 새로운 항목의 비용을 변칙적으로 지출하는 것"이라고 지적한 것은 관련 사항이 입법사항임을 분명히 한 것으로 매우 타당하고 여전히 유효하다. 국회의원의 경우 보좌진을 두는 것이 국회의원수당법에 직접적 근거를 두는 것과 비교하면 이 사건 채용공고의 위법성은 여실하다. 일각에서 사안을 전적으로 자치사무의 일환으로 접근하여 중앙정부나 국회의 관여대상이 될 수 없어서 법률에 근거할 필요가 없다고 주장할 수 있다. 그러나 대상판결이 지적하듯이, 지방자치법이 허용하지 않는 사무처소속의 비사무직원을 두는 것은 그 자체로 법위반이다. 법률에서 어떤 조직(및 그 인력)을

2) 대법원 2013.1.16. 선고 2012추84판결.

둘 수 있도록 허용하지 않음에도 불구하고, 자치단체의 장이 임의로 조직(및 그 인력)을 만드는 것은 제도적 법률유보 및 조직법정주의에 정면으로 배치된다.[3]

다만 지방자치법의 개정으로 지방의회의원 정수의 2분의 1 범위에서 해당 지방자치단체의 조례로 정하는 바에 따라 지방의회에 정책지원 전문인력을 둘 수 있게 되어(법 제41조), 대법원 96추121판결 등은 이제 더 이상 주효하지 않을 것이다.

V. 지방자치법 구 제169조(현행 제188조) 제1항의 취소정지의 대상인 처분을 행정처분과 다르게 접근하는 것의 문제

두 번째로 문제되는 것은 이 사건 채용공고가 지방자치법 구 제169조(현행 제188조) 제1항의 취소정지의 대상이 되는지 여부이다. 대법원은 지방자치법 구 제169조(현행 제188조) 제1항의 취소정지의 대상이 일반적인 행정처분에 국한하지 않음을 처음으로 판시하였다. 즉, 행정처분에 해당하지 않는 일체의 조치가 이에 해당할 수 있게 되었다. 그런데 취소정지의 대상을 처분으로 제한할 이유가 없다는 대상판결의 논거가 취소정지의 대상을 행정처분이외의 것으로 확대할 근거가 될 수 있는지 의문스럽다. 취소정지의 대상을 처분으로 제한할 이유가 없다는 것에 관한 설득력 있는 논거를 전혀 제시하지 않았다. 일반적인 이해에서 벗어난 논증을 하기 위해서는 일탈의 필요성에 못지않게 중요한 것이 그것을 정당화시킬 수 있는 근거의 제시이다. 대상판결의 접근은 행정처분에 관한 일반적인 이해를 훼손할 뿐만 아니라 자칫 행정법상의 엄청난 혼란을 자아낼 수 있다. 지방자치법 구 제169조(현행 제188조) 제1항의 감독규정으로서의 성격

---

3) 제도적 법률유보에 관한 관심제고를 촉구하는 문헌으로 김남진, 법률유보이론의 재조명, 법연 2014 Summer Vol.43.

만으로 행정법의 기본인식에서 벗어날 근거를 삼을 수는 없다. 법적 논증에서 필요성의 논거로써 정당화의 논거를 갈음할 수는 없다.

그런데 여기서의 채용공고의 법적 성질을 검토할 필요가 있다. 동 공고(서울특별시 제1인사위원회 공고 제2016-233호)는 일정 분야에 근무할 공무원을 임용하겠다는 일련의 채용계획을 공고한 것이다. 이 점은 일련의 채용공고(예: 서울특별시 제1인사위원회 공고 제2015-293호)가 채용시험계획공고의 표현을 사용하고 있는 점에서 분명하다. 따라서 채용공고는 채용계획을 확정하여 공시한 것이다. 공무원임용이 본질적 내용인 이상, 대상자에게 공무원이 될 기회를 제공하고, 임용권자는 시험을 통해 적합한 자를 임용하여야 한다는 점에서 채용계획은 일정한 법적 효력을 지녀서 일종의 명령적 계획에 해당한다. 대표적인 명령적 계획인 도시관리계획결정에 대해 처분성이 인정되듯이, 이 사건 채용공고 역시 처분성을 어렵지 않게 인정할 수 있다.

Ⅵ. 맺으면서 - 구 제169조(현행 제188조)의 입법정책적 개선점

이 사건 채용공고를 현행법의 해석의 차원(de lege lata)에서 행정처분에 해당하며 지방자치법 구 제169조(현행 제188조)의 처분에 아무런 의문 없이 해당할 수 있다고 보는 것과는 별개로 감독규정으로서 지방자치법 구 제169조(현행 제188조)를 입법정책의 차원(de lege ferenda)에서 몇 가지 개선할 점이 있다. 우선 여기서의 명령을 직접적으로 조례와 규칙으로 분명히 할 필요가 있다. 그리고 명령과 처분이 아닌 행정작용 역시 커버할 수 있도록 '기타 조치'를 추가할 필요가 있다. 자치사무와 관련하여 국가의 감독처분은 지방자치단체의 자치권과 마찰을 빚는다. 지방자치법 구 제169조(현행 제188조) 제2항상의 소송의 성격을 두고서 특별한 항고소송의 일종이냐 기관소송의 일종이냐 논란이 있는데, 그와는 별개로 과연 법률상의 단심제가 자치권보장에 부합하는지 의문스럽다. 앞으로 자치권의 확대가 강구되기에, 다른 보통의 항고소송처럼 3심까지는 가지 않더라도 재심의 기회는 부여하는 것이 바람직하다.

** **추기:** 대상판결과 비슷하게, 대법원 2022.4.14. 선고 2020두58427판결은 구 지방자치법 제188조(현 제155조)에 따른 분담금 납부의무자인 주민을 명문에 어긋나게 구 지방세법에서 정한 균등분 주민세의 납부의무자인 '주민'과 기본적으로 동일한 의미이므로, 법인이 해당 지방자치단체의 구역 안에 주된 사무소 또는 본점을 두고 있지 않더라도 '사업소'를 두고 있다면 분담금납부의무자인 '주민'에 해당한다고 보았다.

제3장

공공법제의 개혁

01 개인을 국가보다 앞세우는 헌법의 개혁이 필요하다.

02 포스트 코로나 시대에 행정법 및 공법은 어떤 역할을 해야 하는가?

03 행정절차법 일부개정의 주요 내용 및 몇 가지 문제점

04 행정기본법의 제정에 따른 행정구제법의 과제

05 공정의 차원에서 행정구제법의 개혁에 관한 소고

06 시대의 해원(解冤)을 넘어 국가배상법 개혁을 위한 모색

07 개헌논의에 따른 국가배상시스템의 발본적 개혁에 관한 소고,

08 재판지연에 대한 입법적 대응의 필요

09 언제까지 “지체된 정의는 정의가 아니다.”라는 법언에 머물 것인가?

10 현행 집시법의 발본적 개혁에 관한 소고

11 복종과 상명하복이 언급되는 국가와 사회가 근대적인가?

12 공직자의 신체는 온전히 자신의 것인가?

13 개정 행정심판법의 문제점에 관한 小考

14 「성전환자의 성별정정허가신청사건 등 사무처리지침」의 문제점에 관한 소고

15 2010년 민법 개정시안상의 법인설립 등에 대한 국가개입에 관한 소고

16 국가적 정보행위의 법률유보적 문제점에 관한 소고

01

개인을 국가보다 앞세우는 헌법의 개혁이 필요하다

Ⅰ. 민주성이 담보되지 않는 법의 지배의 문제점

1987.10.29.에 개정되어 1988.2.25.부터 시행되어 온 현행 헌법은 근 35년 동안 대한민국의 최고법으로 기능하였다. 최고 권력자를 위한 개헌으로 얼룩진 헌정사와 매우 대조적으로 헌법적 평온(?)이 이례적으로 오래 지속되고 있다. '1987년 민주화'에 대한 평가는 다를 수 있지만, 분명 현행 헌법은 1987년 민주화의 결과물이다. 민주화의 열기가 팽배한 분위기에서 개헌의 주안점이 권력구조의 변화에 있었기에, 현행 헌법은 민주화 이후에 직면한 시대요구에 효과적으로 대응하지 못하여 지속적인 개정의 움직임이 있었지만, 끝내 결실을 거두지 못하였다. 법의 타당성은 과거가 아닌 현재에 있다. 법은 제정과 동시에 개정의 수요가 생긴다. 시대에 부응하기 위해 개헌을 강구하는 것 그 자체는 자연스럽다. 그런데 근대시민사회를 바탕으

로 만들어지지 않은 우리 헌법의 근본적인 문제점이 제거되지 않는 한, 민주적 헌법국가는 실현될 수 없다. 일찍이 괴테가 "법률만이 우리에게 자유를 줄 수 있다."고 지적하였듯이, 법의 지배는 개인의 자유를 보호하기 위함이다. 공화주의의 참뜻은 군주의 부재가 아니라, 지배가 상위법으로부터 위임된 것에 있다.1) 따라서 법의 지배(rule of law)는 민주성이 담보된 법의 지배이다. 민주성이 담보되지 않는 법의 지배는 법에 의한 지배(rule by law) 나아가 법치가 아닌 인치의 위험을 내포하는 법률가에 의한 지배(rule by lawer)로 전락할 수 있다. 법치국가는 결코 법률가의 지배(Juristocracy)를 의미하지 않는다.

Ⅱ. 현대 민주적 헌법국가에서의 '자율적 시민'으로서의 개인의 지위

민주적 헌법국가에서 선행적으로 논의가 필요한 것이 민주적 헌법국가에서의 개인의 위상 문제이다. 개인이 민주적 헌법국가에서 어떤 위상을 갖는지 즉, 개인에 의해 국가가 존재하는지 아니면 정반대의 상황인지가 선행적으로 깊이 논의되지 않은 채, 헌법과 행정법을 대하는 것은 문제가 있다. 국가는 그 정당성이 그 시민들의 자유에 있으며, 전적으로 시민들로부터 정당화되고, 시민들을 위하여 존재한다.2) 민주국가는 국민과의 관계에서 개인의 자기책임적 전개와 자유를 목표로 한다. 여기서 개인은 집단적 구속에서 벗어나, 국가법질서의 기초이자 목표가 된다. 따라서 현대 헌법국가에서 자유로운 주체로서의 개인은 선험적인 존재이고 모든 정당성의 최종적인 주체가 된다. 그런데 대부분 공법문헌에서 국민과 국가와의 관계가

---

1) R. Gröschner, Diskussionsbeitrag, VVDStRL 63(2004), S.464(465).
2) J. Masing, in: Voßkuhle/Eifert/Möllers(Hrsg.), GVR Ⅰ, 3.Aufl., 2022, §10 Rn.8.

권력관계로 설정되어 있다. 즉, 국민을 주체성이 인정된 개인 즉, 주체적 개인(das Individuum)이 아니라, 과거 전제군주의 통치권의 객체인 신민(臣民, Untertan)으로 본다. 우리 공법은 태생적으로 국가중심적 공법이다.

일찍이 독일 연방행정법원은 "개인은 공권력에 복종하지만 신민이 아니라 시민이다. 그는 원칙적으로 단순히 국가적 활동의 대상이 되어서는 아니 된다. 오히려 그는 독립적이고 도덕적으로 책임 있는 인격체로서, 그래서 권리와 의무를 지닌 사람으로 인식된다."고 하면서, 인간존엄성 규정(제1조)은 필수적인 생활수요의 보장과 관련해서 사람을 단지 국가활동의 대상으로 여기는 것을 금지한다고 판시하였다.[3] 독일 연방헌법재판소 역시 "사람을 국가내에서 객체(대상)로 만드는 것은 인간의 존엄성에 반한다."고 판시하였다.[4]

국가체제가 군주정에서 공화정으로, 그것도 ―옛날 베네치아 공화국과 같은― 귀족적 공화정이 아니라, 민주공화정으로 이행한 이상, 헌법을 구성하는 理想인 '자율적 시민'이 헌법의 지도원칙이다. 국민이 국가와 관계에서 공권력행사의 대상이자 객체에 머물고, 그 관계를 군신관계(君臣關係) 마냥 명령복종의 권력관계로 접근하는 것이 명시적으로나 묵시적으로 견지되는 한, 시민(국민)이 주인이라는 民主는 제대로 실현될 수 없다.[5]

Ⅲ. 현행 헌법 제1조 제1항의 국가규정의 문제점

국가의 기본법인 헌법 제1조는 국가의 근본이자 목표를 제시하는데, 여기서 국가체제를 규정한 현행 헌법 제1조가 과연 헌법의 이상

---

3) BVerwGE 1, 159ff.
4) BVerfGE 27, 1(6).
5) 상론: 김중권, 민주적 헌법국가에서 교호(상호)작용의 관계로서의 헌법과 행정법의 관계, 헌법논총 제 34집, 2023.12., 141면 이하 참조.

및 헌법국가의 가치에 부합하는지 고민이 필요하다. 1919.4.11.에 제정된, 임시정부 최초의 헌법문서인 '대한민국임시헌장' 제1조가 '대한민국은 민주공화국으로 함'이라고 규정한 것은, 비교헌법적으로 당시의 일본 및 중국과 비교해서 매우 획기적이다. 식민지배의 역사로 인해 '대한민국'이라는 국가공동체를 헌법에서 맨 앞에 내세우는 것이 나름 타당할 수 있지만, 과연 그것이 바른 근대국가 즉, 본연의 헌법국가의 모델에 맞는 것인지 의문스럽다. 선거나 투표와 같은 정치영역에서의 정당성의 부여가 민주화의 전부가 아니다.

독일의 경우 1949년 기본법의 제정 이후에 과거의 공화주의적 관헌국가와 결별하였는데, 그 출발점이 인간존엄성의 불가침 및 기본권의 존중, 입법·행정·사법권의 기본권구속성을 표방한 기본법 제1조이다. 1945년 이후 독일 법질서에 대해 과해진 임무는 법치국가에로의 귀환이다. 그것은 나치 시대에 자행된 반자유적이고 최고도의 개입적인 공법을 철폐하여, 그것을 민주적 법치국가원리에 부합하는 공법으로 대체하는 것이다. 즉, 기본법의 보호하에 행정을 법치국가원리에 맞춰 규율하는 것이 2차 세계대전 이후 독일 공법 및 행정법의 관심사였고, 그 핵심사고가 개인의 주체적 지위의 설정 및 그에 따른 권리주체성의 인정이다. 그리하여 국가가 정점에 있는 것이 아니라, 고유한 인간의 존엄성을 지닌 개인이 정점에 있으며, 국가는 인간을 위하여 존재하는 것이 되었다(All for one, and one for all).

Ⅳ. 맺으면서 – 헌법의 인간존엄성 규정(제10조)을 헌법 제1조 제1항으로

「행정기본법」이 국민의 권익보호를 구현하기 위하여 '행정의 민주성'을 제1차적 목표로 규정한 것은 –매우 늦었지만– 바른 공법적

인식을 제고시키는 첫걸음이다. 민주화는 개인의 존중이 그 바탕이다. '1987년 민주화' 때 초등학교를 다닌 세대를 기준으로 그 이후의 세대가 2023.9. 기준으로 전체 인구의 40%를 넘어가는데, 이들 세대의 국가와 국민의 관계에 관한 인식은 민주화의 과도기를 살아온 그 이전 세대와 다를 수밖에 없다. 행정의 민주성에 따른 시민의 공법적 지위를 바르게 인식하여, 先국가와 後국민을 설정한 국가중심적 공법을 타파하고, 先국민과 後국가를 설정한 국민중심적 공법을 만들어야 한다. 국민중심적 공법을 구축하기 위한 헌법적 토대가 필요하다. '대한민국헌법'이라는 표제 자체가 민주공화국으로서의 국가체제를 표방하므로, 굳이 헌법 제1조 제1항을 국가규정으로 할 필요가 없다. '대한민국헌법'의 표제하에서 지금의 대한민국은 결코 없어질 수 없으며, 공화국이 아닌 정치체제로의 변화 역시 용납되지 않는다. 민주주의는 기본적으로 국가권력 및 권력자에 대한 불신을 전제로 하기에, 그것의 요체는 권력분산에 따른 권력 간의 균형 및 견제이다. 주체적 개인으로서의 인간을 국가보다 앞세우는 헌법개혁이 있어야 비로소 민주화에 걸맞게 강력한 권력분산도 강구할 수 있다. 민주공화국을 의미하는 '민국'을 표방한, 임시정부 이래로의 대한민국 건국의 아버지들의 숭고한 뜻을 이제는 바른 근대국가의 실현을 위하여 적극적으로 헌법에 반영할 필요가 있다. 그것은 헌법의 인간존엄성 규정(제10조)을 헌법의 대문규정인 제1조 제1항으로 옮기는 것이다. 관헌(관치)적 법치국가인 바이마르 공화국의 헌법을 모범으로 삼은 기본틀이 여전한 이상. 강구되는 개헌 움직임은 헌 부대에 새 술을 담는 것과 다르지 않다. 문득 초등학생시절에 혼나지 않으려 아무런 뜻도 모르고 외웠던 '국민교육헌장' 가운데 한 구절('나라의 융성이 나의 발전의 근본임을 깨달아')이 생각이 난다.

02

포스트 코로나 시대에 행정법 및 공법은 어떤 역할을 해야 하는가?

Ⅰ. 처음에 – 법학은 새로움을 즐겨야 한다.

5월 2일부터 실외 마스크 착용의무가 완화되었다. 엔데믹의 시작이다. 4월 30일 기준으로 확진자와 사망자가 우리의 경우 1700만명과 22000명을 넘으며, 세계적으로는 5억 1천만명과 620만명을 넘는다. 자기 옆 사람에 대한 경계가 매우 자연스럽게 되어, 이미 우리 모두는 서로에 대해 잠재적 바이러스로 여겨지고 있다. 코로나 팬데믹은 실로 불확실성이 확실한, 불확실성의 확실성의 시대이어서, 자유에 대한 광범한 개입을 낳는 일련의 제한조치가 자연스럽게 발해졌다. 그리하여 코로나 팬데믹은 기본권에 대한 경도시험(硬度試驗)이자 법치국가를 위한 하중시험, 즉, 민주적 법치국가원리에 대한 스트레스 테스트(stress test)인 셈이다. 코로나 팬데믹 시대는 민주적 법치국가원리, 안전, 자유 및 기본권의 의의를 다시금 성찰하고 공부하는 때이다. 코로나 조치의 발함에 바이러스전문가 등 자연과학자에게만 전적으로 맡겨져서는 곤란하다는 독일 Papier 교수의 지적은[1] 의미심장하다.

코로나 팬데믹은 시대흐름과 결부하여 엄청난 파급효과를 발생시켰다. 가령 코로나 앱이 보여주듯이 디지털화가 가속화되고 있으며, 비대면의 일상화가 낯설지 않다. 사회양극화가 심화된 상황에서 격차사회와 취약사회의 제 문제가 극명하여 실로 공동체 전체가 존립에 위협을 받는다. 공동체를 유지하는 근간인 법제도를 다루는 법학 역시 심각한 존재론적 의문에 처한다. 국가는 존재한 이래로 부단히 변화하고, 시대는 그에 걸맞는 국가를 낳는다. 일찍이 독일 법학자 예링은 "법학은 개혁에 대항하기보다는 반대로 이를 즐겨 받아들여야 한다. 왜냐하면 법학은 이를 통해 새로운 개념형성 활동의 기회를 갖게 되기 때문이다."고 지적하였다.[2] 법학은 그때그때의 사회적 요구에 맞춰 새로움을 즐겨서 그 자체를 새롭게 형성해야 한다. 코로나 팬데믹에 즈음하여 국가임무의 변화상과 요구되는 시대임무에 비추어 판단하면, 현재의 국가는 리스크국가, 포용국가 및 디지털국가로 집약할 수 있고, 그에 따른 공법적 대응이 관건이다.[3]

Ⅱ. 리스크국가에서 행정법 및 공법의 대응

전통적인 위험방지와 비교해서 리스크행정의 특징은 그때그때의 안전상의 중요점을 특별하게 확장하는 것이다. 그 표제가 위험방지의 앞당김, 예방과 사전배려이다. 리스크사회에서 예방을 통한 안전을 지나치게 강조하면, "의심스러우면 안전에 유리하게"(In dubio

1) APuZ 35-37/2020, S.4(5).
2) Jhering, Scherz und Ernst in der Jurisprudenz, 1884, S.344.
3) 상론: 김중권, 대전환의 시대에 국가의 역할과 행정법(공법)의 개혁 및 현대화, 공법연구 제50집 제2호, 2021.12.31.

pro securitate)란 표제가 "의심스러우면 자유에 유리하게"(In dubio pro libertate)란 표제보다 앞선다. 그리하여 가령 일각에서 우려하는 방역독재와 같은 반법치국가적 상황이 초래될 수 있다. 이에 안전 및 안전권에 관한 바른 이해가 필요하다. 국가의 원래의, 핵심적인 존재목적은 안전을 보장하는 것 즉, 위험으로부터 시민을 보호하는 것이다. 국가는 이런 임무를 이행할 의무를 지닌다. 그러나 국가의 이런 의무는 결코 시민을 위한 주관적 권리를 성립시키지 않아서, 시민은 구체적 상황에서 국가의 객관적 보호임무에 의거하여 국가에 대해 개인적 보호를 요청할 수가 없다. 객관적 보호임무가 인정되더라도, 시민은 행정에 대해 위험방지를 강제할 수 없을 뿐만 아니라, 행정 역시 법적인 '위험방지의 강제'의 지배를 받지 않는다. 여기서 헌법상 인정되는 기본권적 보호의무가 시민에 대해 보호청구권을 제공할 수 있고, 반대로 국가에 대해서는 시민에게 유리하게 적극적으로 위험방지에 나설 의무를 지울 수 있는데, 하지만 이는 관련 법령의 차원에서 이루어질 수 있다. 안전에 대한 위협상황이 다른 사인에 의해 유발된 상황은 사인들간에 기본권이 충돌하는 상황이다. 생명과 건강과 같은 중대한 법익을 헌법상 최고의 법익으로 보지 않는 이상, 예방조치가 절대적으로 정당한 것은 아니다. 그로 인해 제한되는 여러 기본권과의 실제적 조화가 관건이다. 기본권의 보장과 관련한 자유와 안전 사이의 균형이 요구된다. 유의할 점은 감염병예방법상의 예방조치가 지향하는 공익에는 국민의 생명과 건강의 법익만이 아니라, 건강상의 응급상황 즉, 보건시스템의 특히, 중환자실의 과도한 부담을 피하는 것과 사망건수와 위중한 병세의 진행을 줄이는 것도 포함된다. 예방을 내세워 안전을 앞에 두더라도, 민주적 법치국가원리상의 루비콘강을 건너서는 아니 된다. 안전은 기본권적으로 보장된 자유의 일부이다. "법치국가적 원리의 제방을 리스크사전예방이란 우리의 海圖에 더욱 명료하게 기입할 필요가 있다."[4] 아울러 국가는 팬데믹상황에서도 자유, 안전 그리고 연대 사이에 민주적이고 법치국가원리적인 균형을 강구하는, 제 기능을 다하는 국가이어야 한다.[5)]

Ⅲ. 포용국가에서의 행정법 및 공법의 대응

코로나 팬데믹 이후에 두드러진 문제가 사회적 취약성이다. 열악한 처지에 있는 사람들은 바이러스감염의 리스크에 더 빨리 더 심하게 직면한다. 공동체 구성원의 일부가 재난이나 환란으로 기왕의 생활터전이 송두리째 붕괴되는 상황에 처하게 되면 결코 그에 머물지 않고, 마치 나비효과처럼 공동체 전체도 얼마 지나지 않아 사정이 동일해진다. 양극화의 심화에서 사회적 취약성이 두드러지는 상황에서 그것은 시대적 담론이 되어 취약사회의 개념이 등장하였다. 2020년 독일 국법학자대회의 주제 중의 하나가 취약사회의 행정법이다. 공동체인지가 의문스러운 취약사회에서는 개인의 공동체관련성과 공동체구속성을 바탕으로 전개된 공법시스템 전체가 새로운 국면에 처한다. 나만의, 내 가족만의 삶이 평온하다 하여 되는 것은 아니기에 새로운 책임공동체(neue Verantwortungsgemeinschaft)의 구상이 필요하고, 이에 맞춰 행정법(공법)은 취약사회를 원래의 상황으로 복원하거나 사회적 취약성을 저지, 완화하기 위하여 나름의 노력을 강구해야 한다. 취약사회를 기능이 원활하게 발휘되는 원래의 상황으로 적극적으로 복원하는 것(Resilienz)이 공법적 주제가 되고, 당연히 복원보장은 국가과제에 해당한다. 격차사회와 양극화사회에서는 자칫 법제도와 법학이 그 반대로 나아갈 위험이 있다. 독일 2016년 규제개혁 보고서의 환영사에서 메르켈 前수상이 "법률은 사회적 조화와 연

---

4) Di Fabio, Risikovorsorge - uferlos?, ZLR 2003, S.163(172).

5) Kersten/Rixen, Der Verfassungsstaat in der Corona-Krise, 2021. S.5.

대를 촉진하는 역할을 해야 한다."고 강조하였듯이, 시급히 포용국가로 나아가야 한다.

Ⅳ. 디지털국가에서의 행정법 및 공법의 대응

알고리즘의 지배(Algocracy)로 민주주의가 유명무실화될 우려가 있다. Max Weber가 100년 전에 기계처럼 작동하는 관료제를 창안하였는데, 특히 인공지능 기반의 공공 사물인터넷을 통해 기계 자체에 의해 행정이 운용되는 극적인 상황을 맞이하고 있다. 사람에 의한 행위를 바탕으로 구축된 아날로그 법질서인 현행 법질서는 기계가 스스로 즉, 사람으로부터 자유롭게 학습하여 결정을 내리는 것과는 부조화될 수밖에 없다. 일찍이 독일 연방헌법재판소는 "사람을 국가 내에서 객체(대상)를 만드는 것은 인간의 존엄성에 반한다."고 하여, "사람은 대상(객체)이 되어서는 아니 된다."는 입장을 견지한다.[6] 순전히 기술적으로 생성된 행정결정은 사람에 대해 곧바로 적합하지 않다. 여기서 흥미로운 규정이 독일 브레멘 주 헌법 제12조이다: 사람은 기술과 기계보다 우위에 있다(제1항). 사람의 인격과 공동생활을 보호하기 위하여 과학적 발명과 기술설비(장치)의 이용은 법률에 의하여 국가의 감독과 조종하에 있을 수 있으며 또한 제한되고 거부될 수 있다(제2항). 행정의 디지털화가 성공적으로 구현되기 위해서는, 잠재적 이용자 즉, 국민의 수용태도가 중요하다. 소위 디지털 신뢰의 구축이 선결과제이다. 국민을 국가권력의 단순한 대상으로만 보아 기계가 행하였기에 실수가 있을 수 없다는 인식이 팽배하는데, 이런 인식은 정부와 사법부에 대한 신뢰도가 매우 낮은 상황에서는 매우 위험하다. 공동체 전체의 신뢰 특히 공권력행사에 대한 믿음 문제를 성찰할 필요가 있다. 심각해질 디지털 격차와 차별화에 즈음

6) BVerfGE 27, 1(6).

하여 필요한 것은 민주주의, 공평의 원칙과 기본권에 합치하는 디지털화이지 디지털화에 합치하는 민주주의가 아니다. 인간과 기계의 共生(Symbiose)을 최적으로 형성하기 위해 민주적 법치국가원리는 견지하면서도 기왕의 아날로그 법질서를 디지털에 합치하는 법질서로 과감하게 전환해야 하고, 행정법과 공법을 디지털국가를 전제로 새로이 구축해야 한다. 행정기본법 제20조의 '자동적 처분'의 도입은 실질적인 디지털행정을 위한 출발점이다.

V. 맺으면서 – 死者에 의한 現生의 지배를 이제는 마쳐야 한다.

1755년의 리스본 대지진으로 유럽의 문화, 철학 및 신학이 완전히 바뀌어 18세기 근세가 전개되었다고 하듯이, 코로나 팬데믹은 21세기를 관류하여 국가와 사회의 저변을 심대하게 변화시킬 것이다. 행정법과 공법이 변화된 환경에서 국가임무를 민주적 법치국가원리의 구체화를 통해 실현할 수 없으면, 이들의 존재이유는 당연히 의문스럽다. 실현되고 있는 법의 타당근거는 현재에 있어서, 법률가는 자신의 시대적 물음을 늘 고민해야 한다. 일찍이 미국 토머스 제퍼슨이 죽은 자가 산 자를 지배하는 것에 대한 우려를 표하였다. "죽은 자에 의한 산 자의 지배는 아니 된다."는 표제는 시대에 조응하는 법의 의의를 잘 보여준다. 행정법 및 공법은 코로나 팬데믹을 통해 배운 것, 즉 민주적 법치국가원리, 사회적 조화와 연대를 적극적으로 실현하는 데 나서야 한다. '과학혁명'의 상황에 비견되는 대전환의 시대에 부응하는, 행정법 및 공법에서의 코페르니쿠스적 전환의 논리가 시급하다.[7]

---

7) 상론: 김중권, 대전환의 시대에 국가의 역할과 행정법(공법)의 개혁 및 현대화, 공법연구 제50집 제2 호, 2021.12.31., 85면 이하.

03

행정절차법 일부개정의 주요 내용 및 몇 가지 문제점

Ⅰ. 처음에 – 행정기본법 제정의 후과로서의 행정절차법 개정

2022.1.11.에 행정절차법이 일부 개정되어 2022.7.12.부터(제20조(처분기준의 설정·공표) 제2항부터 제4항은 2023.3.24.부터) 시행된다. 법률은 제정과 동시에 개정을 예정하고 있어서 이번 개정 역시 항시적인 것으로 치부될 수 있지만, 여느 개정과는 다른 의미를 지닌다. 행정법 및 행정법학에 2021.3.23.은 남다른 날이다. 행정기본법이 제정되어 행정법은 더 이상 법전외의 존재가 아니라, 제정법이 되었다. 7.17. 제헌절이 헌법의 날이라면, 3.23.은 행정법의 날인 셈이다. 새 술은 새 부대에 담아야 하듯이, 행정기본법의 제정은 행정법제 전반에 영향을 미칠 수밖에 없고, 시대적 요구에 맞춰 그 영향을 제도화하는 것이 과제이다.[1] 이번 행정절차법 개정은 분명 행정기본법

1) 상론: 김중권, 행정기본법의 보통명사 시대에 행정법학의 과제 I (공법학연구 제22

제정의 후과이다. 개정사항 가운데, 확약, 위반사실 등의 공표, 행정계획형량요청은 행정기본법 제정에서 그 도입이 적극적으로 강구되었는데, 부처간의 협의에 의해 행정절차법의 규율대상으로 되어 이번 개정에 도입되었다.

Ⅱ. 주요 개정사항과 관련한 검토사항

1. 청문규정의 정비 건

청문권은 국가에 대하여 인간의 존엄을 존중하고 보호할 의무를 지우는 것의 당연한 방사(放射)에 해당한다. 나아가 행정의 예측가능성과 가시성을 제공함으로써 법치주의의 구현에도 이바지한다. 행정절차상의 청문이란 법치국가원리의 필연적인 결과에 해당한다. 현행법은 법정청문의 경우가 아니면 인허가 등의 취소 등과 같은 일정한 부담적 처분의 경우에 한하여 청문신청권(요구권)을 인정하는 식으로 청문원칙이 실현되도록 규정하고 있는데(2014.1.28.개정), 이번 개정은 청문신청권이란 캡을 완전히 없애고 곧바로 청문강제를 규정하였다.

그런데 개정은 기왕의 수익적 행정행위의 존재를 전제로 하여, 거부처분의 경우는 원천적으로 제외된다. 허가와 같은 수익적 행정행위는 기본권구체화적 성질을 가져서 그 거부는 기본권의 제한인 셈인데, 이에 대한 절차적 보호가 원천 배제되는 것은 문제가 있다. 이 문제는 거부처분의 사전통지 대상 문제이기도 하다. 대부분의 행정법문헌은 판례의 입장과는 달리 정당하게 거부처분 역시 사전통지의 대상으로 보려고 한다.[2] 간단하게 입법으로 정리될 문제가 여전

권 제2호, 2021.5.31.), 과제Ⅱ(법제 제693호, 2021.6.15.), 과제 Ⅲ(공법연구 제49집 제4호, 2021.6.30.)

2) 한편 독일 행정절차법 제28조가 청문대상으로 부담적 처분을 규정함에 따라 거부처분이 청문대상인지 여부를 둘러싸고 우리와 동일한 상황이 전개되는데, 판례는 부정설을 취하지만 통설은 긍정설을 취한다.

히 논의거리가 된다는 것은 결코 바람직하지 않다.

2. 확약규정 신설 건

법 제40조의2가 확약제도를 명문화하였다. 명칭의 문제에서 확약(Zusicherung)을 행정행위의 발급 여부에 대한 약속으로 제도화하였기에, 행정행위를 포함한 일체의 행정작용과 관련한 약속은 확약으로 명명해서는 아니되고, 그와 구별되게 확언(Zusage)이라 명명할 수 있다. 기왕에 확약에 관해 문헌상으로 행정행위에 비견되게 논의되고 있지만, 판례의 입장은 매우 다르다. 대법원 1995.1.20. 선고 94누6529판결이 '어업면허우선순위결정'을 확약으로 보아 강학상의 '확약'의 존재를 인정하되, 그것의 처분성을 부인하여, 확약의 법적 무의미로 확대되었다. 확약의 법적 무의미는 확약의 핵심인 행정의 자기구속의 근거인 신뢰보호가 전혀 고려되지 않는 상황을 낳는다. 결국 확약은 행정행위를 발하기 위한 내부적 작용이나 일종의 구두선(口頭禪)에 불과하며, 행정법상의 확약론 자체도 공허하게 되었다. 그런데 도시·군계획시설사업 시행자지정과 관련한 우선협상자지정은 '어업면허우선순위결정'과 본질이 동일한데, 대법원 2019.1.10. 선고 2017두43319판결은 구체적인 법적 성질을 밝히지 않고, 행정처분성을 전제로 본안판단을 하였다. 비록 종국적 처분과 그것의 약속은 분명 차이가 있는 것이 사실이지만, 확약제도의 명문화를 기화로 행정처분의 개념정의에서의 '그밖에 이에 준하는 행정작용으로서' 확약에 대해 적극적으로 처분성을 인정할 필요가 있다. 다만 실효메커니즘은 물론, 약속의 숙명인 잠재적 파기가능성으로 인해 확약은 보통의 행정행위에 비해 그 존속력이 분명 상대적으로 약하다.

확약의 핵심 도그마틱은 그것이 취소되지 않더라도 자동으로 효력을 상실하는 것, 즉, 실효의 법리이다. 이에 의해 종국처분에 비해

약한 구속력(신뢰보호)이 확약에 대해 인정된다. 판례가 확약의 처분성은 부인하면서도 실효의 법리는 인정하였는데,[3] 동조제4항은 비구속 메커니즘을 통해 실효의 법리를 부분적으로 제도화하였다. 즉, 확약을 한 후에 확약의 내용을 이행할 수 없을 정도로 법령등이나 사정이 변경된 경우와 확약이 위법한 경우에는 행정청은 확약에 기속되지 아니한다. 여기서 문제되는 것은 두 번째 실효사유(확약이 위법한 경우)이다. 실효의 법리는 사정변경의 원칙(Clausula rebus sic stantibus)을 구현한 것인데, 두 번째 실효사유는 사정변경을 전제로 하지 않고, 단지 확약 자체의 위법성을 내세운 것이어서 문제가 있다. 사정변경에 따라 기왕의 확약이 위법하게 되어 버린 즉, 사정변경을 알았더라면 확약을 하지 않았거나 확약을 해서는 아니 될 경우에는 실효의 법리가 당연히 통용될 수 있지만, 사정변경 없이 확약이 위법한 경우는 전혀 그렇지 않다. 이런 경우까지 실효의 법리가 통용되면 위법한 확약의 상대방은 그 자신에게 귀책사유가 없는 경우에도 완전히 보호를 받지 못하는 신뢰보호의 공백상황이 빚어질 수 있다. 이런 사정은 오로지 확약을 교부한 후 사실적·법률적 상황이 변화한 경우만을 실효인정의 출발점으로 삼은 독일 행정절차법 제38조 제3항과 극단적으로 대비된다. 확약이 분명한 법제도가 되었고, 확약의 형식을 독일의 경우처럼 문서로 국한하여(동항 제2항) 형식을 둘러싼 논의는 정리되었지만, 확약론은 여전히 갈 길이 멀다.

3. 행정계획에서의 형량 규정 신설 건

행정청이 국민의 권리의무에 직접 영향을 미치는 계획을 수립하거나 변경·폐지할 때에는 관련된 여러 이익을 정당하게 형량하도록 한 제40조의4는 입법공포된 행정기본법안 제37조제1항을 그대로

3) 대법원 1996.8.20. 선고 95누10877판결.

옮긴 것이다. 계획재량행사에서의 형량요청을 명문화한 동조는 '재량행사의 기준'의 이름으로 "행정청은 재량이 있는 처분을 할 때에는 관련 이익을 정당하게 형량하여야 하며, 그 재량권의 범위를 넘어서는 아니 된다."고 규정하고 있는 행정기본법 제21조에 비견된다.

독일(연방건설법전 제1조 제7항)과는 달리 우리는 실정법적 근거가 없음에도 불구하고, 판례는 오래 전부터 계획법제의 목적프로그램으로서의 구조적 특수성에 바탕을 두고서 행정의 광범한 계획형성의 자유를 인정하였으며, 또한 이를 전제로 형량명령의 법리를[4] 인정하여 왔다.[5] 과연 제40조의4가 계획확정결정에서 요구되는 형량명량의 법리를 온전히 담보하는지 의문스럽다. 행정청의 통상적인 재량행사는 행정의 차원에서의 공익과 상대방의 차원에서의 사익이 충돌하는 상황이다. 즉, 이항대립적 구조이다. 그러나 가령 도시개발계획의 경우 공익의 차원에서 개발의 공익과 보존의 공익이 상충할 수 있으며, 사익의 차원에서도 동일한 것처럼, 계획재량의 행사에는 공익 간에도, 사익 간에도 충돌의 양상이 빚어진다. 보통의 재량행사보다 중층적 이익충돌의 상황이다. 형량명령은 계획형성의 자유를 정당화시키거니와, 계획결정이 지닌 법률상의 축소된 결정인자의 결핍을 법치국가원리의 차원에서 메우기도 한다는 점에서, 형량명령은 법치국가원리의 표현인 동시에 헌법적으로 주어진 것으로 볼 수 있다.[6] 형량명령에 관한 판례의 논증과 비교해도 너무나 미흡하기에 동조를 형량명령의 근거로 보기에는 많이 주저된다.

---

4) 행정계획에 관련되는 자들의 이익을 공익과 사익 사이에서는 물론이고 공익 상호간과 사익 상호간에도 정당하게 비교교량하여야 한다.

5) 효시적으로 대법원 1996.11.29. 선고 96누8567판결.

6) 독일 연방행정법원은 법치국가원리로부터 그것을 도출하기도 한다((BVerwGE 41, 67ff.)

Ⅲ. 맺으면서 – 절차의 철조망으로 국가가 피투성이 되는 것의 문제

이번 개정에서 온라인 공청회의 단독실시와 같이 시대에 부응한 면도 있지만, 행정기본법 제20조의 자동적 처분에 따른 절차적 보완 제도가 도입되지 않았으며, 나아가 절차하자의 치유는 물론, 내용상의 위법을 가져다주지 않을 절차·형식의 하자의 불고려와 같은 획기적인 방향전환이 이루어지지 않아 너무 아쉽다. 절차에 대해 과도한 비중을 부여하는 것은 탈규제화 경향과도 相馳된다. 독일은 절차간소화의 경향에 맞춰 1996년 행정절차법 개정에서 절차완화와 불고려·치유·배제규정의 확대를 통해 행정절차를 더욱 신속화하고 절차하자의 법효과를 더욱 축소시켰다. 절차적 정의의 강조가 바람직하나, 절차가 국가작용에 대한 무분별한 불복의 출발점으로 기능할 수 있다. 지나치게 촘촘한 절차의 철조망으로 국가가 피투성이 되는 것은 결코 온당하지 않다. 지금은 과거 미란다원칙이 너무나 매혹적으로 비춰졌던, 적법절차의 원칙이 이상이었던 암울한 그때가 아니다. 신속화·효율성과 절차적 요청 간에 합리적인 조화와 균형을 강구해야 한다.[7]

---

7) 상론: 김중권. 행정법, 615면 이하.

04

행정기본법의 제정에 따른 행정구제법의 과제

Ⅰ. 처음에 – 행정기본법은 공공법제의 개혁을 위한 기축이다.

「행정기본법」이 제정된 3월 23일은 실로 행정법의 날이다. 「행정기본법」은 행정의 원칙과 기본사항을 규정하여 행정의 민주성과 적법성을 확보하고 적정성과 효율성을 향상시킴으로써 국민의 권익 보호에 이바지함을 목적으로 한다(제1조). 동법의 목적은 '국민의 권익보호'이고, 그 목표는 '행정의 민주성', '행정의 적법성', '행정의 적정성' 및 '행정의 효율성'이다. 이들 목표 가운데 가장 중요한 것이 '행정의 민주성'의 확보이다. 민주화는 정치에서의 민주화에 머물지 않는다. 민주화는 자유로운 개인의 주체적 지위를 전제로 하기에, 국민이 통치의 대상에서 벗어나 국가를 상대로 법주체로서의 지위를 갖는 임계점에 행정의 민주성의 실현이 있다. 「행정기본법」 제정의 효과를 극대화하기 위해서는 행정소송법 등 기간 행정법제를 '행정

의 민주성'의 차원에서 새롭게 접근해야 한다.[1)]

Ⅱ. 행정소송법의 개혁사항

1. 제소기간의 과감한 축소

「행정기본법」 제36조 제4항으로 인해 행정심판의 청구기간과 행정소송의 제소기간의 기산점과 관련한 규정(행정심판법 제27조; 행정소송법 제18조)이 수정되는 결과가 빚어진다.[2)] 이의신청을 제기한 경우 기존의 안 날부터의 90일에 최장 54일이 연장된다. 한편 거부처분에 불복하여 민원처리법에 따라 이의신청을 한 경우, 이의신청에 대한 결과를 통지받은 날부터 취소소송의 제소기간이 기산되지 아니한다는 대법원 2012.11.15. 선고 2010두8676판결은 향후 통용되지 않을 것이다, 이런 불복기간의 연장(90일+54일=144일)이 행정법관계의 조속한 안정의 차원에서 결코 좋은 것만은 아니다. '행정의 효율성'과 어울리지 않는다. 최장 144일이라는 것은 오늘날의 시간관념에 지나치게 길다. 민주적 법치국가에서 국민은 정당하게 자신의 권리를 주장하는 국민이다. 권리구제의 제소기간이 길면 길수록 국민의 권리구제에 도움이 된다는 주장은 수긍할 점도 있겠지만 단편적이다. 그런 주장의 이면에는 국민을 주체적 개인이 아니라 시혜와 배려의 대상으로 보는 인식이 배여 있다. 정당한 법집행에 협력해야 할 국민을 상정하여, 제소기간을 합리적으로 단축되는 것이 바람직하다.[3)] 참고로 독일의 경우 안 날 기준으로 1개월이다.[4)]

---

1) 상론: 김중권, 행정기본법의 보통명사 시대에 행정법학의 과제Ⅲ. 공법연구 제49집 제4호, 2021.6.30.
2) 김중권, 행정법, 685면, 785면.
3) 저자는 과거 법무부 주관 행정소송법 개정작업에서 집행정지의 원칙을 채택하면서 과감하게 제소기간을 30일 정도로 축소할 것을 주장하였지만, 주효하지 않았다.
4) 독일 행정법원법 제74조 제1항.

2. 행정쟁송에서의 집행정지원칙의 채택

행정행위의 공정력은 행정법관계의 안정을 위하여 실정 근거규정의 존부에 관계없이 실체적 의미를 지닌다. 「행정기본법」 제15조가 행정행위의 공정력의 존재를 명문화한 이상, 이제는 독일의 경우에 빗대 근거규정이 없음을 이유로 그것을 절차적 차원으로 접근하는 것은 허용될 수 없다. 따라서 행정기본법 제15조로 인해 공정력의 본질과 배치된 대법원 1993.6.25. 선고 93도277판결 등은 이제는 더 이상 유지되기 힘들다. 행정행위의 공정력 즉, 하자(위법)와 무관한 효력발생의 인정은 그 자체가 법치국가적 원리에 대한 도발이다.[5] 공정력의 이런 의문점을 소송법상의 집행정지의 원칙이 완화시킨다.[6] 공정력의 명문화를 계기로 행정소송법상의 집행정지제도를 숙고해야 한다. 일반적으로 입법정책의 문제로 본다. 헌법재판소 역시 입법정책의 차원의 문제로 접근하여 행정행위에 공정력을 부여하는 취지를 감안할 때 현재의 집행부정지의 원칙이 위헌이 아니라고 본다.[7] 하지만 정지효의 원칙을 공법쟁송의 근본원칙으로 보는 독일 연방헌법재판소는 집행정지와 집행부정지가 원칙과 예외의 관계에 놓이며, 만약 이런 관계를 역전시키는 행정실무는 위헌이라고 한다.[8] 잠정적 권리보호는 헌법상의 재판청구권이 표방하는 효과적인 권리보호를 위한 기본요소이다. 그것은 입법자가 임의로 부여하거나 제한하거나 빼앗을 수 있는 선물이 아니라, 헌법상의 명령(원칙)이다.[9] 이제 행정에 유리한 효과를 가져다준 행정행위의 공정력이 명

5) Ehlers/Pünder(Hrsg.), Allg. VerwR, 16.Aufl., 2022, §22 Rn.1.
6) Bader/Ronellenfitsch, VwVfG, 2010, §35 Rn.6.
7) 헌재 2018.1.25. 2016헌바208.
8) BVerfGE 35, 382(402).
9) Finkelnburg/Dombert/Külpmann, Vorläufiger Rechtsschutz im Verwaltungs-streitverfahren, 6.Aufl. 2011, Rn.1.

문화된 것을 계기로, 무기대등의 원칙의 차원에서 공정력에 대한 대응기제로서 행정쟁송에서 집행정지의 원칙을 채택할 필요가 있다.[10]

Ⅲ. 국가배상법의 개혁사항

「행정기본법」 제20조의 자동적 처분과 관련해서 위법한 그것으로 인해 손해가 발생하면 국가배상책임의 법리가 당연히 통용된다.[11] 현행 공법상의 손해보전체제는 기본적으로 사람에 의한 하자행위 내지 행위불법에 바탕을 두고 만들어져 있다(그런데 스위스 국가책임법 제3조 제1항은 직무담당자의 과실이 중요하지 않다고 명문으로 규정하고 있다). 그런데 완전자동적 행정의 특징은 행정행위의 처분적 본지를 사람인 직무당담자 외에 위치하게 한 것이다. 이런 바뀐 상황이 기왕의 국가배상법을 그대로 통용되기 어렵게 만든다. '지능형 횡단보도용 교통안전 시스템'에 원인불명의 장애로 인해 사고가 난 경우에, 과연 현행 국가배상책임법이 제대로 기능할 수 있을까? 알고리즘에 대한 민사상의 책임에서 유사하게 공법에서도 책임성립의 근본적인 물음이 제기된다. 디지털 결정의 경우 운영자, 사용자, 제조자 및 프로그래머가 참여하여 각기 역할이 나눠지는데, 문제는 현행 국가배상책임의 과실책임주의에서 이들에게 주의의무위반의 주관적 책임요소가 확인될 수 없는 경우에는 배상책임의 공백이 발생한다. 私法의 기본상황과는 대조적으로 피해자는 행정과의 관계에서 자신의 자유의지와 상관없이 자동적 데이터처리의 리스크에 직면한다. 다시 말해 사법에서는 피해자가 스스로 계약의 상대방이 되고자 하여 자동적 데이터처리를 따를지 여부를 정하는 것과 비교해서, 행정과의 관

---

10) 우리의 상황과는 달리 일본에서도 집행부정지원칙의 위헌성이 주장된다. 松井茂記, 『裁判を受ける権利』(日本評論社, 1993), 186頁 以下.

11) 자동적 처분의 절차법적 대응으로 김중권, 디지털화에 대한 독일 행정절차법의 대응과 그 시사점, 공법연구 제52집 제1호, 2023.10.31., 339면 이하 참고.

계에서 시민은 행정이 제공하는 절차에 구속된다. 이런 차이점을 여하히 국가배상법제에 반영하는 것이 관건이다. 특히 처음부터 하자 있는 프로그램에 기반한 경우에는 완전자동화라 하더라도 자율의 리스크는 생기지 않아 책임법적으로 큰 문제가 없지만, 피할 수 없는, 원인불명의 고장과 같이 설치와 관리에서 공무원에게 책임을 지울 수 없는 경우에는 심각한 권리보호상의 공백이 빚어진다. 그리고 현행 국가배상책임의 과실책임주의는 인간의 행위방식에 바탕을 두고 있는데, 사람에 의한 인식과정을 AI가 대체하는 경우에는 종래의 이해와 접근 자체가 통하지 않는다. 과실책임주의가 견지되는 이상, 위험책임의 법리를 도그마틱적으로 강구하기 어렵다. 통상의 위험책임의 법리는 사회적으로 효용이 있어 허용되나 위험스러운 사물의 도입(사용)에서 문제되는데, 자동적 처분은 잘못 결정내리는 프로그램의 문제이다. 따라서 자동적 처분에 통상의 위험책임의 법리를 동원하기에는 도그마틱적으로 심각한 문제점이 존재한다.

국가배상법에 자동적 처분과 같은 가상적 행정행위를 대상으로 특별한 법규정을 둘 수밖에 없다. 즉, 행위책임의 구조를 견지하는 한, 위험책임법리의 문제는 실정법적 문제이다. 자동적 처분이 명문화된 이상, 이제 국가배상법에 그와 관련된 특별한 배상책임규정을 두는 것이 바람직하다. 그와 관련해 참고될 수 있는 것이 －비록 입법권의 결여로 무효로 판시되었지만－ 컴퓨터의 고장과 관련해서 위험책임법리에 바탕을 두고서 별개의 책임요건을 규정한 독일 1981년 국가책임법 제1조 제2항이다.[12] 그런데 동 규정은 인공지능 기반의 행정결정을 예상하지 않은 것이기에 이런 사정을 감안하여 국가배상법 제2조 제3항을 결과책임의 차원에서 마련할 필요가 있

12) 제1조 ② 행정주체가 사람이 아니라 기계장치로 공권력이 독립되게 행사되게 하고 그 고장이 사람의 위무위반에 부합할 경우에는 기계장치의 고장은 의무위반으로 간주된다.

다(국가 또는 지방자치단체는 「행정기본법」 제20조에 의하여 완전히 자동화된 시스템(인공지능 기술을 적용한 시스템을 포함한다)으로 행한 자동적 처분으로 인하여 법령에 위반하여 타인에게 손해가 발생하면 그 손해를 배상하여야 한다). 나아가 차제에 현행의 국가배상책임체제에서 과실책임주의에 관한 근본적인 성찰이 필요하다.

Ⅳ. 맺으면서 – 행정법 및 공법에 드리워진 권위주의적 사고의 주술을 하루바삐 제거해야 한다.

행정기본법의 많은 조항들이 마치 Torso 규정처럼 되어 버려 기대에 미치지 못한 아쉬움이 크다. 그럼에도 불구하고 그 끝이 창대하기 위해서 행정기본법을 행정법 및 공법 전반을 현대화하고 개혁하는 플랫폼으로 삼아야 한다. 여기서 행정의 민주성의 요청에 대한 성찰이 필요하다. 국민을 공권력행사나 국가적 배려의 단순한 대상(객체)으로 보고서 구축된 행정법제는 태생적으로 행정의 민주성과 어울리지 않는다. 민주성을 전제로 하지 않는 법치국가원리는 관헌적 법치국가원리일 뿐이다. 자칫 법의 지배가, 바람직하지 않고 허용되지 않는 법률가의 지배(Juristocracy)로 변용될 수 있다. 시간적으로 민주화로부터 멀면 멀수록 법제는 민주적 법치국가원리와 부조화된 면이 많다. 행정기본법의 제정을 계기로 행정법 및 공법에 드리워진, 국가주의와 관료주의 즉, 권위주의적 사고의 주술을 하루바삐 제거하여 '새로운' 행정법을 구축해야 한다.

05

공정의 차원에서 행정구제법의 개혁에 관한 소고

Ⅰ. **처음에** – 행정법 및 공법은 결코 민사법의 단순 연장이 아니다.

제21대 대통령선거를 앞두고 각 후보들이 각자의 나름의 철학과 나름의 정략적 차원에서 서로 공정과 정의를 실현하겠다고 외치고 있다. 공정과 정의라는 보편적 가치가 대통령 선거의 최대의 화두가 된 것에서 여러 생각이 교차한다. 우리의 냉정한 현주소를 극명하게 드러내는 공정과 정의가 시대적 화두가 된 점을 온전히 수긍하여, 새삼 공정과 정의의 가치가 과연 공법제도 특히 행정구제에서 구현되고 있는지를 성찰하고자 한다.

행정구제시스템은 행정소송과 국가책임제도를 통해 법치국가원리의 구체화를 담보하는 기능을 하는데, 동시에 그것의 전개양상은 민주화에 비례한다. 현행의 행정구제시스템의 문제점과 미비점은 법치국가원리의 관점에서 늘 성찰해야 한다. 행정구제에서 권리보호친화적 해석이 원칙으로 통용되어야 하지만, 기본적 체제를 넘어갈 수는 없다. 현행의 법제의 한계를 적극적으로 메워야, 민주적 법치국가원리의 구체화로서의 행정법의 위상이 유지될 수 있다. 그런데 현행 행정구제법을 포함한 행정법제 전체는 기실 민주적 법치국가원리에 터 잡아 구축된 것이 아니고, 원천적으로 관헌국가적 행정법으로서의 태생적 DNA를 지니고 있다. 오늘날의 이해와 현실과의 심각한 부조화가 드러나는 것은 자연스럽다. 더욱이 일본 행정법의 문제점으로 阿部泰隆 교수가 지적한 민사법제국주의(民事法帝國主義)마냥 과도한 민사법위주적 접근이 견지되면, 행정법 및 공법은 본연의 자리를 찾지 못하고 부유(浮遊)할 수밖에 없다.

행정법 및 공법은 결코 더 이상 민사법의 단순 연장이 아니다. 민주적 법치국가원리에 합치하며 시대에 조응하는 행정구제법의 구축이 시급하다.[1)]

Ⅱ. 논의의 전제: 민주공화국에서 개인의 지위

행정기본법은 목적으로 '국민의 권익보호'를, 그 목표로 '행정의 민주성', '행정의 적법성', '행정의 적정성' 및 '행정의 효율성'을 내세운다(제1조). 이들 목표 가운데 가장 중요한 것이 '행정의 민주성'의 확보이다(행정기본법 이전에 전자정부법, 주민소환에 관한 법률, 주민투표법에서 '행정의 민주성'이 법률목적에 등장했다). 사람을 국가내에서 객체(대상)로 만드는 것은 인간의 존엄성에 반한다.[2)] 민주공화국에서는 국가가 그 정점에 있는 것이 아니라 주체적 개인이 정점에 있다.

1) 참고문헌: 김중권, 개헌논의에 따른 國家賠償시스템의 拔本的 改革에 관한 小考, 유지태 교수 10주기 추도논문집, 2018.; 공법재판에서 잠정적 권리구제시스템의 개혁에 관한 소고, 성낙인 총장퇴임기념논문집, 2018. 참조.

2) BVerfGE 27, 1(6).

따라서 모든 국민은 행정과의 관계에서도 행정사건과 행정활동의 대상에 해당하는 객체가 아니라, 주체로서 대우받을 것이 요구된다. 민주화는 자유로운 개인의 주체적 지위를 전제로 하기에, 국민이 통치의 대상에서 벗어나 국가를 상대로 권리주체로서의 지위를 갖는 임계점에 행정의 민주성의 실현이 있다. 민주국가에서 국민은 적어도 자신의 매우 중요한 이익이 문제되는 한, 국가에 대한 주관적 권리의 주체이다. 행정법의 관헌국가적 역사성에 비롯된, 시대와 부조화된 행정법의 상황은 '비동시성의 동시성'의 상황인 동시에 '이질적 시간의 병존'을 여실히 나타낸다. 행정법제 전반을 개인의 주체적 자아를 전제로 한 민주성의 차원에서 새롭게 접근해야 한다. 특히 사람이 대상(객체)이 되어서는 아니 된다는 차원에서 개인은 행정구제에서 단지 판결을 포함한 국가권력행사의 객체로 치부되어서는 아니 되는데, 여기서 무기대등의 원칙을 새롭게 인식할 필요가 있다.

Ⅲ. 국가배상법의 차원의 개혁

국가배상법의 차원의 문제는 민사불법행위의 기조에서 국가배상책임을 접근하는 데 있다. 사적 자치를 바탕으로 자신의 권리행사 및 의무이행이 다투어지는 민사관계에서의 한편 당사자의 불법행위가 문제되는 상황과 국가가 법구속의 요청에 반하는 행위를 하여 국민이 그로 인해 손해를 입어서 다투는 상황은 이미 출발점에서 다르다. 후발법이자 신생법으로서 행정법이 민사불법행위의 시스템을 벤치마킹한 것은 자연스러우며, 그럴 수밖에 없었다. 하지만 행정법과 공법이 자신의 본연의 위치를 공고히 한 다음에는 국가배상책임제도를 고유한 공법제도로 구축해야 한다. 더 이상 그것이 의미 없는 공법의 베일로 가려진 민사불법행위론이 발현하는 장이 되어서는 아니 된다. 국가배상법상의 주관적 책임요소의 존재는 행정소송상의 위법성판단과 국가배상법상의 위법성판단을 다르게 만들거니와[3] 가해공무원의 고의나 과실의 존부가 국가책임인정의 궁극적인 기준이 되게 한다.[4] 특히 대통령의 긴급조치가 법적으로 무효로 판시되었음에도 불구하고, 그것의 집행에서의 공무원 개인의 주관적 책임요소의 존재가 확인되지 않음을 이유로 국가배상책임의 성립이 부정되곤 한다.[5] 법적으로 위헌 무효가 된 긴급조치가 국가배상책임의 차원에서는 결과적으로 여전히 존재하는 상황인데 과연 일반 국민이 납득할 수 있을지 의문이다.[6] 누구보다도 법에 정통하고 정통해야 할 공무원이 위법하게 행위를 하였는데, 그의 고의나 과실의 존부로 국가배상책임의 존부가 가늠된다는 것은 국가배상책임제도의 제재기능·위법행위억제기능에 부합하지 않는다. 나아가 주관적 책임요소의 존부에 관한 판사의 전속적인 판단에 좌우될 여지가 있다는 것 역시 낮추어 볼 수 없는 문제점이다. 국가배상법 제2조의 '공무원의 고의와 과실' 부분은 삭제되어야 한다.

Ⅳ. 행정소송법의 차원의 개혁

법치국가원리에서 완전히 유효한 권리보호의 보장이 도출된다. 헌법 제27조의 재판청구권의 기능은 포괄적인 사법적 권리보호의 보장에 있은 즉, 그것을 통해 효과적인 권리보호의 보장이 강구되어야 한다. 잠정적 권리보호는 효과적인 권리보호를 위한 기본요소이다.

---

3) 대법원 2011.1.27. 선고 2008다30703판결 등.
4) 대법원 2011.2.24. 선고 2010다83298판결 등.
5) 대법원 2014.10.27. 선고 2013다217962판결 등.
6) 그러나 대법원 2022.8.30. 선고 2018다212610전원합의체판결은 전체적으로 보아 객관적 주의의무 위반이 인정되는 논리로 기왕의 판례와는 달리 국가배상책임을 인정하였다. 하지만 대상판결은 재판상 불법의 문제를 간과하는 등 치명적인 문제점을 안고 있다. 상론: 김중권, 긴급조치와 관련한 국가배상책임에서 재판상의 불법의 문제, 인권과 정의 제510호, 2022.12.1., 109면 이하; 본서 265면 이하.

그러나 잠정적 권리구제는 공법소송상으로 낮은 위상을 차지하고 있다. 공법재판에서의 잠정적 권리보호 자체가 본격적으로 논의되기보다는 민사상의 그것의 파생물로 여겨질 정도이다. 공법소송의 메커니즘은 법치국가원리의 차원에서 국가와 국민을 권리주체의 차원에서 대등하게 자신의 주장을 할 수 있게 한 것이다. 행정소송에서 집행부정지 원칙의 채택은 국민을 여전히 국가활동의 객체적 지위에 머물곤 한다. 행정쟁송에서 집행정지 원칙의 채택 여부를 입법정책적 물음으로 접근한 일본에서의 논의가 아무런 비판 없이 채용한 것에 대한 성찰이 시급하다. 민사집행법상의 가처분제도는 보전기능과 중간만족의 기능을 갖지만, 법치국가원리에 터 잡은 행정소송의 잠정적 권리보호는 보전기능과 행정통제기능을 갖는다.[7] 행정통제기능은 행정의 법구속의 차원에서 행정소송이 종료되기 전에 불법이 집행되지 않도록 하는 것인데, 여기에 공법소송에서의 잠정적 권리보호가 민사가처분제도와 구별되어야 할 이유가 있다. 독일 연방헌법재판소는 집행정지의 원칙을 규정한 그들 행정법원법 제80조 제1항을 효과적인 권리보호의 기본법적 보장의 개별법적 표현으로, 또한 정지효의 원칙이 공법쟁송의 근본원칙이라고 판시하였다.[8] 또한 집행정지와 집행부정지가 원칙과 예외의 관계에 있으되, 만약 이런 관계를 역전시키는 행정실무는 위헌이라고 판시하였다.[9] 행정법원에 의한 잠정적 권리보호가 입법자가 임의로 부여하거나 제한하거나 빼앗을 수 있는 선물이 아니라, 헌법상의 명령인 점을 자각하여 하루바삐 집행정지가 원칙이 되어야 한다.

7) Hufen, Verwaltungsprozessrecht, 8.Aufl., 2011, S.458.
8) BVerfGE 80, 244(252).
9) BVerfGE 35, 382(402).

Ⅵ. 맺으면서 – 코페르니쿠스적 전환의 논리가 요구된다.

법률은 법령집을 위하여 만들어지지 않았고, 실제 생활을 위하여 만들어져야 하듯이,[10] 행정구제시스템은 국민을 위하여 만들어져야 한다. 과거 필자가 “차기정부의 공법적 과제‘를 주제로 2012.10.27.에 개최된 공법학회 학술대회에서 ”21세기 국가모델을 위한 행정기본법의 제정”을 주창하였는데, 그 결실로 지난 3월에 행정기본법이 제정되었다(법률 제17979호). 우리 행정법 및 공법이 일본의 그것과 다른 길을 내딛는 첫걸음인 행정기본법마냥 행정구제시스템 역시 이상과 같이 바뀔 것을 기대해본다. 대전환의 시대에는 그에 맞는 코페르니쿠스적 전환의 논리가 요구된다.[11]

---

10) 독일 2016년 규제개혁 보고서 메르켈 수상 환영사.

11) 김중권, 대전환의 시대에 국가의 역할과 행정법(공법)의 개혁 및 현대화, 공법연구 제50집 제2호, 2021.12.31., 85면 이하.

06

시대의 해원(解冤)을 넘어 국가배상법 개혁을 위한 모색

Ⅰ. 대법원 2022.8.30. 선고 2018다212610전원합의체판결(다수의견)의 요지

긴급조치 제9호는 위헌 · 무효임이 명백하고 긴급조치 제9호 발령으로 인한 국민의 기본권 침해는 그에 따른 강제수사와 공소제기, 유죄판결의 선고를 통하여 현실화되었음. 이러한 경우 긴급조치 제9호의 발령부터 적용 · 집행에 이르는 일련의 국가작용은 '전체적'으로 보아 공무원이 직무를 집행하면서 객관적 주의의무를 소홀히 하여 그 직무행위가 객관적 정당성을 상실한 것으로서 위법하다고 평가되고, 긴급조치 제9호의 적용 · 집행으로 강제수사를 받거나 유죄판결을 선고받고 복역함으로써 개별 국민이 입은 손해에 대해서는 국가배상책임이 인정될 수 있음. 긴급조치 제9호가 유신헌법상 발령

요건을 갖추지 못하였고, 국민의 기본권을 침해하는 것이며, 그 목적상의 한계를 벗어나 위헌·무효임(대법원 2013.4.18.자 2011초기689 전원합의체결정). 이렇게 위헌성이 중대하고 명백한 이상 대통령의 긴급조치 제9호 발령행위는 객관적 정당성을 상실하였다고 보기 충분함. 대통령의 긴급조치 제9호 발령행위가 객관적 정당성을 상실하였다고 하더라도 그 발령행위만으로는 개별 국민에게 손해가 현실적으로 발생하였다고 보기는 어렵고, 긴급조치 제9호를 그대로 적용·집행하는 추가적인 직무집행을 통하여 그 손해가 현실화됨. 영장주의를 전면적으로 배제한 긴급조치 제9호는 위헌·무효이므로, 그에 따라 영장 없이 이루어진 체포·구금은 헌법상 영장주의를 위반하여 신체의 자유 등 국민의 기본권을 침해한 직무집행임. 또한 수사과정에서 국민의 기본권이 본질적으로 침해되었음에도 수사과정에서의 기본권 침해를 세심하게 살피지 않은 채 위헌·무효인 긴급조치를 적용하여 내려진 유죄판결도 국민의 기본권을 침해하는 것임. 긴급조치 제9호에 따라 영장 없이 이루어진 체포·구금, 그에 이은 수사 및 공소제기 등 수사기관의 직무행위와 긴급조치 제9호를 적용하여 유죄판결을 한 법관의 직무행위는 긴급조치의 발령 및 적용·집행이라는 일련의 국가작용으로서 국민의 기본권 보장의무에 반하여 객관적 정당성을 상실하였다고 볼 수 있음. 나아가 이 사건과 같이 광범위한 다수 공무원이 관여한 일련의 국가작용에 의한 기본권 침해에 대해서 국가배상책임의 성립이 문제되는 경우에는 전체적으로 보아 객관적 주의의무 위반이 인정되면 충분함.

Ⅱ. 긴급조치의 무효화에 따른 매우 늦은 숙제하기

'국가안전과 공공질서의 수호를 위한 대통령긴급조치'(이하 '긴급조치 제9호'라 한다)가 대법원 2013.4.18.자 2011초기689전원합의체결정에 의해 위헌·무효라고 판시되었지만, 국가배상책임의 차원에서는 국가배상책임의 성립요건의 공무원의 주관적 책임요소를 넘어서지 못하였다.1) 나아가 대법원 2015.3.26. 선고 2012다48824판결은 대통령의 긴급조치 발령행위를 고도의 정치적 행위성을 띈 국가행위로서 즉, 이른바 통치행위로서 공무원의 고의 또는 과실에 의한 불법행위에 해당할 수 없다고 판시하였다. 대상판결은 기왕의 국가배상책임에서 판례가 전개한 기조와 거리를 두는 접근방식을 통해 국가배상책임을 적극적으로 인정하였다. 긴급조치 제9호는 1975년 5월 13일에 공포되었다. 긴급조치의 무효화에 따른 숙제를, 멀리는 47년이 지나, 가까이는 근 10년 만에 마친 셈이다. 이를 계기로 국가배상법의 개혁의 착안점을 모색하고자 한다.2)

Ⅲ. 다수의견의 논증

긴급조치와 관련하여 국가배상책임의 성립가능성을 시인함으로써, 통치행위로 접근한 대법원 2012다48824판결은 쉽게 극복되었지만, 집행행위 자체에 초점을 맞추어 공무원의 주관적 책임요소에 의거하여 국가배상책임을 부정한 대법원 2013다217962판결은 극복하기가 쉽지 않다. 긴급조치의 위헌성이 집행행위의 위법성에 의거한 국가배상으로 이어지지 못한 것은, 국가배상책임의 기본구조인 집행공무원의 주관적 책임요소에 관한 기왕의 이해를 고수한 당연한 결과이다. 그리하여 다수의견은 손해발생이 집행행위로부터 비롯된다는 것을 전제로 하면서도, 종래의 장애물을 제거하기 위하여 긴급조치의 발령과 그 집행행위를 망라하여 전체적 차원에서 객관적 정당성의

1) 대법원 2014.10.27. 선고 2013다217962판결.
2) 상론: 김중권, 개헌논의에 따른 국가배상시스템의 拔本的 改革에 관한 소고, 유지태 교수 10주기 추도논문집, 2018.3.23., 267면 이하.

상실을 논증하고, 객관적 주의의무 위반을 인정하였다. 즉, 공무원 개인의 주관적 책임요소의 문제를 불식시키기 위해, 다수의견은 광범위한 다수 공무원이 관여한 일련의 국가작용에 의한 기본권 침해에 대해서는 전체적으로 보아 객관적 주의의무 위반이 인정되면 충분하다고 보았다. 특히 다수의견은 긴급조치 제9호를 적용하여 유죄판결을 선고한 법관의 재판상 직무행위가 독립적인 불법행위라고 판시하였는데, 不法에 대한 당시 사법부의 어쩔 수 없었다고도 볼 수 있는 외면에 대한 고뇌에 찬 반성으로 여겨진다. 그리고 향후 입법상의 불법문제에 대한 전향적인 자세가 예상된다. 한편 별개의견은 주관적 책임요소의 문제를, 공무원 특정을 완화하는 차원에서, 국가 자체의 과실의 차원에서, 대통령 및 판사의 주관적 책임을 모색하는 차원에서 국가배상책임을 강구하였다.

Ⅳ. 국가배상책임의 개혁의 핵심사항

1. 현행 헌법조항의 정비

헌법 제29조 제1항은 일본의 헌법(1947.5.3. 시행) 제17조와 동일하다. 청구권적 기본권으로 접근하게 한 구조를 비판적으로 검토할 필요가 있다. 국가의 책임을 직접적으로 표방한 것과 국민이 법률이 정하는 바에 따라 배상책임을 청구할 수 있다고 규정한 것은 차이가 크다. 전자는 당연히 후자를 포함할 뿐만 아니라, 개별법의 미비점을 적극적으로 모색할 수 있다. 하지만 후자는 전자를 전제로 하긴 하나 개별법에 관한 문제인식을 극대화시키는 데 한계가 있다. 왜냐하면 '법률이 정하는 바에 따라'와 같은 한계가 설정되어 있기 때문이다. 독일, 스위스 및 EU법 역시 법규정의 구조가 국가책임을 전면에 표방하는 것과 비교하면 우리의 법상황은 이례적이라 하겠다. 법치국가원리의 구체화의 차원에서 국가의 자기책임을 제고하기 위해서 현행 규정을 전면적으로 바꿀 필요가 있다. 지금과 같은 청구권적 기본권으로 규정한 방식을 국가가 책임을 지는 식으로 구조를 바꿔야 한다. 입법자의 광범한 형성을 가능케 하는 '법률이 정하는 바에 따라'를 삭제하여야 한다. 공무원 개인적 책임을 암묵적으로 전제로 하는 '공무원'을 삭제하고, 가해 공무원에 대한 선택적 청구권의 행사를 도출하는 데 원인을 제공한 제2문(이 경우 공무원 자신의 책임은 면제되지 아니한다)은 국가자기책임의 본질을 훼손하기에 삭제하여야 한다. 국가책임의 발전의 단계에서 독일보다는 스위스의 법상황이 좋은 방향을 제시하는데, 이에 맞춰 헌법조항을 "국가 또는 공공단체는 그 기관이나 소속된 자가 직무활동의 수행하면서 국민에게 위법하게 발생시킨 손해에 대해서는 책임을 진다."고 바꿀 필요가 있다.

2. 국가자기책임에 따른 국가배상법 제2조상의 고의, 과실의 삭제

국가배상법이 대위책임적 구조이긴 해도 헌법상의 국가자기책임의 기조를 견지하여 그 기조를 대입하면 크게 문제가 되지 않는다. 그러나 헌법상의 자기책임을 관철하는 데 결정적인 장애물이 국가배상법 제2조 제1항상의 명시적인 주관적 책임요소의 존재이다. 국가배상법상의 주관적 책임요소의 존재는 행정소송상의 위법성판단과 국가배상법상의 위법성판단을 다르게 만들거니와, 가해공무원의 고의나 과실의 존부가 국가책임인정의 궁극적인 기준이 되게 한다. 긴급조치를 위헌·무효라고 판시한 대법원 2013.4.18.자 2011초기689전원합의체결정 이후에 국가배상책임의 인정이 지체된 상황, 즉 국가적 불법에 대한 실효적인 사법적 단죄가 불가능한 이유가 바로 여기에 있다. 국가배상책임의 성립에서 객관적 주의의무 위반여부에 초점을 맞추면, 국민 일반이 이해할 수 없는 결과가 종종 빚어지곤 한다. 판사의 전적인 판단대상인 국가배상법 제2조의 주관적 책임 요소를 과감하게 삭제할 필요가 있다. 스위스 국가배상법 제3조 제1항은 "공무원이 직무활동에서 제3자에게 위법하게 가한 손해에 대해 연방은 공무원의 유책성을 고려함이 없이 책임을 진다."고 규정하고 있다.

V. 맺으면서 – 국가배상책임은 공법제도이다.

대상판결을 계기로 현행 국가배상책임의 구조적 문제점을 인식할 필요가 있다. 객관적 정당성의 상실을 국가배상법의 위법의 의미로 바라보는 것이 시사하듯이, 판례는 국가배상책임을 민사불법행위의 기조에서 접근한다. 공법제도로서의 국가배상제도의 중점을 피해자구제기능보다 제재기능과 위법행위억제기능에 두면 공법적 문제의식이 고양됨으로써 역설적으로 피해자구제기능은 더욱더 신장될 수 있다. 기왕의 민사불법행위에 터 잡은 국가배상 시스템의 구조를 발본적으로 개혁해야 한다. 한국근대사에 드리운 '긴급조치'의 엄혹한 시대가 사법적으로 일소되었다. 일련의 긴급조치의 발표를 TV를 통해 시청하였던 것이 엊그제 같은데, 새삼 시간의 무서움이 느껴진다. "그대가 하고자 꾀하고 있는 것이 동시에 누구에게나 통용될 수 있도록 행하라!"(칸트)

** **추기:** 단순한 직무상의 불법의 문제가 아니라 재판상의 불법의 문제로 인식하는 사고전환이 요구된다.[3]

---

3) 상론: 김중권, 긴급조치와 관련한 재판상의 불법에 따른 국가배상책임의 문제, 인권과 정의 제510호, 2022.12.1., 109면 이하. 본서: 255면 이하.

07

개헌논의에 따른 국가배상시스템의 발본적 개혁에 관한 소고

Ⅰ. 처음에 – 발본적 개혁의 필요성

1948.7.17.의 제헌헌법 –지금의 제29조와 기본적으로 동일한– 제27조에서 국가배상청구권이 마련된 다음, 국가배상법이 1951.9.8. 제정되어, 지금까지 별반 큰 변화가 없다. 개헌논의에서 지난 시절 굴곡진 근대사의 이면을 상징하는 헌법 제29조 제2항의 삭제에는 의견이 모아졌지만, 제1항과 관련해서 안타깝게도 별다른 문제제기가 없다. 입법은 과거의 경험과 현재의 준수상황으로부터 미래를 향도하는 규준을 추출하여 설정한다. 공법제도인 국가배상시스템을 민사불법행위론의 연장에서 접근하는 것은 법치국가원리의 차원에서 문제가 있다. 제2항의 삭제를 계기로 새롭게 자리매김할 방안을 제시하고자 한다.[1)]

Ⅱ. 헌법 제29조의 정비

헌법 제29조 제1항은 일본 헌법(1947.5.3. 시행) 제17조와 동일하다. 이처럼 청구권적 기본권으로 접근하게 한 구조를 세밀히 검토할 필요가 있다. 국가의 책임을 직접적으로 표방한 것과 국민이 법률이 정하는 바에 따라 배상책임을 청구할 수 있다고 규정한 것은 차이가 크다. 후자는 전자를 전제로 하긴 하나 개별법에 관한 문제인식을 극대화시키는 데 한계가 있다. 왜냐하면 '법률이 정하는 바에 따라'로 인해 광범한 입법형성의 자유가 인정되기 때문이다. 독일(기본법 제34조), 스위스(연방헌법 제146조) 그리고 EU법(EU운영조약(제340조))의[2] 규정 구조가 국가책임을 전면에 표방하는 것과 비교하면 청구권적 기본권의 차원에서 접근하는 법상황은 이례적이라 하겠다. 일본의 경우 明治憲法에서는 공권력행사와 관련한 손해에 대해 국가무책임론에 입각하여 헌법상 국가책임규정은 물론, 독립된 국가배상법을 두지 않았으며, 大審院은 권력적 활동에 민법의 적용을 부정하는 입장을 일관되게 견지하였다. 그리하여 국가는 물론 공무원의 책임이 원칙적으로 배제되었다. 패망이후 비로소 국가배상책임에 관한 헌법규정을 두고 그에 맞춰 국가배상법을 제정한 것을 생각하면, 그들과 동일하게 규정한 헌법규정에 대한 역사적 성찰이 필요하다.

---

1) 참고문헌: 김중권, 유럽국가의 국가배상책임법제에 관한 개관, 「法學硏究」(충남대 법학연구소) 제30권 제1호(2019.2.28.), 11면 이하; 국가배상법개혁을 통한 법치국가원리의 구체화, 행정법학 제2호, 2012.3.31. 69면 이하; 國家賠償法上의 過失責任主義의 理解轉換을 위한 小考, 법조 제635호, 2009.8.1., 45면 이하.

2) 제340조(구 공동체조약 제288조) [연합의 직무배상책임] ① EU의 조약상 책임은 관련 조약에 적용될 수 있는 법에 따라 정해진다. ② 조약외적 책임의 범주에서 EU는 자신의 기관이나 직원이 직무행사에서 발생시킨 손해를 회원국의 법질서에 대해 공통된 일반적 법원칙에 따라 배상한다. ③ 제2항에서 벗어나서 유럽중앙은행은 자신 또는 자신의 직원이 직무행사에서 발생시킨 손해를 회원국의 법질서에 대해 공통된 일반적 법원칙에 따라 배상한다. ④ EU에 대한 직원의 개인적 책임은 직원의 지위나 직원에 통용되는 직무조건의 규정에 따라 정해진다.

국가배상법을 지배하는 규정으로서의 위상 및 국가자기책임성을 제고하기 위해서 현행 헌법규정을 정비할 필요가 있다. 먼저 국가가 직접 책임을 지는 식으로 구조를 바꿔야 한다. 국가배상청구권이 입법에 의해 비로소 형성되게 하는 '법률이 정하는 바에 따라'를 삭제하여야 한다. 그리고 공무원 개인적 책임을 암묵적으로 전제로 하는 '공무원'을 삭제하고, 가해 공무원에 대한 선택적 청구권의 행사를 도출하는 데 원인을 제공한 제2문(이 경우 공무원 자신의 책임은 면제되지 아니한다)은 국가자기책임의 본질을 훼손하기에 삭제하여야 한다. 결론적으로 국가책임의 발전의 단계에서 대위책임적 구조에 터잡은 독일보다는 스위스의 법상황이 좋은 방향을 제시한다. 스위스 헌법규정처럼, "국가 또는 공공단체는 그 기관이 직무활동을 하면서 국민에게 위법하게 발생시킨 손해에 대해 책임을 진다."고 바꿀 필요가 있다.

Ⅲ. 국가배상법의 정비

1. 주관적 책임요소의 삭제

헌법상의 국가자기책임을 관철하는 데 결정적인 장애물이 국가배상법 제2조 제1항상의 명시적인 주관적 책임요소의 존재이다. 그로 인해 국가배상법상의 주관적 책임요소의 존재는 행정소송상의 위법성판단과 국가배상법상의 (직무행위의) 위법성판단을 다르게 만들거니와, 가해공무원의 고의나 과실의 존부가 국가책임인정의 궁극적인 기준이 되게 한다. 주관적 책임요소가 건재한 이상, 과실의 객관화 등과 같은 합헌적 법률해석은 모색의 일환에 그칠 우려가 있다. 국가배상법 제2조의 주관적 책임요소를 과감하게 삭제할 필요가 있다. 참고로 통일이후에도 일부 구 동독지역에서 통용되는 구 동독의 국가책임법(제1조 제1항)과 스위스 국가책임법(제3조 제1항)은 물론 EU운영조약 제340조 제2항은 가해 공무원의 유책성을 요구하지 않는다.

2. 재판상 불법에 대한 특별규정의 마련

법관의 재판활동 역시 일반 행정작용과 다르지 않기에 별다른 점이 없다고 할 수 있지만, 그것의 불법에 따른 국가배상청구는 여의치 않다. 재판 및 불복제도의 본질에서 논의할 점이 있다. 판례는 배상책임요건인 위법성과 유책성의 정도를 일반적인 경우보다 상향시켜 설정하고 또한 재판에 대하여 따로 불복절차 또는 시정절차가 마련되어 있는 경우에는 그 같은 구제절차가 국가배상구제에 대해 원칙적으로 우선함을 판시하였다.[3] 그런데 불복절차가 제도화되어 있는 이상, 판례의 이런 태도는 사실상 재판상 불법에 대한 배상책임적 제재를 부인한 것과 다를 바 없다. 자칫 법관의 특권으로 전락할 수 있다. 독일(민법 제839조 제2항)처럼[4] 형법상의 범죄를 구성하는 경우를 대상으로 하여 재판상 불법에 대한 국가배상책임을 별도로 규정할 필요가 있다.

3. 가해 공무원에 대한 손해배상청구권의 부정

판례(대법원 1996.2.15. 선고 95다38677전원합의체판결)의 입장에 의하면 가해 공무원에게 고의나 중과실이 있다고 인정될 경우 피해자는 그 공무원에게 직접적으로 민사불법행위책임을 물을 수 있다. 헌법상의 국가자기책임적 구조는 물론, 국가배상법상의 대위책임적 구조에 의하더라도 가해 공무원에 대한 직접적 책임을 허용하는 것은 바람직하지 않다. 나아가 국가배상책임의 본질 및 역사에도 반한다.

---

3) 대법원 2003.7.11. 선고 99다24218판결.

4) ② 공무원이 소송사건에서의 판결에서 그의 직무의무를 위반한 경우, 공무원은 해당 직무위반이 형법상의 죄를 구성하는 경우에 한하여 그로부터 비롯된 손해에 대해서 책임을 진다. 직무행사를 위무에 반하게 거부하거나 지연한 경우에는 이 조항은 적용되지 않는다.

국가배상법 제2조상의 주관적 책임요소를 삭제하면 이론적으로 가해 공무원에 대한 손해배상청구권의 인정은 어울리지 않는다. 더 이상의 소모적인 논란을 없애기 위해 구 동독의 국가책임법(제1조 제2항)과 스위스의 국가책임법(제3조 제3항)처럼 명문으로 부정하는 규정을 두어야 한다. 가해 공무원에 대한 국가의 구상규정은 이런 규정의 존재와는 당연히 무관하다.

4. 국가배상법 제5조의 삭제

일본 국가배상법 제2조를 거의 그대로 옮긴 것이 국가배상법 제5조이다. 동조의 '설치・관리의 하자'의 의미를 두고서 주관설, 객관설, 절충설, 관리의무위반설, 위법・무과실책임설 등이 분분하다. 정연하게 설명하기 힘들 정도이다. 이런 상황에서 민사불법행위에서 비롯된 수인(참을)한도의 유월여부가 매향리사격장 소음피해사건에 관한 대법원 2004.3.12. 선고 2002다14242판결을 계기로 국가배상법 제5조의 하자논의에 유입됨으로 인해 동조의 하자의 의미를 둘러싼 혼란은 더욱더 심화되었다. 논의현황은 가히 카오스적이다. 과연 이런 논의상황이 제도적으로나 이론적으로나 생산적인 의미를 갖는지 의문스럽다. 국가배상법 제5조가 국가배상책임의 체계에서 과연 필요한지 성찰이 필요하다. 제2조에 의해서도 충분히 커버될 수 있다는 점에서 동조항을 삭제하는 것이 바람직하다.

5. 소멸시효 규정의 정비

국가배상청구권은 피해자나 그 법정대리인이 손해 및 가해자를 안 날로부터 3년간, 불법행위가 있은 날로부터 5년간 이를 행사하지 아니하면 시효로 인하여 소멸한다(국가배상법 제8조, 민법 제766조, 국가재정법 제96조). 현대사의 시대적 아픔(이른바 반국가사범과 민간인학

살 건 등)은 물론, 군의문사사건에서 소멸시효의 완성이 다투어졌다. 판례는 기산점의 설정에서 나름 탄력성을 기하거나 피고의 소멸시효 완성의 항변을 권리남용이나 신의칙의 차원에서 배격하는 식으로 대처하곤 한다. 국가배상사건에서 소멸시효기간을 민사상의 손해배상사건과 동일하게(3년) 그리고 그보다 더 짧게(5년) 두는 것이 바람직한지 재고되어야 한다. 언제까지 국민적 여론을 내심의 잣대로 삼아 케이스 바이 케이스로 대처할 것인지 문제이다. 비록 국가배상책임이 불법행위책임이긴 해도 민사상의 불법행위책임을 그대로 대입하는 것은 문제가 있다. 명백한 국가적 잘못에 대해 소멸시효를 내세워 면책한다는 것은 대국가적 신뢰의 차원에서도 문제가 있다. 국가배상법 차원에서 소멸시효에 관한 특별규정을 두는 것이 바람직하다.

6. 행정의 사법적 작용과 관련한 국가배상법의 특칙 마련

행정의 사법작용(사경제활동)에서 공무원이 위법한 행위를 하면 전적으로 민법의 책임규정이 적용된다. 공무원은 민법 제750조 등에 의해 스스로 책임을 질 수 있으며, 국가 역시 공무원과 병립하여 민법 제756조에 의하여 책임을 질 수 있으되, 제1항 제2문의 면책가능성이 동반된다. 그런데 민법 제756조 제1항 제2문상의 면책주장이 주효하면, 궁극적으로 가해공무원이 책임을 지는 결과가 된다. 공무원으로서는 그의 행위가 공법행위인지 사법행위인지 결코 중요하지 않음에도 불구하고, 전혀 다른 법상황에 놓이는 셈이다. 그리고 민법상의 구상규정(제756조 제3항)을 그대로 적용할 때도 문제가 있다. 국가배상법과는 달리 경과실의 경우에도 구상이 가능하여서 현행의 구상유보의 체계와도 조화되지 않기 때문이다. 스위스 국가책임법 제11조처럼 국가가 사법적 주체로서 활동할 경우에는 배상책임자 및 구상과 관련하여 민법적용을 배제하고 국가배상법 규정의 적용을 명문화하는 것이 바람직하다.

**** 추기:** 소멸시효제도 전반이 헌법적 차원에서 검토될 필요가 있다. 국가배상사건에서 소멸시효기간을 민사상의 손해배상사건과 －안 날에서는－ 동일하게(3년) 그리고 －불법행위를 한 날에서는－ 그(10년)보다 더 짧게(5년) 두는 것이 바람직한지 재고되어야 한다. 헌법재판소는 민법상의 소멸시효제도의 존재이유가 그대로 국가배상책임에도 적용되는 것이 합헌이라 보면서도, 과거사정리법 제2조 제1항 제3호에 규정된 '민간인 집단희생사건', 제4호에 규정된 '중대한 인권침해 · 조작의혹사건'의 특수성을 고려하지 아니한 채 민법 제166조 제1항, 제766조 제2항의 '객관적 기산점'이 그대로 적용되도록 규정하는 것은 국가배상청구권에 관한 입법형성의 한계를 일탈한 것으로 판시하였다(헌재 2018.8.30. 선고 2014헌바148 등).

08

재판지연에 대한 입법적 대응의 필요

Ⅰ. 문제의 제기 – 재판지연에 대한 권리보호의 공백상황

헌법 제27조의 재판청구권의 기능이란 포괄적인 사법적 권리보호의 보장에 있은 즉, 그것을 통해 효과적인 권리보호의 보장이 강구되어야 한다. 그런데 사법통제가 지닌, 사후적, 진압적 권리구제로 인해, 권리보호의 실효성은 결과적으로 의문시될 수 있다. 너무 늦게 강구된 권리보호는 그 중간에 행정이 기성사실을 조성하거나 원고가 사망하여 사실상 효과가 없게 되거나 그 의미가 반감될 수 있다. 권리보호의 효과성은 시간의 요소에 좌우되기에, 헌법 제27조 제3항에서 신속한 재판을 받을 권리를 보장하는 것이다. 지연된 재판과 관련해서 강구할 수 있는 구제수단은 두 가지이다. 하나는 국가배상법상의 공무원의 부작위에 대한 국가배상책임의 차원에서, 다른 하나는 헌법소원심판청구의 차원에서 강구할 수 있다. 그러나 독일과 같은 특별규정(민법 제839조 제2항 제2문)이 없는 이상, 일반적인 국가배상책임의 법리에서 접근해야 하는데, 재판상의 불법의 성립가능성이 현실적으로 없는 데 비추어 배상책임의 인정은 이론상의 가능성에 머물 뿐 기대할 수 없다. 헌법소원심판의 경우에도 "헌법 제27조 제3항 제1문에 의거한 신속한 재판을 받을 권리의 실현을 위해서는 구체적인 입법형성이 필요하고, 신속한 재판을 위한 어떤 직접적이고 구체적인 청구권이 이 헌법규정으로부터 직접 발생하지 아니 한다."고 판시한 헌재 1999.9.16. 98헌마75에서 볼 수 있듯이, 인용가능성이 전혀 없다고 할 수 있다. 모든 법원에서 재판지연은 존재한다. 그런데 유럽과 독일의 경우에는 우리와는 사정이 전혀 다르다.

Ⅱ. 유럽의 법상황

상당한 절차기간의 원칙을 유럽최고재판소(EuGH)는 이미 오래 전부터 인정하여, 비단 행정절차만이[1] 아니라, 재판절차에서도[2] 인정하였다. 유럽인권협약(EMRK) 제6조는 '공평한 절차에 관한 권리'의 표제하에 "모든 사람이 자신의 민사법적 청구권과 의무와 관련한 분쟁이나 자신에 대한 형사소추에 관해서 독립적이고 공정하며 법률에 의해 성립한 법원에 의해 공평한 절차에서 공개적으로 상당한 기간 내에 심리를 받을 권리를 가진다."고(제1항) 규정하고 있다. 이에 유럽법원은 동 규정에 의거하여 상당한 절차기간의 원칙을 유럽연합법의 일반적 법원칙으로 전개하였다. 그리고 유럽기본권헌장(GRCh) 역시 제41조 [좋은 행정에 관한 권리] 제1항은, "모든 사람은 자신의 용무가 연합의 기관, 기구, 그리고 기타 부처에 의해 공평하고, 적합하게 그리고 상당한 기간 내에 처리되는 데 대한 권리를 갖는다."고

1) EuGH, Slg. 1997, I-1503.
2) EuGH, Slg. 1998, I-8417.

규정하며(제1항), 제47조 [효과적인 권리구제와 불편부당한 법원에 대한 권리]는 "모든 사람은, 자신의 사건이 독립적이고 불편부당하며, 법률에 의해 사전에 설립된 법원에 의해 공평한 절차에서 공개적으로 그리고 상당한 기간 안에서 심리되는 데 대해 권리를 가진다."고 규정한다(제2문). 현재 유럽법원은 유럽인권재판소가 상당한 절차기간과 인권협약 제13조에 따른 권리구제제도와 관련해서 정립한 요청을 목표로 삼고 있다. 대표적으로 유럽인권재판소(EGMR)는 상당한 기간 내에 판결을 받을 권리가 침해될 때에는 유럽인권협약 제13조에 의한 효과적인 권리구제가 회원국 국내법에 존재하여야 한다고 판시하였다.[3]

과도하거나 지연된 절차진행은 특히 관련인을 위하여 절차에서 중요한 이익, 사건의 복잡성, 참가자의 행태에 의거하여 판단된다. 이들 기준은 완결적이지 않고, 절차의 진행이 이들 기준에 의거하여 정당화되는 것으로 여겨질 정도면 충분하다. 사건의 복잡성만으로도 일견 장기간의 진행을 정당화시킬 수 있다. 참가행정청의 행태만으로 과도한 절차진행을 성립시킬 수 있다.[4] Groupe Gascogne 사건의 판결[5] 이후에 행정절차 및 유럽1심법원에서의 과도한 절차진행은 해당 결정이나 판결이 폐지되는 결과를 낳았다. 이것은 과도한 진행이 절차의 결론에 영향을 미친 것을, 특히 관련인의 방어권을 축소한 것을 조건으로 한다. 만약 이런 요건이 존재하지 않으면, 유럽연합법상의 손해배상청구권으로 나아간다.[6]

---

3) EGMR, NJW 2001, 2694 Rn.146 ff.
4) EuGH, Slg. 2002, I－8375.
5) BeckRS 2013, 81119.
6) EU법상의 손해배상책임에 관해서는 김중권, EU행정법, 2018, 192면 이하.

Ⅲ. 독일의 법상황

독일 연방정부를 상대로 유럽인권재판소에 제기된 인권심판청구의 다수가 있었는데, 유럽인권협약 제6조 1항의 위배를 이유로 한 이들 다수의 재판의 정점이 2006.6.8.자 유럽인권재판소의 Sürmeli 판결이다. 여기서 유럽인권재판소는 그 당시에 재판지연에 대해 유럽인권협약 제13조상의 유효한 권리구제가 독일법상으로는 의무에 반하게도 존재하지 않는다고 확인하였다.[7] 나아가 2010.9.2.의 Rumpf사건에서[8] 유럽인권재판소는 독일에서의 지연된 절차진행은 구조적인 문제에 해당한다고 확인하면서, 독일 연방정부에 대해 동 판결의 확정력이 발생한 후 늦어도 1년 내에 재판지연에 대한 권리구제제도를 도입할 것을 과하였다. 독일의 경우에 비록 민법 제839조 제2항이 재판지연에 따른 국가배상책임의 가능성을 분명히 규정하고 있음에도 불구하고, 실제로 호응은 그다지 높지 않은 것이 현실이다. 유럽인권재판소의 이상의 판결은 이런 사정을 감안한 것이라 여겨진다.

유럽인권재판소의 일련의 압박에 의해 산물이, '지연된 재판절차와 형사수사절차에서의 권리보호에 관한 법률'이다. 2011.11.24.에 발효한 이 재판지연보상법은, 2011.12.3.부터 독일 법원에 관한 일반법인 법원기본법(GVG) 제17절에 편입되고, 그 내용이 연방헌법재판소법과 행정법원법 등이 준용되고 있다. 재판지연보상법에 의해서 독자적인 국가책임법적 손실보상청구권이 도입된 셈인데, 법적으로 동법은 사법보장청구권의 범주에서의 효과적인 권리보호에 관한 청구권을 구체화한 것이다. 다만 국가배상책임과는 양립한다. 재판지연보상법은 양면적 성격을 지닌다. 한편으로는 재판절차의 지연에 대한 질책의 가능성이 제공되고, 다른 한편으로는 손실보상으로 그

7) NJW 2006, 2389.
8) NJW 2010, 3355.

지연을 제재한다. 즉, 재판지연보상법의 기본구상은 예방적 조치와 제재적 조치의 결합이다. 주요 내용을 보면, 국가배상책임과는 달리 유책성의 요청을 버리고 손실보상의 구제방도를 취하였으며, 국가배상책임에서의 완전배상의 원칙이 통용되지 않고 상당보상의 원칙이 통용된다. 손해발생에 대신하여 불이익의 발생을 요건으로 하며, 해당 법원의 상급법원이 관할한다. 핵심물음인 재판기간의 과도함(비상당성)은 개별사정에 따라 특히 소송절차의 곤경과 의의, 소송참가자와 제3자의 행태에 따라 가늠된다(재판소기본법 제198조 제1항 제2문).

재판지연보상법은 입법사적으로 확실한 정곡에 해당한다. 가령 독일 연방헌재가 처음으로 헌법소원심판절차의 과도한 지속을 이유로 심판청구인에게 연방 헌재법 제97조의 a에 의거하여 손실보상을 하였다.[9] 5년 6개월의 헌법소원심판절차기간은 헌재의 임무와 지위에서 바로 과도한 지연이라 여겨지지는 않지만, 각 원의 소관의 문제가 불분명하고 사건배당도 되지 않아 소요된 약 30개월의 재판지연은 상당하지 않은 것으로 판단하였다. 특히 독일 연방헌재는 형사사건의 본안에서의 신속화명령(원칙)을 헌법적으로 기본법 제2조 제2항 제2문의 자유의 불가침에서 도출하였다.[10] 연방의회에서 동법률이 가결될 때 결정한 것처럼, 동법은 시행 2년 뒤에 평가하도록 되었는데, 완전히 새로운 법적 대상의 전환과 모든 사법기관을 다룸에 있어서 전형적인 곤란함을 고려하면, 중간평가에서 보면, 소송의 홍수는 일어나지 않았으며, 실제 손실보상소송의 건수가 통계상의 지연불평의 조사치보다 훨씬 적었다고 하면서, 예방적인 권리구제가 사실상으로 재판의 신속화를 가져다주었다고 평가하기도 한다.[11] 비록 재판지연의 과도함과 같은 개념의 불확실성, 다른 소송구조와의

9) BVerfG Beschl. NJW 2015, 3361, 3362.
10) BVerfGK 17, 517, 523.
11) Benjamin Schmidt, NVwZ 2015, 1710(1711).

차이점 등 여전히 다투어지고 있지만, 관련 판례에 대한 평가가 계속적으로 진행되고 있어서 조만간 제도적 틀이 확고해질 것으로 예상된다.

Ⅳ. 맺으면서 – “지체된 정의는 정의가 아니다.”라는 법언에 머물 수는 없다

시간은 금이다. 재판지연으로 인한 손해에 대해 누가 책임을 지는가? 자력구제금지와 평화의무를 위해 국가는 그 자신을 위한 권력독점을 요구한다. 그렇다면 자력구제금지와 평화의무를 정당화하기 위해서는 재판지연에 대한 책임 역시 국가가 져야 한다. 그럼에도 불구하고 이제까지 재판지연에 따른 국가배상책임을 인정한 판례는 존재하지 않는다. 독일의 재판지연보상법은 효과적인 권리보호의 요청과 법관의 독립성의 요청간의 충돌에서 나름의 조화로운 해결책의 산물이다. 언제까지 “지체된 정의는 정의가 아니다.” 라는 법언에 머물 수는 없다. 헌법 제27조의 신속한 재판을 받을 권리를 구체화하기 위해 외국의 입법례를 참고하여 우리의 현실에 맞춰 적극적인 입법적 해결방안을 모색하여야 한다. 비단 재판절차만이 아니라, 행정절차에서도 과도한 시간의 소요에 대해 진지한 고민이 필요하다. 정의의 지체가 문제되지 않을 사전의 방책 역시 요구된다. 하루바삐 행정소송에서 집행정지의 원칙이 채택되어, “지체된 정의는 정의가 아니다.”는 명제가 행정소송에서도 운위되지 않길 기대한다.[12)]

---

12) 상론: 김중권 재판지연에 대한 국가책임에 관한 소고, 공법연구 제47집 제2호, 2018.12.31., 199면 이하.

09

언제까지 "지체된 정의는 정의가 아니다."라는 법언에 머물 것인가?

Ⅰ. 문제의 제기 – 수술은 성공했는데, 환자가 사망하면 어떻게 되나?

시간은 금이다. 법적 정의는 내용에 못지않게 중요한 것이 구현의 시간이다. 재판이 권리보호를 무색할 정도로 장기간이 소요되었다면, 당사자는 본인이 승소했든 패소했든 司法에 대해 불만을 가질 것이다. 소송지연이 문제될 때마다, "지체된 정의는 정의가 아니다." 라는 법언이 운위되는 데 그치고, 그것을 여하히 법제도로 만들려는 모색이 전혀 없었다. 헌법상의 '신속한 재판을 받을 권리'는 단지 장식적이다. 시간과 법의 관계에 관한 문제인식이 필요하다. 시간이 법을 좌초시켜 사법불신을 자아낼 수 있다. 필자는 지난 9월 14일에 국회에서 개최된 "신속한 재판 받을 권리를 위한 제도 개선 토론회"에서 "과도한 재판지연에 대한 司法的 權利保護 문제"를 발제하였다. 이하에서는 논의의 공론화를 위하여 독일의 재판지연보상법의 주요 내용을 소개하고자 한다.[1)]

Ⅱ. 독일 재판지연보상법에 의한 손실보상소송의 주요 내용

1. 관할 법원

손실보상청구는 일반법원에서 관할하는 기존의 시스템과는 달리, 최대한 근접성의 이유에서 해당 법원의 상급법원이 자신의 재판권내에서 소송지연을 판단해야 한다. 연방법원에서의 재판지연의 경우 최상위 연방법원의 전속적인 관할이 존재한다. 따라서 민형사 최고법원(BGH)에서의 재판지연사건은 동 법원의 다른 재판부가 맡는데, 이런 사정은 연방헌재의 경우에도 그러하다.

2. 당초 법원에서의 지연책문의 제기

상급법원에 지연손실보상을 청구하기 위해서는 먼저 당초 소송에서 해당 법원에 대해 소송절차의 진행을 책문(責問)하여야 한다. 이런 점에서, 책문은 책임을 성립시키는 책무에 해당한다. 지연책문은 먼저 원래의 법원에 제기함으로써 원래 법원에 대해 경고를 발하는 셈이 되어 당초의 법원으로 하여금 절차를 신속화하여 소송지연을 미연에 방지하는 효과를 발휘한다(예방적 기능). 지연책문은 소송이 상당한 기간에 종료되지 않았다는 염려의 동인이 있을 때 비로소 허용된다. 따라서 지연책문이 성급하게 행해진 경우에는, 그것은 효력

1) 상론: 김중권, 재판지연에 대한 국가책임에 관한 소고, 공법연구 제47집 제2호, 2018.12.31. 199면 이하; 본서 357면 이하.

이 발생하지 않고, 그리하여 그 목적을 달성할 수 없다.

3. 대기기간과 제소기간

독일 법원기본법 제198조 제5항 제1문은 제소전 대기기간의 준수를 요구한다. 제소는 빨라도 당초 소송에서 지연책문을 한 다음 6개월 지나 행해질 수 있다. 대기기간제는 소송진행을촉진하는 식으로 당초의 수소법원으로 하여금 지연책문에 대해 대응할 기회를 제공할 것이다. 결국 소송의 신속화에 도움이 된다. 재판지연보상소송은 늦어도 원래소송에서의 종국판결의 확정력(기판력)의 발생이나 소송의 종료 이후에 6개월 내에 제기되어야 한다. 이는 불변기간에 해당한다.

4. 대상인 재판절차

재판지연보상의 대상이 되는 재판절차에는 일체의 소송절차가 해당되는데, 잠정적 권리보호의 절차만이 아니라, 소송비용부조의 승인절차까지도 포함하는데, 이는 예시적이어서 다른 부수적 소송절차라도 손실보상청구권의 적용영역에서 배제되지는 않는다. 따라서 그들 민사소송법 제485조 제2항에 의한 독립된 증거절차, 민사소송법 제578조, 제579조상의 무효소송, 비용확정절차와 독촉절차도 잠재적으로 손실보상의무를 낳는 재판절차에 속한다. 형사부조의 영역에서도 손실보상권은 광범하게 적용되는데, 검사의 수사절차와 법원의 본안절차만이 아니라, 형집행법 제109조 이하에 의한 개별조치에 관한 재판에 관한 신청에 따른 결정절차까지도 포함한다. 그러나 본질이 행정절차인 행정심판절차는 여기 재판절차에 속하지 않는다.

5. 소송의 당사자

손실보상소송의 원고는 원래 소송의 참가자이다. 소송참가자는 재판절차의 당사자와 모든 참가자가 해당한다. 원고나 피고가 아닌 소외인인 참가자 역시 손실보상청구권자로 고려된다. 다만 헌법기관, 행정의 주체, 기타 공공부처는 이들이 자치권의 행사에서 소송절차에 참가하지 않는 한, 제외한다. 형사절차와 공법소송에서는 원칙적으로 한 일방만이 손실보상을 요구할 수 있는 반면, 민사소송에서는 양 당사자에게 손실보상청구권이 성립할 수 있다. 주 법원에서의 소송지연에 대해서는 주가 책임을 져야 하고, 연방법원에서의 소송지연에 대해서는 연방이 책임을 져야 한다. 해당 주나 연방이 피고가 된다.

6. 소송진행의 비상당성(과도함)

손실보상청구권의 실체법적 심사의 핵심물음이, 관련 당초 소송이 실제로 지나치게 오래 진행되었는지 여부의 확인이다. 상당한 소송진행은 개별경우의 사정에 따라, 특히 소송절차의 어려움과 의의, 그리고 소송참가자 및 제3자의 용태에 의해 가늠된다. 이것은 예시적 기준이다. 손실보상소송의 수소법원은 기본적으로 이전의 소송진행의 관점에서 소송지연이 존재하는지 여부를 판단해야 한다. 이전 소송의 진행을 평가함에 있어서, 유럽인권협약 제6조 제1항에 관한 유럽인권재판소의 판례－매심급 당 1년의 원칙－에 연계될 수 있다. 결국 개별경우의 사정이 결정적 규준이어야 한다. 상당성을 위한 도식적인 시간상의 규준은 존재할 수 없다. 소송참가자는 최대한 신속한 권리보호에 관한 청구권을 갖지 못하기에, 최적의 소송진행과 다르다는 사실만으로는 재판지연이 인정되지 않는다. 결국 더 이상 정당하거나 비례적이지 않은 것으로 여겨지는 소송진행이 상당하지 않다.

7. 불이익의 발생

상당하지 않은 소송진행으로 소송참가자에게 불이익이 발생한 경우에만 손실보상청구권이 고려된다(독일 법원기본법 제198조 제1항 제1문). 법률은 물질적, 정신적 불이익을 구분하고, 그리하여 두 가지 종류가 규범의 적용영역에 포함된다는 점을 시사한다. 원고가 재산적 불이익의 보전을 구하면, 원고는 그것의 발생을 진술하고 증명해야 한다. 반면 독일 법원기본법 제198조 제2항 제1문에 의하면, 지나치게 긴 재판의 참가자는 정신적 불이익을 입은 것으로 추정된다. 이것은 일괄적인 손실보상금액과 결합하여 관련인에게 손실보상청구권의 주장을 용이하게 할 것이다.

8. 장기간의 소송절차진행과 불이익간의 인과관계

독일 법원기본법 제198조 제1항 제1문은 인과관계의 심사를 요구한다. 재산적, 비재산적 종류의 불이익이 당초 소송절차의 비상당한(과도한) 진행을 원인으로 하여야 한다. 이에 따라 당초 소송절차로부터의 불이익(가령 소송비용) 또는 당초 소송절차의 결과로부터의 불이익은 제외된다. 당초 법원에 의한 하자있는 소송집행은 그것이 진행시간에 영향을 미치지 않는 한, 여기서의 손실보상청구를 위해서는 중요하지 않고, 기껏해야 국가배상청구에서 고려될 수 있다. 소송지연의 개시 전에 성립한 불이익은 지연에 기인할 수 없다. 비재산적 불이익이 추정되는 한, 원인시인의 어려움은 없다. 법률상의 추정은 당초 소송의 지나친 장기간에 연결되기 때문에, 그것은 인과관계의 인정에도 이어질 수 있다. 그러나 재산적 불이익의 발생에서는 원인의 상관관계를 자세히 판별하는 것이 중요하다.

9. 손실보상의 내용

재산적 불이익을 보면, 독일 법원기본법 제198조 제1항 제1문은 상당한 손실보상을 규정하고 있다. 이것은 일반적인 국가책임법의 판례를 목표로 하는 것을 허용한다. 손실이 더욱더 구체적으로 추정될 수 있으면 있을수록, 판례는 더욱더 재산상 불이익을 완전하게 보전하는 경향을 보인다.[2] 다만 일실한 이득은 보상을 요구할 수 없다. 비재산적 불이익은 이상의 재산적 불이익과 비교하면 금액이 일괄적으로 정액으로 정해져 있다. 상당성의 심사가 불필요하다. 연간 1200 유로의 정액지급의 원칙이다. 다만 이례적인 사정이 존재하는 경우에는 1200 유로보다 상회, 하회할 수 있다. 1년보다 짧은 기간이라면 법률적으로 확정된 금액을 월 단위로 안분한다. 가장 최단기간은 1개월이다. 정액보다 상회하는 것은 원고가 심대하게 중대한 손실을 증명한 경우에 고려된다.

Ⅲ. 맺으면서 – 재판지연의 문제는 사법의 민주성과 신뢰성의 문제이다.

소송지연은 결과적으로 권리구제의 정지이고, 사법불신을 낳는다. 사법불신은 곧바로 민주적 법치국가에 대한 불신이 된다. 사법 스스로 국민의 따가운 시선을 제도적으로 해소하는 데 적극적으로 나서야 한다. 재판지연의 원인은 매우 다양한데, '재판지연보상법'과 같은 법률은 건강한 긴장과 경계에 의거하여 사법의 효과적인 자기통제에 결정적으로 이바지할 것이다. 판사부족을 재판지연의 원인으로 주장하는 것이 일면 수긍되나, 차제에 근본적인 문제해결이 강구되어야 한다. 직업판사만의 접근은 결코 답이 될 수 없다. 독일처럼

2) BVerwG, NVwZ 2014, 1523.

광범한 겸직(명예)판사의 도입을 강구해야 한다. 독일의 경우 가령 노동법원의 재판부는 1인의 직업판사(재판장)와 각기 사측 및 노측에서 선임된 2인의 명예판사로 구성된다. 그들은 겸직판사제가 사법신뢰를 강화하는 데 이바지하고, 나아가 국민주권의 가시적인 표현이라 여긴다.

**** 추기:** 참고로 독일의 예를 보면, 총 56개월이 소요된 재판과 관련해서 2021.5.12.에 Hessen 주 사회법원 제6 재판부는 전체 재판기간 56개월 가운데 우선 참가자의 서류교체로 인한 6개월의 지연은 공제하고, 통상적으로 수용되는 재판준비 및 숙고의 기간 12개월을 공제하여 재판지연의 기간을 38개월로 판단한 다음에, 나름의 재량적 판단에 기초하여 월 지연 보상액을 20유로 산정하되, 원고의 요청을 넘어서는 안되는 것을 내세워 원고가 주장한 전액 480유로 보상판결을 내렸다.[3)]

---

3) LSG Hessen(6. Senat), Urteil vom 12.05.2021 - L 6 SF 22/18 EK SF.

10

현행 집시법의 발본적 개혁에 관한 소고

Ⅰ. 문제의 제기 – 집시법의 전면적인 개편의 필요

헌법재판소가 일찍이 집시법 제11조 제1호 중 '국회의사당' 부분에 대하여 헌법불합치 결정을 선고하였는데(헌재 2018.5.31. 2013헌바322결정 등), 동호 중 '각급 법원' 부분에 대하여 종래 2차례나 헌법에 위반되지 않는다고 한 선례(헌재 2004헌가17결정, 2006헌바13결정)를 변경하여 재판관 전원일치의 의견으로 헌법불합치 결정을 선고하였다(헌재 2018.7.20. 2018헌바137). 헌법재판소는 심판대상조항이 법관의 독립이나 법원의 재판에 영향을 미칠 우려가 있는 집회・시위를 제한하는 데 머무르지 않고 각급 법원 인근의 모든 옥외집회를 전면적으로 금지함으로써 집회의 자유를 침해한다고 보았다. 일련의 헌법불합치 결정을 계기로 집시법의 전면적인 개편이 강구될 수밖에 없다. 촛불집회를 통해 집회 및 시위의 자유가 과거와는 비할 수 없는 의미를 지녀서 새롭게 자리를 잡아가기에, 현행 집시법의 문제점을 공론화하고자 한다.

Ⅱ. 헌재 2018.7.20. 2018헌바137의 의의

집회의 자유는 개인의 인격발현의 요소이자 민주주의를 구성하는 요소라는 이중적인 헌법적 기능을 가지고 있다.[1] 그리고 시위는 집단적인 견해표명이다. 즉, 집회형식의 견해표명이다. 시위를 통해 시위의 자유가 집회의 자유의 특별한 경우이나, 기본적으로 집회의 자유와 표현의 자유가 결합된 것이다.[2] 집단성을 통해 견해표명의 영향을 증대시킬 수 있다는 시위의 특성이 자칫 그것의 제한을 정당화하는 논거로 작용할 수 있다. 집회시위의 자유가 지닌 특별한 의의에 비추어 집시법상의 금지와 해산은 최후 수단이어야 한다. 해산명령을 위해 집회신고 미이행의 사실만으로는 충분하지 않다는 판례의 태도(대법원 2012.4.26. 선고 2011도6294판결 등)는 이 점에서 정당하다. 비록 입법자의 입법형성의 여지가 인정되더라도 집시법 제11조상의 집회금지가 최후 수단에 해당하는지 여부는 비례원칙의 차원에서 가늠될 수 있다. 원칙적 금지의 예외가능성을 전혀 규정하고 있지 않은 것은 일종의 절대적 금지로 접근한 것인데, 이는 집회시위의 자유의 본질적 내용을 침해한 셈이다. 따라서 헌법재판소의 판단은 타당하다.

---

1) 헌재 2003.10.30. 2000헌바67.
2) Dietel/Gintzel/Kniesel, Versammlungsgesetze, 16.Aufl. 2011, § 1, Rn.24.

Ⅲ. 현행 집시법의 몇 가지 문제점

1. 집시법상의 시대 맞지 않는 용어의 정비

현행 집시법 제2조 제2호에 의하면, “시위”란 여러 사람이 공동의 목적을 가지고 도로, 광장, 공원 등 일반인이 자유로이 통행할 수 있는 장소를 행진하거나 위력(威力) 또는 기세(氣勢)를 보여, 불특정한 여러 사람의 의견에 영향을 주거나 제압(制壓)을 가하는 행위를 말한다. 집단성을 통해 견해표명의 영향을 증대시킬 수 있다는 시위의 특성이 자칫 그것의 과도한 제한을 정당화하는 논거로 작용할 수 있다. 법률상의 이런 시위개념에는 그것에 관한 다소 부정적인 인식이 배어있다고 여겨지는데, 헌법상 보장된 집회 및 시위의 자유와는 어울리지 않는다. 기본권적 의의에 맞게 시위개념을 손질할 필요가 있다.

2. 집회금지구역제의 문제

헌법재판소가 집시법상의 집회금지지역제에 대해 문제 삼은 것은 법률상 허용가능성이 원천 봉쇄되어 그것이 절대적 금지가 되어버린 점이다. 우리와 비슷하게 독일의 경우 집회금지구역제를 채택하고 있다. 역사적으로 1920년 1월 13일에 발생한 제국의회 앞에서의 대학살을 계기로 의회를 위해 1920년에 마련되었다. 종전에는 연방 집시법에서 연방과 주의 입법기관 및 연방헌법재판소에 대해 집회금지구역을 설정하여 구체적인 집회금지구역은 연방과 주의 집회금지구역법에 의해 정하도록 규정하였지만, 지금은 2원적으로 규정하고 있다. 즉, 1999년부터 시행된 연방 집회금지구역법(BefBezG)에 의하면, 연방헌법기관(연방의회, 연방참사원, 연방헌법재판소)을 위한 집회금지구역이 설정되어 있으며, 동시에 예외적 허용이 법률상 규정되어 있다.[3] 연방 집회금지구역법 제3조 제1항에 의하면, 해당 연방기관의 업무를 방해할 염려가 없을 때는 해당기관의 장의 동의를 얻어 집회가 허용되어야 하며(의무규정), 연방의회와 연방참사원이 휴회하는 날에는 원칙적으로 그렇게 해야 한다. 연방 집시법은 주의 입법기관만을 대상으로 집회금지구역제를 채택하면서 구체적인 집회금지구역은 주 집회금지법에 의해 정해지도록 하였다(제16조). 연방 집시법은 집회금지의 예외허용을 규정하고 있지 않지만, 주 집회금지구역법(Bannmeilengesetz)은 예외허용 규정을 두고 있다. 가령 베를린 주 집회금지구역법 제2조 제2항에 의하면, 주의회 의장은 주 내무장관의 동의하에 예외를 발할 수 있으되, 휴회 중에는 그 예외를 발해야 한다.

독일 집회금지구역제가 의회와 헌법재판소만을 대상으로 하는 것과 비교하면, 우리는 그 대상이 너무 넓다. 집회신고에 대해 통상적인 집회금지처분을 통해 나름 효과적으로 대처할 수 있다는 점에서 대상의 축소를 고려할 만하다. 현재의 대상을 그대로 둔 채 예외허용만 규정하는 것으로 대처하는 것은 곤란하다. 우리는 금지구역설정에서 오스트리아(300미터)와 마찬가지로 거리를 바탕으로 하지만(집시법 제7조), 독일의 경우 일정한 도로를 기준으로 구역을 정하고 있다. 독일 연방의회의 경우 그 구역이 의사당을 기점으로 대략 최소 130미터에서 최대 1600미터에 이른다.[4] 그런데 도로를 기준으로 구역을 정하면 독일 연방의회 홈페이지에서 바로 확인할 수 있듯이 집회신고자가 허용구역을 바로 확인할 수 있다. 우리도 독일처럼 도로명 주소시스템을 채택하기에, 집시법의 부칙이나 하위법령에서 해당 금지구역을 도로명으로 직접 설정하는 것이 바람직하다.

---

3) 이런 예외적 허용은 통상의 허가가 아닌 예외적 승인에 해당한다. 상론: 김중권, 행정법, 2023, 265면 이하.

4) https://www.bmi.bund.de/DE/themen/verfassung/staatliche-ordnung/versammlungsrecht/befriedeter-bezirk/befriedete-bezirke.html. 2023.11.20. 마지막 방문.

3. 처벌규정의 문제

대법원 2012.4.19. 선고 2010도6388전원합의체판결(전교조시국선언사건)과 대법원 2013.3.28. 선고 2011도2393판결을 통해 집회신고가 정보제공적 신고에 해당한다는 점이 정당하게 확인되었다.[5] 집회신고는 집시법에서 협력원칙의 근거이자 요건이며, 행정청과 집회개최자간에 상호협력을 위한 출발점이다. 집회신고의 성질에 따라 집회신고의 미이행에 대한 처벌규정 전반에 검토가 필요하다. 집시법 제22조 제2항에서 금지된 집회를 주최한 경우와 동일하게 규정한 것은 집회신고의 본질에 부합하지 않는다. 그리고 미신고집회에 대해 행정형벌의 내용으로서 2년 이하의 징역이나 200만원 이하의 벌금형에 처하도록 한 집시법 제22조 제2항과 관련해서 위헌이 아니라는 헌법재판소의 기왕의 태도가 수정될 필요가 있다. 리딩결정인 헌재 1994.4.28. 91헌바14결정은 집회신고를 정보제공적 신고로 인식하기 전에 내려졌으며, 헌재 2009.5.28. 2007헌바22결정도 대법원판결과 동일한 궤에서 집회신고의 정보제공적 의의를 앞세웠기에, 앞으로의 태도의 변화는 자연스럽다.

Ⅳ. 맺으면서 – 미룰 수 없는 집시법의 발본적 개혁

촛불집회 사건에서 법원의 집행정지결정을 통해 청와대로부터의 집회허용장소의 한계가 800미터 → 400미터 → 200미터 → 100미터로 낮아졌다. 집회자유의 두드러진 의의와 집행정지제도의 제도적 존재이유가 극명하게 표출되었다.[6] 민주화 이후에는 법치국가원리가 더

---

5) 김중권, 법률신문 제4248호(2014.8.21.).

6) 상론: 김중권, 집회금지처분에 대한 잠정적 권리구제에 관한 소고, 법조 제725호, 2017.10.28., 541면 이하.

욱더 강조되어야 하는데, 관건은 민주주의원리에 충실하게 법치국가 원리가 구현되어야 한다. 계획하지 않은 우발적 집회와 긴급집회를 아날로그시대에 기반을 둔 현행 집시법상의 신고제로는 커버할 수 없다. 모든 국민이 자기의 휴대폰을 휴대하고 있는 초연결사회에서 이런 집회들을 법외로 두는 것은 결코 바람직하지 않다(예: 독일 바이에른주 집시법 제13조 제3항). 광장의 민주주의가 현실이 되고, 우리네 현실과 행정환경이 이전에 예상하지 못한 상황인 이상, 집시법의 핵심개념 및 규율시스템을 시대에 맞춰 시급하게 개혁해야 한다.

11

복종과 상명하복이 언급되는 국가와 사회가 근대적인가?

Ⅰ. 처음에 – 21세기에 어울리지 않는 공무원의 복종의무

국가공무원법의 제정 당시(1949.8.12.) 제29조가 "공무원은 소속 상관의 직무상의 명령에 복종하여야 한다. 단 의견을 진술할 수 있다."고 규정하여, 처음부터 공무원의 복종의무가 천명되어 지금(현행 국가공무원법 제57조)에 이르고 있다. 다만 의견진술권은 1963.4.17.에 종전 국가공무원법을 폐지하고 새로이 제정된 국가공무원법(제57조)에서부터 삭제되었다.

복종(Obedience)개념에는 무조건적 의미가 내포되어 있다. 자신의 신념이나 희망에 합당하는지의 여부에 관계없이 타인의 명령에 따라 행동하는 것이다(21세기 정치학대사전). 현대사회의 근본원칙은 활동에서의 자율이다. 행동에서 개인의 자율의 보장은 시민사회의 핵심적 가치이고, 근대법질서의 근본 바탕이다. 개인의 주체적 자아를 무시하는 복종의무가 법제도로 존재하기에, 봉건적 뉘앙스를 지닌 상명하복의 체제는 공조직을 넘어서 어느 조직에서나 당연히 통용된다고 여겨진다. 복종의무의 존재는 공조직을 넘어 우리 공동체 전체에 대해 전근대적인 문화를 낳는다.[1]

Ⅱ. 복종(준수)의무의 근거

비단 공조직이 아니라 하더라도, 조직의 위계질서에서 복종의무의 존재는 당연하게 여겨지나, 섬세한 고찰이 필요하다. 국가 및 국가의사를 결정하고 표시하는 행정청(독임제하에서는 행정청의 장, 합의제하에서는 행정기관 그 자체)은 자신의 활동에 대해 최종적으로 책임을 지므로, 당연히 그 소속 직원의 활동에 대해 지시와 명령을 할 수 있으며, 소속 직원은 그에 따라야 한다. 직업공무원제를 택한 이상, 조직에서 소속원은 상관(상사)의 지시・명령을 따라야 한다. 만약 복종의무가 없다면, 행정각부의 장을 비롯한 행정의 민주적 통제란 공허해진다. 따라서 복종의무는 전체적으로 민주주의 및 법치국가원리 그리고 국가책임의 파생이라 할 수 있으며, 국가의사와 국가지배간의 귀속관계의 필수적인 구성요소이다.[2]

Ⅲ. 복종의무의 연원

독일에서의 상황을 보면, 독일 프로이센 일반주법(PrALR) 제10편 제2조에 의해 군인과 군무원에 대해 '특별한 충성과 복종'이 과해진 다음(군인 및 군무원은 일반적인 臣民의무 이외에, 국가원수에 대해 특별

1) 상론: 이계수, 공무원의 복종의무의 내용 및 한계에 대한 규범적, 행정법사회학적 연구, 민주법학 제40호 2009, 125면 이하.

2) Brinktrine/Schollendorf, BeckOK Beamtenrecht Bund, 14. Edition, 2019, §62 Folgepflicht Rn.1.

한 충성과 복종을 해야 한다), 1873년의 제국공무원법에 제국의 모든 공무원은 황제의 명령을 따라야 할 의무가 있다는 식으로 복종의무가 채용되었고, 바이마르 헌법하에서 '상관에 대한 충성과 복종의 의무'가 통용됨으로써, 공무원의 복종의무가 공무원법의 전래적인 원칙이 되었다. 한편 복종의무와 관련해서 실정법상으로 현행 독일 연방공무원법 제62조와 공무원신분법 제35조는 표제로 '직무명령준수의무(Folgepflicht)'를 규정하고 있는데, 그 의미는 지시(직무명령)의 구속성이다. 그런데 그들의 경우 군인신분법제11조는 여전히 '복종의무'(Gehorsam)를 규정한다. 일본의 경우 현행 일본 국가공무원법은 '상사의 명령에 따를 의무'라고 표현하고 있는데, 1887년(메이지 20년)에 만들어진 '관리복무기율(官吏服務紀律)' 제2조는 "관리는 장관의 명령을 준수하여야 하고, 단 그 명령에 대해 의견을 말할 수 있다."고 규정하고 있다. 그런데 1882년(메이지 15년)에 일왕(천황) 자신이 군인의 대원수(大元帥)임을 전제로 하여 다섯 개 항의 행동강령을 -과거 우리 육군 복무신조의 원형인- '군인칙유(軍人勅諭)'의 이름으로 정하였는데, 그 내용의 하나로 "군인은 예의가 발라야 한다."고 하면서, 구체적으로, "하급자가 상관으로부터 명령을 받는 것은, 바로 짐(천황)으로부터 명령을 받은 것임을 명심해야 한다."고 규정하고 있다. 일본 군국주의는 일왕(천황)을 정점으로 그 뜻을 전하는 관리, 그리고 복종의 대상인 臣民으로 구성된 일종의 가부장적 국가체제이어서 상관의 명령의 불복종은 바로 일왕에 대한 불복종이다. 조건을 달 수 없는 무조건적 절대 복종만이 요구될 뿐이다. 요컨대 지금 공무원과 군인의 복종의무의 원형은 1882년에 만들어진 일본의 '軍人勅諭'과 1887년에 만들어진 일본의 '官吏服務紀律'이라 할 수 있다.

Ⅳ. 현행 복종의무 규정의 문제점

1. 복종개념의 봉건적 성격

服從이란 봉건적 용어가 문제된다. 민주적 법치국가에서의 공무원에게 과연 무조건적 복종을 요구할 수 있는지 의문스럽다. 복종이란 용어는 국민 개개인을 권리주체가 아닌 공권력의 대상일 뿐이 臣民으로 설정한 관헌국가에서나 통한다. 복종의 개념에는 따를 뿐 그에 대해 이의를 제기하는 것 자체가 배제된다. 그 자체가 민주적 법치국가와는 어울리지 않는다.[3] 영어로 '복종하다'는 obey를 의미하는데, '따르다'는 follow는 완전히 의미가 다르다. 민주적 법치국가에서 상관의 직무명령을 따르는 것을 'obey'의 차원에서 바라보는 것은 적절하지 않다. 오히려 위계질서와 같은 조직시스템의 결과로서 공감하여 'follow'한다고 보아야 한다. 독일의 경우 공무원법제가 비록 내용은 다르지 않지만 복종의무(Gehorsam)에 갈음하여 직무명령준수의무(Folgepflicht)란 표현을 애써 사용하는 것에 주목할 필요가 있다.

2. 예외가능성에 관한 명시적 규정의 결여

현행 국가공무원법 제57조 복종의무규정은 그것의 일반적 예외의 가능성을 명시적으로 규율하고 있지 않다. 직무독립성을 지닌 각종 위원회의 위원의 경우에 개별법에서 그의 직무독립성을 규정하는 것으로 충분할 수 있지만, －독일의 경우(연방공무원법 제62조 제1항 제3문)처럼－ 일반법인 국가공무원법 차원에서 일반적 예외의 명시적 규정을 두는 것이 바람직하다.

---

3) 복종개념에 대한 정당한 비판으로 vgl. Scheerbarth/Höffken/Bauschke/Schmidt, Beamtenrecht, 6. Aufl. 1992, § 15 II c.

3. 부하의 항변제도의 결여

복종의무와 상관관계가 있는 것이 바로 부하의 항변권이다. 복종의무와 관계없이 상관의 지시명령에 대해 사법적 권리구제를 강구할 수 있다고 할 때 오히려 그 복종의무의 존재를 감안하면, 조직의 문제를 대외적으로 문제 삼기에 앞서 우선 내부적 의견조정의 절차를 거치는 것이 합리적이다. 명백히 위법인 직무명령에 대해선 복종의무가 성립하지 않기에, 조직의 기능적합성의 차원에서도 상관에게 재고의 기회를 제공하는 것 역시 합리적이다. 현행 군인복무기본법 제32조(구 군인복무규율 제24조)가 일종의 항변에 해당하는 '의견건의'를 규정하고 있지만, 제정 당시(1949.8.12.)와는 달리 현행 국가공무원법은 아무런 규정을 두고 있지 않다. 현재의 법상황은 제3공화국 시대의 산물이고 잔흔이기도 하다. 공무원의 법령준수의무의 차원에서도 항변제도의 결여는 문제가 있다. 부하가 조속하게 정당하게 항변할 수 있도록 관련 법규정을 정비할 필요가 있다. 참고로 독일 연방공무원법 제63조 제2항은 직무명령의 적법성에 대한 의문을 주장하였음에도 불구하고 그것이 고수되는 경우에는 위 상관에게 이의제기를 해야 하도록 규정하고 있다.

V. 맺으면서 - 공무원법제의 봉건적, 관헌국가적 잔흔의 조속한 제거

복종 그 자체는 맹종일 수밖에 없다. 스탠리 밀그램 교수의 '권위에 대한 복종실험'이 보여주듯이, 맹목적인 복종은 폭력적 상황을 빚을 수 있다. 관헌국가적인 권위주의가 완전히 가시지 않은 상황에서 맹목적인 복종은 종종 국가적 불행을 낳기도 하였다. 생각하는 복종이나 성찰적 복종이란 일종의 형용모순이다. 개인의 주체적 자아를 부인하는 복종이란 봉건적 용어가 거리낌 없이 사용되는 상명하복의 체제에서 지배와 권력의 문화는 자연스럽다. 공무원의 복종의무의 존재는 법적 차원을 넘어 우리의 일상과 문화의 문제이기도 하다. 물론 군복무관계의 특수성에서 군인의 복종의무가 각별한 의미를 지닌다는 점에서 그곳에서는 복종의무의 존재가 나름 정당화될 수 있는데, 군인복무기본법 제24조의 '명령발령자의 의무'를 독일 군인신분법 제10조처럼 매우 자세히 규정하는 제도개선이 필요하다. 공무원의 복종의무의 존재는 우리 공법 및 공법학의 수준의 낙후성을 증명한다. 일본 식민시대에 만들어진 우리의 근대성에 대한 발본적인 성찰이 시급하다. 공무원법제 및 군인법제의 봉건적, 관헌국가적 잔흔을 조속히 제거해야 한다.[4]

4) 김중권, 행정판례연구 제24집 제1호, 2019.6.30., 277면 이하.

12

공직자의 신체는 온전히 자신의 것인가?

Ⅰ. 처음에－자유로운 인격발현과 공직자의 외양과의 충돌

언론 보도에[1] 의하면 병무청에서 예비군 훈련 업무를 맡고 있는 공무원이 얼굴과 목, 팔 등에 문신과 피어싱을 했다가 품위유지 의무 위반으로 감봉 3개월의 징계를 받았다. 병무청이 문신과 피어싱을 없애라고 했지만 이를 거부해 징계를 받은 것인데, 당사자는 "공무원이기 이전에 사실 사람이다. 그냥 몸에 그림을 좀 새겨 넣은 것이다. 공무원이 문신을 하면 안 된다는 법적 근거가 없다" 등의 반론을 제기한다.

과거 문신(타투)은 특정 영역에 종사하는 자를 연상하게 하는 등 부정적인 이미지 그 자체였지만, 현재는 그렇지 않다. 많은 할리우

1) 2020.2.4. JTBC 뉴스룸.

드 스타, 축구 전문가 및 유명인들이 자신의 몸을 예술적으로 장식(?)하고, 공공연히 그것을 드러내며, 일반인 역시 과거보다 많이 문신을 하는 추세이다. 2017년 9월 독일 일간지 디벨트(Die Welt) 기사에 의하면. 독일인 5분의 1 이상이 문신을 하는데, 특히 25세부터 34세 사이의 여성은 절반에 달하여 2009년보다 19% 증가하였다고 한다. 피어싱의 경우에도 14세부터 34세 사이의 여성은 33%가, 남성은 14.4%가 한다고 한다.

사안에서 음주운전의 경우와 같은 수준의 감봉 3개월의 징계가 과한지 여부가 다투어지지만, 핵심적 물음은 공무원으로서의 신분에서 문신을 하는 것이 과연 허용되는지 여부의 물음이다. 자신의 몸을 장식한다는 것은 일반인의 경우에 – 병역처분이나 경범죄의 성립 등과 같이 – 공적 관심사가 되지 않는 한 오로지 개인의 자유로운 인격발현의 문제이다. 하지만 공무원의 경우에는 공직의 수행과 그것이 조화될 수 있는지 여부의 물음이다. 다시 말해, 헌법 제10조의 행복추구권에서 도출된 일반적 행동자유권이 공무원의 신분으로 인해 제한되는 것의 문제인데, 이는 궁극적으로 개인의 일반적 행동자유권과 공무원의 품위유지 의무와의 충돌의 문제이다.

Ⅱ. 논의의 전제로서 특별권력관계와의 결별

일반적으로 공무원의 근무관계는 이른바 특별권력관계의 대표적인 적용범주로 본다. 이른바 특별권력관계에 관한 현대적 이해가 그 출발점이다. 특별권력관계가 인정된 19세기 후반 독일의 입헌군주제적 배경과 전혀 다른 시대에 있음에도 불구하고 전혀 존재하지도 않는 것까지 소개되는 등 대부분의 문헌에서 특별권력관계는 여전히 비중있게 다루어지고 있다. 판례 역시 그 존재를 인정한다.[2] 하지만 행

2) 대법원 1995.6.9. 선고 94누10870판결 등.

정법관계론에서 바라보면 특별권력관계는 그 자체로 설자리가 없다. 굳이 그것을 내세우지 않더라도 관련한 다툼을 행정사건으로 포착할 수 있다. 공법상의 근무관계를 보면, 공무원의 기본권보장과 공직사회의 특수한 기능이 실제적 조화(praktische Konkordanz)를 기하도록 하는 것이 관건인데, 이런 실제적 조화를 과연 굳이 특별권력관계나 그것의 변형인 특별행정법관계 또는 특별신분관계를 설정해야만 기할 수 있는지 의문스럽다. 구태여 특별권력관계 그 자체를 논의의 출발점으로 삼을 필요가 없다. 종래 특별권력관계로 운위되는 공무원근무관계, 재학관계, 병역관계, 수형관계를 독립된 법관계로 고찰하되, 기본권제한과 사법심사에서 해당영역의 나름의 특징을 인정하면 된다. 대표적인 과잉논의대상인 특별권력관계론은 그 역사적 역할을 마쳤다.[3] 또한 공권력이나 권력관계는 오늘날의 행정법적 이해와는 어울리지 않는 관헌국가적 잔흔이다. 행정법의 발전과 전개는 다름 아닌 비법(非法)의 세계인 권력관계를 법이 통용되는 법관계로 변환(變換)시킨 것이다. 시민의 법이전(法以前)의 복종(신민의무, 臣民義務)이란 의미에서의 일반적인 권력관계란 민주적 법치국가의 헌법하에선 인정될 수 없다. 원산지인 독일에서는 일반권력관계나 특별권력관계의 개념과 용어가 제도적 충수돌기가 된 지 이미 오래되었지만, 우리의 경우 한 세기 전에 오토 마이어(Otto Mayer)가 구축한 권력관계에 의거한 공법적 인식이 여전히 지배하고 있다.

3) 김중권, 행정법, 2023, 141면 이하.

Ⅲ. 자유로운 인격발현과 공직자의 외양의 충돌과 관련한 독일의 사례

1. 문신 외의 경우

남자 세관원에 대해 제복착용 시 귀걸이를 하는 것을 일반적으로 금지하는 것이 적법하고 기본법 제2조 제1항(인격의 자유로운 발현에 관한 기본권)에 반하지 않는 것으로 판단되었다.[4] 경찰관에 대해 제복착용 시 샤넬 디자이너 라거펠트식의 꽁지머리(Lagerfeld-Zopf)를 하지 말도록 한 지시는 인격의 자유로운 발현에 관한 기본권을 침해하는 것으로 여겨졌다.[5] 또한 제복을 입은 경찰관은 머리카락이 상의 셔츠의 깃을 넘을 수 없다는 복무규율은 기본법 제2조 제1항(인격의 자유로운 발현에 관한 기본권)에 반하는 것으로 판시되었지만,[6] 군인의 경우에는 남자군인은 두발이 눈과 귀를 덮지 않고 상의군복의 셔츠의 깃보다 짧아야 한다는 두발 규정은 합헌으로 보면서, 아울러 여성군인에 대해 남성군인과 다른 기준을 적용한 것은 용인하였다.[7]

2. 문신의 경우

독일에서 경찰관임용에서 요구되는 적격성기준과 관련해서 문제된 것이 문신새김이다. 뮌스터 고등행정법원은 외관상 커다란 문신은 공중이 기대하는 외양에 부합하지 않는다고 규율한 행정규칙이 법적으로 허용된다고 보아, 주가 가시적인 커다란 문신을 지닌 지원자의 임용을 거부할 수 있다고 판시하였다.[8] 그러나 시간이 지나면서 판

4) BVerwGE 84,252; BVerfG NJW 1991,1477.
5) VGH Kassel NJW 1996, 1164.
6) BVerwGE 125, 85.
7) BVerwGE 149,1.

례는 문신새김의 시대적 경향을 수용하기 시작하였다. 뒤셀도르프 행정법원은 가구제절차에서 이상과 같은 거부는 위법한 것으로 판시하였다. 아래팔(전박)의 문신은 공무원의 적격성에 대한 국민의 신뢰와는 무관하다는 것이 그 이유인데, 다만 가령 폭력을 찬미하는 동기로 문신을 하는 경우에는 임용거부가 정당화하다고 판시하였다.[9)]

2017년 11월 17일에 연방행정법원은 제복착용규정을 발하기 위한 주공무원법상의 일반적 권능이 문신새김을 부정하기 위하여 충분하다는 자신의 입장을 번복하여, 공무원에 대해 허용되는 문신새김의 범위에 관한 규율은 충분히 명확한 법률적 수권을 전제로 한다고 판시하였다.[10)] 종래의 불허하는 문신새김에 관한 규정은 사실상 임용신청을 거부하는 적격성요청이 되었고, 이를 근거로 임용된 자에 대해서도 문신새김을 금하는 지시가 발해졌다. 동 판결은, 문신새김을 금지하는 것은 기본법 제2조 제1항과 기본법 제1조 제1항(인간의 존엄성보호)에 의해 공무원에 대해서도 보장된 일반적인 인격권을 침해하는 것으로 보았다. 그리고 그것의 일환으로 기본권주체의 외양은 보호되며, 개인이 자기 마음대로 취할 수 있는 의복이나 기타의 외적 발현모습이 여기에 속한다고 보았다. 또한 외양의 형성을 자기책임으로 정할 권리는 공직에서도 인정된다고 보았다. 물론 그 자체가 범죄행위를 나타내거나 헌법충성에 대한 의문을 자아내는 문신의 경우에는 임용을 거부하는 데 명백히 문신규율이 필요한 것은 아니다.

Ⅳ. 맺으면서 – 전시대에 만들어진 공직제도의 손질이 필요하다.

공무원의 품위유지 의무에서의 ‘품위’는 공직의 체면, 위신, 신용

8) OVG Munster, Urteil v. 26.9.2014, 6B1064/14.
9) VG Dusseldorf, Beschluss v. 30.10.2017, 2L3279/17.
10) BVerwGE 160, 370.

을 유지하고, 주권자인 국민의 수임을 받은 국민 전체의 봉사자로서의 직책을 다함에 손색이 없는 몸가짐을 뜻하고, 공무원은 직무의 내외를 불문하고, 국민의 수임자로서의 직책을 맡아 수행해나가기에 손색이 없는 인품에 걸맞게 본인은 물론 공직사회에 대한 국민의 신뢰를 실추시킬 우려가 있는 행위를 하지 않아야 하고, 품위손상행위 여부는 평균적인 공무원을 기준으로 구체적 상황에 따라 건전한 사회통념에 따라 판단된다.[11] 결국 공직사회에 대한 국민의 신뢰가 실추될 개연성이 있는지가 관건인데, 대민업무, 공무원의 신분에 맞는 임무에 해당하는지가 결정기준이 될 수 있다.[12] 문신의 유행은 오늘날 현대인은 자신의 육체 역시 의식적으로 일종의 의사소통의 수단으로 활용한다는 것을 의미한다. 비단 문신만이 아니라, 코걸이나 알록달록 머리염색 등도 그러하다. 과거 미디어에서 문신한 출연자를 볼 수 없었지만, 지금은 심각하지 않은 수준에서 종종 볼 수 있다. 현재의 대부분의 법제도는 전시대에 만들어진 기본틀에서 벗어나지 못하여 시대와 심각한 부조화를 드러내는데, 이런 기능부전의 상황은 법치국가의 위기이기도 하다. 헌법재판소는 자유로운 인격발현을 위하여 필요한 기본조건이나 상태를 보호하는 것을 내용으로 하는 일반적 인격권을 행복추구권의 또 하나의 구성내용으로 인정하였다.[13] 일반적 인격권의 실현의 차원에서 자유로운 인격발현과 공직수행을 조화시킬 수 있도록 기성의 공직제도를 시급히 손질해야 한다.

---

11) 대법원 2017.11.9. 선고 2017두47472판결 등.
12) Wagner/Leppek, Beamtenrecht, 2009, S.137.
13) 헌재 2019.12.27. 선고 2018헌바161.

13

개정 행정심판법의 문제점에 관한 소고

Ⅰ. 처음에 – 재결청 제도의 폐지 등

행정심판법이 이명박 정부에 와서 두 번째로 2010.1.25.에 개정되어 7.26.부터 시행된다. 최근 두 차례의 개정을 통해 행정심판법제는 종전과 다른 모습을 지닌다. 정부조직법과 행정심판법의 개정(2008. 2.29.)을 통해 기왕의 재결청 제도가 폐지되고, 국민권익위원회에 기왕의 국무총리 행정심판위원회가 속하였고, 이번 개정에선 그것을 중앙행정심판위원회로 개칭함과 아울러 내용적으로 임시처분제도와 같은 매우 중요한 사항을 담고 있다. 그런데 개정이유에서 적시된, 절차적 권리의 강화나 효과적인 제도운영을 담보하는 조직기반의 확충의 측면에선 분명 소기의 성과를 확인할 수 있지만, 종래 행정심판제도를 둘러싼 많은 쟁점에 관하여 아무런 입법적 답이 내려지지 않은 점은 아쉽다. 따라서 이하에선 행정심판절차의 법적 위상을 바

탕으로 개정법률상의 주요 사항의 문제점을 살펴보고자 한다.[1)]

Ⅱ. 사법절차가 아닌 제2차적(사후적) 행정절차로서의 위상

일각에서 행정심판을 드물게 행정절차의 관점에서 접근하기도 하나,[2)] 대부분의 문헌과 판례는 그것을 행정소송에 대한 前審節次(Vorverfahren)로 자리매김하여 그것에 접근한다. 그 결과 행정심판의 準司法化로 귀결되고, 그것의 권리구제적 기능이 행정의 자기통제기능을 절대적으로 압도하고 있다. 이런 것이 단순히 용어상의 문제가 아님은 이제까지 행정심판제도의 개선방향이 그것을 더욱더 행정소송제도와 비슷하게 형성하고자 시도되어 왔다는 점에서도 확인할 수 있다. 그러나 행정심판이 본래 과거 독일의 프로이센 시대에 행정사건이 일반법원의 관할밖에 놓인 상황에서 비롯되었다는 점, 행정에 관한 사법적 통제가 제도화되어 있는 점, 우리의 경우 행정심판전치주의가 예외적인 것이 되어버린 점, 행정절차제도가 사전적 권리구제로서 기능하고 있는 점 등에 비추어, 행정심판을 오로지 司法的 전심절차로 보는 것은 이제 수정되어야 한다. 여기서 문제되는 것이 바로 행정심판의 전심절차성과 사법절차준용을 명시한 헌법 제107조 제3항이다. 역사적으로 보건대, 소원전치주의에 따른 재판청구권의 形骸化로 그것의 위헌성이 부단히 제기되었기에, －당시 개헌주도세력에 대한 猜疑를 완화하기 위해서인지 모르지만－ 위헌성 시비를 불식하기 위한 한 방편으로 보기 드물게 1981년 헌법(제108조 제3항)에서 행정심판의 근거가 마련되었다. 그런데 행정심판절차는 고유한 행정활동인 점에 변함이 없기에 권력분립원칙에 위배하지 않

---

1) 상론: 김중권, 최근의 법률개정에 따른 행정심판제도의 문제점에 관한 소고, 공법연구 제36집 제4호, 2008.6.20., 490면 이하.

2) 朴正勳, 행정심판의 구조와 기능, 행정법연구 제12호, 2004.10., 245면 이하.

을 뿐더러, 최종적인 사법통제가 보장되는 한에 있어선 그것 자체가 헌법적 문제를 야기하진 않는다.[3] 따라서 적어도 행정심판전치주의가 원칙적으로 폐지된 이상, 헌법 제107조 제3항의 문언에 지나치게 사로잡혀선 곤란하고, 체계적 해석 및 목적론적 해석과 함께 類推的 適用으로서의 준용의 의미를 되새기면, 어렵지 않게 바른 이해에 도달할 수 있다.[4]

참고로 오늘날 독일의 경우 행정재판 및 행정심판의 역사적 유래에도 불구하고, 나아가 실정법상으로 행정심판전치주의에 따른 전심절차로서의 성격이 제도화되어 있음에도 불구하고, 행정심판절차는 문헌에서 거의 전적으로 사법절차가 아닌 行政節次로서 다루어지고 있다.[5] 그리하여 행정절차이자 소송요건으로서의 전심절차의 이중적 성질에 맞춰 그들 행정법원법 제71조부터 제73조는 행정절차를, 제68조부터 제70조는 소송요건을 규정하고 있다고 한다.

요컨대 행정심판절차에는, (경우에 따라선 소송상의 '전심절차'로서의) 행정소송에 견준 권리구제적 요소와 (통상의 사전적인 것에 대비된) 사후적 행정절차의 요소가 함께 어우러져 있으되, 후자가 우선이다(제2차적(사후적) 행정절차로서의 행정심판절차). 이에 상응하여 그것의 권리구제기능보다는 행정의 자기통제기능을 새롭게 인식할 필요가 있는데, 재결청제도의 폐지가 자기통제기능에 관한 기대감을 바람직하지 않게도 없애버렸다.[6]

---

3) Schoch/Schmidt－Aßmann/Pietzner, VwGO Kommentar, 2008, Vorb. §68 Rn. 12, 13.
4) 準用에 관해선, 김중권, 행정법기본연구 Ⅰ, 2008, 157면 이하 참조.
5) 대표적 문헌으로 vgl. Schoch/Schmidt－Aßmann/ Pietzner, Vorb. §68 Rn.2.
6) 행정심판절차의 본질에 관한 바른 이해를 가로막는 결정적인 장애물인 헌법 제107조 제3항을 차후 개헌에서는 삭제하는 것이 바람직하다.

Ⅲ. 행정심판의 청구인적격 문제

행정법의 학설사적으로 90년대를 달군 핫이슈임에도 불구하고 이제껏 엉거주춤한 상태에 놓인 청구인적격의 문제에 대해서, 이번 개정법률 역시 아무런 반응이 없다. 그러나 문헌상으로 다툼은 가시지 않았다. 즉, 행정심판의 청구인적격을 항고소송의 원고적격과 동일하게 설정한 것을 두고서 이른바 입법과오설과 입법비과오설이 첨예하게 맞서고, 그 중간에 兩是論的 입장인 입법미비설도 주장된다.[7] 입법과오설에선 행정심판의 대상이 행정소송과는 달리 처분의 적법성은 물론 합목적성(부당성)까지 미치는 점을 들어, 이를 전혀 반영하지 않은 것은 사실상 처분의 합목적성에 관한 심판을 배제하는 결과를 초래한다고 논증한다. 반면 반대의 입장에선 청구인적격은 '入口'의 문제(심판제기단계)이고 '위법'의 문제는 '出口(본안심리)'의 문제이므로 양자를 필연적 관계에서 일치시킬 필요가 없기에 입법과오라고는 할 수 없다고 본다. 일부에선 취소소송에서와 마찬가지로 청구인적격과 '부당(본안요건)'의 견련성이 인정될 수 없다는 점을 들어 본안요건이 부당까지 확대된다고 해서 청구인적격도 당연히 확대되어야 한다는 논리는 성립할 수 없다고 한다. 양 입장에서의 다름은, 결국 '부당성의 통제'에 대한 인식상의 차이를 빚는다.

기왕의 청구인적격규정은 체계정합성에서만이 아니라. 행정심판의 블루오션이 부당성통제란 점에서도 문제가 있다. 행정심판의 청구인적격이나 항고소송의 원고적격은 그것의 여과기능에 비추어, 동일한 성질의 물질을 여과시키는 점(被侵的 構造)에선 공통되고, 다만 눈의 크기(mesh)가 다를 뿐이다. 독일 행정법원법 제68조와 제69조는 행정소송의 원고적격(동법 제42조 제2항)과는 달리 심판청구인적격을 구

---

7) 이 문제를 최초로 제기한 문헌으로 김남진, 법률상 이익의 개념적 혼란과 대책, 고시연구 1990.10.

체적으로 규정하지 않고, 필요적 전치주의를 채용함을 전제로 "전심절차는 행정심판의 제기로써 시작된다"(동법 제69조)고 간단히 규정할 뿐이다. 이처럼 심판청구인적격을 구태여 규정하기보다는 전심절차의 차원에서 간단히 언급하면 족한데, 우리의 경우 행정심판의 독립성을 전제로 하면서도 행정소송의 것을 그대로 답습하므로 인해 문제가 불거졌다.

현행법에서(de lege lata) 해결책을 찾자면, 양자에 대한 차별적 접근이 모색되어야 한다. 즉, 행정소송법 제12조상의 '법률상 이익'과 행정심판법 제9조상의 '법률상 이익'을 동일하게 보되, 주관적 권리구제시스템에 따른 피침적 구조를 바탕에 두고서, 행정소송법 제12조상의 '법률상 이익'에 대해선 위법한 처분에 의한 '권리침해(Rechtsverletzung)'를, 행정심판법 제9조상의 '법률상 이익'에 대해서는 (위법한 처분에 의한 '권리침해'는 물론) 부당한 처분에 의한 '권리방해(지장)'(Rechtsbeeintrachtigung)까지 전제하고서 바라보아야 한다. 그리고 다른 눈의 크기를 반영할 수 있는 입법정책적(de lege ferenda) 해결책과 관련해선, 현행의 행정심판청구인적격규정을 "취소심판은 위법하거나 부당한 행정행위로 인해 권리를 침해받거나 방해(간섭)받은 자가 제기할 수 있다."고 바꾸는 것이 바람직스럽다. 아울러 '행정청의 처분에 불복이 있는 자'는 행정심판(심사청구 또는 이의신청)을 제기할 수 있는 것으로 단순히 규정하고 있는 일본 행정불복심사법 제4조도 시비를 다소간 불식시킬 수 있은 참고모델이다.

Ⅳ. 임시처분제도의 문제점

개정법률은 독일 행정법원법 제123조의 가명령(가처분)제를 연상시키는 임시처분제(제31조)를 도입하였다. 즉, "① 위원회는 처분 또는 부작위가 위법·부당하다고 상당히 의심되는 경우로서 처분 또는 부작위 때문에 당사자가 받을 우려가 있는 중대한 불이익이나 당사자에게 생길 급박한 위험을 막기 위하여 임시지위를 정해야 할 필요가 있는 경우에는 직권으로 또는 당사자의 신청에 의하여 임시처분을 결정할 수 있다. ③ 제1항에 따른 임시처분은 제30조 제2항에 따른 집행정지로 목적을 달성할 수 있는 경우에는 허용되지 아니한다."

개정법률은 임시처분의 요건으로 '중대한 불이익이나 급박한 위험이 생길 우려'를 들고 있다. 먼저 이것이 기왕의 집행정지의 적극적 요건인 중대한 손해 및 예방필요성의 긴급성과 구별될 수 있는지 의문이다. 그리고 법상의 손해란 법적 이익의 침해나 법적 불이익을 의미한다고 할 때, 과연 여기서의 불이익이 무엇을 의미하는지, 집행정지요건상의 손해와는 어떤 점에서 다른지가 분분할 수 있다. 그리고 가명령제가 집행정지효규정(동법 제80조, 제80조a)의 경우엔 통용되지 않음을 규정한 독일 행정법원법 제123조 제5항과 비슷하게, 개정법률은 잠정적 권리보호의 양축인 집행정지와 임시처분의 상호관계와 관련해서 전자에 대한 후자의 보충성을 규정하고 있다. 그런데 집행부정지를 원칙으로 하되 집행정지가 예외적 결정사항인 우리의 경우, 임시처분의 보충성은 그 자체가 실현되기 매우 어렵다. 집행정지신청을 먼저 했을 때 집행정지결정이 내린다면 임시처분은 원천 배제될 것이며, 그 반대의 결정이 내린다면 임시처분의 성립요건 충족을 인정받기란 극히 어려울 것이다. 만약 양자를 동시에 신청하여 절차를 진행시킨다면 보충성의 의의가 의문시된다. 집행정지를 원칙으로 하는 독일의 경우 예외적인 집행부정지에 대해 법원에 집행정지를 신청하였을 땐, 가명령의 신청이 허용되지 않는다.[8] 독일의 경우 집행정지를 원칙으로 하기에 가명령제의 보충성이 큰 어려움 없이 관철될 수 있으며, 아울러 가명령제는 행정행위적 성격을

8) Schoch/ Schmidt-Aßmann/Pietzner, §123 Rn.21

지니지 않는 행정조치를 그 대상으로 한다. 비록 독일의 가명령제가 행정소송법상의 그것이긴 해도, 집행정지를 원칙으로 하지 않는 한 집행정지의 우위 즉, 임시처분의 보충성을 정연하게 관철하기란 극히 어렵기에, 곤경에 처할 수 있다(橘化爲枳). 역설적으로 임시처분제 도입의 전제요건이 바로 집행정지원칙의 채택인 셈이다. 요컨대 집행부정지원칙을 수정하지 않은 채 매우 예외적 제도인 예방적 금지소송을 굳이 도입하려는 시도에 대해서와 마찬가지로 문제점을 지적할 수 있다.[9] 아울러 여기서 공정력을 비롯한 행정법도그마틱의 왜곡의 원천이 집행부정지원칙임을 또 다시 확인할 수 있다.

Ⅴ. 맺으면서 – 행정심판의 바람직하지 않은 준사법화

행정심판사건 가운데 필요적 전치가 강제된 운전면허와 관련한 사건이 2007년 기준으로 85.7%에 달한다는 점이, 행정심판의 현주소이다. 1984년 행정심판법의 제정이래로 지금까지 동법의 準司法化를 강화하여 왔음에도 불구하고, 언필칭 권리구제적 기능마저도 그다지 발휘되지 못하고 있다. 취소·변경재결과 처분재결에서 비롯된 대집행적 문제가 행정청에서 벗어난 존재인 행정심판위원회를 둠으로써 증폭되었음에도 불구하고, 개정법률에선 이에 대한 고민이 보이지 않는다.

결론적으로 행정심판의 권리구제적 기능에 주안점을 두어온 종래의 방향성에 대한 전환을 강구해야 한다. 즉, 행정의 자기통제기능을 앞세운다면, 집행정지원칙이나 위법·부당판단시점의 재결시 원칙에 대해 전향적 자세를 취할 수 있을 것이다. 독일의 경우 많은 주에서 행해진 행정심판전치주의의 폐지가 행정심판개혁과 관련하여 시대적 전환점이 된 점,[10] 또한 행정절차가 부단히 정비되고 있다는

9) 김중권, 행정법기본연구 Ⅰ, 25면 이하 참조.

점에서, 이젠 권리구제로서의 행정심판에 대한 기대감 역시 달라져야 한다. 근본규준의 불변성은 견지하되, 미래의 향상된 인식에 따른 변화의 가능성을 열어두어야 한다. 즉, 스테레오 타입으로부터의 벗어남이 관건이다.

* 추기

이후 2017.4.18. 개정을 통해, 재결에 의하여 취소되거나 무효 또는 부존재로 확인되는 처분이 당사자의 신청을 거부하는 것을 내용으로 하는 경우에는 그 처분을 한 행정청은 재결의 취지에 따라 다시 이전의 신청에 대한 처분을 하도록 하는 한편, 행정소송법에서와 마찬가지로 간접강제제도를 마련하였다(제50조의2). 이 개정은 법이 거부처분에 대해 의무이행심판을 도입한 기조를 허무는 셈이 된다. 간접강제제도는 거부처분취소심판을 의무이행심판과 병행해서 심판종류를 사실상 창설한 셈인데 이는 현행법의 체계와는 맞지 않는다. 그리고 2017.10.31. 개정을 통해, 행정심판위원회가 당사자의 권리 및 권한의 범위에서 당사자의 동의를 받아 심판청구의 신속하고 공정한 해결을 위하여 조정을 할 수 있도록 조정제도가 마련되었다(제49조의2). 이 개정 역시 자칫 법치행정의 근간을 훼손할 우려가 있다. 요컨대 이들 개정 역시 행정심판을 바람직하지 않게 준사법화하였다.

---

10) Vgl. Schonenbroicher, Leitziele und Kernpunkte der Reformen des Widerspruchsverfahrens, NVwZ 2009, 1144ff.

14

「성전환자의 성별정정허가신청사건 등 사무처리지침」의 문제점에 관한 소고

Ⅰ. 처음에－대법원 2006.6.22.자 2004스42 전원합의체결정으로 인한 엄청난 나비효과

대법원 2006.6.22.자 2004스42 전원합의체결정에 의하여, 성전환자에 대한 호적상 성별기재의 정정이 허용되었다. 이에 따라 「성전환자의 성별정정허가신청사건 등 사무처리지침」(대법원 호적예규 제716호 2006.9.6.)이 제정되었다. 호주제를 헌법불합치하다고 판시한 헌법재판소 2005.2.3. 2001헌가9 등 전원재판부결정, 여성의 종중회원자격을 인정한 대법원 2005.7.21. 선고 2002다13850 등 전원합의체판결과 마찬가지로, 대법원의 이번 전원합의체결정 역시 기왕의 법질서나 법에토스에 엄청난(?) 충격파를 던졌다. 실로 사회적 소수자에 대한 일련의 司法的 보호의 행진을 보여 준다. 북경에서의 나비의 날개짓이 뉴욕에서 폭풍을 초래한다는 '나비효과'를 상정하면, 과연 앞으로 어떤 法的, 法外的 상황변화가 있을지 가늠하기란 쉽지 않다. 그런데 이상의 세 가지 사법적 판단은 비록 그 정책적 방향성에선 어느 정도 궤를 같이하지만, 그 所以가 전혀 다르다. 호주제의 경우 위헌법률심판사건이었고, 종중제의 경우 남성만을 종중으로 인정하여 온 종전 관습법의 효력을 부인한 사건(일종의 慣習法의 變更)이다. 하지만 이번 전원합의체결정은 현행의 실정법(호적법 제120조)의 해석·적용에 관한 것이다. 논의의 지평이 앞의 두 사건과는 전혀 다르다.

당해 지침이 공표된 후, 외성기의 존부에 초점을 맞춘 '성별정정의 허가기준'을 두고서 비판이 제기되었다.[1] 그러나 사안의 본질은 그런 기준의 엄격함이 아니라, 그 같은 규율의 존재형식이다. 즉, 입법이 되지 않은 시점에, 입법적 사항을, 그것도 기왕의 법질서와 법에토스에 심대한 영향을 미칠 사항을 법원 내부의 예규로 정한 것이 문제이다.

Ⅱ. 법률대위적 규칙으로서의 당해 지침의 법적 성격

당해 지침의 존재형식은 예규이다. 이는 사법부내에서 통용된다는 의미에서 보자면 보통의 행정규칙과 다를 바 없다(그러나 후술하듯이, 법규명령과 행정규칙의 구분에서의 실질적 기준설에 의하면 동지침은 법규명령에 해당한다). 그리고 당해 지침은 일단 법률대위적 규칙(gesetzesvertretende Verwaltungsvorschriften)에 해당한다.

법률대위적 규칙은, 규범이 필요한 일정한 분야에 법률적 규율이

1) 일본 최고재판소는 2023.10.25. 호적상의 성별을 변경하기 위해서는 생식능력을 없애는 수술을 받아야 한다고 하는 「性同一性障害特例法」의 규정이 위헌 무효라고 판시하였다.

不在할 때 발해진다. 법률적 규율의 不在란 아예 그것이 전혀 없는 경우는 물론, 법률적 규정이 있으되 구체화규정이 요구될 정도로 개괄적인 경우도 의미한다. 특히 후자의 경우엔 재량준칙에로의 변경이 유동적이다. 그러나 재량준칙과 법률대위적 규칙과 구별되는 점은, 후자의 경우 정해진 결정규준을 구체화하는 것이 아니라 필요한 결정규준을 처음으로 제공한다는 것이다. 다만 여기서의 "법률대위"가 법률과 동등한 효력을 갖는 것을 뜻한다고 오해해선 아니 된다.[2] 그것은 관계법령이 제정되기까지 나름의 행정통제규칙으로 기능할 뿐이고, 당연히 재판규범성을 갖지 않는다. 본래 법률대위적 규칙은 독일의 경우 과거 자금조성과 같은 급부행정의 영역에서 입법의 不備狀況에서 행정이 나름의 지침에 의거하기 위해 고안된 것인데, 급부행정의 영역에서도 법률적 규율이 대폭 증가하여 오늘날엔 그 의의가 많이 가시었다.

Ⅲ. 법률대위적 규칙의 허용성

행정으로선, 법률적 규율이 없는 모든 경우에, 행정규칙으로써 대신하여 행동에 나설 순 없다. 즉, 법률대위적 규칙은 법률유보의 원칙이 통용되지 않는 한에 있어서만 허용될 뿐이다.[3] 따라서 개입적(侵益的) 성격을 지닌 법률대위적 규칙은 처음부터 배제된다. 여기서 관건은 법률유보의 원칙의 적용이다. 헌법재판소는 법률유보원칙과 관련하여, 독일에서 주창된 본질성(본질사항, 중요사항)이론을 채용한 태도를 보였다.[4] 독일에서 주창된 本質性理論은, 종래 법규유보(Rechtssatzvorbehalt)와의 경계가 허물어진 법률유보(Gesetzesvorbehalt)의 의미를 원래의 것(전

2) 김남진/김연태, 행정법 I, 2006, 161면.

3) Vgl. Ossenbühl, HStR Ⅲ, 1996, §65 Rn.27; Maurer, AllgVerwR, 15.Aufl., 2004, §24 Rn.11.

4) 헌법재판소 1999.5.27. 98헌바70결정.

적으로 형식적 법률에 의한 것)으로 되돌려 놓았다. 법률유보원칙에 관한 기왕의 논의는 그것의 적용영역에 초점을 맞춘 나머지, 위임입법의 법리(포괄위임금지의 원칙 등)의 形骸化에 충분히 대처할 수 없었다. 본질성이론은 의회유보를 매개로 하여, 무엇이 입법자 스스로 규율하여야 할 것인지, 무엇이 명령제정자에게 위임가능한 것인지, 법률적 규율이 얼마나 촘촘하고 엄밀해야 할지를 가늠케 한다. 본질성의 기준은 실체의 본질뿐만 아니라, 규율이 헌법적 측면에서 얼마나 의미로운지, 중요한지, 근본적인지 그리고 심도 있는지를 목표로 삼는다. 이때 기본권자인 국민의 이익은 물론, 공공의 보충적, 대립적 이익 역시 중요한 역할을 한다. "본질성"이란 실은 확고한 개념은 아니며, 오히려 일종의 彈性公式과 같다. 즉, 국민과(이나) 공공을 위하여 사항이 중대하면 중대할 수록, 입법자에 대한 요청은 더욱 높아진다. 이로부터 규율의 밀도가 도출되는데, 개개 국민의 기본권이 더욱더 지속적으로 관련되거나 위협을 받을 수록, 공공을 위한 영향이 더욱더 중요하게 될 수록, 총체적 문제가 一般公衆에서 더욱더 다투어질 수록, 법률적 규율은 한층 엄밀하고 조밀하여야 한다.

본질성이론에 따른 법률유보상의 단계는, 다음과 같이 세 단계로 나뉠 수 있다. 전적으로 본질적인(중요한) 사항은 의회입법자의 전속적 규율을 필요하고, 덜 본질적인 사항은 법률상의 명령제정자에 의해서도 규율될 수 있으며, 비본질적인 사항은 전혀 법률유보원칙이 통용되지 않아서 (법령상의 위임 없이) 행정에 의해 규율될 수도 있다. 본질성이론에 의할 때, 구분경계의 애매함을 숙명적으로 피할 순 없지만, 적어도 기본권실현을 위해 본질적인 사항은 의회의 지배를 받아야 함은 의문의 여지가 없다. 요컨대 법률대위적 규칙은 전혀 법률유보원칙이 통용되지 않을 비본질적인 사항에서만 허용된다.

Ⅳ. 법률대위적 규칙으로서의 당해 지침의 법적 문제점

당해 지침이 법률대위적 규칙이라 하더라도, 그것이 사법부의 일이기 때문에, 이상에서 본, 법률유보의 원칙과 결부된 그것의 허용성의 물음을 여기에 대입하는 것에 異論이 있을 수 있다. 법치국가원리는 공히 입법, 행정, 사법에 통용되는데, 특히 문제되는 영역이 행정이어서 언필칭 그것에 초점이 맞추어져 있을 뿐이다. 다시 말해, 사법에선 구태여 법률유보원칙을 운위할 필요가 없을 정도로 그것은 당연히, 아니 행정에서보다 더한층 강력히 통용된다. 법관은 헌법과 법률에 의하여 심판을 하도록 되어 있으며(헌법 제103조), 아울러 法官의 法(律)拘束의 原則이 이런 점을 나타낸다. 대법원이 법률에 저촉되지 아니하는 범위안에서 소송에 관한 절차, 법원의 내부규율과 사무처리에 관한 규칙을 제정할 수 있지만(헌법 제108조), 이것이 사법부에 입법권을 부여한 것은 아니다. 따라서 설사 내부규칙의 형식일지언정, 법원이 상위법령의 수권없이 법률사항을 규율한다는 것은, 그 자체가 입법작용에 해당하여 권력분립원리와 법치국가원리는 물론, 사법의 본질에도 반한다. 전원합의체결정 이후에 순전히 관련 사무를 처리하는 데 그치는 지침을 설정하였다면, 동결정 자체의 당부(후술)와는 별개로, 당해 지침은 그다지 문제가 되지 않는다. 그러나 가령 '성별정정의 허가기준'(동지침 제6조)과 같은 본질적인 입법사항을 규율함으로써, 당해 지침은 입법과 다를 바 없다. 따라서 당해 지침의 당연한 限時性에 관계없이, (설령 입법사항의 최소한을 규정하더라도) 그것은 권력분립의 원리에 명백히 반한다.

한편 예규로서의 당해 지침이 순전히 사법내부의 지침이고, 통상 그것은 재판규범성을 가지지 않기에, 이상의 논의가 통용되지 않는다고 주장될 법하나, 이는 전혀 부당하다. 다른 통상의 행정규칙과는 달리 당해 지침은 사실상 재판규범성을 지닐 수밖에 없으며, 그리고 동 지침 제3조(첨부서류)처럼 일반 신청자 역시 동지침의 수범자가 되며, 동 지침 제7조(성별정정의 허가와 그 효력)처럼 의도한 법효과도 규정되어 있다. 따라서 법규명령과 행정규칙간의 구분에서 실질적 기준에 의거하면, 당해 지침은 그 형식에도 불구하고 법적 성격은 법규명령에 해당한다. 따라서 수권규정이 없는 한, 위임명령으로서가 아니라 집행명령으로서 접근해야 하는 즉, 새로운 입법사항을 정하였다는 점에서 당해 지침은 위법(무효)을 면하기 어렵다.

V. 맺으면서 - 문제의 根源인 대법원 2006.6.22.자 2004스42 전원합의체결정의 문제점

사회적 소수자의 보호가 시대명제임은 누구도 부인할 수 없다. 하지만 이번 대법원 2006.6.22.자 2004스42 전원합의체결정은 세심한 검토가 필요하다. 사회적 소수자 보호라는 긍정적인 측면을 무색케 하는 치명적인 법리논증상의 문제점이 있다. 반대의견이 정당하게 지적하였듯이, 호적법에 의한 호적은 민법 등에 의해 창설·변경된 신분관계를 공시하는 제도에 불과하며, 호적법 제120조의 입법취지는 "기재당시의 진정한 신분관계"에 부합되도록 호적기재를 사후에 정정함을 허용한 것이다. 그런데 다수의견은, "구체적인 사안을 심리한 결과 성전환자에 해당함이 명백하다고 증명되는 경우에는 호적법 제120조의 절차에 따라 그 전환된 성과 호적의 성별란 기재를 일치시킴으로써 호적기재가 진정한 신분관계를 반영할 수 있도록 하는 것이 호적법 제120조의 입법 취지에 합치되는 합리적인 해석이라 할 것이다."고 판시하였다. 다수의견은 다분히 실질적 관점에서 신분관계를 설정한다. 즉, 성전환자는 출생시와는 달리 전환된 성이 법률적으로도 그 성전환자의 성이라고 평가받을 수 있다고 한다. 그러나 다수의견은 바뀐 성의 신분으로 사회생활을 영위함에 따른 생활사실로서의 측면과 법적인 의미의 신분관계로서의 측면을 혼동한 나머지, 전적으로 前者를 염두에 두고서 신분관계와 호적기재의 相符를 도모하였다. 법에서 신분관계는 정형성과 형식성이 그 특징이다. 性變更과 같은 실질(?)과 형식상의 사후적 괴리는 민법 등과 같은 법률에 의거하여 바로 잡아야지, 호적기재의 정정을 통해 바꾸어선 아니 된다. 性變更은 특정인의 개인사에 그치지 않고, 공동사회의 지배적 법에토스는 물론, 기왕의 법질서에 대해서도 심대한 영향을 미친다. 어떤 식으로든 유추하든 목적론적으로 해석하든, 호적법 제120조가 性變更과 같은 중대사안의 해결의 근거점으로 동원될 순 없다.[5)]

반대의견처럼, 성급하게 사법적 판단을 내리기보다는 立法을 통한 해결책의 도모가 正道이다. 호적법을 비롯한 현행 민법 등이 성전환자의 성·호적변경에 효과적으로 대응하지 못하는 입법상황에 초점을 맞추어야 한다. 따라서 호적법 제120조를 비롯한 관련 법규정의 不備가 입법부작위의 문제로서 헌법재판소에 의해 헌법적 판단이 내려진 다음 ―혹은 그와 관계없이― 의회에서의 立法을 "기다렸어야 한다". 애써 헌법재판으로 가지 않으려다 자칫 위헌적인 논증으로 흐를 수 있음이 단순한 杞憂만은 아니다. 법치국가의 원리의 실현에 우리네 의회가 제 소임을 다하지 못함은 분명 국가적 불행이다. 그래도 司法的 권리구제가 법치국가의 원리를 가려선 아니 된다.

*** 추기**

일찍이 필자가 이 글을 발표한(법률신문 제3493호, 2006.9.25.) 이후 판례는 「전환자의 성별정정신청사건 등 사무처리지침」을 근거로 들

---

5) 우리나라 사법부의 해석방법론의 문제점에 관해선, 吳世赫, 사법부의 해석방법론에 대한 비판, 법과 사회 제27호, 2004. 하반기, 185면 이하 참조.

지 않는다. 한편 동 지침은 제6조의 제목인 '성별정정의 허가기준'을 2011.12.5. 개정을 통해 '조사사항'으로, 2020.2.21. 개정을 통해 '참고사항'으로 변경하였다. 그리고 하급심에서 외부성기 성형수술이나 생식능력 제거수술 없는 상태에서의 성별정정을 허가하곤 한다(서울서부지방법원 2013.11.19.자 2013호파1406결정; 청주지방법원 영동지원 2017.2.14.자 2015호기302결정; 수원가정법원 2021.10.13.자 2020브202결정 등). 국가인권위원회가 2023.5.11.에 대법원장에게 「성전환자의 성별정정신청사건 등 사무처리지침」의 개정을, 국회의장에게 성전환자의 성별정정과 관련한 특별법의 제정을 권고하였다. 앞에서(본서 3면 이하) 본 '성전환에 따른 성별정정허가가 과연 판례법적 사항인가?'에서의 지적대로, 특별법의 제정은 더 이상 미룰 수 없는 상황이다. 다른 한편 공법적 이슈에 대한 바람직하지 않은 무관심의 현주소를 확인할 수 있다.

15

2010년 민법 개정시안상의 법인설립 등에 대한 국가개입에 관한 소고

Ⅰ. 처음에 － 대표적인 난맥상인 행정법상의 인가제[1)]

민법 개정시안이 마련되어 발표되었다. 특히 법인설립 등과 관련해선 종래 법문상의 '허가'를 '인가'로 수정하여 이른바 허가주의에서 인가주의로 대변혁이 도모되었다.[2)] 비록 민법개정이지만 허가나 인가가 대표적인 국가개입모델이라는 점에서 그 변화는 행정법적 글감이 된다. 일찍이 Kormann은 법률행위적(권리창설적) 국가행위를 논하면서, 의사표시에 대한 행정청의 동의는 인가(Genehmigung)로, 사실행위에 대한 행정청의 동의는 許可(Erlaubnis)로 표기하자는 제안

1) 이하의 글은 2010년 민법 개정시안상의 법인설립인가주의를 대상으로 2011.6.20.에 발표한 것(법률신문 제3944호)인데, 현재 민법전 개정이 강구되고 있어서 인가주의에 따른 논의사항을 환기하고자 한다.
2) 2004년 민법 개정시안 역시 인가주의를 표방한다.

을 하였다.[3] 그러나 이런 제안은 독일 공법영역에선 관철되지 않았다. 가령 전혀 인가와 어울리지 않는 건축허가에 해당하는 용어가 'Baugenehmigung'이다. 반면 독일 민법에선 －비록 일관되진 않지만－ 사전동의(허가)와 사후동의(인가, 추인)가 구분되고 사용되고 있다. 이런 용어상의 난맥으로 인해, 우리는 물론 독일 역시 법령상의 어떤 국가개입이 과연 실질도 그러한지가 항상 논란이 된다. 그리고 名實不副인 경우(명칭상의 법제도≠실질상의 법제도)엔 궁극적으로 실질(본질)상의 그것, 또는 강학상의 그것으로 귀결된다. 따라서 同意, 許可, 特許, 認可, 例外的 承認을 －법률을 집행하든, 국가개입을 입법으로 설정하든－ 그 語義에 맞춰 정립하는 것이 行政法學的 관건이다.[4] 이에 민법의 法人論에 관한 無知로 시안을 마련하는 데 애쓰신 선생님들의 遠慮에 미치진 못하지만, 법인설립 등의 국가개입 양상에 관해 순전히 行政法學的 관점에서 접근하고자 한다.[5] 이 글은 기왕의 발표를[6] 바탕으로 작성이 되었다.

Ⅱ. 개정시안상의 관련 규정

* 제32조(비영리법인의 설립과 인가)

① 영리를 목적으로 하지 않는 사단법인을 설립하고자 하는 다음 각 호의 요건을 갖추어 주무관청에 인가를 신청하여야 한다.

③ 주무관청은 법인을 설립하고자 하는 자가 제1항과 제2항의 요

---

3) ders., (Ders., System der rechtsgeschaftlichen Staatsakte, 1910, S.88.

4) (이들의 구분에 관해선 특히 김중권, 행정법기본연구Ⅰ, 2008, 249면 이하; 이원우, 허가·특허·예외적 승인의 법적 성질 및 구별, 행정작용법(中凡 김동희 교수정년기념논문집), 2005, 120면 이하 참조.

5) 논제에 관한 문헌으로 고상룡, 법인·시효제도 개선에 관한 민법개정안 소고, 법률신문 제3913호(2011.2.21.), 제3914호(2011.2.24.).

6) 김중권, 행정법기본연구Ⅰ, 271면 이하, 292면 이하; 행정법기본연구Ⅲ, 2010, 96면 이하; 行政法上의 認可와 관련한 行政法도그마틱의 混亂에 관한 小考(미공간).

건을 갖추어 인가를 신청하는 때에는 법인의 정관으로 정한 사항이 선량한 풍속 기타 사회질서에 반하지 않으면 인가하여야 한다.

* 제42조(사단법인의 정관의 변경)

② 정관의 변경은 주무관청의 인가를 얻지 아니하면 그 효력이 없다.

* 제46조(재단법인의 목적 등의 변경)

재단법인의 설립자나 이사는 재단법인의 목적을 달성할 수 없는 때에는 주무관청의 인가를 얻어 설립의 취지를 참작하여 그 목적 기타 정관의 규정을 변경할 수 있다.

Ⅲ. 현행 민법 제32조상의 비영리법인설립의 허가의 법적 성격

민법학에선 '허가주의'를 법인설립에 관하여 행정청에게 자유재량이 인정된다는 의미에서, '인가주의'는 법정요건을 갖추면 당연히 법인설립을 거부할 수 없다는 의미에서 바라본다. 대법원 1996.9.10. 선고 95누18437판결이 민법 제32조상의 비영리법인의 설립허가를 재량으로 보면서도 위법한 재량의 측면에서 사법통제의 가능성을 시인하였고, 과거 법인설립과 정관변경의 허가를 자유재량으로 구성하여 불허가처분에 대해 행정소송의 대상성을 부정한 대법원 1979.12.26. 선고 79누248판결과 1985.8.20. 선고 84누509판결이 대법원 1996.5.16. 선고 95누4810전원합의체판결에 의해서 폐기되었다.[7]

여기에는 검토해야 할 점이 있다. 대법원 1979.12.26. 선고 79누248판결 등이 극명하게 보여주듯이, 재량 특히 자유재량과 기속재량에 관한 그릇된 이해가 문제의 根源이다. 재량성여부를 행정소송의

7) 한편 전원합의체판결이 정관변경의 사안이기에, 법인설립허가와 관련하여 인가주의로 바뀐 것인지 논란이 될 수 있다.

대상적격성(처분성여부)과 연계하지 않았다면, 전혀 문제가 되지 않는 사항이다. 거부가능성의 인정여부를 갖고서 여기서의 국가개입의 성질을 가늠한다는 것은 타당하지 않다. 비영리법인설립에 대한 국가의 개입의 실질은 전체 법질서에서 가늠되어야 하며, 이는 민법 제31조와 관련해서 논의되어야 한다. 법인은 기본적으로 법인격을 부여하는 근거법률에 의해 성립하되, 비영리법인의 경우에는 허가를 얻어야 한다. 민법 제31조와 제32조는 법인의 법인격이 근거법률(한국은행법 등)이나 행정청의 허가에서 비로소 부여됨을 규정한 것이다. 즉, 전자는 이른바 법규특허에 해당하고, 후자는 행정행위로서 설권행위인 (강학상의) 특허처분에 해당한다.[8]

Ⅳ. 개정시안상의 비영리법인설립의 인가의 법적 성격

시안은 헌법상 보장된 결사의 자유를 보장하기 위해 인가주의로 바꾸고자 한다. 그런데 여기서의 설립인가의 법적 성격이 문제된다. 행정법에서 본래적 인가는 기본행위를 완성시켜주는 보충행위이자 완성행위 즉, 追認이다. 공동적 사권형성적 행정행위에 해당하는 본래의 인가는 사적 법률행위를 완성시키는 것이어서 만약 재량을 부여하면 사적 자치를 훼손할 수 있다. 따라서 명문으로 달리 규정하지 않는 한, 기속행위에 해당한다(통설). 이런 맥락에서 부관부가에 대해서도 反論이 있긴 하나 독일 대표적 문헌과 판례는 부정적인 입장을 취한다.[9] 그런데 시안해설에 의하면 법인설립인가는 보충행위이자 완성행위로서의 본래적 즉, 추인적 인가가 아니라, 법인격취득의 효과를 갖는 즉, 설권행위(특허)적 인가임을 분명히 한다.[10] 그

8) 동지: 森泉 章, 公益法人の設立不許可處分における主務官廳の裁量權と司法審査, 法律時報 別册 私法判例リマークス No.1, 1990, 7頁.

9) Vgl. Kopp/Ramsauer, VwVfG §36 Rn.5; Stelkens/Bonk/Sachs, VwVfG §36 Rn.12; RGZ 126, 132, 136.

런데 후자의 경우는 본래의 인가가 아니어서 －시안 제32조 제3항과 같이－ 법률상 명문의 규정이 기속행위라고 표현하지 않는 한, 원칙적으로 재량에 속한다. 따라서 본래의 인가주의도 아닌 인가주의를 도입하여 재량여지를 배제하려는 시도 자체는 행정법학적 관점에선 의문을 낳는다. 종래 기속행위/재량행위적 이해의 틀로 바라보는 것은 지양되어야 한다.

그런데 비록 법인설립에 인가란 용어를 사용하더라도 그곳에서의 인가와 －후술할－ 정관변경 등에서의 인가는 그 본질이 다름을 유의하여야 한다. 일찍부터 필자가 주장하여 왔듯이, 판례는 근자에 행정청의 재개발조합설립인가처분은 행정주체로서의 지위를 부여하는 일종의 설권적 처분에 해당한다고 판시하였다.[11] 종래 그것을 보충행위로 접근한 태도를 완전히 바꾸었다. 여기서 인가란 용어가 사용되지 않았다면 쉽게 그 틀에서 벗어났을 것인데, 명칭에 사로잡힌 나머지 오랫동안 불필요한 상황이 빚어졌다. 이 점에서 시안상의 법인설립인가의 용어가 과연 적절한지 숙고가 필요하다. 독일의 경우 과거 재단법인설립에서의 인가에 대해서 그 실질을 법인격을 창설(부여)하는 것으로 보았거니와 현재에는 인가대신에 좀 더 친근한 용어인 승인(Anerkennung)이란 용어를 사용하여 추인으로서의 인가란 용어로부터 비롯된 오해를 불식시켰다. 물론 여기서의 승인은 종래의 인가와 다를 바 없이 －법인설립행위와 독립되게－ 법인격을 바로 창설하는 효과를 지닌 사권형성적 행정행위이다.[12] 이는 특허처분(설권행위)이다.

10) 민법개정안 공청회 자료집, 2010.12.21., 11면.
11) 대법원 2009.9.24.자 2009마168 · 169결정 등.
12) Vgl. Bamberger/Roth, BGB Bd.1, 2007, §80 Rn.41.

V. 개정시안상의 법인설립이후 정관변경 등에서의 인가의 법적 성격

대법원 1996.5.16. 선고 95누4810전원합의체판결은, 제45조, 제46조의 재단법인의 정관변경허가에 대해서 표현 그대로 허가로 보았던 종전의 입장(대법원 1979.12.26. 선고 79누248판결과 1985.8.20. 선고 84누509판결 등)을 바꿔 그것의 실질이 보충행위로서의 인가임을 판시하였다. 이 같은 입장의 변경으로 말미암아, －허가는 자유재량, 인가는 기속재량, 자유재량은 행정소송의 비대상이라는－ 기왕의 틀을 문언에 좇아 그대로 대입함으로써 빚어진 부적절함이 저지되었다. 그런데 －인가의 인정근거규정인 현행 민법 제42조 제2항의 존재를 떠나서－ 현행 민법 제42조, 제45조 등의 허가를 보충행위인 인가 차원에서 자리매김하여야 할 근거는 바로 제32조에 의해 이미 법인격을 부여받았기 때문이다. 본시 허가란 사전적 통제이고, 인가는 추인적 성격을 가짐을 생각할 때, 이미 특허(설권행위)를 받음으로써 사전에 용인된 정관을 변경할 때 또다시 사전통제장치인 허가를 받아야 한다는 것은 논리에 맞지 않을 뿐더러, 사적자치의 차원에서도 문제가 있다. 물론 현행 민법 제42조 제2항이 여기서의 허가가 추인에 해당함을 분명히 하였다. 따라서 시안이 허가를 대신하여 인가를 사용한 것은 바람직하다.

하지만 시안 제46조의 경우엔 사정이 약간 다르다. 물론 해석을 통해 추인(본래의 인가)으로 나름대로 접근할 수 있긴 하나, 문언상으로 인가가 사전적으로 요구된다(한편 역설적으로 현행 민법은 허가란 용어를 사용하기에 사전적 통제의 표현양식에는 부합할 수도 있다. 그런데 독일의 경우 정관변경에는 인가를 필요로 한다고 규정함으로써(민법 제33조 제2항) 상황을 간명하게 만들었다). 여기서의 인가는 사후승인에 해당하는 본래의 인가와는 다소간 거리가 있다. 필자는 이런 인가를

不眞正認可로 설정하였는데, 그것의 도그마틱적 정당성은 특히 부관부가에서 認可論과 相符하지 않는 기왕의 판례나 법상황을 가능한 결정적인 모순 없이 認可論의 차원에서 전개할 수 있게 함에 있다. 물론 '부진정 인가'와 같은 인가·허가(특허)의 혼합물이 과연 국가개입의 메커니즘의 체계에서 바람직한지 여부와 관련해서 입법적, 입법기술적 고민은 필요하다.

Ⅵ. 맺으면서 – 논란의 초기조건에 관한 성찰

일본 我妻 榮 교수의 民法總則(民法講義 I, 1959)에선, 우리의 문헌과 동일하게 법인설립상의 허가주의, 인가주의, 준칙주의, 특허주의, 강제주의를 기술하고 있다. 특히 눈에 띄는 부분이, 공익사단법인의 설립에 요구되는 행정관청의 허가는 "자유재량"이며, "거절당한 경우라도 다툴 방도가 없다."(拒絕されても爭ら途 はない)는 기술이다(128頁). 어쩌면 이것이 오늘날 논란을 유발한 근본원인이자 초기조건이라 여겨진다. 초기조건을 성찰하였더라면 지금과 다른 논의가 전개되었을 것이다. 법학 내의 학제적 연구가 시급하다.

16

국가적 정보행위의 법률유보적 문제점에 관한 소고

Ⅰ. 처음에 – 행정법의 유행주제로서의 정보행위

전국에 불량만두소동이 가시지 않는다. 식품의약안전청은 (2004년) 6월 10일에 만두의 유통, 제조와 관련된 업체 18곳의 명단을 전격 공개했고, 그 명단에 포함된 식품업체의 사장이 한강에 투신하여 목숨을 끊었다. 諸葛孔明이 만두를 빚어 죽은 寃魂을 달랬다고 하는데, 되려 그 만두로 목숨을 잃는 안타까운 일이 발생하였다. 식품위생법은 영업자로 하여금 위해발생의 사실을 공표하도록 명하는 규정은 두고 있지만(동법 제56조의2), 행정청의 명단공개(공표) 자체를 규정하고 있지 않다. 따라서 비록 명단공개에 관한 국민의 빗발치는 요구에 식약청이 그 같은 조치를 하지 않을 수 없었지만, 여기선 법치국가원리상의 중대한 물음이 던져진다. 명단공개가 지닌 엄청난 파괴력은 지난 시절 '牛脂라면 사건'과 '포르말린골뱅이 사건'에서 잘

확인된다. 해당 업체의 위상 나아가 존립 자체를 위협한 그것들의 정당성이 나중에 법원에서 부인되었지만, 그간에 조성된 소비자의 강고한 기억은 아직까지도 가시지 않은 듯싶다. 과거 독일의 경우 1980년대는 리스크에 민감한 일반대중의 반향에 따른 떠들썩한 사건들로 점철되었다. 발암물질인 디에틸렌 글리콜을 함유한 와인의 섭취에 대한 경고, 방사능을 쪼인 야생버섯에 대한 경고, 치명적인 프랑스 연화치즈에 대한 경고, 환경에 유해한 변기도기의 사용에 대한 경고, 불결한 유동액을 사용했다는 국수 제조자에 대한 비난이 매스컴과 사람들을 휘저었다. 그리하여 행위유도를 하기 위한 경고, 추천이나 계몽과 같은 형태의 정보행위가 행정법의 유행주제(Modethema)가 되었다. 이 유행주제는 수많은 판결 · 논문 · 박사학위논문 · 교수자격논문의 대상이 되었으며, 그리하여 그들 국가시험에서도 등장하곤 한다. 이제 많은 주제가 법학적 終末氷堆石으로서 교과서에서 다루어지고 있을 정도로 관심은 수그러졌다. 독일의 경우 1980년대의 흥분이 가시면서 판례와 문헌상으로 어느 정도 안정을 찾으면서, 국가적 정보행위에 관해 법치국가적 윤곽을 설정해 놓고 있다.[1)]

생각건대 정략적 기조에서 횡행하는 폭로저널리즘의 목적론적, 비이성적 보도가 초래한 전체사회의 흥분의 파고를 불식하기 위해선, 관련 법문제를 냉정하게 바라보아야 한다.

Ⅱ. 고권적 형성수단으로서의 정보행위(조치)의 개념과 의의

국가의 정보행위는 교시, 경고, 권고(추천), 보고, 감정, 행정의 기

1) 우리의 경우에는 사정이 정반대이다. 교과서상으론 김남진/김연태, 행정법 Ⅰ, 2023, 435면 이하를 제외하고선 특별히 언급하지 않고 있다. 참고문헌: 김남진, 월간고시 1994.7; 김연태, 환경보전작용연구, 1999; 오준근, 성균관법학 제3호, 1990; 김중권, 공법의 작용형식으로서의 국가정보행위(역), Juris Forum(충북대 법학연구소) 제2호, 2002, 457면 이하.

타의 정보활동을 포함한다. 그것의 도그마적 분류는 일치하지 않는다. 가령 정보의 기능과 가능한 영향의 정도에 비추어, Gröschner는 세 가지 단계로 나누었는데, 그에 의하면 단순계몽은 개입강도와 관련해서 零点이고, 추천은 중간치, 경고는 높은 개입치가 부여된다.[2] 이들 정보활동은 법적 성질에서 보자면 사실행위에 속한다. 사실행위란 의도적으로 일정 법효과의 발생을 목표로 삼지 않고 단지 직접적·사실적 결과를 초래하는 행정주체의 행위방식이다. 또한 그 자체로서 그것은 종전에 불리던 '단순·고권적 행정활동'의 발현형식이다. 현재에는 이 정보활동은 여러 곳에서 '비공식적 행정작용'으로 표현되기도 한다. 그런데 (협의의) '비공식 행정작용'이란, 정형화된 입법행정절차에 앞서서 그리고 그 주위에서 규범대체적·규범집행적인 실행방식을 의미한다.[3] 그리고 단순 고권적 활동의 발현형태인 사실행위란 범주는 그 자체 잔존개념에 해당한다는 점에서 너무 다양하다. 따라서 일반적인 형태인 사실행위나 비공식 행정작용으로부터는 정보활동으로서의 행정활동의 이러한 발현형식의 근거점이 조성되기란 기대하기 어렵다. 그리하여 Gusy 교수처럼 경고, 추천 등을 낱낱이 거론하는 것도 좋으나,[4] 여기선 '정보행위'(Informationsakt)나 '정보조치'(Informationsmaßnahmen)로 부르고자 한다.

전통적인 질서법상의 수단으로선 전혀 또는 충분히 효과적으로 이룰 수 없는 목표를, 국가는 경고 등의 정보활동을 통해서 더욱더 넓어진 범위에서 실현하고자 한다. 혹은 법규정과 명령상의 강한 수단을 동원할 필요 없이, '부드러운' 권고나 비평을 통해서 조종효과를 얻고자 노력한다. 경고·권유 등 정보제공을 통한 국가의 용태조종은 구체적 위험의 방지, 환경사전배려, 소비자보호를 위하여 행해진

2) Gröschner, DVBl.1990, S.619(621).
3) Erichsen, Allg. VerwR, 11.Aufl., §32 Rn.1ff.
4) ders., NJW 2000, 977(978f.).

다. 그리하여 오늘날 리스크 행정의 전형적인 특징은, 이따금 '부드러운 것'으로 강조되는 새로운 작용형식의 성립이다. '협력적 국가'란 말은, '곧 바로(vis directa) 행하는 것'에서 '우회적으로(vis indirecta) 행하는 것'으로 이행한 국가활동의 변화에 관한 표현의 하나이다.[5] 정보형성과 정보전달을 통해서 영향을 미치는 것은 국가의 우회적인 조종의 수단에 속한다. 많은 경우에 있어서 국가의 정보작용은 리스크나 위험과 분명한 관련 있음을 드러내는 사실은 명백해진다.[6] 리스크형성적 국가와 정보제공적 국가는 새로운 현상으로서 흡사하게 느껴지며, 가끔 동일시되고, 여하튼 상관관계가 있는 것으로 여겨진다. 국가행정의 새로운 모습은 사전배려적인 보호와 리스크에 대한 계몽을 특징적으로 나타낸다. Di Fabio 교수는 일련의 현상－국가가 고권적인 일의적 규율의 책임에서 벗어남, 호소적인 독촉에로의 선회함, 후견에 이르기까지 교육시키는 것－을 사회학적 개념을 빌어서 교육적(훈육적) 국가(präzeptoraler Staat)란 개념으로 표현함으로써, 국가의 리스크 조종과 정보활동의 측면을 연계시키고자 한다.[7]

Ⅲ. 국가적 정보행위와 법률유보의 원칙

독일에선 그사이 광범한 판례와 문헌에서 정보행위와 관련한 문제점을 다루었다.[8] 그 물음은 ⅰ) 누가 정보행위의 권한이 있는가?, ii) 어떠한 요건하의 정보행위가 기본권에 대한 개입이 되는가?, iii) 어떠한 요건하에서 그러한 개입이 헌법적으로 정당화되는가? 이다.

5) Ossenbühl, Umweltpflege durch behördlich Warnungen und Empfehlungen, 1986, S.8f.
6) 리스크와 위험의 관계는 Heintzen, NuR1991, S.301ff.에 의해서 부각되었다. 작용형식에서 보자면 목표설정에서 완전히 다른 정부의 대민홍보업무에 관해선 vgl. Leisner, Öffentlichkeitsarbeit der Regierung im Rechtsstaat, 1996.
7) Di Fabio, Grundrechte im präzeptoralen Staat, JZ1993, S.689ff.
8) 관련 판례와 문헌에 관해선 Gusy 교수의 글 주7)과 8)을 참조.

요건대 제기된 공법의 주제는 먼저 법치국가의 보편적 도그마틱인 법률유보의 차원에서 문제 되어야 한다. 법률유보가 제도적 유보나 본질성에 따른 의회유보로 계속 발전한 점을 고려하여, 동원칙의 고전적 내용이 무시되어선 아니 된다. 이에 따라서 공권력이 개인적 권리 즉, 기본권에 개입(Eingriff)할 경우에는 형식적 법률상의 근거가 반드시 요구된다. 정책을 수립하는 자와 행정에서 그것을 집행하는 자로서 느끼는 고권적 정보활동의 매력은 바로 통상 법적으로 규율되어 있지 않는 수단의 비공식성(비정형성)에 있다. 그러나 법률이 없을 경우에는, 일정한 정보행위가 법률유보의 지배를 받는다고 하는 주장은 이미 그 정보행위의 위법성 판단을 가져다준다. 이러한 판단을 피하기 위해선, 두 가지 전술적 가능성, 즉 정보행위가 개연적 권리에 대해 개입적 성격을 지님을 피하거나 부인하는 식과 형식적 법률상의 근거를 만들거나 현행의 법규를 권능규범으로 해석하는 식이 있다.

일찍이 '투명리스트 사건'에서 독일 연방행정법원은 연방관보에 의약품리스트를 공표한 것을 직업자유에 대한 개입으로 평가하였다.[9] 또한 '글리콜 사건'에서 독일 연방행정법원은 연방 보건부장관이 와인 양조자를 거명하면서 디에칠렌 글리콜을 함유한 와인의 리스트를 공표한 것을, 영업자유에 대한 개입으로 여겼다.[10] 나아가 독일 연방행정법원은 1989.5.23자 신흥종교 결판에서 기본권개입으로 인정하기 위한 세 가지 기준 - i) 국가권위의 동원, ii) 중대한 결과(현저성), iii) 주관적 요소로서 이러한 결과가 의도되었거나 적어도 받아들여져 있어야 한다(목적성) - 을 전개하였다.[11] 그럼으로써 동 법원은 판례와 문헌에서 압도적으로 주장되고 있는 간접적인 기본권개입

9) BVerwGE 71, 183.
10) BVerwGE 87, 37.
11) BVerwGE 82, 76.

에 관한 견해를 따랐다. 국가의 견해표명이 기본권개입으로 간주될 수 있는지 여부는 해당 견해표명에 대한 고찰에 의해서만 밝혀질 수 있다. 독일의 문헌에 의하면, 일정한 사람·제품·행위방식이 위험스럽다고 표현하는 경고는 기본권개입이다. 일정한 제품·사람·행동방식에 유리하게 권고하는 것은, 그것이 구체화되거나 구체화될 수 있는 대상과 관련이 있을 때는 기본권개입이지만, 일반적으로 여겨졌거나 전적으로 작용·효과·원인의 상관관계에 관한 정보에 이바지하는 경우에는 기본권개입이 아니다. 일정한 정보대상과 관련하여 지식표시에 불과한 계몽은 기본권개입이 아니다－구체적 권고의 한계를 넘지 않는 한－. 정부정책에 관한 사실(정보)과 정치적 평가를 알려주는 식이 되는 대민홍보는 기본권개입에 해당하지 않는다.

한편 독일 연방행정법원은 국가가 유도를 하기 위해 의도적으로 행하는 정보를 도구로 하여 영향을 미치는 것 즉, 소위 '목적적인(의도적인)' 정보조치(finale Informationsmaßnahmen)는 주관적 권리 즉, 기본권에 개입하기에, 단지 반사적 의미에서 영향을 미치는데 불과하지는 않는다고 판시함으로써, '행정작용의 목표방향'을 기본권개입을 인정하기 위한 핵심적 규준으로 삼았다.12) 국가기관이 일반대중의 행위(용태)에 자신의 의도에서 영향을 끼치려 하고, 일반대중에서 실제로 발생한 소기의 용태변화가 기본권적으로 보호되는 지위에 직접 영향을 끼치는 경우에는, 개입요건을 권리방해의 중대함과 같은 보조적 징표에 결부시킬 이유가 없게 되었다. 그리하여 독일 연방행정법원은 사실적 종류의 의도적인 기본권개입－우리가 유도적 정보행위에서 볼 수 있듯이－을 규율적 성질을 지닌 명령적 개입과 분명히 동일하게 여겼다.

12) BVerwGE 90, 112(120).

Ⅳ. 맺으면서 - 국가적 정보행위의 공법적 정립

요컨대 형성의도에서 기본권상의 보호영역에 영향을 미치는 정보행위는, 이미 그것의 목적성으로 인해서 개입으로서 성질을 가지며, 따라서 법률유보의 지배를 받는다. 의도적인 정보행위 특히 경고는 물론, 명단공개는 법률적 수권이 요구된다.[13] 고액체납자나 청소년 성매매범의 경우엔 일반인과는 어느 정도 무관한 개인적 명예가 문제되는 데도 불구하고 논란을 통해서 법률적 근거를 마련했다. 따라서 소비자와 직접 접하는 사업주의 영업의 자유 등에 회복불능의 대미지를 가하는 명단공개(공표) 역시 법외적 수단으로 동원되어선 곤란하다. 한편 법률유보의 원칙에 따른 입법의 요구(강제)로 인해 행정부와 입법부가 가중된 부담과 그에 따른 딜레마에 처하게 된다고 반론이 제기될 법하다. 여기선 일반적이고 요건상으로 한정된 개입규범을 행정절차법에 담는 것이 그 해결책으로 강구될 수 있다.[14] 정보를 국가가 다룬 것은 국가만큼이나 오래되었다. 국가적 정보행위에 관한 論究는, 리스크행정법에서 반드시 필요한 체계화를 위한 結晶化点이다. 따라서 명단공개를 포함한 정보행위 전체를 리스크조정을 위한 간접적 수단으로서 강구되고 논의되어야 한다.

그리고 식품위생법에 대한 인식의 변화가 요구된다. 동법은 특별안전법과 특별경제법의 부분분야로서 특별행정법에 속하나, 학제적 분야이고, 법학 그 자체 안에서도 민사법, 공법, 형법, 국제법의 교차점이다.[15] 동법의 목적에 건강보호는 물론 소비자정보, 농업을 비롯한 연관산업보호 등도 포함된다. 식품이란 생존을 위한 인간의 기

---

13) 동지: 김남진/김연태, 앞의 책, 439면.

14) Di Fabio, Information als hoheitliches Gestaltungsmittel, JuS 1997, 1(5).

15) Vgl. Streinz, in: Achterberg/Püttner/Würtenberger(Hrsg.), Bes. VerwR Ⅱ, 2.Aufl., 2000, §24 Rn.1.

본수요를 충족할 뿐만 아니라, 대단한 국가경제적 중요성을 갖으며, 새로운 기술의 발전과 투입을 초래한다. 나아가 식품은 단순한 재화에 그치는 것이 아니라, 그때그때 문화의 기본토대가 된다. 이번 만두파동이 식품위생법을 안전법으로서 자리매김하고, '의심스러우면 안전에 유리하게'(In dubio pro securitate)라는 표제를 제도적으로 실현하는 나비의 날개짓이 되어야 한다. 기초적 안전에 터 잡지 않은 '웰빙'은 매연 속에서 히말라야의 공기를 마시는 것에 다름 아니다.[16]

---

16) 하지만 일련의 명단공개사건에서 아쉽게도 법률유보적 문제점이 전혀 제기되지 않았다. 현행 식품위생법은 명단공개를 직접 규정하지 않고, 단지 정보공개노력을 규정할 뿐이다(제90조의2).

수록논문의 출처

* 성전환에 따른 성별정정허가가 과연 판례법적 사항인가?, 법률신문 제5040호, 2022.12.8.
* 사법상 계약에 의거한 행정처분의 성립가능성 문제, 법률신문 제4702호, 2019.5.27.
* 근거규정의 성질과 처분성여부의 상관관계에 관한 소고, 법률신문 제3375호, 2005.7.4.
* 국민건강보험법 부당이득의 징수규정이 과연 재량규정인가? 법률신문 제4926호, 2021.9.30.
* 전교조법외노조통보의 법적 성질과 문제, 법률신문 제4829호, 2020. 9.20.
* 직사살수와 관련한 최근 판례의 문제점, 법률신문 제4819호, 2020. 8.18.
* 비전업 시간강사에 대한 차등강사료지급의 법적 문제점, 법률신문 제4749호, 2019.11.21.
* 교장승진임용제외의 처분성 문제, 법률신문 제4681호, 2019.3.4.
* 직권감차 통보의 처분성 여부에 관한 소고, 법률신문 제4508호, 2017.5.8.
* 전입신고에 따른 등록거부처분의 문제점에 관한 소고, 법률신문 제3876호, 2010.9.30.
* 도시정비법상의 조합설립변경인가처분 관련 문제점, 법률신문 제3902호, 2011.1.6.
* '자동차관리법'상 사업자단체인 조합의 설립인가의 법적 성질에 관한 소고, 법률신문 제4343호, 2015.8.17.
* 집회신고의 법적 성질에 관한 소고, 법률신문 제4248호, 2014.8.21.
* Quo vadis－신고제?, 법률신문 제3916호, 2011.3.7.
* 중대명백성설의 묵수(墨守)로부터 벗어나기 위한 소고, 법률신문. 제3886호, 2010.11.8.
* 인사교류계획에 의한 전출명령의 문제점에 관한 소고, 법률신문 제3852호, 2010.6.28.
* 이른바 처분적 시행규칙의 문제점에 관한 소고, 법률신문 제3478호, 2006. 7.27.
* 전환규범을 매개로 한 행정규칙의 법규성인정의 문제점, 법률신문 제3961호, 2011.8.22.

* 임용결격자 임용행위의 문제점에 관한 소고, 법률신문 제3248호, 2004.3.8.
* 법무법인에 대한 세무조정반지정거부처분의 위법성, 법률신문 제4433호, 2016.7.25.
* 건축신고의 허가擬制 효과에 관한 소고, 법률신문 제3837호, 2010.5.3.
* 「화물자동차운수사업법」상의 안전운임고시의 법적 성질에 관한 소고, 법률신문 제5148호, 2024.1.22.
* 국무총리 부서가 없는 대통령령의 효력, 법률신문 제3103호, 2002.9.2.
* 이의신청기각결정의 법적 성질 문제, 법률신문 제5034호, 2022.11.17.
* 행정소송에서 대학의 당사자능력에 관한 소고, 법률신문 제4042호, 2012.6.25.
* 취소소송에서 계쟁처분의 위법성과 원고적격상의 권리침해의 관련성에 관한 소고, 법률신문 제4384호, 2016.1.21.
* 독립유공자 망인에 대한 법적 평가의 변경에 따른 그 유족에 대한 법효과 문제, 법률신문 제4620호 2018.7.12.
* 도시계획변경입안제안에 대한 거부의 처분성여부, 법률신문 제3446호, 2006.3.27.
* 주민등록번호변경신청권이 과연 조리상의 그것인지?, 법률신문 제4545호 2017.9.25.
* 새만금간척사업판결의 문제점에 관한 소고, 법률신문 제3338호, 2005. 2.14.
* 행정소송법상의 집행정지결정의 논증과 관련한 문제점, 법률신문 제4560호, 2017.11.27.
* 1차적 권리보호의 우위에 따른 민사법원에서의 선결문제와 후결문제, 법률신문 제3788호, 2009.10.26.
* 변호사등록지연에 대한 손해배상책임과 관련한 법적 문제점, 법조신문 제879호, 2023.7.24.
* 위법한 과세처분에 대한 국가배상법적 대응에 관한 소고, 법률신문 제4398호, 2016.3.14.
* 국가배상책임상의 주관적 책임요소와 법치국가원리적 문제점, 법률신문 제4357호, 2015.10.12.
* 공무원의 개인적 배상책임인정의 문제점에 관한 소고, 법률신문 제4002호, 2012.1.26.
* 공무수탁사인의 행정주체적 지위의 문제점에 관한 소고, 법률신문 제3989호, 2011.12.5.
* 법률적 근거가 없는 생활대책의 신청에 대한 거부에 관한 소고, 법률신문

제4098호, 2013.1.24.

* 사인의 방제보조작업에 대한 사무관리적 접근의 문제점, 법률신문 제4357호 2015.5.4.
* 개인을 국가보다 앞세우는 헌법의 개혁이 필요하다. 법률신문 제5125호, 2023.10.30.
* 포스트 코로나 시대에 행정법 및 공법은 어떤 역할을 해야 하는가? 법률신문 제4987호, 2022.5.17.
* 행정절차법 일부개정의 주요 내용 및 몇 가지 문제점, 법률신문 제4972호, 2022.3.21.
* 행정기본법의 제정에 따른 행정구제법의 과제, 법률신문 제5068호, 2023.3.23.
* 공정의 차원에서 행정구제법의 개혁에 관한 소고, 법률신문 제4951호, 2022.1.3.
* 시대의 해원(解冤)을 넘어 국가배상법 개혁을 위한 모색, 법률신문 제5015호, 2022.9.5.
* 개헌논의에 따른 국가배상시스템의 발본적 개혁에 관한 소고, 법률신문 제4580호, 2018.2.8.
* 재판지연에 대한 입법적 대응의 필요, 법률신문 제4798호, 2020.5.25.
* 언제까지 "지체된 정의는 정의가 아니다."라는 법언에 머물 것인가? 법률신문 제4945호, 2021.12.9.
* 현행 집시법의 발본적 개혁에 관한 소고, 법률신문 제4635호, 2018.9.10.
* 복종과 상명하복이 언급되는 국가와 사회가 근대적인가? 법률신문 제4919호, 2021.9.2.
* 공직자의 신체는 온전히 자신의 것인가? 법률신문 제4773호, 2020. 2.20.
* 개정 행정심판법의 문제점에 관한 小考, 법률신문 제3820호, 2010.2.25.
* 성전환자의 성별정정허가신청사건 등 사무처리지침의 문제점에 관한 소고, 법률신문 제3493호, 14－14 2006.9.25.
* 2010년 민법 개정시안상의 법인설립 등에 대한 국가개입에 관한 소고, 법률신문 제3944호, 2011.6.20.
* 국가적 정보행위의 법률유보적 문제점에 관한 소고, 법률신문 제3276호, 2004.6.21.

** 미공간

* 임용결격자의 시보・정규임용의 취소와 행정절차

* 산재법상 부당이득 징수처분에서 이익형량적 접근의 문제점
* 집회금지구역제에 관한 헌법재판소 결정의 含意
* 원처분주의하에서 재결취소소송의 문제에 관한 소고
* 국유재산법상의 변상금부과징수권과 민사상 부당이득반환청구권의 관계

판례색인

【헌법재판소】

【대법원】

【고등법원】

【서울행정법원】

【지방법원】

저술연보

2024.2. 현재

Ⅰ. 단독저서: 13권

13. 행정법 제5판, 법문사, 2023.2.
12. 행정법의 현대화와 개혁-행정법기본연구Ⅵ(2021), 법문사, 2021.5.31.
11. 행정법 제4판, 법문사, 2021.2.
12. 행정판례의 분석과 비판-행정법기본연구Ⅴ) 법문사, 2019.4.30.(대한민국 학술원 2020년 우수도서)
11. 행정법 제3판, 법문사, 2019.2.28.
10. EU행정법연구, 법문사, 2018.2.20.(대한민국 학술원 2018년 우수도서)
9. 행정법 제2판, 법문사, 2016.2.20.
8. 행정법기본연구Ⅳ, 법문사, 2013.12.20.(대한민국 학술원 2014년 우수도서)
7. 행정법, 법문사, 2013.4.30.
6. 행정법기본연구Ⅲ, 법문사, 2010.12.30.(대한민국 학술원 2011년 우수도서)
5. 행정법기본연구Ⅱ, 법문사, 2009.12.30.
4. 유럽화된 독일행정절차법에 관한 연구, 한국법제연구원, 2008.9.30.
3. 행정법기본연구Ⅰ, 법문사, 2008.6.25.
2. 행정자동절차에 관한 법적 고찰, 고려대학교(박사학위논문), 1993.8.
1. 자금조성에 관한 법적 연구, 고려대학교(석사학위논문), 1988.2.

Ⅱ. 공편저: 6권

8. 인공지능과 미래사회, 미래는 AI의 것일까? (공저: 14인), 사이언스북스, 2020.7.30.
7. 공법 사례형 (공저: 공법교수 8인), 법문사, 2016.9.20.
6. 부동산법제 (공저: 김중권/이은희), 한국방송통신대출판부, 2011.1.25./2012.1.25.
5. 행정소송(Ⅰ)(Ⅱ) (편집대표 조해현), 한국사법행정학회, 2008.9.10.
4. 지방자치법주해 (공저: 홍정선 등), 박영사, 2004.9.1.
3. 조선시대의 규범이론과 규범체계 (공저: 이재룡 외), 한국학술정보, 2006.1.12.
2. 세법 (공저: 유지태/김연태/김중권), 법문사, 1998.2.20.

1. 주관식 행정법 (공저: 김남진/김중권), 경세원, 1994.4.30.

Ⅲ. 편저 수록 논문: 9건

9. 인공지능의 등장으로 인한 공적 영역에서의 법과 제도의 변화, 인공지능과 미래사회, 미래는 AI의 것일까? 2020.7.30., 245면-258면.
8. 행정법과 행정판례상의 現下의 쟁점, 학문연구의 동향과 쟁점(법학) 제3편 행정법학 (김남진/김중권), 대한민국 학술원, 2018.12.31., 283면-300면.
7. 두밀분교폐지조례의 처분성, 행정판례평선, 한국행정판례연구회, 2011.6., 690면-700면.
6. 행정행위의 공정력, 행정판례평선, 한국행정판례연구회, 2011.6., 280면-288면.
5. 신고의 법적 성질, 행정판례평선, 한국행정판례연구회, 2011.6., 106면-118면.
4. 2000년대의 행정법학, 한국의 학술연구 법학Ⅱ 제3편 행정법학(김남진/김중권), 대한민국 학술원, 2010.12.30., 251면-270면.
3. 행정법상의 신고와 통보, 행정소송(I), 2008.9.10., 683면-714면.
2. 행정처분의 의의와 종류, 행정소송(I), 2008.9.10., 481면-534면.
1. 행정법의 대상과 범위(공법과 사법의 구별), 행정소송(I), 2008.9.10., 449면-480면.

Ⅳ. 기념논문집 수록 논문: 18건

18. 제3자에 의한 건축허가철회청구권의 행정법적 의의, 자율과 공정(김재형 대법관 재임기념논문집), 2022.8.25., 465면-477면.
17. 행정상의 강제수단으로서의 살수행위와 관련한 판례의 문제점, 헌법과 양심의 길을 따라(김이수 헌법재판관 고희기념 헌정논문집), 2022.5.11., 201면-224면.
16. 행정소송에서 대학의 당사자능력과 원고적격에 관한 小考 및 에필로그, 행정법의 시대적과제(이일세 교수 정년기념논문집), 2021.10.14., 482면-498면.
15. 공사완료후에 제기한 건축허가취소소송의 권리보호의 필요성의 문제점, 規範과 現實의 調和-合理性과 實效性-(崔光律 名譽會長 獻呈論文集), 2020.12.15., 315면-326면.
14. 한국행정판례연구회의 판례연구의 역사적 고찰, 행정판례와 공익: 청담

최송화 교수희수 기념논문집, 2018.7.5., 275면-300면.

13. 공법재판에서 잠정적 권리구제시스템의 개혁에 관한 소고, 국가와 헌법 I (성낙인 총장 퇴임기념논문집), 2018.6.20., 1519면-1541면.
12. 개헌논의에 따른 國家賠償시스템의 拔本的 改革에 관한 小考, 현대행정법의 이해(유지태 교수 10주기 추도논문집), 2018.3.23., 267면-284면.
11. 헌법재판에서 가처분제도의 활성화 방안, 아시아의 항구적인 평화와 번영의 길(박한철 헌법재판소장 기념논문집), 2017.1., 356면-390면.
10. 유럽행정법의 작용형식에 관한 小考, 지방자치와 행정법(홍정선 교수 정년기념논문집), 2016.2., 624면-649면.
9. 當事者訴訟의 活性化에 즈음한 行政法의 改革에 관한 小考, 헌법재판의 새로운 지평: 이강국 헌법재판소장 퇴임기념논문집, 2013.1.19., 379면-397면.
8. 미니컵 젤리로 인한 질식사와 국가배상책임의 문제, 특별법연구 제10권 (전수안 대법관 퇴임기념논문집), 2012.6.28., 90면-148면.
7. 건축법 제14조상의 건축신고가 과연 수리를 요하는 신고인가?, 특별법연구 제9권(이홍훈 대법관 퇴임기념논문집), 2011.5.13., 273면-289면.
6. 의약품법의 제 결정에서의 판단여지에 관한 소고(역), 한국 공법학의 발견: 현안과 쟁점: 강구철교수 화갑기념논문집, 2007.3.22., 499면-534면.
5. 자동적 행정행위(컴퓨터 행정행위)에 관한 소고, 행정작용법: 김동희 교수 정년기념논문집, 2005.5., 163면-208면.
4. 행정소송의 종류의 체계에 관한 소고, 현대공법이론의 제문제: 석종현교수 화갑기념논문집 2003.10., 659면-679면.
3. 행정자동결정에 대한 사법심사, 현대법학의 과제와 전망: 김윤구 박사 화갑기념논문집, 1999.11., 559면-582면.
2. 행정법상의 금지와 그것의 해제에 관한 소고, 헌법규범과 헌법현실: 권영성교수 정년기념논문집, 1999.1., 547면-572면.
1. 행정재량의 축소에 관한 고찰, 현대공법학의 재조명(김남진 교수 정년기념논문문집), 법학논집(고려대학교 법학연구소) 특별호, 1997.8., 57면-107면.

V. 전문학술지(등재학술지 및 등재후보학술지 등) 수록 논문: 170건

170. EU의회의 인공지능법안의 주요 내용에 관한 소고-EU집행이사회의 인공지능법안과 비교해서-, 공법연구 제52집 제3호, 2024. 2.28.
169. 「행정기본법」에 의한 부관의 명분화에 따른 후속과제, 저스티스 제200호, 2024.2.1., 156면-175면.

168. 임용결격자 임용의 취소와 행정절차, 행정판례연구, 제28집 제2호, 2023. 12.31., 273면-296면.
167. '철회권의 유보'의 부관에 대한 권리보호의 문제, 법조 제762호 제72권 제6호, 2023.12.28., 585면-609면.
165. 민주적 헌법국가에서 교호(상호)작용의 관계로서의 헌법과 행정법의 관계, 헌법논총 제34집, 2023.12.22., 141면-200면: 헌법논총 제34집 우수논문상(2023.12.11.)
164. 디지털화에 대한 독일 행정절차법의 대응과 그 시사점, 공법연구 제52집 제1호, 2023.10.31., 339-368면.
163. 요양기관 영업정지처분이 과연 소위 대물적 행정처분인가?, 사법 제65호, 2023.9.15., 511면-535면.
162. 행정법이론의 발전과 행정판례의 동향에 관한 비판적 고찰, 인권과 정의, 제515호, 2023.8.1., 73면-88면.
161. '행동하는 헌법'으로서의 「행정기본법」의 개정은 언제나 현재진행형이 되어야 한다. 공법연구 제51집 제4호, 2023.6.30., 171면-199면.
160. 2022년도 主要 行政法(行政)判決의 分析과 批判에 관한 小考, 안암법학 제66호(2023.5.30.), 101면-138면.
159. 개성공단 전면중단 조치의 공법적 문제점, 저스티스 제193호, 2022.12. 15., 501면-521면.
158. 긴급조치와 관련한 국가배상책임에서 재판상의 불법의 문제, 인권과 정의 제510호, 2022.12.1., 109면-124면.
157. 인공지능시대에 자동적 처분의 법제도화(「행정기본법」제20조)에 따른 후속과제, 공법연구 제51집 제1호, 2022.10.30., 311면-338면.
156. 행정행위의 재심사의 법제도화(「행정기본법」 제37조)에 따른 후속과제, 법제 제698호, 2022.9.15., 1면-28면.
155. 공기업의 공급자등록취소·제한(거래제한조치)의 법적 성질, 사법 제61호, 2022.9.15., 429면-460면.
154. 2021년도 主要 行政法(行政)判決의 分析과 批判에 관한 小考, 안암법학 제64호(2022.5.30.), 105면-138면.
153. 코로나 19시대 영업제한·금지에 따른 손실보상의 문제, 공법학연구 제23집 제1호, 2022.2.28., 99면-129면.
152. 위법한 행정절차에 대한 국가배상책임에 관한 소고, 법조 제751호, 2022.2.28., 418면-441면.
151. 인공지능시대에 자동화에 적합한 입법의 문제, 공법연구 제50집 제3호,

2022.2.28., 189면-212면.

150. EU 인공지능명령안의 주요 내용과 그 시사점, 헌법재판연구 제8권 제2호, 2021.12.31., 65면-100면.

149. 대전환의 시대에 국가의 역할과 행정법(공법)의 개혁 및 현대화, 공법연구 제50집 제2호, 2021.12.31., 85면-110면.

148. 거부처분취소소송에서 위법판단의 기준시점의 문제, 법조 제750호, 2021.12.28., 7면-27면.

149. 행정상의 강제수단으로서 살수행위와 관련한 판례의 문제점, 인권과 정의, 제502호, 2021.12.1., 144면-160면.

148. 독일 제16차 개정 원자력법에 관한 독일 연방헌법재판소 결정의 公法的 意義, 환경법연구 제43권 제2호, 2021.8.31., 63면-93면.

147 국민건강보험법의 부당이득징수처분의 법적 성질, 행정판례연구 제26집 제1호, 2021.6.30., 3면-45면.

146. 「행정기본법」의 보통명사 시대에 행정법학의 과제 Ⅲ: 「행정소송법」 등의 개혁을 중심으로, 공법연구 제49집 제4호, 2021.6.30., 111면-137면.

145. 「행정기본법」의 보통명사 시대에 행정법학의 과제 Ⅱ: 행정의 법원칙 등을 중심으로, 법제 제693호, 2021.6.15. 9면-44면.

144. 「행정기본법」의 보통명사 시대에 행정법학의 과제 Ⅰ: 처분관련 규정을 중심으로, 공법학연구 제22권 제2호, 2021.5.31., 3면-63면.

143. 2020년도 主要 行政法(行政)判決의 分析과 批判에 관한 小考, 안암법학 제62호(2021.5.30.), 79면-119면.

142. 코로나 팬데믹 시대에 행정법적 위기모드와 관련한 문제점, 법조 제746호, 2021.4.28., 194면-227면.

141. 판결에 의한 장애종류의 확장의 문제, 사법 제55호, 2021.3.15., 955면-982면.

140. 인공지능(지능형) 시스템의 도입을 위한 법적 규율의 문제, 공법학연구 제22권 제1호, 2021.2.28., 263면-292면.

139. 분뇨수집운반 대행계약과 관련한 행정법적 문제점, 저스티스 통권 제182면-1호, 2021.2.1., 551면-566면.

138. 전교조 법외노조통보 판결의 문제점, 인권과 정의 제495호, 2021.2.1., 165면-184면.

137. 행정법이 헌법에 있고, 헌법이 행정법에 있기 위한 모색, 헌법학연구 제26권 제4호, 2020.12.31., 207면-253면.

136. 공법의 탈속지주의화에 따른 국제적 행정법에 관한 연구, 공법연구 제49

집 제1호, 2020.10.31., 93면-115면.

135. 인공지능시대 알고크라시(Algocracy)에서의 민주적 정당화의 문제, 법조 제743호, 2020.10.28., 181면-207면.
134. 김중권/김영수, 독일 연방헌법재판소의 원전폐쇄판결에 따른 후속 입법상황에 관한 고찰, 환경법연구 제42권 제2호, 2020.8.31., 237면-266면.
133. 병역의무기피자인적사항의 공개의 법적 성질과 관련한 문제점, 행정판례연구 제25집 제1호, 2020.6.30., 209면-237면.
132. 2019년도 主要 行政法(行政)判決의 分析과 批判에 관한 小考, 안암법학 제60호, 2020.5.30., 75면-122면.
131. 행정에 인공지능시스템 도입의 공법적 문제점, 법조 제740호, 2020.4.28., 53면-77면.
130. 인공지능시대에 알고리즘에 의한 행위조종과 가상적 행정행위에 관한 소고, 공법연구 제48집 제3호, 2020.2.28., 287면-312면: 2021년 '교육부 학술 · 연구지원사업 우수성과'.
129. 공사완료후에 제기한 건축허가취소소송의 권리보호의 필요성의 문제점, 행정판례연구 제24집 제2호, 2019.12.31., 341면-362면.
128. 재미동포에 대한 사증발급거부와 관련한 판결의 문제점, 법조 제738호, 2019.12.28., 355면-376면.
127. 21세기 국가모델을 위한 행정법의 현대화와 개혁, 공법연구 제48집 제1호, 2019.10.31., 387면-419면.
126. 행정법의 危機이냐, 행정법학의 委棄이냐? 행정법학 제17호, 2019.6.30., 183면-213면.
125. 군인의 복종의무와 기본권행사의 충돌에 관한 소고, 행정판례연구 제24집 제1호, 2019.6.30. 277면-315면.
124. 도시계획시설사업 실시계획인가의 무효와 관련한 문제점, 법조 제735호, 2019.6.28., 581면-599면.
123. 2018년도 主要 行政法(行政)判決의 分析과 批判에 관한 小考, 안암법학 제58호, 2019.5.30., 1면-43면.
122. 유럽국가의 국가배상책임법제에 관한 개관, 「法學硏究」(충남대 법학연구소) 제30권 제1호, 2019.2.28., 11면-43면.
121. 총장임용제청거부와 배타적 경쟁자소송, 법조 제733호, 2019.2.28., 459면-477면.
120. 재판지연에 대한 국가책임에 관한 소고, 공법연구 제47집 제2호, 2018.12.31., 199면-220면.

119. 사회보장분야에서 행정재판의 의의와 역할, 행정판례연구 제23집 제2호, 2018.12.31., 3면-42면.
118. 건강기능식품의 표시·광고의 사전심의제와 관련한 문제점, 식품과학과 산업(한국식품과학회) 제51권 제4호, 2018.12.31., 325면-333면.
117. 결격자가 참여한 원자력안전위원회 의결의 법적 효력에 관한 소고, 저스티스 제169호, 2018.12.1., 208면-229면.
116. 의제된 인·허가의 취소와 관련한 문제점, 법조 제731호, 2018.10.28., 509면-534면.
115. 국가배상법에 따른 국가배상책임을 통한 조세구제의 고찰, 조세논총(한국조세법학회) 제3권 제3호, 2018.9.28., 97면-123면.
114. 사회보장급부지급취소처분과 환수처분간의 관계, 법조 제730호, 2018. 8.28., 341면-365면.
113. 독일 행정절차법상의 허가의제제도와 그 시사점, 법제연구 제54호, 2018. 6.30., 39면-69면.
112. 2017년도 主要 行政法(行政)判決의 分析과 批判에 관한 小考, 안암법학 제56호, 2018.5.30., 1면-48면.
111. 제3자에 의한 건축허가철회청구권의 행정법적 의의, 법조 제728호, 2018.4.28., 455면-478면.
110. 제3자 취소소송에서 처분상대방의 권리보호에 관한 소고, 사법 제43호, 2018.3.15., 187면-218면.
109. 한국행정판례연구회의 판례연구의 역사적 고찰, 행정판례연구 제22집 제2호, 2017.12.31. 231면-275면.
108. 독일 제2차 원전폐쇄법에 관한 독일 연방헌법재판소 판결의 公法的 意義, 헌법논총 제28집, 2017.11.30., 193면-251면: 헌법논총 제28집 최우수논문상(2017.12.14.)
107. 집회금지처분에 대한 잠정적 권리구제에 관한 소고, 법조 제725호, 2017.10.28., 541면-579면.
106. 인공지능시대에 완전자동적 행정행위에 관한 소고, 법조 제723호, 2017.6.28., 146면-182면.
105. 2016년도 主要 行政法(行政)判決의 分析과 批判에 관한 小考, 안암법학 제53호, 2017.5.30., 141면-177면.
104. 행정의 국제화에 따른 범국가적 행정작용, 법조 제722호, 2017.4.28., 193면-224면.
103. 조합설립인가취소판결과 기왕의 추진위원회의 관계, 법조 제721호, 2017.

2.28., 1면-19면.
103. '소급적 · 일괄적 이행강제금부과처분의 무효'의 행정법적 문제점, 법조 제720호, 2016.12.28., 402면-421면.
101. 이른바 입법아웃소싱의 공법적 문제점에 관한 소고, 입법평가연구 제10면-2호, 2016.10.30., 15면-40면.
100. '진주의료원 폐업조치'의 행정법적 문제점, 법조 제719호, 2016.10.28., 464면-486면.
99. 신고제의 발본적 개혁에 관한 소고, 행정법학 제11호, 2016.9.30., 25면-67면.
98. 국가의 금융기관감독과 국가배상책임, 법조 제718호, 2016.8.28., 483면-500면.
97. 公法契約의 解止의 處分性 與否에 관한 小考, 행정판례연구 제21집 제1호, 2016.6.30., 57면-77면.
96. 독일 행정소송법에 대한 EU행정법의 영향에 관한 小考, 공법학연구 제17권 제2호, 2016.5.31., 3면-33면.
95. 2015년도 主要 行政法(行政)判決의 分析과 批判에 관한 小考. 안암법학 제50호, 2016.5.30., 90면-125면.
94. 取消訴訟에서 係爭處分의 違法性의 權利侵害 牽聯性에 관한 小考, 행정판례연구 제20집 제2호, 2015.12.31., 83면-127면.
93. 法治國家原理를 具現하기 위한 行政訴訟法의 改正, 동아법학 제63호, 2015.8.31., 1면-24면.
92. 2014년도 主要 行政法(行政)判決의 分析과 批判에 관한 小考, 안암법학 제47호, 2015.5.31., 1면-59면.
91. 補償評價의 事前統制의 問題點과 改善方向, 토지보상법연구 제15집, 2015.2., 31면-52면.
90. 행정소송과 행정법, 저스티스 제146권 제2호, 2015.2.5., 114면-153면.
89. 行政判例 30년의 回顧와 展望, 행정판례연구 제19집 제2호, 2014.12.31., 439면-485면.
88. 조합설립인가취소판결에 따른 추진위원회의 법적 지위에 관한 소고, 공법학연구 제15권 제4호, 2014.11.30., 243면-266면.
87. 공법(행정법)의 현대화를 통한 규제개혁, 안암법학 제45호, 2014.9.30., 71면-115면.
86. 위험방지와 행정구제, 국가법연구 제10집 제2호, 2014.8.31., 31면-58면.
85. 지방자치단체의 구역관할결정의 제 문제에 관한 소고, 행정판례연구 제19

집 제1호, 2014.6.30., 359면-386면.

84. 이른바 處分的 行政立法의 問題點에 관한 小考, 공법연구 제42집 제4호, 2014.6.20., 285면-311면.
83. 2013년도 主要 行政法(行政)判決의 分析과 批判에 관한 小考, 안암법학 제44호, 2014.5.31., 81면-137면.
82. 獨逸 原電閉鎖의 公法的 問題點, 행정법학 제6호, 2014.3.31., 89면-124면.
81. 情報提供的 申告로서의 集會申告의 公法的 意義에 관한 小考, 안암법학 제43호, 2014.1.31., 77면-108면.
80. 憲法裁判所의 判例가 行政法에 미친 影響에 관한 小考, 헌법논총 제24집, 2013.10.29., 393면-434면.
79. 行政節次法의 改革을 위한 行政處分(行政行爲) 規定의 整備, 행정법학 제5호, 2013.9., 219면-238면.
78. 2012년도 主要 行政法(行政)判決의 分析과 批判에 관한 小考, 안암법학 제42호, 2013.9.30., 55면-97면.
77. 김중권/최종권, 「도시 및 주거환경정비법」상의 각종 인가의 법적 성질에 관한 소고, 법학논문집 제37집 제1호, 2013.4., 271면-320면.
76. 行政法上 行爲形式·手段의 混合에 관한 研究, 행정법연구 제35호, 2013.4.30., 29면-56면.
75. 김중권/김영수, 21세기 국가모델을 위한 가칭 행정기본법의 제정을 통한 행정법과 행정법제의 개혁, 공법연구 제41집 제3호, 2013.2.28., 29면-49면.
74. 법무부 행정소송법개정시안의 주요 내용에 관한 소고, 공법학연구 제14권 제1호, 2013.2.28., 379면-404면.
73. 法律的 根據가 없는 生活對策에 관한 申請拒否의 問題, 토지보상법연구 제13집, 2013.2.25., 149면-168면.
72. 유럽행정법상 행정소송을 통한 권리보호시스템에 관한 연구, 공법연구 제41집 제1호, 2012.10.31., 311면-346면.
71. 行政訴訟에서 大學의 當事者能力과 原告適格에 관한 小考, 강원법학 제36권, 2012.6., 69면-93면.
70. 規範執行에 관한 權利로서의 行政法上의 主觀的 公權論에 관한 小考, 공법연구 제40집 제4호, 2012.6.20., 159면-190면.
69. 2011년도 主要 行政法(行政)判決의 分析과 批判에 관한 小考, 안암법학 제38호, 2012.5.31., 27면-96면.

68. 行政行爲의 效力과 拘束效의 體系에 관한 小考, 공법학연구 제13권 제2호, 2012.5.31., 345면-379면.
67. 國家賠償法改革을 통한 法治國家原理의 具體化, 행정법학 제2호, 2012.3.31., 69면-114면.
66. 행정법집행에 있어서의 민간전문가의 참여, 공법연구 제40집 제1호, 2011.10.31., 389면-432면.
65. 로스쿨에서의 行政法判例敎育, 행정법학 창간호, 2011.9.30., 119면 이하.
64. 미니컵 젤리로 인한 질식사와 국가배상책임의 문제, 인권과 정의 제419호, 2011.8., 100면-131면.
63. 民間投資事業者指定의 節次法的 問題點, 행정판례연구 제16집 제1호, 2011.6.30., 149면-186면.
62. 2010년도 주요 행정법(행정)판결의 분석과 비판에 관한 소고, 안암법학 제35호, 2011.5.31., 45면-114면.
61. 行政行爲의 違法事由의 批判的 分析에 관한 小考, 법조 제650호, 2010.11.1., 173면-222면.
60. 行政行爲瑕疵論의 改革에 관한 小考, 공법연구 제39집 제1호, 2010.10.31., 319면-338면.
59. 김중권/김영수, 行政法에서의 학문현상으로서의 學說, 그에 대한 適正性 評價에 관한 小考, 안암법학 제33호, 2010.10., 1면-64면.
58. 人事交流計劃이 결여된 轉出決定(命令)의 效力에 관한 小考, 행정판례연구 제15집 제1호, 2010.6.30., 273면-300면.
57. 환경영향평가가 결여된 행정행위의 효력에 관한 소고, 저스티스 제114호, 2009.12.1., 363면-383면.
56. 私權形成的 行政行爲면-行政行爲에 의한 直接的 私權形成, 공법학연구 제10권 제3호, 2009.8.31., 229면-258면.
55. 國家賠償法上의 過失責任主義의 理解轉換을 위한 小考, 법조 제635호, 2009.8.1., 45면-90면: 제14회 한국법학원 법학논문상(2010.1.28.)
54. 獨逸의 規範統制制度에 관한 槪觀과 그 示唆點에 관한 小考, 중앙법학 제11권 제1호, 2009.4., 345면-378면.
53. 公用介入類似的(收用類似的), 公用介入的(收用的) 介入의 適用領域에 관한 小考, 토지공법연구 제43집 제2호, 2009.2.25., 1면-29면.
52. 독일 행정절차법상의 행정행위의 무효의 체계에 관한 소고, 중앙법학 제10집 제4호, 2008.12.31., 137면-172면.
51. 독일 행정절차법의 유럽화에 관한 소고, 법조 제626호, 2008.11., 154면

-198면.

50. 민간화와 국가유보(역), 지방자치법연구 제8권 제3호(통권 제19호), 2008.9.20., 295면-312면.
49. 행정심판을 활성화하기 위한 선결과제에 관한 소고, 법제 제608호, 2008.8., 56면-68면.
48. 최근의 법률개정에 따른 행정심판제도의 문제점에 관한 소고, 공법연구 제36집 제4호, 2008.6.20., 490면-513면.
47. 행정규칙과 헌법소원심판, 헌법실무연구 제8권, 2007.12., 482면-516면.
46. 지방공기업의 육성과 경쟁력강화를 위한 법제지원방안면-선결문제로서, 지자체의 경영활동의 공법적 문제점, 지방자치법연구 제7권 제3호(통권 제15호), 2007.9.20., 27면-47면.
45. 민주적 법치국가에서 의회와 행정의 공관적 법정립에 따른 법제처의 역할에 관한 소고, 행정판례연구 제12집, 2007.6.30., 59면-99면.
44. 의약품 및 화장품 관련고시의 문제점 및 개선방향, 의약품법규학회지 제2집 제1호, 2007.6.30., 13면-19면.
43. 참여정부에서의 법치주의의 발전-행정법적 평가와 전망, 공법연구 제35집 제4호, 2007.6.20., 337면-376면.
42. 사법적으로 형성된 지방공기업과 관련한 행정회사법론에 관한 논의, 지방자치법연구 제7권 제2호(통권 제14호), 2007.6.20., 59면-87면.
41. 조문형식을 띤 고시의 처분성 인정에 따른 문제점에 관한 소고, 저스티스 제98호, 2007.6.,6., 272면-291면.
40. 약사법상의 신약의 허가와 재심사에 관한 연구, 중앙법학 제8권 제3호, 2006.10.31., 31면-80면.

39 리스크사회에서의 약사법의 위상, 의약품법규학회지 제1호, 2006.6.30., 15면-20면.

38. 사권형성적 행정행위와 그 폐지의 문제점에 관한 소고, 행정판례연구 제11집, 2006.6.10., 151면-183면.
37. 리스크행정에서 행정행위에 의한 개별사건규율에 관한 소고(역), 지방자치법연구 제6권 제1호, 2006.6.25., 549면-575면.
36. 행정법상 인가의 인정여부와 관련한 문제점에 관한 소고, 저스티스 제91호, 2006.6.5., 127면-150면.
35. 도시계획조례의 규율(규정)의 범위의 문제점에 관한 소고, 법제 제576호, 2005.12., 23면-36면.
34. 고권적 형성수단으로서의 정보(역), 법학논문집(중앙대학교 법학연구소)

제29집 제1호, 2005.8.31., 269면-287면.
33. 현행 공연법의 문제점에 관한 소고, 법제 572호, 2005.8., 5면-23면.
32. 행정개입청구권의 인정과 관련한 법적 문제점에 관한 소고, 저스티스 제86호, 2005.8.5., 226면-240면.
31. 지방분권정책의 공법적 과제, 공법연구 제33집 제5호, 2005.6.30., 379면-430면.
30. 국토이용계획변경신청권의 예외적 인정의 문제점에 관한 소고, 행정판례연구 제10집, 2005.6.10., 21면-60면.
29. 리스크행정법으로서의 약사법의 의의에 관한 소고, 중앙법학 제7권 제1호, 2005.2.28., 139면-158면.
28. 위험개념과 시판후통제(역), 중앙법학 제6권 제4호, 2004.12.31., 409면-435면.
27. 조선조 공무원(관리)임용제에 관한 행정법적(공무원법적) 고찰, 법제연구 제27호, 2004.12., 173면-207면.
26. 공법상의 리스크 조종(역), 중앙법학 제6권 제3호, 2004.10., 457면-482면.
25. 불문경고조치의 법적 성질과 관련한 문제점에 관한 소고, 인권과 정의 제336호, 2004.8.1., 125면-140면.
24. 공무원의 전출전입과 관련한 법적 문제점에 관한 소고, 저스티스 제79호, 2004.6.28., 200면-215면.
23. 주민투표법안의 문제점에 관한 소고, 공법연구 제32집 제3호, 2004.2.28., 87면-133면.
22. 이른바 수리를 요하는 신고의 문제점에 관한 소고, 행정판례연구 제8집, 2003.12.31., 63면-92면.
21. 조선조의 행정법제 특히 공무원법제에 관한 소고, 토지공법연구 제19집, 2003.9.30., 555면-579면.
20. 주민등록전입신고거부의 법적 문제점에 관한 소고, 저스티스 제74호, 2003.8.31., 269면-283면.
19. 행정소송제도의 개편방향에 관한 소고, 공법연구 제31집 제3호, 2003.3.1., 643면-661면.
18. 국무총리권위의 공법적 문제점에 관한 소고, 인권과 정의 제316호, 2002.12.1., 77면-95면.
17. 조치적 명령 내지 개별사건규율적 명령에 대한 권리보호에 관한 소고, 법조 제554호, 2002.11.30., 90면-130면.

16. 행정의 작용형식의 체계에 관한 소고, 공법연구 제30집 제4호, 2002.6., 297면-320면.
15. 행정법상의 신고와 관련한 판례의 문제점에 관한 소고, 인권과 정의 제307호, 2002.3.1., 101면-122면.
14. 리스크결정과 법치국가적 행정법(역), 법학연구(충북대법학연구소) 제12권, 2001.12., 97면 이하.
13. 위법건축물에 대한 인인보호의 문제점에 관한 소고, 인권과 정의 제299호, 2001.7., 112면-122면.
12. 건축법상의 건축신고의 문제점에 관한 소고, 저스티스 제61호, 2001.6., 150면-169면.
11. 다른 법규범의 적용 준용(지시)의 공법적 문제점에 관한 소고, 법제연구 제20호, 2001.6., 137면-169면.
10. 建築法上 鎭壓的 介入手段을 통한 隣人保護에 관한 小考, 공법연구 제29집 제3호, 2001.5., 347면-364면.
9. 의제적 행정행위에 관한 소고, 법제 제520호, 2001.4., 53면-63면.
8. 행정자동결정(자동적 행정행위)의 실체적 문제점에 관한 소고, 공법연구 제28집 제4호, 2000.6., 225면-250면.
7. 약사법상의 의약품(특히 신약)제조허가의 특질과 입증책임에 관한 소고, 공법연구 제27집 제2호, 1999.6., 493면-518면.
6. 행정법상 억제적 금지에 대한 예외적 승인, 저스티스 제31권 제1호, 1998.3., 133면-151면.
5. 리스크행정의 대표인 의약품법에 관한 소고(역), 법학연구(충북대법학연구소) 제8권, 1997.9., 215면-236면.
4. 행정자동화와 행정절차, 법제연구 제11호, 1996.9., 37면-76면.
3. 공의무, 특히 철거의무 및 이행강제금납부의무의 승계에 관한 고찰, 공법연구 제23집 제2호, 1995.6., 285면-315면.
2. 행정자동기계결정의 법적 성질 및 그의 능부, 공법연구 제22집 제3호, 1994.6., 371면-394면.
1. 행정자동절차상 오류의 정정에 관한 소고, 안암법학 창간호, 1993.9.4., 229면-258면.

Ⅵ. 법률전문지(법률신문 등) 수록 소고: 107건

107. 「화물자동차 운수사업법」상의 안전운임고시의 법적 성질에 관한 소고, 법률신문 제5148호, 2024.1.22.

106. 개인을 국가보다 앞세우는 헌법의 개혁이 필요하다. 법률신문 제5125호, 2023.10.30.
105. 변호사등록지연에 대한 손해배상책임과 관련한 법적 문제점, 법조신문 제879호, 2023.7.24.
104. 행정기본법의 제정에 따른 행정구제법의 과제, 법률신문 제5068호, 2023.3.23.
103. 성전환에 따른 성별정정허가가 과연 판례법적 사항인가?, 법률신문 제5040호, 2022.12.8.
102. 이의신청기각결정의 법적 성질 문제, 법률신문 제5034호, 2022.11.17.
101, 시대의 해원(解冤)을 넘어 국가배상법 개혁을 위한 모색, 법률신문 제5015호, 2022.9.5.
100. 포스트 코로나 시대에 행정법 및 공법은 어떤 역할을 해야 하는가? 법률신문 제4987호, 2022.5.17.
99. 행정절차법 일부개정의 주요 내용 및 몇 가지 문제점, 법률신문 제4972호, 2022.3.21.
98. 공정의 차원에서 행정구제법의 개혁에 관한 소고, 법률신문 제4951호, 2022.1.3.
97. 언제까지 "지체된 정의는 정의가 아니다." 라는 법언에 머물 것인가? 법률신문 제4945호, 2021.12.9.
96. 국민건강보험법 부당이득의 징수규정이 과연 재량규정인가? 법률신문 제4926호, 2021.9.30.
95. 복종과 상명하복이 언급되는 국가와 사회가 근대적인가? 법률신문 제4919호, 2021.9.2.
94. 코로나 팬데믹에서 사람은 사람에게 바이러스인가?, 법률신문 제4900호, 2021.6.21.
93. 이제는 행정기본법 시대, 법률신문 제4876호, 2021.3.22.
92. 행정의 현대화와 행정법개혁을 위한 행정기본법 제정, 법률신문 2020.10.26.
91. 전교조법외노조통보의 법적 성질과 문제, 법률신문 제4829호, 2020.9.20.
90. 직사살수와 관련한 최근 판례의 문제점, 법률신문 제4819호, 2020.8.18.
89. 재판지연에 대한 입법적 대응의 필요, 법률신문 제4798호, 2020.5.25.
88. 공직자의 신체는 온전히 자신의 것인가? 법률신문 제4773호, 2020.2.20.
87. 비전업 시간강사에 대한 차등강사료지급의 법적 문제점, 법률신문 제4749호, 2019.11.21.

86. 유승준에 대한 대법원 판결 문제점에 관한 管見, 법률신문 제4716호, 2019.7.15.
85. 國家再構造化와 再造山下의 출발로서의 行政基本法의 制定, 법연 2019년 여름호(통권 제63호), 2019.6.1., 28면-31면.
84. 사법상 계약에 의거한 행정처분의 성립가능성 문제, 법률신문 제4702호, 2019.5.27.
83. 교장승진임용제외의 처분성 문제, 법률신문 제4681호, 2019.3.4.
82. 현행 집시법의 발본적 개혁에 관한 소고, 법률신문 제4635호, 2018.9.10.
81. 행정심판법의 개혁을 위한 소고, 법률신문 제4629호, 2018.8.20.
80. 독립유공자 망인에 대한 법적 평가의 변경에 따른 그 유족에 대한 법효과 문제, 법률신문 제4620호, 2018.7.12.
79. 개헌논의에 따른 국가배상시스템의 발본적 개혁에 관한 소고, 법률신문 제4580호, 2018.2.8.
78. 행정소송법상의 집행정지결정의 논증과 관련한 문제점, 법률신문 제4560호, 2017.11.27.
77. 주민등록번호변경신청권이 과연 조리상의 그것인지?, 법률신문 제4545호, 2017.9.25.
76. 직권감차 통보의 처분성 여부에 관한 소고, 법률신문 제4508호, 2017.5.8.
75. 제2차 원전폐쇄에 관한 독일 연방헌법재판소 판결의 의의, 법률신문 제4476호, 2017.1.5.
74. 인공지능시스템에 의한 행정행위의 허용성에 관한 小考, 법제 제673호, 2016.9.15., 5면-7면.
73. 법무법인에 대한 세무조정반지정거부처분의 위법성, 법률신문 제4433호, 2016.7.25.
72. 위법한 과세처분에 대한 국가배상법적 대응에 관한 소고, 법률신문 제4398호, 2016.3.14., 11면.
71. 취소소송에서 계쟁처분의 위법성과 원고적격상의 권리침해의 관련성에 관한 소고, 법률신문 제4384호, 2016.1.21.
70. 국가배상책임상의 주관적 책임요소와 법치국가원리적 문제점, 법률신문 제4357호, 2015.10.12.
69. '자동차관리법'상 사업자단체인 조합의 설립인가의 법적 성질에 관한 소고, 법률신문, 제4343호, 2015.8.17.
68. 私人의 방제보조작업에 대한 事務管理的 接近의 問題點, 법률신문 2015.5.4.

67. 독일의 징계금(징계부가금)에 관한 소고, 최신외국법제정보(한국법제연구원) 2014년 제6호, 2014.9.30. 2면-16면.
66. 集會申告의 法的 性質에 관한 小考, 법률신문 제4248호, 2014.8.21.
65. 도시정비법상의 사업시행인가처분의 법적 성질에 관한 소고, 법률신문 제4161호, 2013.9.26.
64. 法律的 根據가 없는 생활대책의 신청에 대한 拒否에 관한 小考, 법률신문 제4098호, 2013.1.24.
63. 21세기 국가모델을 위한 행정기본법의 제정에 관한 소고, 법률신문 제4078호, 2012.11.8.
62. 行政法上 信賴保護의 原則의 信賴度提高에 관한 小考, 법률신문 제4066호, 2012.9.24.
61. 行政訴訟에서 大學의 當事者能力에 관한 小考, 법률신문 제4042호, 2012.6.25.
60. 分離理論下에서 공용개입유사적 개입의 인정의 問題點, 법률신문 제4031호, 2012.5.14.
59. 일본 원전비극에 따른 원자력법개정에 관한 小考, 법률신문 제4015호, 2012.3.15.
58. 공무원의 個人的 賠償責任認定의 문제점에 관한 小考, 법률신문 제4002호, 2012.1.26.
57. 공무수탁사인의 행정주체적 지위의 문제점에 관한 小考, 법률신문 제3989호, 2011.12.5.
56. 이른바 자기완결적 신고가 과연 존재하는가?, 법률신문 제3984호, 2011.11.17.
55. 전환규범을 매개로 한 행정규칙의 법규성인정의 문제점, 법률신문 제3961호, 2011.8.22.
54. 민법개정시안상의 법인설립 등에 대한 국가개입에 관한 소고, 법률신문 제3944호, 2011.6.20.
53. Quo vadis면-申告制?, 법률신문 제3916호, 2011.3.7.
52. 도시정비법상의 조합설립변경인가처분과 관련한 문제점, 법률신문 제3902호, 2011.1.6.
51. 申告制와 관련한 코페르니쿠스적 轉換에 관한 小考, 법률신문 제3896호, 2010.12.6.
50. 重大明白性說의 墨守로부터 벗어나기 위한 小考, 법률신문 제3886호, 2010.11.8.

49. 轉入申告에 따른 登錄拒否處分의 問題點에 관한 小考, 법률신문 제3876호, 2010.9.30.
48. 표준지공시지가결정과 수용재결간의 하자승계인정의 의의, 법률신문 제3871호, 2010.9.9.
47. 인사교류계획에 의한 전출명령의 문제점에 관한 소고, 법률신문 제3852호, 2010.6.28.
46. 건축신고의 허가擬制 효과에 관한 소고, 법률신문 제3837호, 2010.5.3.
45. 개정 행정심판법의 문제점에 관한 小考, 법률신문 제3820호, 2010.2.25.
44. 1차적 권리보호의 우위에 따른 민사법원에서의 선결문제와 후결문제, 법률신문 제3788호, 2009.10.26.
43. 관리처분계획에 관한 총회결의의 쟁송방법, 법률신문 제3775호, 2009.9.7.
42. 용도폐지공공시설의 무상양도신청의 거부에 관한 소고, 법률신문 제3761호, 2009.7.13.
41. 주택재건축정비사업시행인가의 법적 성질에 관한 소고, 법률신문 제3737호, 2009.4.13.
40. 公物의 成立・廢止의 問題點에 관한 小考, 법률신문 제3677호, 2008.8.28.
39. 行政行爲의 公定力과 取消判決의 遡及效간의 衝突에 관한 小考, 법률신문 제3634호, 2008.3.17.
38. 行政法上의 告示의 法的 性質에 관한 小考, 고시계 2008년 2월호, 45면-55면.
37. 송유관이설협약의 법적 성질에 관한 소고, 법률신문 제3613호, 2007.12.24.
36. 채석허가에 따른 적지복구상의 산림소유자의 법적 지위, 법률신문 제3563호, 2007.6.18.
35. 사법적 형식의 행정(사법적 행정)의 공법적 사법적 구속에 관한 소고, 고시계, 2007.3., 25면-35면.
34. 경품상품권지정의 민간위탁의 문제점에 관한 소고, 법률신문 제3517호, 2006.12.25.
33. 행정행위의 부관의 허용성 문제에 관한 소고, 고시연구 2006년 11월호, 87면-98면.
32. 실효한 행정처분에 대한 권리구제에 관한 소고, 법률신문 제3507호, 2006.11.20.
31. 성전환자의 성별정정허가신청사건 등 사무처리지침의 문제점에 관한 소

고, 법률신문 제3493호, 2006.9.25.
30. 통보처분의 독립된 인정여부에 관한 소고, 고시연구 2006년 9월호, 95면-108면.
29. 정부투자기관의 입찰참가제한행위의 법적 성질에 관한 소고, 법률신문 제3486호, 2006.8.31.
28. 이른바 처분적 시행규칙의 문제점에 관한 소고, 법률신문 제3478호, 2006.7.27.
27. 이른바 새만금판결의 행정법적 의의에 관한 소고, 고시연구, 2006.6., 63면-75면.
26. 새만금판결의 행정법적 의의에 관한 소고, 법률신문 제3459호, 2006.5.18.
25. 지방자치법상의 사무구분과 조례제정의 문제점, 자치행정 2006.3.10., 13면-18면.
24. 도시계획변경입안제안에 대한 거부의 처분성여부, 법률신문 제3446호, 2006.3.27.
23. 정부법무공단의 설립에 관한 소고, 법률신문 제3416호, 2005.12.5.
22. 안전사고에 대처하기 위한 공연법의 정비에 관한 소고, 법률신문 제3401호, 2005.10.10.
21. 지방자치법상 단체위임사무제도의 재인식에 관한 소고, 고시연구 2005.9., 14면-28면.
20. 근거규정의 성질과 처분성여부의 상관관계에 관한 소고, 법률신문 제3375호, 2005.7.4.
19. 새만금간척사업판결의 문제점에 관한 소고, 법률신문 제3338호, 2005.2.14.
18. 행정소송법개정안의 문제점에 관한 관견, 법률신문 제3315호, 2004.11.18.
17. 公務員法制의 革新手段으로서의 轉出·轉入制度의 마련에 관한 小考, 고시연구 2004년 9월호, 52면-66면.
16. '의심스러우면 안전에 유리하게' 법률신문 제3290호, 2004.8.16.
15. 국가적 정보행위의 법률유보적 문제점에 관한 소고, 법률신문 제3276호, 2004.6.21.
14. 명령(법률하위적 법규범)에 대한 사법통제에 관한 소고, 고시연구 2004.6., 160면-173면.
13. 임용결격자 임용행위의 문제점에 관한 소고, 법률신문 제3248호, 2004.3.8.
12. 주민투표법안의 문제점에 관한 소고, 법률신문 제3228호, 2003.12.18.
11. 이른바 준법률행위적(준권리설정행위적) 행정행위와의 결별에 관한 소고,

고시연구, 2003.10., 14면 이하.

10. 방사성폐기물관리시설 부지선정의 법적 문제점에 관한 소고, 법률신문 제3194호, 2003.8.14.
9. 행정소송상 항고소송과 취소소송의 법적 성격에 관한 소고, JURIST 제390호, 2003.3., 61면-67면.
8. 행정소송법 개정 소고, 법률신문 제3142호, 2003.1.27.
7. 행정작용의 가늠잣대에 관한 소고-형식인가 실질인가?, 고시연구 2002.12., 14면-24면.
6. 국무총리 부서없는 대통령령의 효력, 법률신문 제3103호, 2002.9.2.
5. 공법의 작용형식으로서의 국가정보행위(역), Juris Forum(충북대 법학연구소) 제2호, 2002, 457면 이하.
4. 행정법상의 신고의 법도그마적 위상에 관한 소고, 고시연구 2002.2., 26면-36면.
3. Quo vadis 행정개입청구권(행정개입에 관한 인인의 보호청구권)?, 고시연구 2001년 7월호, 42면-49면.
2. 建築許可擬制的 建築申告와 一般的인 建築申告의 差異點에 관한 小考, 판례월보, 2001년 5월호, 13면-20면.
1. 산림훼손허가의 법적 성질, 판례월보 1998년 9월호, 34면-41면.

Ⅶ. 일간 신문기사: 11건

11. 느린 법원의 시계를 어떻게 수리할 것인가? 동아일보 동아시론, 2023.5.30.
10. 뛰어가는 AI시대 기어가는 법제도, 서울신문, 2020.1.14.
9. 행정기본법의 제정이 적극행정 첫걸음, 경향신문, 2019.6.11.
8. 민주주의 결핍 우려되는 'AI 입법', 한국경제신문, 2019.4.16.
7. 언제까지 일본식 관헌국가적 전통을 따를 것인가, 경향신문, 2019.3.6.
6. 지체된 정의와 신속한 재판 받을 권리, 경향신문, 2018.12.4.
5. 제4차 산업혁명 시대, 국가는 무엇을 준비해야 할까? 경향신문, 2018.1.23.
4. 현행 헌법은 억울하다, 한겨레, 2017.3.10.
3. 감사원 개혁 시 간과하면 안 될 논의들, 한국경제신문, 2017.3.7.
2. 누구를 위한 재정제도 개편인가, 서울신문, 2017.3.3.
1. 공공법제, 21세기에 맞게 현대화해야, 매일경제신문, 2017.2.10.

저자약력

부산 출생
부산 해동고등학교 졸업
고려대학교 법과대학 졸업, 동 대학원 수료(법학박사)
충북대학교 법과대학 조교수, 부교수
독일 München 대학교 법과대학 방문연구
미국 Indiana 대학교(Bloomington) 법과대학원 방문연구
헌법재판소 헌법연구위원, 대한변협 변호사징계위원회 위원
법무부 행정소송법개정위원회 위원, 교육부 사학분쟁조정위원회 위원
대법원 행정재판발전위원회 위원
대통령직속 정책기획위원회 국민헌법자문특별위원회 위원
지방자치단체 중앙분쟁조정위원회 위원장(제7기)
한국공법학회 (신진)학술장려상 수상(2002), 충북대학교 학술연구상 수상(2002)
중앙대학교 교원학술상 수상(2007), 제1회 KFDC법제연구상 수상(2009)
제14회 법학논문상 수상(한국법학원, 2010)
헌법논총(헌법재판소) 제28집 최우수논문상 수상(2017); 제34집 우수논문상 수상(2023)
홍조근정훈장 수훈(제56회 법의 날, 2019)
교육부총리 표창: 2021년 교육부 학술·연구지원사업 우수성과(2021), 법무부장관 표창(2022)
중앙대학교 법학전문대학원장 · 법과대학장
(사)한국공법학회 제35대 회장(2016년)
(사)한국행정판례연구회 부회장
현재: 중앙대학교 법학전문대학원 교수
(사)한국공법학회 고문
(사)한국행정법학회 법정이사
헌법재판소 헌법 및 헌법재판연구위원회 위원
법무부 법무자문위원회 위원
국민권익위원회 중앙행정심판위원회 비상임위원
국가인권위원회 행정심판위원회 위원
법제처 국가행정법제위원회 및 법령해석심의위원회 위원

–행정법기본연구 Ⅶ– **행정판례의 분석과 비판 Ⅱ**

2024년 2월 25일 초판 인쇄
2024년 3월 5일 초판 발행

저 자 金 重 權
발행인 배 효 선

발행처 도서출판 法 文 社

주 소 10881 경기도 파주시 회동길 37-29
등 록 1957년 12월 12일/제2-76호(윤)
전 화 (031)955-6500~6 FAX (031)955-6525
E-mail (영업) bms@bobmunsa.co.kr
(편집) edit66@bobmunsa.co.kr
홈페이지 http://www.bobmunsa.co.kr
조 판 법 문 사 전 산 실

정가 32,000원 ISBN 978-89-18-91504-3